写尽平生

吴乃龙

Nailong Wu
Write My Life

作者介绍　　吴乃龙　1946年生于广东省梅县。1964年毕业于梅州中学，考上北京大学地球物理系。1970年3月毕业分配到陕西省商南县。1978年考取中国科学院北京天文台出国研究生。1980年8月赴澳大利亚悉尼大学电气工程系留学。1986年6月获电气工程博士学位并回国。先后在北京天文台和清华大学电子工程系从事博士后研究工作。1990年10月回到北京天文台任副研究员，成为研究生导师。1991年11月赴美国参加国际会议，会后在STScI（空间望远镜科学研究所）从事哈勃空间望远镜图像处理研究工作。1994年10月技术移民加拿大后，在约克大学和飞利浦电子公司等任职。最大熵方法和图像处理专家。与夫人袁素云合作出版中文专著《最大熵方法》（湖南科学技术出版社）。出版英文专著 The Maximum Entropy Method（德国Springer出版社）。美国专利"自动快门"（Autoshutter）发明人。

About the author　　Nailong Wu was born in Meixian, Guangdong Province, China in 1946. He graduated from Peking University in 1970, and received his Ph.D. in Electrical Engineering from the University of Sydney, Australia in 1986. He is an experienced researcher, and an expert in image processing in particular. His monograph entitled "The Maximum Entropy Method" was published by Springer in 1997. He is the inventor of the patent "Autoshutter" in the USA. He went through the "Cultural Revolution" and participated in 1989 pro-democracy movement in China, and would like to share his experience with the public.

自序

本书收入我在中文网络杂志《华夏文摘》- China News Digest - 上发表的65篇文章。写作时间跨度为2011年4月至2020年9月。书中的内容分成两部分：第一部分 往事追忆，45篇；第二部分 故事与小说，20篇。第一部分回忆我的平生经历，包括小学，中学，大学，大学毕业分配，劳动与工作，考取研究生，继而在澳洲、中国、美国和加拿大学习、工作、生活。这些经历提供素材和引发我的灵感，从而写下第二部分中的故事和小说。

我是一位农家子弟，1946年生于广东省梅县。我幼年丧父，母亲一人支撑家庭，茹苦含辛把我抚养成人。1964年从梅州中学毕业，考上北京大学，这是我人生中第一个转折点。由于文化革命，学业中断。1970年大学毕业，我被分配到偏远的陕西商洛山区劳动和工作。由于被人诬告"恶毒攻击"和"偷听敌台"，处境愈加困难。但是，我坚信读书有用，从1968年10月在校时开始，在困难的条件下，坚持自学十年，终于在1978年考取中国科学院出国研究生，这是我人生中第二个转折点。1986年我从澳大利亚学成归国，先后在北京天文台和清华大学从事博士后研究工作，1990年回到北京天文台任副研究员。八九民运期间，我挺身而出，站在学生一边，因此而受到追查和惩罚。1991年我得到赴美国参加国际学术会议的机会，会后留在美国从事哈勃空间望远镜图像处理研究工作。1994年技术移民加拿大，这是我人生中第三个转折点。

有志者，事竟成。在本书中我力求用平实的语言，讲述曲折的平生经历，特别是出国留学-海归-归海的独特经历，再现那些年代的许多事件，与读者分享，给后人留下文字记录。

本书中的各篇文章皆可独立阅读（标明（上）、（下）篇的除外）。这些文章的每一篇，在网络杂志《华夏文摘》上刊出两次：一次是投稿给CND，由编辑安排，刊登在栏目"华夏文摘"或"华夏快递"中。另一次是我自己把文章放入"华夏文库"中。同一篇文章，两次刊出的日期大致相同。本书中的文章，基于放入"华夏文库"的文稿。在文章标题下面注明"华夏文库"中的刊出日期。在本书的每一部分，文章的编排基本上按照这个刊出日期的先后顺序。但是，为了便于阅读，在编辑过程中把文章的顺序作了适当调整。

感谢老同学、老朋友，认真阅读书稿并提出许多修改意见。

本书第一部分的文章，全都包含在"华夏文库"的"吴乃龙文集"中；第二部分的文章，大部分包含在"倪新耀文集"中，小部分包含在"吴乃龙文集"中。两个文集的网址分别是：

http://wu-nailong.hxwk.org/

http://ni-xinyao.hxwk.org/

吴乃龙，2021年3月于多伦多

目录

第一部分 往事追忆

01 也谈英文写作

2011年04月10日

近来读了一些刊登在《华夏文摘》以及其他网络刊物上的有关英文写作的文章，颇受启发。我也来写一篇，凑凑热闹。

写好英文，诸如简单的便条，电子邮件，深奥的论文，专著（书），不容易。这里说的"写好"，主要是指用词恰当，语法正确，表述清楚，文理通顺这些最基本的要求，再加上有文采，幽默，典故，等等。我是学理工科的，主要谈谈我在写科技论文和专著（书）方面多年来所积累的经验和体会。其中的一般原则，对一般的写作也会有用。

1．多读

听是说的基础，（阅）读是写的基础。学习写作知识固然重要，但在"读"的时候看别人怎么样写也同等重要。"读书破万卷，下笔如有神"，对中文和英文都是对的。既要读专业方面的文章和书，也要读一些非专业的东西如报纸，杂志。在专业文章中加入一些非专业的元素如幽默（当然要恰当），可以使文章更有趣。

2．多记

"读"是看别人写，"写"是自己写。模仿是二者之间的桥梁。阅读的时候要把常用的短语，句型，表达方法，写作格式等等尽量记在脑子里。（词汇问题过于基本，不在此文提及。）可以写在纸上，以供反复朗读，帮助记忆和日后查找。如果一次记不住，甚至重复多次还记不住，那也不要紧。可以在写作的时候，看一看那张纸。关键是要知道正确的表达方法，记得不准确，可以核对。

3．多写

"木头放在伦敦，也会说英语。"这话有些道理，环境对学习语言的确很重要。但是，"木头放在伦敦，也会写英文。"这话就没道理。"写"的能力，必须通过自觉的学习才能获得。多读以后，你会觉得人家写得头头是道，顺理成章。但是，轮到自己来写的时候，却无从下笔。你必须"亲自"去写，多写，才能达到人家那种境界。

4．打好基础，逐步改进

"多写"是数量。还有质量问题。开始的时候，一定要打好基础，做到用词恰当，语法正确，表述清楚，文理通顺。不要过早去追求文采什么的，更不要耍花样。我有时候在一个大学的中国留学生英文网站上，看到一些电子邮件，其英文水平之低，可以用"破烂不堪"来形容。可是，偏偏就在这些邮件中，频频出现不规范的写法，如把 you 写成 u，please写成 pls，thanks 写成 thnx，使邮件显得更加丑陋。（我不是笼统地反对使用这些简写。）

要做到逐步有所改进，特别是不要重犯已知的错误。举个例子：你写一本博士论文，写完最初的一章（不一定是论文的第一章）；送给你的导师请他（她）过目；他认真地阅读并且修改你的英文（但愿如此）；你拿回稿子。那么，你的第二章就一定要比最初的一章写得好（指英文方面）。以后一章比一章写得好。

5．用英文思考

要使写出来的英文像英文，关键是用英文思考。但是要做到这点，非常困难，需要至少几年的磨练。你要学会用英文解释英文单词，为此你必须使用英一英字典或双解字典。你要学会用英文表达一个idea。努力避免先在脑子里想中文，翻译成英文，再用手写英文。逐渐去掉这个翻译过程。最后，你会不知道自己是在用什么语言思考。好了，恭喜你了，修成正果、大功告成了。

6．局限性

英语并非你我的专业。我是满足于写好与日常生活和与专业有关的东西。我学的专业是物理（本科）和电气工程（研究生）。如果要我写一个法律文件或一篇化学学术论文，我只好挂免战牌了。如果除了以上二类东西，你还能写诗歌，那太棒了。

7．与中文写作的关系

一个在中国受过正规中文（非中文专业）教育的中国人，如果写不好中文，就写不好英文，怪才除外。所以，你要对中文写作足够重视。

8．一些诀窍

（1）充分利用英语学习资源，如学校的语言学习中心（实验室），公司的ESL学习班。要争取老闆的支持。

（2）请其母语是英语，英文写得好，并且热心助人的老外（包括ABC，CBC）审稿。

（3）使用英一英字典或双解字典（上面已经说过）。

（4）利用Spell checker。

（5）利用互联网。遇到拿不准的用法，古狗一下。用法比三家，确认最恰当的一个。

（6）注意区别相似的单词，如staff和stuff，vacation和vocation，male和mail。有一个英语笑话说，一位女学生从一个城市搬家到另一个城市后，写信给她的老房东请求帮助：把她的male转寄（forward）到她的新地址。这个笑话和一个中文（错）别字笑话可以相媲美：一位男学生下乡后给他妈妈写信说，他"晚上睡火坑"，"一天吃两吨饭"。

以上是如何写好英文的一些个人体会。那么怎样才算基本过关了呢？判据如下：

1.喜欢写作

你不再把英文写作当做负担，而视之为乐趣。

2.自我感觉良好

觉得自己写得不错。写完之后，自我欣赏作品。如果连你自己都感到恶心，那肯定是写得不好。

3.被有关方面接受

这是最重要的一条。你的老闆夸奖你。你的文章被杂志编辑部接受。你的书即将出版。

（注意：**3个条件合起来才是充分条件。**）

学习英语，苦海无边，唯勤是岸，天才除外。我不是语言天才，只是对学习外语很有兴趣。英语是我自学的第二外语。（我在中学和大学学俄语。）在1978年考取中国科学院研究生之前，我从未上过英语课，基础很差。在玉泉路科学院出国人员英语训练班上课时焦头烂额的惨状，至今记忆犹新，历历在目。但是，经过长期坚持不懈的努力，我终于过了英文写作这一关。我用英文写的专著，The Maximum Entropy Method，全书327页，在1997年由德国Springer（斯普林格）出版。现在，对我来说，英文写作不是负担，而是乐趣。我是一个平常的人，当初的环境又很差。这件事（英文写作过关）我能做得到，你也应该能做得到。学弟学妹们，努力呀！

若干年前在公司举办的ESL学习班上，我写了一篇作文，自己觉得有点意思。现附在下面。希望你读了也觉得有点意思。特别希望那些居住在米国的同胞们，在读了以后，到加国旅游开车时，小心提防加国的警察叔叔阿姨，少吃一张ticket。

More than ten years ago, in October of 1994, I landed in the Toronto airport as a new immigrant to Canada. It was a balmy day. The temperature was twenty plus. The shining sun hung in the sky. In a "door-to-door service" van from Toronto to Waterloo, on Highway 401, I saw a lot of cars with their headlights on.

"It's strange," I said to the driver, "Why do they turn on the headlights in the middle of afternoon?"

"It's the law," the driver answered.

"The law? What for?" I was even more puzzled.

"Let me tell you the story," the driver continued, "Years ago a jerk turned on the headlights of his car. For fun? For safety? Or for nothing? I didn't know. Then the second jerk thought that was good, and turned on his too. And then the third, the fourth, …… Finally the government thought that was good. And that became the law. They were all jerks." "Understood?" he added after a brief pause.

"What about your van?" I asked.

"The lights are on. It's automatic. I am not a jerk." He answered, smiling.

"Look! That's a ghost car!" His left hand moved off the steering wheel, and he pointed his finger to a black car moving very fast in a neighboring lane.

"A ghost car?" I was puzzled once again.

"You don't know that? That's a police car." He explained, "The car doesn't have any signs on it. It is disguised as an ordinary car. It can suddenly appear anywhere, any moment, just like a ghost. Cops are hiding in it. You can't see them, but they can see you. They are ready to catch you at any moment. They drive very fast, much faster than my safe speed. They deserve a ticket."

At that moment I had a glance at the speedometer. It was above 110 kilometers per hour.

"Your safe speed? The maximum is 100 but your speed is more than 110." I said.

"Yes. That's safe. " He continued, "I know the limit is set to 114 in the photoradar. My speed is 114 exactly now. Perfect."

Time passed by quickly as we were talking and talking on the way. Before long we arrived at front of a building.

"This is your new home, I think." He said.

"Yes, I think so. Thank you very much." I replied.

He helped me unload my suitcases. On the bill I added 8 dollars as gratuity for his safe driving, excellent services, and a good tour in particular. He was not only a professional driver, but also a good storyteller and an amateur tour guide.

— The end

02 我的英语学习之路
2011年07月02日

读了胡果威先生的文章，"英语'考级'之我见"，很有感触。我也来写一篇，讲讲我的与胡先生完全不同的英语学习经历。我相信有很多人与我有类似的学历，因而不少人可能与我有类似的英语学习经历。

1.自学英语

我在中学学了三年俄语。1964年考上北京大学地球物理系，六年制本科。本来，继续学习两年俄语，考试合格后要开始学习第二外语，也就是英语。但是，1966年6月文化革命开始，学业中断，学习英语成为泡影。1970年3月毕业分配到陕西省商南县，在农村劳动了两年后，在1972年2月分配到县广播站，主要工作是维修全县有线广播系统的扩音机。平均每个月大概有四分之一的时间下乡，四分之三的时间待在县城。因为我非常熟悉有关技术，感到工作很容易，有富余的时间和精力。于是，我又开始学习，也就是自学。学习什么呢？首先要补足由于学业中断欠缺的大学课程。对此我早就作了充分的准备，毕业分配携带的行李中有250本书，包括许多外文书。特此声明：我从来不相信读书无用论。说这话不是事后诸葛亮，250本书就是明证。但我也不是先知

5

先觉。能坚持学习，一是因为我喜欢学习，如同有的人喜欢下象棋打扑克，乐在其中。二是我觉得时间在那里，不用也就浪费掉了。学点东西，希望将来还会有点用。果然，1978年机会来了，考研究生一举成功。这是后话。

我是理科学生，奉行专业第一、外语第二的原则。在这里只说学习外语的事。根据这个原则，我的目标是通过较短时间的学习，能够阅读英文数理书籍。首先是选书，手头有北京对外贸易学院编的教材，《基础英语》第一册和第二册，挺合适。学英语，开始时要有人教我发音。商南是一个很偏僻的山区小县，毕业分配时我花了半天工夫才在地图上找到地区专署所在地商县（报到地点）。幸运的是，同时分配到商南县的北大同学侯汉清，是图书馆学系研究生，英文很好。我跟他说了学英语的想法，他立即表示支持。当时正值1973年春节假期，说干就干。他先教我国际音标，然后教我英语发音规则，总共教了三次，每次100分钟，共五个钟头。侯汉清同学是我的英语启蒙老师，我永远感谢他。

接下来就是自学那两本教材。沿用学习俄语的方法，每课先学单词；然后结合注解学课文，和学语法交叉进行；最后做练习。但是念得准不准写得对不对就没把握了。每天两个多小时，半年学完第一册20多课。接着用两个月快速（即偷工减料）学完第二册20多课。于是，到了阅读英文数理书籍的阶段。学的是英文原版美国大学教材General Physics（普通物理学）。用的是郑易里的《简明英汉词典》。前后学了四个月。这本教材的物理内容，比我在北大学的普通物理学简单得多。这正是我需要的。我的目的是学英语而不是学内容。这本书对我的帮助很大，使我掌握了最基本的物理词汇和常用的表达方法。这一年时间，是我学习英语的第一阶段。注意：我同时要上班和自学专业课。

过了这一阶段，我把英语撂一边，集中时间和精力去攻专业课了。直到1977年5、6月间，得到招收研究生的确切消息，我又重新捡起英语，复习准备考试。

2.考研究生

1978年5月，我在商南县参加中国科学院北京天文台研究生初试。总共考5科。第一天下午考英语，3小时。开卷考试，可以带词典。考完后自我感觉良好。现在只记得一道汉译英试题："正是英明领袖华主席领导我们一举粉碎了四人帮。"我一看就知道这是考"It's …… who

6

……"的强调句型。但是我不会翻译"四人帮"，只好写中文，用一个矩形框上。后来想起来觉得很可笑。

1978年7月，我赴北京天文台参加研究生复试，得知英语得了79.5分，为射电天文方法与技术专业考生的最高分。这个分数大体反映了我的英语笔试水平，但是，为最高分则有些偶然。其实，有不少考生本来基础很好，考得不好是因为荒废多年，准备得不充分。有一位从初中就开始学英语的考生，在考试时没有翻到试卷的最后一页因而漏做这页上的题，可偏偏在这页上有高分题。到最后收考卷时才发现，真是粗心大意，后悔莫及。

1978年8月初的一天，在商南县广播站。突然有人叫我：快来，北京的长途电话！这是我平生第一次接的长途电话。原来，是北京天文台研究生招生办公室蔡主任打来的长途电话，说是准备派我到澳大利亚学习射电天文，要我去参加教育部组织的出国人员英语考试。我当时想，这就是79.5分起的作用了。对这个英语考试，我有所听闻，考试地点在西安，在商南县就可以报名。但是我想，这与我无关。接到长途电话之日，本地报名日期已过。我只得立即准备简单的衣物和书籍，第二天一早坐长途汽车赶赴西安。到达西安的次日一早去设在陕西省教育厅内的考试办公室报名，工作人员不给办理。听完我的申述之后，工作人员要我联系北京天文台，给他们发电报。于是，我又急急忙忙赶到钟楼邮电局，给北京天文台挂长途电话，找到蔡主任讲明情况。这是我平生第一次打的长途电话。次日上午，我一早赶到考试办公室。北京天文台的电报已到，于是报了名，办理了准考证。

英语考试考场设在西北工业大学。8月15日上午，我参加了笔试。只记得有选择题，英译中，中译英。觉得不是很难，自我感觉良好。16日上午，则是口试。结果呢，用英语来说是遭遇滑铁卢，用汉语来说是败走麦城。口试学生有人看管，以防泄漏题目。我被领到考官的桌子前，只听懂了一句英语：请坐。其余什么准考证，考试内容，一概没有听懂。考官只好用汉语说话，让我朗读试卷上的文章。文章的标题是：Expensive and Uncomfortable。故事大意是：一人躲在从伦敦飞往悉尼的飞机内的木箱里，在悉尼机场被抓获，被责令交付旅费3,500英镑。他的旅程真是昂贵（正常票价是2,000英镑）而又难受（在木箱里闷了18个多小时）。朗读完了，考官用英语提问。我又是一概没有听懂。于是，考官中断考试，用汉语问话。我解释说，我原来在北大学俄语，毕业分配到商南县以后自学英语，条件很差。已被录取为北京天文台研究生，被指派参加这次考试。虽然自知听力和口语不行，但我还是认为一定要遵照北京天文台的安排，参加这次考试。

考试完毕，我立即返回商南，做回北京的准备。对出国人员英语考试的结果，不抱任何希望。其实，圆了研究生梦，我心里已经很满足了。

3.在北京学英语

1978年9月15日我举家从陕西省商南县返回北京，实现了一次历史性转变。10月5日我到中科院研究生院（在海淀区肖庄，原北京林学院校园内）报到。一位工作人员拿着我的录取通知书，在新生名单上怎么也找不到我的名字。录取通知书白纸黑字，怎么可能有假？他停下来，想了想，问我：你参加过出国人员英语考试没有？我回答说参加过。他说：那就对了，你到英语训练班报到去吧。他还告诉我，英训班设在玉泉路原中国科学技术大学校园内，还没到开学时间，要我打听清楚日期再去报到。

英语训练班开学在11月。共有约一百人，绝大部分是中科院各个研究所的出国研究生，加上很少数的代培生。开始时按出国人员英语考试的分数分成6个班。我当然在分数最低的第6班。没多久，第5，6班合并成第5班，有20多人。我的口试一塌糊涂，怎么会到出国研究生的英训班学习呢？原来，中科院有规定，如果原定的出国研究生，笔试达到一定的分数线而口试不及格，只要导师保荐，也可以到英训班学习，最后的去向由导师决定。我的导师王绶琯先生，保荐了我，解释说，口试不及格是因为环境太差而不是由于本人能力不行或不努力，经过训练一定会行的。衷心感谢恩师，在这关键的时刻拉了我一把。而我也没有辜负恩师的期望，最终获得了成功。

英训班里教我们班的中国老师是肖朝良，教材是英国的"Essential English"。教我们班的外国老师，先是来自美国的吴丽萍（武利聘），后是来自澳大利亚的Andrew。教材是"English for Today"，英文杂志和报纸，以及一些杂七杂八的英文材料。记得Andrew给我们看一篇题为"The Gang of Five"（注意：不是Four）的文章，觉得很新奇。

开始的时候，我的听力和口语很差，听不懂也说不出口，上课时非常狼狈，几乎丧失了信心。但是我特别珍惜这个机会，也就特别用功。经过几个月的努力，终于赶上了同班同学，上课表现正常，有了信心。转眼到了1979年5月，英训班快要结业考试了。突然，北京天文台通知我回去，原因是澳大利亚悉尼大学电气工程系的研究生邝振焜访问天文台，帮助我们制作射电望远镜的数字接收机。邝先生是位ABC（Australian Born Chinese），当时只会说很有限的普通话。于是我就成了他的课堂翻译。开始时很困难，主要是不懂射电天文和数字电路的术语。幸好十多位听众中，有几位研究人员对这些术语比较熟悉，帮了我很大的忙。几个星期下来，感觉好多了。两个多月后，邝振焜先生离开北京返回澳大利亚。经过这段时间的实战，我的专业英语有了显著的提高。后来我到悉尼大学留学，节假日经常到邝先生的电脑公司混。这是后话。

此后，我一边办理赴澳大利亚留学的手续，一边在肖庄的中科院研究生院旁听研究生课程，包括有时到语言实验室借磁带听录音，直到1980年8月。

4.在澳大利亚学英语

1980年8月19日，我乘坐飞机离开北京途径马尼拉前往悉尼，开始我在悉尼大学电气工程系长达6年的留学生活。经过这6年的学习，英语算是过了关。最后的产品是一本210页的博士论文，"The Maximum Entropy Method and Its Application in Radio Astronomy"（最大熵方法及其在射电天文中的应用）。

回想起来，英语学习主要通过以下这些途径：

（1）听课，做作业

我注册Ph. D. by Research（有别于by Course Work and Research），不需要学分。但是我去听研究生课，一般每个学季（每年分三个学季）两门课，有时一门或三门。听课做作业，是学习英语，特别是专业英语的最主要的途径。开始时也是听不懂，特别是碰到口齿不清的老师。课后要花很多时间看书。大约过了一年，才基本上没有问题。听课学到的专业内容，用英语能听能说，直接用英文思考，倒是很多时候不知道对应的中文。

（2）辅导学生

研究生必须的训练之一是辅导本科生，分为Tutorial（习题课辅导）和Demonstration（实验课辅导）。开始时也有困难。首先是听不

9

懂学生的问题，其次是不能把题解说清楚。好在课程内容熟悉，提前又做了准备，连猜带蒙可以应付过去。这事也就是开头难，越做越容易。辅导学生也是学习日常英语和专业英语的主要途径，因为和学生互动，可以补充听课的不足。到了后来，和学生熟识了，还可以和学生聊天吹牛皮。记得得益最大的是大学三年级"傅里叶变换及其应用"的习题课辅导。这门课的数学比较难，是学生最怕的课程之一。讲课老师比较懒，只给习题不给答案或题解。而傅里叶变换是我最常用的数学方法之一，很熟悉。于是我自告奋勇做题解，给讲课老师过目。由此学到了题解的标准格式，对写论文有很大的帮助。

（3）写内部报告和论文，审稿

写内部报告（Internal Report）是我写专业英文的开始。写内部报告比写正式论文（Paper）容易，把一个阶段的研究结果写出来就行了，不需要有多重的"份量"。我的第一篇学术论文在1982年2月写成，投给了美国的IEEE（电气与电子工程师协会）信号处理专刊ASSP，于1983年4月发表。期间我数次与审稿人辩论，数次修改稿件，给编辑留下了深刻的印象，结果被聘请为该期刊的审稿人，直到1991年与IEEE失去联系。在研究生学习期间，我写过许多内部报告，5篇论文，其中3篇在IEEE信号处理专刊上发表。所有这些，为最后写博士论文打下了坚实的基础。

（4）自觉学英语

在澳大利亚这个英语环境下，自觉地随时随地学英语也很重要。为了扩大词汇量，我给自己规定，平均每天要学习和记住5到10个新单词；因故耽误要事后补上。每天5个10个看起来不多，但是长期坚持累积起来就很多。听广播，看电视，看报纸杂志，看广告，看日用品产品说明书，从中学到许多很有用但是在出国前不知道的单词。

（5）参加活动，与人来往

参加本地人的集体活动，与本地人来往。如参加澳中友协每月一次的会议，参加他们组织的郊游和各种活动，访问他们的家庭。参加ADAB（Australian Development Assistance Bureau，澳大利亚发展援助局）组织的旅行。

（6）接电话，打电话

刚到悉尼大学时，我在电气工程系一个实验室工作。独自一人时特别害怕电话铃响。不接吧，怕耽误事。接吧，又怕搞不清楚对方的意思耽误事。这叫做"电话恐惧症"（Telephone-phobia）。想必很多人都有这种经历。这个问题不好办。我当年采取的对策是：让电话铃多响几声。如果没有别的人来，大多数情况下，就硬着头皮接。除非确实搞清楚了对方的意思，否则直截了当说没听懂，请对方再打一次。如果一会儿电话铃又响，那就赶快找人接电话。找得到，就推给别人；找不到，就不再理会，让电话铃响去吧。随着听说能力的提高，自己能单独处理的比例越来越高，电话恐惧症也逐渐减弱以致最后消失。打电话的情况类似，刚开始时也很发憷，尽量少打电话，或找人帮助，或亲自跑一趟去办事。随着听说能力的提高，能打电话办的事，就不跑路了。

（7）语言学习中心

悉尼大学语言学习中心（Language Study Centre）是个学习英语的好地方。有各种训练课如发音，听力，对话，语法，阅读，写作，讲座（请外面的人做Presentation），报告（参加学习者做Presentation）。可以听录音，借书和磁带。老师待人友善，教学认真。我至今还记得那些老师的名字和音容笑貌。我的研究生导师非常支持我去那里学习。我有空就去，自始至终坚持了6年，获益匪浅。不但学习到语言，而且学习到许多澳大利亚的风土人情，社会知识。以下是几个例子。

澳洲最有名的歌曲Waltzing Matilda，讲一个流浪汉小偷，宁可跳水自尽也不愿被警察抓住，是百分之一百的政治不正确。然而，在澳洲也许有人不会唱国歌，但没有人不会唱Waltzing Matilda。连我这个五音不全的人，也能跟着大伙哼一哼。

澳洲人讲究Mateship，含平等，忠诚和友谊之意。澳洲人见面打招呼最常说的是G' Day, mate! How are ya?　相当于Good day, friend! How are you?　你打的，要坐在与司机并排的座位上，不能坐在后排，否则会被认为不讲Mateship。不知道出自安全考虑，现在改变了没有，但起码在1986年我离开澳洲时还是这样。

澳洲人有强烈的Anti-authoritarianism（反威权主义）意识，崇尚自由，追求平等，反对强权。这很可能与澳洲人的"家庭出身"有关。如果往上追溯若干代，大部分澳洲人都属于"黑X类"，即来自英国的流放犯人。这使我联想到，这些"黑X类"和他们的子孙们，白手起家，经过200多年的奋斗，把澳洲建设成世界上最适合人类居住的国家之一，是多么的伟大。我有一盘磁带，录有语言学习中心主任Alex编辑的澳洲歌曲集，标题为"Songs of the Southern Land"。每当我听到讲述早期澳洲牧羊人生活的凄凉婉转的歌声（"The Dying Stockman"），眼泪就会在我的眼眶里打转。最后听到无限深情的"I Still Call Australia Home"（澳大利亚，我的故乡），我会情不自禁，热泪盈眶。

下面略举一些我学到的"普通"Aussie lingoes（澳洲本地话，有些源自英国），challenge你一下，看看你知道几个：chook, sickies, get cracking, Buckley's chance, Mr. Brown's cows, as quick as Bondi tram, B.Y.O.G., BUGAUP, She'll be right。

The University of Sydney
NEWS
VOLUME 16 No. 31 — 23 OCTOBER 1984

Case histories typify problems and successes

Language Centre helps students with English

English classes for overseas students, begun at the University's Language Study Centre in 1975, have helped hundreds of migrant and overseas students cope with English at an academic level and pass their courses.

This year about half of the 200 students from 35 countries of origin are permanent Australian residents, of whom the Vietnamese and Hong Kong Chinese are the largest groups. China and Hong Kong, followed by Korea and Japan, provide most of the visiting overseas students enrolled at the Centre.

Four students, pictured below with the Centre's full-time teachers Ms Carolyn Webb and Ms Helen Drury, typify the problems - and successes - of students from these countries.

• Mrs Xuyen Tran was a fifth-year medical student in Vietnam before she and her husband left by boat over five years ago. After four months in a camp in Thailand they were accepted for permanent residence in Australia. With one child in school and the other in pre-school and day care, she applied to be admitted into First Year Medicine under the Faculty's Refugee Intake Scheme.

In spite of having studied English in high school and worked as an interpreter, she found she had problems with spoken and written English at the academic level. 'But I can get help from Carolyn and Helen whenever I need it,' she told the *News*. 'They create an encouraging give-and-take atmosphere in tutorials.'

• Mr Tuan-Hoai Nguyen Dang, a second-year medical student, did well in First Year after weekly classes at the Centre in essay writing, listening to lectures, note taking, and advanced reading. These are self-contained units as so many students arrive at different times throughout the year. The Centre also provides short workshops of two and a half hours each over three weeks, intensive vacation courses, self-instructional materials and inevitably, much individual tuition.

Mr Nguyen Dang spoke very little English in Vietnam, which he left on his own four years ago. After arriving in Malaysia by boat and spending nine months in a camp there, he came to Australia and did the HSC at a Canberra high school, getting just over 50 marks in English.

He learnt of the Centre from the written offer of a place at the University. This and the *Guide for New Students* are often the only way residents hear of it unless staff who know about its services refer them to it. Many students only become aware of their deficiencies in English when they fail an assignment.

'My only problem with English now is with conversation,' said Mr Nguyen Dang. 'Next year I need to be able to talk to patients in hospital, and I'm getting a lot of help from the "Listening" and "Conversation" classes.'

The Centre is also developing a kit for first-year medical students which will enable them to practise the pronunciation, stress and rhythm of English in medical contexts.

Students' written English

• Ms Lina Lee is an Australian permanent resident from Hong Kong, whose HSC English mark was only 48. She has now reached her honours year in Physiology.

'I was very worried about my written assignments in the beginning,' she said, 'but I've been coming here for three years and now get high marks.'

Although courses in sentence structure and paragraph writing are offered, the teaching focuses more on the overall structure of assignments.

'We're up against a cultural difference sometimes, especially with students who may have had a tradition of rote learning rather than an analytical approach,' Ms Webb explained. 'When an essay is marked with comments such as "Woolly argument" or "Irrelevant" we try to show just what this means.'

• Mr Nailong Wu is a private overseas student from Peking who will complete his PhD in Electrical Engineering by the end of the year. 'I've found the Centre a great help with English in writing my thesis on radio-astronomy,' he said. 'I've had a lot of benefit from it in the past four years.'

The *News* interviewed the students in their lunchtime, the only time some of them have for the Centre's tutoring. 'They also have less time than others because they may have to record and transcribe lectures and spend three times as much time on reading and writing,' said Ms Webb.

The service is located in the annexe to the Centre in Rooms 312 and 313 of the Griffith Taylor Building. The teachers can be contacted on ext 3638.

EM

▲ Four students in the English for overseas students classes at the Language Study Centre, with their teachers Ms Carolyn Webb (seated, left) and Ms Helen Drury — from left to right, Mr Nailong Wu, Ms Lina Lee, Mr Tuan-Hoai Nguyen Dang and Mrs Xuyen Tran

"悉尼大学新闻"1984年10月报道，"语言中心帮助学生们学习英语"。前排中间二位是英语教师，最左边一位是本书作者

（8）博士论文

1984年8月，在向我的导师Cole教授汇报研究工作之时，他认为工作量已经足够，可以开始写作博士论文了。这是我留学的最后一项重大

任务。在开始动笔之前，我把已经学过的科技论文中的常用表达方法分类（比如，表达频繁程度，从低到高列出：never，more often than not，……，always），写在5页纸上，朗读熟记。此外，把《科技英语常用词组》朗读几遍，尽量记住有用的词组。这样，在写作的时候，能够从脑子里随时提取恰当的表达方法。遇到记得不准确的，能够迅速查到。当然，还要收集有关的研究资料和成果。写完第一章，反复检查修改，交给导师审阅。Cole教授是第N代苏格兰移民，英文极好而且认真（并非每位教授都是这样）。我认真阅读他修改过的稿子，搞清楚每一个错误，错在哪里，为什么错，记住正确的写法，避免再犯同样的错误。这样，一章比一章写得好。总共写了7章，加上2个附录，参考文献，还有博士论文少不了的"原创性声明"，"致谢"等章节。总共210页，厚厚的一本。从开始写作到1985年8月完工，装订成册，前后费时一年。在这期间也花了很多时间用电脑采集和处理数据，昼夜不停。1986年4月，我收到悉尼大学工程学院的正式通知，博士论文获得通过，无需修改。通知所附的三位论文评审人的评语中，有如下语句："a mature, witty and delightful style of presentation"，"the style of presentation and English is simply superb"，"a very good flow of English expression and vocabulary"。长期的努力，终于结出硕果。还有什么比这更令人满意和高兴的吗？

5.在北京用英语

1986年6月，悉尼大学学位授予典礼之后的第二天，我举家乘坐飞机离开澳大利亚回国。回国后先后在北京天文台和清华大学无线电系（电子工程系）做博士后研究工作，于1990年10月回到北京天文台任副研究员。在这几年期间，我在中国科学院研究生院当兼职教师，讲授最大熵方法。没有教科书，我就复制我的英文博士论文作为参考书，发给学生。每堂课开头，是"5分钟英语"，用英语总结上堂课的内容，介绍本堂课的内容。讲课用汉语，术语主要用英语。但是我在黑板上从不写中文，只写英文。考试题是英文，学生作答可用中文或英文，没有限制。这种教学方法很受学生欢迎。至于日常工作，则很少使用英语。几年间出国开会两次，每次只有三周。所以，在北京的几年，用英语的机会很少，我的英语熟练程度在降低。

6.在北美用英语

1991年11月，我到美国亚利桑那州图森市（Tucson）参加国际天文数据处理会议，会后在NOAO（National Optical Astronomy Observatory，国立光学天文台）参加天文数据处理软件包IRAF的研究开发工作。到美国后，用了几个星期的时间逐渐恢复英语，很快就融入了英语大环境。1992年7月，我前往马里兰州巴尔的摩，加入STScI（Space Telescope Science Institute，空间望远镜科学研究所）的图像处理小组，参加哈勃空间望远镜图像处理的研究工作，最主要的任务是发展最大熵图像恢复算法和电脑程序，改善望远镜的图像质量。自己能够胜任这些工作，良好的英语无疑是重要的决定性因素之一，其基础还是在澳大利亚时打下的。

1994年10月，我在多伦多登陆，技术移民加拿大。为此，我去过加拿大驻纽约总领事馆面谈。面谈进行了整整一个小时。移民官扳着脸孔，问了我很多问题，有些很刁钻。虽然提前作了很多准备，还是要当场发挥，"编造"答案。问题之一：你曾在澳大利亚多年，为什么不移民澳大利亚而移民加拿大？能够顺利通过面谈，良好的英语起了决定性的作用。

加拿大的大环境，我感觉和美国差不多。找工作，办事情，良好的英语极为重要。在澳大利亚混了6年，又在美国混了3年，接轨没问题。我在加拿大待了将近17年了，在大学和公司工作，跳过槽，也被炒过鱿鱼。被Interview过，也Interview过别人。我的英语远非完美无缺，但应付日常生活和本行业务，比如打电话，看医生，写文章，有信心，没问题。虽然如此，我仍然注意学习和使用英语。在約克大学工作，老板出差时代替老板讲Statistical Physics（统计物理学）课。在公司工作，凡举办ESL学习班，我一定参加。经过数年的努力，耗费了巨量的时间和精力，终于完成专著，The Maximum Entropy Method（最大熵方法），全书327页，在1997年由德国Springer（施普林格）出版。这是我学英语用英语取得的最大成功，自知这辈子再也无法超越。

7.感想与赠言

以上是我学英语用英语的经历。38年前，出于兴趣，抱着将来可能有用的一线希望，开始自学英语。后来，遇到机会，考取了研究生，进而出国留学和工作，铸成了我的人生轨迹。现在回想起来，庆幸自己当年的决定，多次的机会和自己长期坚持不懈的努力；感谢所有帮助过自己的人。你可能与我有类似或不同的学历和英语学习之路。但是，不管类似或不同，每个人根据各自的兴趣，为了各自的目的，在各自的条件下，采取各自的方法，经过各自的努力，取得了各自的成功。无所谓对错，无所谓优劣。人生在世，总要干点事情，犹如在浩瀚的大海上航行的大船小船，都会翻起浪花，高低不等；造成的航迹，不管大小，最终都会消失在天边。希望你是一艘大船，翻起高高的浪花，虽然不能永存，但是起码当你健在的时候，你可以自豪地说：瞧，那就是我的事业，那就是我的成功！

相关链接：

胡果威：英语"考级"之我见

http://my.cnd.org/modules/wfsection/article.php?articleid=29223

03 我的研究生梦

2011年09月19日

有两个原因促使我写作和发表这篇回忆文章。（1）1978级研究生是文化革命后招收的第一批研究生。这批研究生有万人之多，其中很大一部分人，有曲折的经历，即：文化革命前考上大学，因为文化革命而学业中断；毕业分配到偏远的"基层单位"，处境艰苦；通过自己的努力，文化革命后考取研究生，重新开始学习，从而改变命运。我属于这部分人，有一定的代表性，要把自己的经历写出来。（2）我想通过自己的研究生故事，说明"有志者，事竟成"。一个有强烈事业心、自信心的人，确定目标，坚持不懈，执着追求梦想，做事一定会成功，事后会有不悔的回忆。如果通过分享这篇回忆文章，能够对一些人起到鼓励作用，我就心满意足了。

一．大学梦（1964 — 1970）

1964年我从广东省梅州中学毕业，考上北京大学地球物理系，圆了大学梦。上了大学才知道大学毕业后还可以考研究生，真是山外有山，天外有天。现在还记得的一件事：入学不久，上完课从二教（在五四操场附近）回宿舍39斋（那时不叫楼）的路上，在大饭厅（现称"大讲堂"）南面的柿子林（现在已经没有了），同班同学王书仁问我：你准备考研究生吗？我没有作肯定或否定的回答。但是考研究生这事，从此就一直记在我心上。当时还是大学一年级学生，忙于学习，况且毕业还早着呢，也就没再认真考虑过。

1966年6月，文化革命开始。大学学业中断，大学教育和研究生制度被视为"修正主义教育路线"，被批判得体无完肤。在两年多的时间里，经历了工作组进校和撤出，学生和教职员工分裂成两派打内战，武斗。1968年8月，工宣队（"工人阶级毛泽东思想宣传队"）和掌握实权的军宣队（"解放军毛泽东思想宣传队"）进驻北大，控制了局势，开始搞恐怖的"清理阶级队伍"运动。当时我在学校的广播台机务组（由原两派广播台的人员组成），每天在校园里架设电线安装喇叭，不住在班里的宿舍，不参加班级活动，等于躲在避风港。因此，我有时间静下心来思考一些问题。我心里总觉得很空虚：上课两年才学了6门数学物理基础课，欠缺两年的专业基础课和两年的专业课（我的专业是大气物理）。我认识到：停止学习而整天搞运动是没有前途的，最终吃亏的是学生本人。于是我拿定主意：收集（买）书，自学。1968年10月，开始自学北大无线电系讲义（第一册和第二册讲电子线路原理，第三册讲电子元件）。学完第一册，接着学完第二册。这样开始自学是结合实际，从兴趣出发。我从初中二年级开始就是业余无线电爱好者，动手能力很强，但是缺少真正的无线电理论知识。这两册讲义，使我掌握了大学水平的无线电知识，是我后来学习所有无线电理论和技术的基础。

1968年12月，校园广播网完工，广播台"裁员"，我回到班里的宿舍，参加班级的活动，才开始亲自领教工宣队和"清队"的厉害。但是，主意已经定好，习惯已经养成，无法改变，我也不想改变。我对揭发批判，"斗私批修"毫无兴趣；对一些人"狠斗私字一闪念"的讲用，觉得很可笑。在那荒唐的年代，读书无用；岂止无用，而且有罪、反动。你可以打扑克，逛大街消磨时间，就是不可以看（业务）书。虽然我进行掩饰，在书的封面贴上白纸，写上诸如"中学生习作选"的书名，但还是被工人师傅发现，或许还有人告密，成了目标而被盯上了。我曾经被请进专门为本年级的"白专分子"开设的学习班。工宣队还在年级大会上不点名地批判我不报名参加1969年的"二十年大庆"活动而和另一位同年级同学骑自行车来回二百多公里，到天津买书。最后，在我的毕业分配鉴定上，警告我"要防止白专道路的侵蚀"。自然，我的毕业分配也就最差。

1970年3月，我和女朋友一起毕业分配到陕西省商南县。毕业分配携带的行李中有250本书，包括许多外文书，分开放在三个箱子的底层，沉甸甸的。两年之后，我分配到县广播站工作，她调到县气象站工作。商南县有100多名从北京，上海，西安等地分配来的大学生。大家都知道，在这个偏僻的山区小县是没有什么前途的。于是各显神通，纷纷找关系走后门，企图往外调动，离开商南县，但是成功者寥寥无几。我们没有什么关系和后门，但是也不甘心在那里呆一辈子。出于兴趣，抱着将来可能有用的一线希望，我又开始自学，要补足由于学业中断欠缺的大学课程，包括数学，物理，无线电，英语。那250本书，就是我们当时最宝贵的财富和希望所在。

二．第一次研究生梦（1973）

1970年，大学重新开始招生，称为"工农兵学员"，靠推荐而不靠考试。1973年"右倾回潮"，大学招生要考试和推荐相结合。是年4、5月间，毕业留校任教的同班同学王书仁来信，说北大搞试点，招收研究生，初定名额10到20名，不清楚是否要考试，如何考试，但他一定能找到得力的人推荐。要我赶快写信报名，由他转交。对我来说，考取研究生，既是深造，也是出路。于是我赶快写了信，报数学力学系计算数学专业。我在信中说，我对数学特别有兴趣，数学特别好，对无线电也特别有兴趣，也特别好；既可以学习计算机的算法（用今天的话来说，软件），也可以学习计算机的制造（用今天的话来说，硬件）。我还开列了学过（包括在校学习和自学）的课程。我在信中还表示，如果未婚的大学毕业生可以优先录取，我可以推迟婚期（我们当时已经决定在秋天结婚）。王书仁同学经常来信告知情况，一切似乎进行得很顺利。

突然，形势急转直下。原来是那位"白卷英雄"张铁生，文化水平太低，眼看自己上大学无望，在6月间参加大学入学文化考试时，在物理化学试卷背面写了《给尊敬领导的一封信》，斥责别的考生是不务正业的大学迷，乞求"各级领导"开恩录取他。当局的某些人则借题发挥，在8月10日的《人民日报》上刊登张铁生的信，反击"右倾回潮"。于是，文化考试的分数不算数，或者分数越高越没人敢要。从此，大学招生又回到靠推荐的老路。城门失火，殃及池鱼。北大招收研究生的事，也随之泡汤，被反击"右倾回潮"反掉了。

1973年9月，我们按原计划结婚，回到北京。我对于研究生的事，仍然不死心。我和王书仁同学一起，要找北大数学力学系主任段学复教授问个究竟。一天晚上，我们出了小东门（当时的小东门，紧挨着东操场东南角），沿着小路穿过一片民房，进入燕东园，上到一座二层小楼的第二层，到了段教授的家门口，说明来意。段教授领我们到他的书房坐下，对我们说：如果你们早来一个月，我还有话跟你们说；现在，已经没有什么可说的了，国务院已经发通知了。我们很明白，就是不能招收研究生了。于是我们道谢，起身告辞。整个谈话过程，不超过5分钟。

这次研究生梦就这样破灭了。

三．发明创造梦（1973 — 1978）

第一次研究生梦的破灭，促使我重新考虑离开商南县、寻找前途的策略。那时候的干部（大学毕业生属干部编制）工作调动，分"函调"和"商调"。（工人还有"对调"，不在考虑之列。）"函调"的意思是：上级主管部门发来信函，指名要把某某人调走，下级单位必须服从，也就是必须放人。"商调"的意思是：一个单位向另一个单位发出信函，与之"商量"某某人的调动；两个单位之间没有隶属关系，"另一个单位"可以拒绝放人。我曾试过"商调"，根本就行不通。不是找不到要人单位，而是不能在商南县打通关系，让我离开。于是，只剩下"函调"这一途径。但是，要实现"函调"，谈何容易，要有高级关系和后门才行。当时有一对夫妇，是西北农学院的毕业生。女方的父亲原是位于西安市郊区的庆安公司（飞机制造厂）的党委书记，文化革命中失势，丢掉了官职。所以这对夫妇毕业分配到了偏僻的商南县。后来，女方的父亲被解放，官复原职。于是，这对夫妇立即"函调"回西安市，男方进了陕西省人事局。我们和这对夫妇在商南时有些交往。而在商南的北大同学中，韩长绵和那位男的曾经是同事，关系比较密切。韩同学出差到西安，见到那位男的，谈起他在陕西省人事局的工作和还在商南的大学生们的情况。那位男的说，陕西省刚成立一个无线电研究所，需要工作人员。于是韩同学接了茬，说吴某某的无线电很好，能不能帮他调到无线电研究所。那位男的竟然说：这个我知道，我是能够帮助他的，但是吴某某有政治问题（我的解释见后），我不可以帮助他。

韩同学回到商南后，跟我说了这件事。有一天，我又对妻子说了这件事，妻子听了，潸然泪下。这对我的刺激极大。我当着妻子的面发誓说：我以后一定要找到一个比陕西省无线电研究所更好的单位！

怎么样才能实现我的誓言呢？研究生梦的破灭和"商调"、"函调"的不可能，使我认识到：除了学习应付考试的大学课程外（我当然不知道还有第二次研究生梦），还要搞出一些名堂来。在当时当地的条件下，可以搞技术革新，发明创造（说是科学研究则有些勉强），以引起有关方面的注意。也许，只是也许，有的单位会去"人事部门"活动，实现"函调"。

我定下的策略是：战略上一鸣惊人，战术上瞎猫碰死耗子。具体做法是：确定若干颇有分量的无线电项目，都试一试（瞎猫碰死耗子）。选择能在较短时间内出成果的项目，完成后写成文章发表（一鸣惊人）。我确信自己有足够的理论基础和动手能力。县广播站有一些仪器可以使用，更重要的是，我可以利用工作时间干这些事情。为广播事业搞技术革新发明创造嘛，名正言顺。

我定的项目有5个：（1）移频扩音机，（2）喇叭音圈位置检测器，（3）广播电台收听检测器，（4）磁带录音机的磁头垂直度，（5）无线电广播的波长调制。通过理论分析和初步试验，我选定了（2）和（4）。经过努力，真的取得了成功。1976年，我把题为"音圈位置检测器"的文章寄给《无线电》杂志编辑部。随后，根据他们回信中的要求，把仪器寄给他们试验。这篇文章刊登在《无线电》杂志1978年第5期（月刊）上，得到稿费9元。后来，有人把电路图放到互联网上，不过把标题改成了"喇叭音圈检测电路"。还是在1976年，我把题为"录音机录放磁头垂直度对高频特性的影响"的文章寄给陕西省广播事业局。结果收到他们的回信，说计算结果没有用处。我当时心想，肯定是他们没有看懂（文中用了微积分和颇为复杂的立体几何计算），或者他们压根就没有看我的文章，认为是小小县广播站的无名之辈在班门弄斧。于是我又把文章寄给中央广播事业局。结果他们在回信中说计算得很好，要我补充实验结果（审稿人邵昌辉）。于是我想出办法，利用县广播站的几样仪器做实验，赶快把补充实验结果后的文章寄给中央广播事业局。这篇文章刊登在中央广播事业局出版的《广播与电视技术》杂志1977年第4期（季刊）上，得到稿费18.5元。这篇文章也被放在互联网上了。不过，要下载全文，还要交费。我为在艰苦的条件下独立完成这两个项目写出文章而自豪，并且认为，其结果直到今天仍然有实用价值。

1978年我报考中国科学院北京天文台的研究生，把这两篇文章作为"著作"寄给天文台的招生办公室，为这次实现研究生梦助了一臂之力。而且，我在独立进行项目的选定，计算和实验的过程中，得到了很好的锻炼，为后来的研究生学习和研究，打下了良好的基础。付出的时间和精力，没有对"商调"或"函调"起作用。但是，对拿到研究生录取通知书起了作用，这不是更加值得吗！

四．第二次研究生梦（1977，1978 — 1986）

1976年10月初，为筹建商南县电视转播台，我去浙江省淳安县出差，到一家无线电厂订购电视转播机。回程时顺便到浙江省余姚县电视差转台参观。参观完了，在余姚火车站等候路过的宁波开往杭州的列车。当火车徐徐进站时，远远望去，车厢上涂满了大字。大字越来越近，越来越大，越来越清晰。等列车停稳，仔细一看，吓了我一跳，居然是"绞死江青"，"油炸张春桥"，"火烧姚文元"，"炮轰王洪文"。我想，莫非又是一帮不怕死的家伙在胡闹。但是转念一想，也不像这么回事，当局哪能容许这些"反动标语"随着火车穿州过县，沿途扩散影响？上了火车，邻座的乘客问我：你看见火车上写什么了吗？我瞟了他一眼，回答说：没有。再看看周围，也没有人谈论这些标语。到了杭州，见到大学的同班同学。他告诉我，确有这么回事，江青等人被抓起来了。第二天外出，在大街上看到一些同样内容的标语。过了两天到达上海，才看见铺天盖地的大标语大字报，挤满大街敲锣打鼓的人群，在欢庆胜利，声讨"四人帮"。我心里一震：要变天啦！

天在变，慢慢地变。1977年5、6月间，收到王书仁同学的来信，得到招收研究生和北大"回炉班"的消息。我的研究生梦，又一次开始了。

1.确定方向 （1977）

招收研究生消息确切，具体办法还不知道，但是，要考试是肯定的，要考外语是肯定的。考虑到难易程度和将来的用处，我决定选英语而不是俄语。于是，我开始复习英语。其他科目，等等再说。复习英语，就用我在1973年开始自学英语时用的北京对外贸易学院的《基础英语》和薄冰的《英语语法》，以及当时做的笔记和练习。

往哪里投考呢？只想到两处：北大地球物理系和中国科学院电子学

研究所。前者是我上大学的系，后者呢，可以发挥我的无线电优势。正在踌躇之中，10月份收到王书仁同学的来信。信中说，在正在举行的全国自然科学规划会议上，乔国俊（我大学二年级的班主任，研究射电天文）和邢骏（地球物理系天文教研室主任）两位老师，向中国科学院北京天文台的射电天文学家王绥琯推荐了我，建议我报考王先生的研究生。信中还转达王先生的话，要我给他写一封信，说明学了哪些课程，做了哪些工作，由乔国俊老师转交给他。于是，我用了几天的时间，先打草稿，再誊写一遍，写了满满的三页信纸，赶快用航空信寄给王书仁同学。信的主要内容如下：

（1）1964至1966年在北大地球物理系上学期间，学了6门数学物理基础课和俄语，每门功课的学期和学年评分都是5分。有很好的数学物理基础。

（2）1968年10月至1970年3月毕业分配，之后直到1977年10月，自学了数学，物理，无线电和英语。开列了8本数学书，5本物理书，12本无线电书。每本书有书名，作者，学习的深度，是否做了习题。英语的水平是能够借助词典阅读科技书籍和文章。

（3）1972年2月至1977年10月在陕西省商南县广播站当技术员，维修扩音设备。在最近的一年，负责筹建商南县电视转播台的技术工作。有很好的无线电理论基础和很强的动手能力。

（4）在商南县广播站工作期间，独立完成两个技术革新发明创造项目，写成的两篇文章将在《无线电》杂志和中央广播事业局的《广播与电视技术》杂志上发表。

（5）在信的结尾，表示对射电天文有浓厚的兴趣，还有少不了的表示决心和感谢的套话。

信寄出大概两个星期后，收到王书仁同学的回信，转述乔国俊老师的话：王绥琯先生看了信，表示对我的情况很满意，鼓励我好好准备考试，并且建议我报考射电天文方法与技术专业以发挥无线电方面的优势，如果以后想转学射电天文理论也可以。

我没有学过射电天文，但知道是干什么的。数学，物理，无线电和英语是一定要考的了，但是没有指定的考试范围和参考书。数学和物理好办些，我相信北大课程的广度和深度。我们手头有一套精心保存下来的北大讲义，教科书，参考书，甚至还有习题和当年的作业本，这要归功于我的妻子。所以先开始复习数学和物理，做习题。无线电和英语是纯粹靠自学，心中最没谱。英语复习早就开始了。无线电呢，只能先放一放。

1978年1月，趁我出差到北京采购电视机，我和妻子，带上一岁半的孩子和我的母亲（在1976年到商南县帮我们照顾孩子），回到北京。我见到王书仁同学和乔国俊老师，大家一致认为，我应该去看望正在广安门医院住院的王绶琯先生。于是我去了广安门医院，找到王先生，致意问候。王先生早就从以前的信中了解我的情况，不必多谈了。我只是表示，由于文化革命的耽误，年龄比较大了，不利于学习。王先生立即要我放下这个担忧，说：那么困难的年月都过来了，只要努力，以后什么困难都可以克服。这对我是一个很大的鼓励。此外，我还和王书仁同学一起，到位于中关村的中科院宿舍拜访北京天文台的射电天文专家吴怀玮。吴先生告诉我，无线电考试的参考书是南京工学院管致中先生的《无线电技术基础》上下册和清华大学无线电系的《晶体管电路原理》。这个信息太重要了。在返回商南县路过西安时，我请在陕西省图书馆工作的北大同学侯汉清借到管致中先生的书。（我自己有清华大学无线电系的书。）从此，对准备无线电考试就有了依据，心中有数了。顺便说一下，正是侯汉清同学在商南县工作时，教我入门英语。我永远感谢他对我的帮助。

在北京购买到十多部电视机后，我和商南县广播站的会计乘飞机押运这些电视机回到西安，再坐长途汽车将这些电视机运回商南县。此后，我不再外出，待在商南一心一意复习功课，准备考试。而我的妻子在春节与父母家人团聚后，在大年初三，1978年2月9日，只身一人离京返回商南县，复习功课准备北大"回炉班"考试。

2.报名（1978）

考取研究生，既是深造，也是我的唯一出路，而且关系到老婆孩子的命运，我当然全力以赴。但是，问题来了。县广播站的一些人跟我过不去，找到广播站站长张国亮抱怨说，吴某某凭什么可以不下乡到广播放大站去修理扩音机而躲在县城复习自己的功课？张国亮站长是陕西省武功农校的毕业生，很同情这批"落难"的大学毕业生，一向对我特别照顾。他对那些人的回答是：我是站长，就这么安排工作；我这是为国家输送人才，你们有什么意见？！而在私下则对我说，一定要保证县站播音设备的正常工作，其余的事情不要去管。我听从他的意见，有空就到播音机房看看，防止出现故障。

但是，更大的问题来了。有一些人听到我要考研究生的风声，跑到县文教局，说：吴某某有政治问题，不能让他报考研究生。这是怎么回事呢？这里长故事短说。文化革命中，我见到一些高中同学，免不了谈论一些小道消息，发表一点议论。万万没有想到，其中的一位，竟然在大学毕业分配前夕，揭发我有"恶毒攻击"言论和"偷听敌台"。材料寄到北大时，我已经在1970年3月毕业分配离开学校。于是材料又转到商南县，我开始挨整。1971年9.13林彪事件以后，整我的重磅炸弹已经失效。1976年10月"四人帮"跨台以后，整我的钢鞭材料彻底作废。但是，如果有权力的人要整我，这些材料还是可以利用的，只要把"政治问题"挂起来，一把达摩克利斯之剑，就会永远悬在我的头上。幸好主管招生的县文教局副局长许文魁为人正直友善，也是希望在这个"科学的春天"考上几个研究生为商南县特别是文教局增光（用当今流行的说法，叫做"出政绩"），不同意再纠缠这个问题。但是，他也不敢自作主张，于是去找主管文教的张副县长，说了自己的看法。张副县长同意许文魁副局长的意见。这个跳出来的拦路虎，这次没有挡在我前进的道路上。（这事没完，好戏还在后头。）

　　1978年3月，我到商南县文教局招生办公室顺利报了名，看了中科院的招生简章，报考北京天文台射电天文方法与技术专业，导师为王绶琯（兼射电天文理论专业导师）和吴怀玮，考试科目5门为：高等数学，普通物理，无线电技术，外语（英语或俄语，我选了英语），政治。至于参考书，只记得无线电技术科目的参考书如前所述，考外语可以带词典。报名的同时我递交了不久前收到的《广播与电视技术》杂志1977年第4期，里面载有我的题为"录音机录放磁头垂直度对高频特性的影响"的文章，算是我的"著作"，由县招生办公室寄往北京天文台。几个星期以后，收到北京天文台寄来的准考证。

　　报名以后，复习功课进入冲刺阶段。与北京天文台其他专业的考生相比，我要多考一科无线电技术。对于我投考的专业，这是最重要的一科。而且，我预见一定会有许多名牌大学无线电系的毕业生投考这个专业，将有一场恶战，绝对不能掉以轻心。所以复习功课的任务很重。商南县那时没有大电网，县城的发电厂只有晚上发电供照明用，晚11点准时停电。每天早上，县广播站的发电机发电供广播用。早上电一来，不管天亮与否，我们就得起床，接着参加雷打不动的一小时的天天学习会（其前身是实行多年的"天天读"）。此后的时间，才可以干别的事情。对我来说，就是一天复习功课的开始。晚上我算计时间，快到11点时赶快收摊，以防停电后摸黑。但不可能每天都算计准确，特别是做习题不能中途停下或是忘了停下。所以我准备了手电和火柴、蜡烛，到时电灯突然熄灭，则立即打亮手电或点亮蜡烛，赶快收摊结束。张国亮站长总是在停电后巡视广播站，路过我的窗前时如果看见我屋里还有亮光，他就会大喊一声：小吴，该睡觉了！我则立即答应一声：知道了！犹如口令对答，经常如此。

3.初试（1978）

1978年5月15日，是考试的第一天，上午考政治，下午考英语。第二天上午考高等数学，下午考普通物理。第三天上午考无线电技术。每场考试都是3小时。考场设在县文教局的一个称为"教研室"的院子内的一间大会议室里。共有8位考生，全是男的，投考8个不同的招生单位。每人占用一张大桌子。午饭的主菜是炒腊肉，有馒头有米饭。主办的老师对我们说，局长吩咐了，一定要搞好你们的伙食。美中不足的是，没桌没凳要蹲着吃饭。不过也不要抱怨，这是陕西一大怪。

考试的情况和结果如下（分数是后来到北京天文台复试时知道的）：

（1）政治 － 64分（准确分数）

有名词解释，简答题，详答题。两道详答题，各25分，分别是：（1）试批判"四人帮"对毛主席无产阶级专政条件下继续革命理论的歪曲和篡改。（2）为什么社会主义社会要实行"各尽所能，按劳分配"的原则？至于前两项，只记得名词解释"国体"，"政体"。

我没有花一分钟去复习政治，能得到不错的64分，主要应该归功于广播站雷打不动的天天学习会。这个会通常是这样开的：一位播音员朗读报纸或文件，然后几位编辑大人高谈阔论，而我们几位技术人员从头到尾一言不发，只是洗耳恭听。天天如此灌输，就是傻瓜也能记住一大把，何况我们都是大学毕业生。所以，对这两道详答题，随随便便就能答个八九不离十。这样，50分就差不多到手了。再加上对名词解释顾名思义和对简答题当场发挥，10多分就轻轻松松拿下了。当然，你得掌握原则，一定不能离经叛道，或想说什么就说什么，发表什么独特见解。歪曲不歪曲，篡改不篡改，只有天知道。不管是不是各尽所能按劳分配，反正每天上班，每月到时去领一份3类地区的51.5元工资就是了。这个64分恰到好处。低了嘛，可能会达不到分数线；高了嘛，可能你未来的研究生导师不高兴，甩出这么一句话：政治考这么高分干什么？

（2）英语 － 79.5分（准确分数）

我在中学和大学都学俄语。大学毕业后在1973年春节期间开始自学英语，基础不扎实。幸好英语考试可以带词典，我带了手头仅有的郑易里《简明英汉词典》。虽然认真复习做了准备，对这平生第一次英语考试还是心中无数。考试中最困难的是汉译英，有不少英语单词记不得准确的拼写，我又没有汉英词典。现在只记得一道汉译英试题："正是英明领袖华主席领导我们一举粉碎了四人帮。"语法难不倒我，一看就知道这是考"It's …… who ……"的强调句型。但是我不会翻译"四人帮"，只好写中文，用一个矩形框上。后来想起来觉得很可笑。总的说来，觉得发挥了自己的水平，所以考完后自我感觉良好。在北京天文台参加研究生复试时得知英语得了79.5分，为射电天文方法与技术专业考生的最高分。这个分数大体反映了我的英语笔试水平。但是，为最高分则有些偶然，有的考生本应考得比我好。

（3）高等数学 - 90多分（不知道准确分数）

凭着当年北大的良好基础和认真复习，得了90多分，在同专业的考生中，应该算是比较高的，但是肯定不如天体力学，天体测量专业考生中的高手。只记得一道题，给定一个颇为复杂的二元方程，应用微分学研究其平面曲线的性状（切线，拐点，渐近线等），画出这条曲线。这是一道很"原始"的题目，没有重点复习，不是很熟悉，花了我不少时间。

（4）普通物理 - 80多分（不知道准确分数）

凭着当年北大的良好基础和认真复习，得了80多分，在同专业的考生中，也应该算是比较高的，但是肯定不如恒星物理，太阳物理专业考生中的高手。开头的试题是名词解释和选择填空。只记得其中的一道：一颗恒星发红光，一颗恒星发蓝光，发（填红或蓝）光的恒星温度比较高；接着是一个有下划线的空白行，填理由。这题有点像科普问答。第一道计算题，是石块落下水井的运动学加简单的动力学问题，这也是一道很"原始"的题目，没有重点复习，也花了我不少时间。最可气的是，有一道力学题，给定波动表达式，要证明给出的波的群速度表达式。我花了很多时间，反复计算，反复检查，怎么也推导不出要证明的表达式，就差一点点。在北京天文台参加研究生复试时才知道，原来，那个给定的波动表达式有错误。于是在判卷时，根据证明过程的"合理性"给分，放得很松，但是随意性很大。只有一位考生发现并纠正试题的错误，推导出要证明的表达式。不知是不是给了"超满分"。试卷最后还有两道超出普通物理范围的电动力学和量子力学附加题，每题10分，可能是给恒星物理和太阳物理专业考生准备的。（1）试用麦克斯韦方程组推导电子在均匀静电场中的运动轨迹。（2）试用薛定谔方程推导质点在有心力场中的运动轨道。我只是草草做了第1题，估计做得不对没得分。

（5）无线电技术 －76分（准确分数）

无线电技术的考题很多，有些题目难度比较大，范围包括线性电路和晶体管放大电路，记得都是理论计算题。估计绝大部分考生都没做完。我的无线电技术全靠自学，但是花了很多时间学了很多理论，又做了充分的准备，比较熟练，刚好全部做完，没有时间检查。这是我平生第一次无线电考试，结果很不错。在北京天文台参加研究生复试时得知得了76分，为本专业的最高分（其他专业不考无线电技术）。第二名是63分；参加复试8人，其中最后一名是28分。印象最深的是一道电路计算题：用矩阵法计算一个颇为复杂的电路的输出电压与输入电压之比。对"矩阵法"可以有不同的解释，我拿不准在这里是指哪一个，只能凭自己的理解选定一个。于是根据电路的克希霍夫定律，得到一个含有5（行）x 5（列）矩阵的线性方程组。试了一下才发觉，要用矩阵变换解这个方程组并非易事，大概要15分钟，而且容易出错。这时我又发觉，其实利用欧姆定律而不用"矩阵法"，简单和容易得多，但是这种解法不合题意。于是我灵机一动，在草稿纸上用欧姆定律快速求出答案。在答卷上写出矩阵变换的头两步之后，根据用欧姆定律求出的答案，直接跳到矩阵变换的最后一步。为保险起见，我还用答案做了验算（这很容易）。

更多的关于考生和初试的情况，到北京天文台复试时才知道。

初试后收到《无线电》杂志编辑部寄来的1978年第5期，里面载有我的题为"音圈位置检测器"的文章，算是我的又一篇"著作"，到商南县招生办公室请他们寄往北京天文台。

4.赴京赶考（1978）

初试几个星期后，收到王书仁同学的回信，转述乔国俊老师的话：王绥琯先生知道了我的初试成绩，很满意，要我好好准备复试。接着收到北京天文台寄来的复试通知书，随后我和妻子一起，在6月下旬坐长途汽车从商南县前往西安。我的妻子是到西安参加7月份的北大"回炉班"考试。（北大在陕西省设两个"回炉班"考场，另一个在汉中，因为那里有一个北大分校。）我也报了北大"回炉班"的名，有北京考场的准考证。

商南和西安之间的公路不到300公里，但是翻越秦岭，道路崎岖，路面很差。两地之间，每天有两辆长途汽车对开，都是早上6点半发车，下午3、4点到达目的地。其中的一辆汽车由商南县的司机驾驶，另一辆由西安市的司机驾驶。所以，从商南开往西安的长途汽车，一天是商南县的司机驾驶，另一天是西安市的司机驾驶。在我们预定出发日期的前一天的下午，西安市的司机驾车到了商南。当天晚上，下了一场大范围的特大暴雨，从商南到西安的公路多处损毁。通常，在这种情况下，长途汽车停开。但是，那位西安市的司机回家心切，执意要开车上路。于是我们能按预定日期出发。沿途遇到很多险情。路面太差时，乘客下车，步行通过，司机一人开车通过后，乘客再上车。遇到"漫水桥"（桥面很低的桥梁，洪水时水流从桥面漫过），也经常这样做。最危险的一次，汽车正在行驶，我们听到车后轰隆一声，吃了一惊。原来是我们的汽车刚刚通过，后面路边的山崖突然塌方，差一点没砸着我们的汽车。好歹到了西安，已经是晚上。后来知道，由于连日暴雨，商南和西安之间的长途汽车，随后停驶了很长的一段时间。谢天谢地，那天正好碰上西安市的司机，而且一路闯险通过。要是商南县的司机，一定不愿意开车上路而留在商南的家中，我们很可能被耽误了研究生复试和"回炉班"考试，前功尽弃，那就惨了。

5.复试（1978）

到达北京后见到乔国俊老师，他解释说，王绶琯先生对我的初试成绩很满意，因为我的数学和物理的分数虽然在全天文台的考生中都不是最高的，但是很均衡，不像有些考生，数学分数很高而物理分数很低，或物理分数很高而数学分数很低；此外，还因为我的无线电技术分数最高。

北京天文台的复试考场设在海淀镇附近的八一学校，记得都是平房，校内有花园，有水池，还有假山，但是显得有些破败，没有学生，冷冷清清。我和大部分考生一样，在复试期间就住在这个学校里。

复试在7月上旬举行。各个专业的考试科目不同。我参加了三场考试。

（1）数学，笔试，2小时

我们射电天文方法与技术专业考生和天体力学的考生一起考数学。主持考试的韩念国先生考前宣布：天体力学考生要求做全部题目，共100分。射电天文方法与技术专业考生只要求做第一和第二道题，共50分，其余为选做题。我做完第一和第二道题后，想去试试后面的题目。第三道题还有点门路，尽我所能做了一部分。再后面的题，一点门路都没有，连题意都看不懂。

（2）无线电技术，笔试，2小时

只有我们射电天文方法与技术专业的8位考生参加。共三道题，第一道和第二道题各25分，第三道题50分。第一道题是：叙述和证明信号通过线性电路传输后不失真的条件。第二道题有关晶体管放大电路。第三道题是用阻抗圆图解决一个传输线匹配的工程问题。估计这个工程问题，与北京天文台射电望远镜的信号传输设备有关。我做完了第一和第二道题，而且相信是对的。因为我没有相关的实际经验，凭对阻抗圆图的一些知识，把第三道题做了一点。相信别的考生，也没有相关的实际经验，只能做一点，彼此彼此。

（3）无线电技术，口试

口试有两位考官，一位是北京天文台的吴怀玮先生，另一位是北大地球物理系天文教研室的一位教师，耳朵上戴着助听器。两位考官端坐在一张桌子后面。桌上放着2个圆筒，筒里放着一些卷成长条的试卷。我被要求从每个筒里随机抽出一条试卷，拿着它们坐到一张课桌前，打开试卷思考问题，时间限制是10分钟。10分钟一到，我被要求站在黑板前，在黑板上一边写题解一边口头解释。第一道是传输线连接处反射的问题，第二道是晶体管共基极放大电路的问题。我对这两道题的有关内容都比较熟悉，顺利通过。口试总共大约20分钟。

考数学那天，我看见方励之先生去物理考场，为中国科学技术大学从北京天文台的复试考生中挑选研究生。结果，向守平同学被选中，到科大天体物理研究室念研究生去了。

主持数学考试的韩念国先生，在考试后召集考生开座谈会，自愿参加。他说，原定射电天文方法与技术专业考生只复试无线电技术，不考数学；但是王绥琯先生坚持要考数学，说：数学最重要，凡是数学学得好的学生，其他科目也一定学得好。接着，韩先生与每一位天体力学考生交谈，分析该考生的答卷。

这里顺便讲一下韩念国先生的故事。韩先生是一位数学天才，是家喻户晓的"军阀"韩复榘的孙子。韩先生因为家庭出身不好，高中毕业后考上大学又被迫退学，找到北京天文台的一份工作，当天文观测员，很快崭露头角，小有名气。1963年被破格录取为北京大学数学力学系程民德教授的研究生，毕业后回到天文台工作。我在1980年出国留学之前，在中关村63楼天文台招待所住过一段时间。韩先生有时到我们的房间，跟我和另一位研究生聊天，讲述他的数学研究。1986年我学成归国。有一天在天文台楼前遇到韩先生，只见他柱着一根拐杖，步履蹒跚，脸上完全失去往日的神采。我叫了一声韩老师，问他还认得我吗。他说他眼睛看不清，认不出来。我又说出我的名字，问他记得不记得。他说不记得。事后我才听人说，韩先生在美国做访问学者时，出了车祸，脑部受了重伤。后来有一次在天文台的大客车上他对我们说，他在美国时，接待到美国访问的朋友，开汽车超车时撞上对面开来的卡车；他在出事之前就有预感，可能有什么祸事了。他还说，他爷爷是被蒋介石陷害的；他爷爷点戏"关公战秦琼"的传说根本就是编造的。我为韩念国先生深深惋惜，在异国的一场车祸把一位才华横溢的研究人员变成一个生活自理都有困难的人，完全毁了他的后半辈子。

复试完毕，我很快就知道了分数。数学笔试和无线电技术笔试都是50多分，无线电技术口试5分。见到乔国俊老师时我告诉他我的分数，他问我，这么低的笔试分数是怎么回事。我向他解释了出题的情况，他也就放心了。

天文台复试前我到北大参加"回炉班"数学和物理考试。试场设在哲学楼。在教室里看见一位女同学挺着大肚子参加考试，令人顿生怜悯之心。这天特别热。下午考物理时，监考老师走到每位考生跟前发冰棍。物理考题分量特别重，3小时快结束时，监考老师宣布延长20分钟。外地考生没有这个延长时间，不甚公平。我的数学和物理分别得了100分和93分，为地球物理系的最高分，是"回炉班"的当然录取对象。

北京天文台研究生招生办公室蔡主任办事精明干练。他逐个找到所有复试考生，告知对他（她）的录取结果。所以，在离开天文台返回陕西商南前，我已经知道我被录取为射电天文方法与技术专业研究生。我请王书仁同学转告北大地球物理系，我已被北京天文台录取为研究生，不会去上"回炉班"。

蔡主任还告诉我们，有200多人报考北京天文台研究生，51人参加复试。北京天文台只招收14名研究生，向别的单位如中科院云南天文台，中国科技大学，北大地球物理系，邮电部邮电科学研究院等推荐了21名，总共35名有了出路。其余16名，北京天文台认为他们的水平实在是欠佳，没有向外推荐。射电天文方法与技术专业有30多名考生，8人参加复试，该专业录取2名。（后来全台有3人考取出国研究生，这些人不占用原定的招生名额，北京天文台最终共录取了17名1978级研究生。其中射电天文方法与技术专业有1人考取出国研究生，该专业最终录取了3名。）根据考试成绩，把考生和专业作了调整。征得考生同意，有些考生被录取到不是该考生报考的专业。

射电天文方法与技术专业考生中，有一位南开大学数学系毕业生，高等数学初试考了100分，令人佩服。但是无线电技术考分不高，被调整到了天体测量专业。他在天津市附近河北省一个县的广播站工作当技术员。高高的个子，剃光头，一副农民打扮。带了一个大麻袋，到北京天文台复试还忘不了顺便给广播站买器材。他和我是同行，都是广播站的技术员，所以我们聊得特别多。他复试完了回到原单位，报告了被录取的好消息。结果，他的妻子给北京天文台写了一封信，说：你们一定不能录取他为研究生；如果你们录取他，他一定会变成陈世美，我就要上吊。 结果北京天文台被吓唬住了，没敢录取他。我在北京天文台念研究生时，真的没看见这位高等数学初试考了100分的考生，实在可惜。

北大地球物理系天文教研室主任邢骏老师当初向北京天文台推荐了两位北大毕业生。如前所述，我是一位。另一位是北大物理系1964级学生，1970年毕业分配到商县。商县和商南县同属商洛地区，商县是地区专署所在地。我到商县出差时见过她好几次，所以和她比较熟悉。她后来工作调动到位于陕西省蒲城县的中科院陕西天文台。北京天文台研究生复试时两人相见，有些意外。她报考的恒星物理专业，考生中高手很多，她没有能够竞争过人家，败下阵来。所以，不要以为有得力的人推荐，就打了保票，最终还要看分数。一般认为，1978级研究生，1977级和1978级大学生的入学考试和录取，是历年来最公平的，基本上做到了分数面前，人人平等。

6.意外受伤（1978）

我在北京天文台参加研究生复试后返回商南县的途中，在西安和商县短暂停留，拜访同学和朋友，告诉他们我考取研究生的消息，感谢他们的帮助，与他们告别。我的妻子在西安参加北大"回炉班"考试后早已回到商南。她觉得自己考得不错，很有希望。我们很快就收到王书仁同学的来信，告知地球物理系"回炉班"考试和录取情况：全系录取40名，我的妻子考了全系的第3名，一定会被录取。虽然还没有接到录取通知书，但是我们心中有数。

我们开始清理物品做准备。我也开始交接工作，最主要的是电视转播台的维护事项。电视转播台建在一座名为青山的高山顶上，山顶上还有一个微波中继站，向转播台提供电视信号，这就是为什么电视转播台建在青山顶的原因。青山离商南县城20公里，汽车要开40分钟到山脚下，再开20分钟盘山而上，才能到达山顶。没有定期班车，我们只有搭到微波站办公事的汽车。7月下旬的一天，我和广播站的一位技术人员搭汽车到达电视转播台，检查电视发射机。第二天，不知道办公事的汽车什么时候才能再到微波站，把我们捎回县城。我急于回县城，也有一种"迷信"的想法：盘山公路又窄又弯又陡，一边是深渊，一边是峭壁，下山比上山更加危险；县里的汽车，车况不良的居多，经常出事；这是我最后一次到电视转播台，以后永远不会再来了；没准这最后一次就会出事，掉下山去；只要有可能，还是不搭车为妙。于是，我和那位技术人员，沿小路下山。这条下山小路，被陡坡上的耕地隔成一段一段。下山时经常要纵身跳下半公尺到一公尺高的台阶。花了差不多20分钟，到了山脚下。两人到青山公社的有线广播放大站，吃了午饭，开始睡午觉。有路过的货车时，放大站的人就会叫醒我们，搭便车回县城。

一觉醒来，还不见动静。于是我坐起来，跳下床。结果两腿站立不住，摔倒在地。我不知道怎么回事，只好大声呼叫。人们赶紧把我抬回床上，但也不知道怎么回事，只好赶紧向县广播站打电话。站长张国亮接到电话，立即到商南县汽车队叫了一辆货车（县里没有救护车），开到青山公社放大站门口。张国亮站长把我抱起放到驾驶室内副司机座位上。汽车把我送到商南县医院，医生开始急诊检查。我不能站立。医生用手在我腿上捏来捏去，用橡皮锤子在我膝盖上敲来敲去，又问我最近有没有患过感冒，我说没有。最后医生说：可能是膝关节在下山时受伤，但更可能是感冒之类的病毒侵犯神经；只能回家休息，看看如何发展，过些时候再检查，没有别的办法。

躺在家里的床上，两腿在膝关节以下不听大脑指挥。我想这下子倒大霉了。如果研究生录取通知书来了还是这样，我该怎么办？躺了两、三天，感觉没有什么变化。但是慢慢地，慢慢地，我可以下意识弯曲我的腿了。一星期以后，可以由人扶着站起来了，觉得有希望了。两星期以后，基本恢复正常。至此，我相信是我的膝关节在下山时因多次跳下台阶受伤，接着在睡午觉时又受了凉。正是："迷信"思想要不得，杞人忧天天没塌，地却陷了。

感谢上帝，我的腿终于完全恢复了。哈利路亚。

我们继续清理物品。清理出一堆政治学习书籍和材料，有8年来摊派购买的，也有免费发的。正在发愁怎么处理，城关中学一位老师来串门，说：正好，有些学生还没钱买这些东西呢，带回去送给他们。于是皆大欢喜。我们还清理出一堆旧鞋破袜之类的衣物,正准备扔掉,适逢一位广播站的编辑来看我们,说:不要扔掉,有附近的农民要。我说:这么破旧的东西,他们拿去也没有用处。编辑说:有用处,有些农民冬天只能用包谷壳裹脚,再穿草鞋,这些旧东西,总比包谷壳草鞋强。于是,行李打包后,我们把不要的破旧衣服鞋袜,放在一起,通知那位编辑。编辑带着一位老农民,把这些破旧物品放在一个背篓里背走了。唉,世界上还有这么可怜的人。

我们的物品中,最宝贵最值钱的要数那些书籍了。1970年毕业分配,我们携带着250本书从北京到商南。又经过8年的积累,我们有了500本书。8年来,这些书寄托着我们希望,改变了我们的命运。1978年,我们携带着这500本书,从商南回到北京。我们对这些书,有着深厚的感情,明知其中的绝大部分再也不会有用处了,还是一本也舍不得扔掉,至今保存完好。

7.出国人员英语考试〔1978〕

1978年8月上旬的一天,我正在广播站清理物品。突然有人叫我:快来,北京的长途电话!一接听,是北京天文台研究生招生办公室蔡主任打来的长途电话,说是准备派我到澳大利亚学习射电天文,要我去参加教育部组织的出国人员英语考试。我当时想,这就是英语初试79.5分起的作用了。对这个出国人员英语考试,我有所听闻,考试地点在西安,在商南县就可以报名。但是我想,这与我无关。接到长途电话之日,本地报名日期已过。我只得立即准备简单的衣物和书籍,第二天一早坐长途汽车再次奔赴西安。到达西安的次日一早去设在陕西省教育厅内的考试办公室报名,工作人员不给办理。听完我的申述之后,工作人员要我联系北京天文台,给他们发电报。于是,我又急急忙忙赶到钟楼邮电局,给北京天文台挂长途电话,找到蔡主任讲明情况。次日上午,我一早赶到考试办公室。北京天文台的电报已到,于是报了名,办理了准考证。

英语考试考场设在西北工业大学。8月15日上午,我参加了笔试。只记得有选择题,英译中,中译英。觉得不是很难,自我感觉良好。16日上午,则是口试。结果呢,用英语来说是遭遇滑铁卢,用汉语来说是败走麦城。口试考生有人看管,以防泄漏题目。我被领到考官的桌子前,只听懂了一句英语:请坐。其余什么准考证,考试内容,一概没有听懂。考官只好用汉语说话,让我朗读试卷上的文章。文章的标题是:Expensive and Uncomfortable。故事大意是:一人躲在从伦敦飞往悉尼的飞机内的木箱里，在悉尼机场被抓获，被责令交付旅费3,500英镑。他的旅程真是昂贵（正常票价是2,000英镑）而又难受（在木箱里闷了18个多小时）。朗读完了，考官用英语提问。我又是一概没有听懂。于是，考官中断考试，用汉语问话。我解释说，我原来在北大学俄语，毕业分配到商南县以后自学英语，条件很差。已被录取为北京天文台研究生，被指派参加这次考试。虽然自知听力和口语不行，但我还是认为一定要遵照北京天文台的安排，参加这次考试。

考试完毕，我立即返回商南，继续做回北京的准备。对出国人员英语考试的结果，不抱任何希望。8月下旬的一天，我终于收到北京天文台寄来的信。打开一看，是研究生录取通知书。我和妻子都高兴得跳了起来，这是我们自从1970年毕业分配到商南县以来，难得的开心时刻。过了几天，我和妻子都在广播站，气象站站长送来北京大学的来信。妻子立即把信打开，是北大地球物理系"回炉班"的录取通知书。我们又高兴了一阵子。

8.告别商南（1978）

回北京准备工作的最后一步是办理户口迁移和粮食关系转移。我拿着商南县广播站出具的介绍信，妻子拿着县气象站出具的介绍信，还带着各自的录取通知书，到城关镇派出所为我们自己和孩子办理"户口迁移证"，每人一张。然后，到城关镇粮站办理"粮食关系转移证明"，也是每人一张。最后，经人指点，说运送木制家具到西安，在翻越秦岭处要出示"木材出境证明"。于是，我又去县木材管理站办理这个证明。

在商南县长达8年半的时间里，我们受到一些人的歧视和刁难，也得到许多人的帮助，心存感激。我特意去县文教局，找到许文魁副局长，感谢他对我报考研究生的帮助。县广播站站长张国亮对我帮助最大，但是朝夕相处，无需特意找他表示感谢。对于他给我的帮助，我永志不忘。

1978年商南县共有8人参加研究生初试，其中有4人考取研究生，招生单位分别是：北京天文台，上海第一医学院，西北大学，陕西中医学院。须知，在"修正主义教育路线统治下"的17年（1949-1966），商南县高中毕业生中无一人考上大学。至于考上研究生，就更甭提了。于是，有人出来说：这些研究生们，为商南县增光了。但是又有不知趣的人站出来说：为商南增什么光，他们都是外地分配来的大学生，和商南县有什么关系？这位老兄的高论，有点像鲁迅先生论成吉思汗。有些国人，为出了一个威震世界的成吉思汗而骄傲。他们哪里想过，那个成吉思，还是蒙古人的可汗。

1978年9月15日，我们动身离开商南县返回北京。我们包了一辆小卡车，从商南到西安单程120元。县广播站和气象站慷慨解囊，平分运费。15日大清早，在广播站同事的帮助下，把行李装上卡车。广播站会计到县车队交支票付了运费。广播站站长张国亮到县车队最后送别我们。他催我们赶快上车，赶快离开商南，仿佛在这最后的时刻，还会有人跳出来阻拦。我坐在驾驶室里，将头伸到车外，望着张国亮站长渐渐远去的身影，一阵心酸，何日再相见？汽车离开县城20分钟，到达我当年插队劳动的试马公社。那个当年走过不知多少次的通往郭家垭大队第二生产队的路口，在我眼前掠过。汽车冲上横跨荆家河的漫水桥，使我想起离桥不远河上游处的试马水库。在当年的水库工地上，我管理一个柴油机发电站，在工棚里干活吃饭睡觉一年多。我宝贵的青春年华，在那里逝去。又过了一个多小时，汽车驶出商南县。此时此刻，一股热血涌上心头。是留恋？是伤感？还是高兴？我不知道。为什么？也许，这次离开商南县，我们永远不会回来了。毕竟，我们在这里生活过8年半，不管是好是赖。

9.研究生学习（1978 — 1986）

1978年10月5日我到中国科学院研究生院（在北京市海淀区肖庄，原北京林学院校园内）报到。一位工作人员接过我的录取通知书，在新生名单上怎么也找不到我的名字。录取通知书白纸黑字，怎么可能有假？他停下来，想了想，问我：你参加过出国人员英语考试没有？我回答说参加过。他说：那就对了，你到英语训练班报到去吧。他还告诉我，英训班设在玉泉路原中国科学技术大学校园内，还没到开学时间，要我打听清楚日期再去报到。

英语训练班在11月开学。共有约一百人，绝大部分是中科院各个研究所的出国研究生，加上很少数的代培生。因为我的英语全靠自学，环境又很差，听力和口语很不好，听不懂也说不出口，上课时非常狼狈，几乎丧失了信心。但是我特别珍惜这个机会，也就特别用功。经过几个月的努力，终于赶上了同班同学，上课表现正常，有了信心。

1979年5月，英训班快要结业考试了。突然，北京天文台通知我回去，原因是澳大利亚悉尼大学电气工程系的研究生邝振焜访问天文台，帮助我们制作射电望远镜的数字接收机。邝先生是位ABC（Australian Born Chinese），当时只会说很有限的普通话。于是我就成了他的课堂

34

翻译。两个多月后，邝振焜先生离开北京返回澳大利亚。经过这段时间的实战，我的专业英语有了显著的提高。此后，我一边办理赴澳大利亚留学的手续，一边在肖庄的中科院研究生院旁听研究生课程，直到1980年8月离开北京前往澳大利亚悉尼大学留学。

1980年8月19日，我离开北京飞往澳大利亚悉尼，开始我在悉尼大学电气工程系长达6年的留学生活。1986年6月获得电气工程博士学位后回国。回国后先后在北京天文台和清华大学无线电系（电子工程系）做博士后研究工作，于1990年10月回到北京天文台任副研究员。这是后话。

10.再说商南（1979）

虽然离开了商南县，但是我不会忘记那些差点不让我报考研究生的"恶毒攻击"和"偷听敌台"材料。1979年2月刚过完春节，中科院英语训练班刚刚重新上课。我写了一封信，寄往陕西省商南县委组织部，那是保存我的人事档案的部门。信中说，那些在1970年转到商南县的整我的材料，已经失效了；如果已经销毁，请通知我本人；如果还在，请退给我本人；如果你们不按照政策办事，我要写信到商洛地委组织部申诉。几个星期以后，我收到商南县委组织部的回信。信中说，那些材料已经在1978年7月10日退回北京大学党委办公室，可以到那里去查询。我掐指一算，退材料的日子，正是我在北京天文台参加复试和在北大参加"回炉班"考试的时候。这么多年了，我在商南县时催了他们多次，他们都不作处理，把我的问题挂起来。他们看我离开商南去参加复试，就把整我的材料寄往北京，机关算尽，心眼真TMD坏。于是，我到北京大学办公楼，找到党委办公室，说明来意，出示商南县委组织部的信。一位女工作人员查了一下收发记录，说：我们是收到过你说的那些材料，但是我们"一办"（落实政策第一办公室）只负责处理干部在文化革命中的问题；你的问题属于群众问题，归"二办"管，所以你说的材料转到"二办"去了。她还告诉我，"二办"在四院（第二体育馆附近的一个三合院）。于是我又赶到四院，找到"二办"。又是一位女工作人员，听完我的讲述后，说：我要给你查一下，你过一个月再来。

一个月后，我再次去北大四院找"二办"。还是那位女工作人员，我一提我的事，她就知道了。她转身到一个文件柜前，从柜里取出一叠材料，大概有一英吋（2.5厘米）厚。她面对着我，左手托着材料，右手一页一页地翻动。隔着一张大桌子，我看不清文字，只看见有白纸，带横线的信纸，也有20（格）x 20（格）的方格稿纸；有打字机打的字，也有手写的字；有红色的圆形公章，也有签名。她没有翻完所有的页，便停下来，问我：你现在在哪里工作？我回答说我现在是科学院的研究生。她又问：科学院有没有你的材料？我说大概没有。她接着说：没事了；按照市委的指示精神，这些材料都要销毁；如果以后还有事，回来再找我们。于是我道谢后离开。从此，悬在我头上的达摩克利斯之剑，终于消失。至少，没有人再次拿这把剑来威胁我了。

五．感想与感谢

以上是我上大学，考研究生，读研究生的故事。

1978年是我的考试之年。在这一年里，我考了5科总共12场试，把这辈子的试都考完了。1978年是我们的命运发生根本性转变的一年。在这一年里，我们从一个偏僻的山区小县城回到北京重新开始学习，继而在世界各地漂泊。所以，1978年应该算是我们新生活的起点，后半辈子的起点。

粗略地说，在大学2年学习的基础上，从1968年10月到1978年9月，我用了10年时间自学，考上研究生。从1978年10月到1986年6月，我用了8年的时间完成研究生学习，其中国内2年，国外6年。加上大中小学18年，我这一辈子上学读了26年书。人不读书不知苦。若要问我苦不苦，我说读书本身不算苦，想要读书而受到阻挠和惩罚才是苦。

有人说，成功的秘密，是当机会到来的时候，你已经准备好了。说得没错。机会你可以去寻找，但大多数情况下不受你控制。要做到准备好了，则要长期坚持不懈努力，这是你可以做得到的。但是，我要补充一点，一个人要取得成功，离不开别人的帮助。一个篱笆三个桩，一个好汉三个帮。所以，我感谢所有帮助过自己的人。特别地，感谢侯汉清同学，教我学习英语。感谢张国亮站长，保护和照顾在逆境中的我。感谢王书仁同学和乔国俊、邢骏两位老师，在整个投考研究生过程中帮助我。感谢恩师王绶琯先生，33年来给我指导和帮助，无论我是在国内还是国外。Last but not least，感谢我的妻子，与我一起度过41年的风风雨雨。

（2011年9月1月定稿于多伦多家中）

04 忆苦饭

2011年11月15日

　　忆苦思甜曾经是阶级教育的重要方法。"忆苦"是忆旧社会的苦难，"思甜"是思新社会的幸福生活。吃忆苦饭则是最常用，最煽情的忆苦活动。我有幸亲历过两次。

　　第一次是在大学文化革命期间。1969年10月的一天，工宣队突然宣布，搞战备，下乡去。于是全系学生和教师，立即奔赴北京郊区。我们年级的同学，编成一个连队，由年级的工宣队，军宣队队员统领，带着被包，坐火车从永定门到大兴县黄村，然后步行到魏善庄公社王各庄大队。我们班21名男生，分开住在一个农民家的两个大房间。每个房间里有一个大炕，就是我们睡觉的通铺。

　　冬天的一个上午，外面下着小雪，我们没有出工，待在房间里，政治学习。学习时宣布：今天中午吃忆苦饭。到了开饭时间，我们拿出饭盆和勺子。只见在我们年级别的班蹲班的郝师傅，走进门来，身后跟着一位别班的同学，拎着两只铁桶。大家赶忙给郝师傅让座。这位同学则给我们分发窝头，每人一个，然后给我们盛汤。一切准备就绪，郝师傅开讲。他的饭碗和筷子，我就不知道怎么变出来的啦。

　　事隔多年，我只记得郝师傅受苦的大概：小时候家里很穷。寒冬腊月，大雪纷飞，没有饭吃，母亲带着他去要饭。地主老财不但不给他们食物，还放狗咬他们。说着说着，郝师傅还撸起一只裤腿给我们看。不过我离得远，没看清楚伤疤在哪里。郝师傅边吃边哭，还不时从衣兜里掏出手绢擦眼泪，道具齐全，有备而来。其实他也挺不容易，要抽泣，要说话，要吃窝头，还要用筷子喝汤。不过他训练有素，动作有条不紊，确实讲得生动。相比之下，我们要做的事情简单得多，不用说话、哭泣，只要吃窝头，用勺子喝汤（这很容易，在学校食堂我们还用勺子吃面条哩）。最后，郝师傅叮嘱我们，千万不要好了伤疤忘了痛，要牢记旧社会的苦，新社会的甜。说是忆苦饭，其实菜汤，窝头和平时差不多，只是汤里菜叶少一点，汤面上漂着的油星少一点；窝头里掺了一些菜叶，但绝对没有掺沙子放老鼠屎，更没有加三聚氰胺什么的（比现在的无良资本家好多了）。忆苦的气氛，不是菜饭造成的，是郝师傅的Performance（表演）造成的。

　　第二次吃忆苦饭是在大学毕业以后。在农村劳动两年之后，1972年2月我被分配到陕西省商南县广播站工作，当技术员。广播站没有食

37

堂，我们在县革委会食堂搭伙。那时一天吃两顿饭，上午九点下午三点，说是可以节约粮食。一天上午我去早餐，离食堂老远，就听见从食堂方向传来的歌声。"天上布满星，月芽亮晶晶。生产队里开大会，诉苦把冤伸，万恶的旧社会，……"。好耳熟，这不是歌子"不忘阶级苦"吗？走到食堂跟前一看，原来是西北大学中文系毕业生张珍同学在唱，怪不得这么好听。再仔细一看，食堂门口张珍同学面前，放着一个大木盆，盆里盛满了黑糊糊的野菜，还插了一个长柄勺子。这下我明白了，要吃忆苦饭啦。说实在话，我不想吃。嘿，有办法，把野菜打上一碗，端回广播站自己的房间里处理掉就是了。于是，等前面一位女同志盛完一碗，我也盛了一碗。我正转身要走，只见那位女同志把她的一碗野菜端到张珍同学面前，说：您刚唱完一遍，快吃吧，歇会儿再唱。你猜张珍同学说什么？她瞪了那位女同志一眼，面带愠色说道：你不知道"饱吹饿唱"吗？我能吃吗？吃了还能唱吗？你自己吃吧！那位女同志不想碰了一鼻子灰，恼悻悻地转身走了。回广播站的路上，我没见几个人影，与平时早饭时间绝然不同。我想，一定是那些消息灵通人士，知道要吃忆苦饭，今天早饭时间根本就不出门。那些消息不灵通的机灵鬼，一听到那忆苦歌，立马掉头回家。剩下只有我等消息不灵通的傻冒，才会到食堂跟前去。相信张珍同学后来也没吃那顿忆苦饭。不管你信不信，反正我信了。

忆苦饭的故事讲完了，那有没有思甜饭的故事？当然有！吃了忆苦饭，没过几天，县革委会食堂卖笼蒸肉，让大伙思思甜。以前一碗两毛五分钱，那天不知怎么搞的，份量不见多，却卖三毛五分钱，自然没人买。看着笼蒸肉卖不出去，食堂管伙食的陈会计，不知发什么神经，对着大家喊道：叫我一声"爷"，端走一碗肉，不要钱！话音刚落，一位小伙子大喊一声"爷"，冲向蒸笼，端起一碗肉就跑。紧接着，"爷"，"爷"，"爷"，……，连珠炮一样的喊声，此起彼伏。眼看蒸笼就要空了，陈会计急了，无计可施，只得大喊：我叫你们"爷"啦！求求"爷"，"爷"，别端了！但为时已晚，蒸笼里一碗不剩。粗略估计，蒸笼里二十多三十碗肉，值将近十块钱，陈会计要赔上一个月的伙食费，工资的三到四分之一。

05 斗私批修

2013年12月01日

　　"斗私批修"是文化革命中最常见的活动之一。简要地说，就是用马列毛斗自己的私心和批修正主义。不过，到了民间，一提"斗私批修"，大家只想到"斗私"，和自我批评差不多。

　　"批修"的矛头对准党内一小撮走资本主义道路的当权派，过火一点没关系。"斗私"是对自己开火，可不是闹着玩的。所以，"斗私"活动中没有人会说真心话，只是讲些无关痛痒、鸡毛蒜皮的小事，甚至趁机给自己评功摆好。这和你找工作去Interview（面试），被问到"你的最大弱点是什么？"时你的回答差不多。"斗私批修"引出的闹剧连连上演，很是可笑。

（一）聂元梓的"反动言论"

　　聂元梓是文化革命中响当当、当当响、不敲也响的革命左派，就不用我多介绍了。工作组被赶走后，1966年7月聂元梓当上北大校文革筹委会主任。9月，转正为校文革主任。聂元梓成了北大的第一把手，大家心目中的英雄。但是，聂元梓的文化水平很低，只是个初中肄业生。大庭广众之下讲话，难免露怯。开始的时候，大家只敢私下议论。1966年底开始，"反聂派"逐渐形成，开始公开嘲笑。

　　1967年元旦刚过，聂元梓在一个大会上做报告，宣讲大好形势。"工业生产又提高了一成。"稿子念到这里，聂元梓脑子犯了糊涂，来了一句："一成是多少？我也不知道。"引来一阵哄笑。中文系的才子才女们，更是挖掘聂元梓讲话中的低级错误，作诗调笑。"顿顿静河批赫秃，假洋鬼子乃狂徒。披荆斩辣君莫笑，贱妾从来不读书。"说的是聂元梓做报告批判修正主义，喊道："我们要狠批赫鲁晓夫写的大毒草《顿顿的静河》！"还有："我们要揪出鲁迅《狂人日记》中的假洋鬼子！"至于像把"披荆斩棘"读作"披荆斩辣"那样的错误，则是经常发生。还有一首诗，只记得最后两句"心非古井水，怎不起波澜。"影射聂元梓是破Xie。这当然是拿不出真凭实据的啦，属于无稽之谈。不过，也真有很搞笑的时候。场景如下：一群反聂派和一群保聂派辩论。反聂派最后拿出杀手锏，一同学骂道："聂元梓是破X！"保聂派一时语塞。一同学慌不择词，反驳道："那是生活问题！"反聂派同学立即回应："生活问题？给你找一个这样的老婆，你受得了吗？"于是乎不分派别，都笑翻了。一场唇枪舌剑的辩论，就这样在欢乐的气氛中结束。

文化革命时期，发生过许多安全事故，因而涌现出许多英雄。正所谓："一个事故，一批英雄。事故越多，英雄越多。"在四川的32111钻井队就是一个典型。1966年6月钻井队发生油管破裂重大事故，烈火烧死烧伤多人，也产生了一大批"与烈火英勇搏斗"的英雄。这些英雄在1966年"国庆"前后在北京到处做报告，宣传英雄业绩，兜售他们原创的豪言壮语："把毛主席的指示印在脑子里，溶化在血液中，落实在行动上。"这些英雄做报告，当然不能把文化革命的圣地北京大学给漏了。一天晚上在五四运动场的主席台上，聂元梓主持大会。英雄们做完报告，聂元梓亲自带领喊口号："向英雄的3211钻井队学习！ 向英雄的3211钻井队致敬！" 聂元梓的跟班发现不对，抢着喊"向英雄的32111钻井队学习！ 向英雄的32111钻井队致敬！" 特地把 "32111"的最后一个"1"喊得音量高出5分贝，时间延长5秒钟。可是聂元梓那个猪脑袋，一点都觉察不出来，仍然在高喊"向英雄的3211钻井队……！"那个跟班喊得声嘶力竭，气得脸发青，急得直跺脚。台下的同学们有的跟着喊"3211"，有的跟着喊"32111"。更多的同学是看着这种情景在哄笑。"向英雄的3211……" 和 "向英雄的32111……" 的口号声同时在五四运动场的上空回荡，好玩极了。

聂元梓的这些错误，只能算是笑料，算不上是反动言论。终于有一天，反聂派抓住了聂元梓的辫子。1967年，出了一个英雄李文忠。据报道，李文忠随部队去江西省"支左"（支持左派），因抢救落水群众和红卫兵而英勇牺牲，成为"支左爱民模范"。李文忠原创的豪言壮语是"毛主席热爱我热爱，毛主席支持我支持，毛主席指示我照办，毛主席挥手我前进。"一时间，颂扬李文忠的群众大会到处举行，北大当然也不例外。大会在大饭厅（如今的大讲堂）举行。聂元梓做报告，照着讲稿念了"伟大领袖毛主席、林副主席为我们树立了斗私批修的光辉榜样"，就没声了。过了半天才嗫出"李文忠"三个字。

散会不久，井冈山广播台就播出文章，声讨聂元梓。"聂元梓恶毒攻击伟大领袖毛主席、林副主席，罪该万死！"播音员气势汹汹地批判道：聂元梓说"伟大领袖毛主席、林副主席为我们树立了斗私批修的光辉榜样"，就是说毛主席、林副主席也有私心，也要"斗私批修"，成了群众学习的榜样。这就是恶毒攻击毛主席、林副主席。是可忍，孰不可忍！广播台的机务人员把偷录到的这段话复制了一份，立即送往北京市公安局报案。

看官，您明白了吗？"斗私批修的光辉榜样"后面有没有"李文忠"三个字，意思完全不同。没有这三个字，进行斗私批修和成为榜样的人是毛主席、林副主席。有这三个字，进行斗私批修和成为榜样的人是李文忠。汉语博大精深，可见一斑。我敢打赌，你没法把聂元梓的讲稿和井冈山广播台的批判文章准确翻译成英文。那复制的录音磁带里，当然没有"李文忠"三个字。磁带送出去以后，没有得到从公安局来的任何回音。那井冈山广播台的人是不是失望了？绝对没有。谁都知道，那是趁机骂聂元梓，讥笑她连稿子都念不通顺。

（二）有其父必有其子

1968年8月工宣队进驻北大后，掀起文化革命的新高潮。早请示，晚汇报，背诵老三篇，唱语录歌，跳忠字舞，搞得有声有色。我们年级90多个学生，经常在男生宿舍39楼第5层楼梯口旁的楼道空地上开讲用会，涌现出不少积极分子，同学甲就是其中的一个。同学甲的父亲曾经是小商人。同学甲在年级大会上发言说，他父亲是奸商，他坚决和父亲划清界线。每个周末回到家里，都要把他父亲叫到他的房间里，接受他的批判。有一次，父亲不在家，他就写了批判稿，放到他父亲的房间里桌子上，勒令其写深刻检讨，等他下周末回家后检查，接受批判。同学甲立场坚定，成为讲用榜样。

转眼到了1970年初，要毕业分配了。学校财务科发通知，要曾经领取助学金的同学们填表，写明自己助学金的变动情况，何年何月到何年何月领取多少。把填好的表直接上交给年级工宣队。为什么这样做呢？学校财务科有经验。班生活委员按月到财务科领取全班同学的助学金，再分发给每位同学。有的生活委员可能从中作弊。如果某同学因为家庭经济条件好转或觉悟提高，自动放弃全部或部分助学金，则向班生活委员声明，没有别的手续。班生活委员负责向财务科报告。从下个月开始，生活委员向财务科少领，向该同学少发。但是，有的生活委员不向财务科报告，不少领，却少发，把差额据为己有。嘿嘿，毕业分配前夕检查，谁也甭想蒙骗精明过人的财务科老爷。

同学甲是班生活委员，被查出有作弊行为。不过，同学甲很有心计，把从中获得的120元存进一个单独的银行账户。（这在当时算是一笔不少的钱。学生每人每月的伙食费只有15.5元。）他的如意算盘是：等到毕业后，把这笔钱据为己有。如果毕业前被追查，可以找借口解释。

同学甲被迫在年级大会上做检讨。当初批判奸商父亲的英雄气概不再，而是低着头"斗私"。他解释说，他忘了向财务科报告。当时把少发给同学的钱存进银行账户，要等凑成一个大数，再交给学校财务科。辩解说，银行账户户主不是他的名字，钱不是他的。这种辩解当然哄骗不了人。同学甲被迫在年级大会上再次做检讨，声泪俱下。在欲言又止几次之后，终于承认这是贪污。那些当初就反感他编造故事、批判父亲的同学，趁机发泄了一通，高喊："有其父必有其子！"

一个光辉的讲用榜样从此陨落。

（三）张绍宏树立的榜样

1968年8月进驻我们年级的工宣队，有一个名叫张绍宏的队员。此人不是正牌的工人，而是不久前才转业到工厂的转业军人。此人是个吹牛大王。他反复宣讲全军第二次学毛著先进分子代表大会代表董小海的事迹，说飞行中队长董小海接受了一个重大任务，有30天准备时间。董小海用29天半学毛选。剩下的半天时间，对家人做思想工作，作好为革命牺牲的准备。结果胜利完成任务。反复宣讲，我们的耳朵都被磨出趼子来了。有的同学一听他宣讲，就低声嘀咕："这家伙又吹牛了！"

张绍宏非良善之辈，一心要抓反动学生，多次与学生发生冲突。他独出心裁，在年级里举办"可教育好子女学习班"，把一些家庭出身不好的同学叫去接受训话。又办"红专道路学习班"，把一些被他认为是"白专分子"的同学叫去接受洗脑。他认为靠得住的学生，则树立为"榜样"，在年级大会上讲用。

同学乙是他树立的榜样之一，在讲用会上说：一天清晨，他起来准备到校医院挂中医号。去之前到洗脸间洗脸，看见一个水龙头在漏水。他没有管这个事就离开洗脸间去校医院了。到了校医院排在挂号队伍里，思想上进行激烈的斗争，认识到不为大家修理水龙头而为自己排队挂号，是"私字一闪念"。于是，他立即跑回洗脸间，修好水龙头后才再次前往校医院。结果，由于太晚而没有挂到中医号。但是，他心里非常高兴，"公字"战胜了"私字"，无产阶级思想战胜了资产阶级思想。在从校医院回宿舍的路上，迎着朝阳，情不自禁唱起"智取威虎山"选段"迎来春色换人间"。

同学乙一讲完，张绍宏立即竖起大拇指，连声高喊："榜样！榜样！"号召大家向他学习。得到工宣队的夸奖，同学乙喜形于色。谁都明白，表现好，将来毕业分配才能好。这个就不能算是私心啦。

由于在"清理阶级队伍"运动中的"方向性扩大化错误"，第一批工宣队、军宣队撤出北大，换成第二批。张绍宏也随之滚回工厂。1970年3月毕业分配，北大学生被扫地出门，百分之七十的同学被发配到"基层单位"。对地球物理系的毕业生来说，留校和去地震队就算是分得好单位。3月中旬的一天上午，我们年级的同学在第二教室楼开完会，回到39楼第5层楼道里领取毕业生派遣材料，才知道自己将要去的地方。有的同学非常不满，找工宣队理论，其中就有同学乙。工宣队员对他说，你的条件不够，不能去那些单位。同学乙这个"榜样"，最终没有沾到什么便宜。也许，如果张绍宏还在，可以照顾他一下。

06 玩无线电的中学生
2011年12月22日

初中二年级时，我成了一位业余无线电爱好者，一直到大学毕业。这个经历，对我日后的人生道路产生了深刻的影响。我学习的专业，从事的职业，遇到的危险，取得的成功，都在某种程度上与无线电有关。我对无线电的爱好，至今不衰。写下我的经历，可以引起无线电爱好者，发烧友或有兴趣者的共鸣，也许，还可以对后来者有参考作用。

一．初中期间

1.入道
初中二年级时，我和同班的杨同学被教体育的黄老师看中，送去学习无线电收发报。那时要搞军事体育，无线电收发报算是其中的一项。我们之所以被选中，一是因为学习成绩比较好，二是因为我们和黄老师比较熟悉。学校有一部美国制造的老牌收音机，体积很大，中长短波都有，放在学校体育场旁边的学校传达室里，还接出一个高音大喇叭，对着体育场。黄老师经常在传达室拨弄收音机，向体育场播放新闻和音乐。我们二人很好奇，经常站在传达室门口观看。次数多了，黄老师有时叫我们进去，先切断大喇叭，让我们玩一玩，调好台，然后再接通大喇叭。要派学生去学无线电收发报，就派我们二人去。收音机和无线电收发报，多少沾点边。

星期天，我和杨同学到了县城里的一所中学。教室里有几十位各个中学派来的学生。一位女老师给我们两人发了一个电键，一个用来代替脚踏车铃的电喇叭，还有一节二号电池。把电池装进电喇叭，再用电线把电键联上，就是一个发报机。老师先教我们认识黑板上的电报码，长划短划，对应的英文字母。接着让我们练习收报。她念长音短音，模拟电报声，我们记录，就是在纸上写下英文字母。然后，让我们练习发报。先是纸上谈兵，她念英文字母，我们在纸上长划短划。最后是实战，就是我们眼看英文字母，用中指按电键，发长音短音。一时间，教室里嘀嘀嗒嗒声响成一片，热闹极了。最后老师宣布，回家自己练习，下个星期天再来。

　　回到家里，我们一有空就练习。杨同学和我的家分别在两个村子，中间隔着一条小河，离得不远。两人约好时间，轮流使用一个发报机。第二个星期天，我们又去那所中学。老师叫几个学生表演，然后宣布，训练班结束，回学校找老师去。同时对我们说，中学有校办电工厂，有兴趣的人可以去参观。我和杨同学当然有兴趣，于是随大流去了。看了他们做电容器，就是把两张长条锡箔夹一层绝缘纸，使劲卷成一个圆柱。看了他们做变压器，用绕线机绕线包。看起来简单，还是让我们第一次认识了名叫电容器，变压器的东西，而且知道了，原来是这么做的。

　　后来，那个军事体育很快就不搞了，发报机也收回去了，电码也很快忘得一干二净。但是，杨同学和我，兴趣被激发了。激发的因素就是那部老牌收音机，那个训练班的发报机，那个电工厂的电容器，变压器。我们决定，自己玩，做收音机玩。

　　说干就干。第一步是找书，第二步是找材料，第三步是动手安装、试验，全靠自己摸索，和社会主义初级阶段摸着石头过河差不多。我们买了最简单的矿石收音机的书，知道了零件和工具，对书里讲的原理半懂不懂。（初中三年级才学物理电学。）我家穷，杨同学家好一点。平时家长不给我们零用钱。我们花了好长时间，才买齐零件。一个活动矿石，大约七、八毛钱。一个空气介质可变电容器，加上一个旋钮，大约两块多钱。一个高阻耳机，大约五块钱。一个纸介固定电容器，大约三毛钱。加起来不到十块钱，对我们来说，可不少了。杨同学的父亲开脚踏车修理部。他从那里找到一些旧漆包线，在圆纸筒上绕了一个线圈。用小螺丝钉和线绳把零件固定在一块薄木板上，开始焊接。焊接是个大问题。杨同学找到一个旧火烙铁，我找到一些松香，可是我们找不到焊锡。我们熔化了一个铅牙膏皮，试了用松香做焊剂焊不上。于是杨同学从修理部拿了一小瓶镪水，才勉强解决了焊接问题。镪水使焊点发黑，焊接时气味难闻极了，永远不会忘记。这些安装工作，我们都在星期天干。

我们那个地方，方圆一、二百公里内没有广播电台。只有晚上才能试验。我找到一些旧铁丝，粗的作天线用，细的作入户引线用。星期六和星期天的晚上，就是我们的试验时间。我家地势比较高，试验就在我家里进行。我们用两根晒衣服用的长竹竿临时支起天线，把天线入户引线接到线圈的一端，把地线接到线圈的另一端。开始调活动矿石的调节柄，拧可变电容器。第一个晚上试验就成功有声音，我们高兴极了。后来经过反复调试，可以听到两、三个电台。还买了一个固定矿石，大约三、四毛钱。试验结果表明，很难调好，效果不佳。试验几次后，就不用了。可惜得很，浪费了几毛钱。

2.入迷

矿石机做成功后，我们每个星期六晚上，星期天的白天和晚上，都消耗在收音机上，成了小无线电迷。除了动手外，还阅读无线电书籍，借的居多。内容有很多看不懂，囫囵吞枣，按图接线就是了。我们把电阻的颜色编码背得滚瓜烂熟，看一眼电阻色环就能知道电阻值。

我们玩矿石收音机的消息，在一些同学中传开。有一天，一位初一年级的学生，拿了他的矿石机找我们，问为什么不响。我们一看，零件线路都挺好，只是在每个导线交叉的接头处，都有一个松香小疙瘩。他解释说，书上说焊接头要用松香和焊锡。他没有焊锡，就省去了。用火烙铁把接头加热，放上松香就完事。原来如此！我们告诉他，松香是绝缘物质，只是焊剂。如果没有焊锡，宁可不焊，把接头处的导线拧在一起就行了。放了松香，反而把导线互相隔离开了。过了几天，他兴冲冲地跑来告诉我们，他的矿石机也响了。于是，我们有一种飘飘然的感觉，觉我们还能帮助别人排除故障。这个时候，杨同学突然提出一个问题：科学院院长郭沫若会不会做矿石收音机？我们不知道答案。

玩够了矿石机，要搞电子管收音机了。（那时还不知道晶体管是何物。）我家没有交流电源。杨同学家有，但是包月的，一盏15支光电灯，每月一块三毛五分钱，偷电要重罚。我们只能做直流收音机。要添加的零件，也是花了好长时间才买齐，还是因为穷的缘故。这次用洋铁皮做了一个收音机底板。在铁皮上先用手摇钻沿着一个圆周打出许多紧挨着的小孔。把圆周内的铁皮抠掉，就成一个大圆孔，用来安装电子管管座。起初做的是2灯（又叫2管）再生式收音机。两个电子管是：1K2，五极管，再生式高频电压放大。1B2，二极-五极复合管，检波和低频电压放大。把高阻耳机接在1B2的屏极（又称板极）电路中。后来变成3灯，加一个2P2，束射4极功率管，作功率放大。这时用输出变压器和纸盆喇叭，接在2P2的屏极电路中。这些电子管都是苏式小型"花生管"（是带壳的花生，不是花生米，二者大小不一样），也叫"拇指管"（是大人的拇指），型号应该用俄文字母写（如B对应Б，P对应П。注意：这里字母显示有可能不正确）；念法则五花八门。这些电子管的价钱大概是一块多两块多。点电子管灯丝甲电1.2伏，用一节干电池。屏极乙电要高压。为了省钱，做了试验，乙电用10节干电池，15伏，效果就挺好。一节"夜明牌"干电池5毛钱，电池要5块5毛钱，对我们来说，很不少了。焊接还是用火烙铁，牙膏皮。零件和接线多了，焊接很困难。不过，就是凭着这个，我们做成了直流收音机，还有后来的交流收音机，练就了焊接硬功夫。

收音机安装好了，但是收不到电台，反复检查也没用。无望之际，偶然把再生回输线圈反接，电台广播声音就出来了。这时我们才理解，什么是正反馈，信号经过电子管放大后反相是什么意思。

在制作收音机的过程中，我们发明了一些土办法。比如，电子管栅漏电阻的阻值2M欧姆，但只能买到500K的碳质电阻。用4个串联，浪费钱。于是我们自制：一块长条厚纸板的两头，各安上一根铜线作为两个电极。用铅笔在两个电极之间画道道，一直到收听效果满意为止。我们没有万用表，全凭感觉和经验。

由于电池很贵，而且是消耗性的，我们改做交流再生式收音机。离我家不远的生产大队队部有电。这个队部占用一个大户人家的几个房间和一个大厅，很容易溜进去。晚上和大清早，大队干部不在。我们带着收音机，溜进大队部的大厅，看看没人，就开始试验。一有动静，赶快收摊走人。次数多了，难免碰上大队干部。觉得他们也不在意，就不那么慌张了。天线没法架设，缠在交流电源线上就可以，效果很好。

起初做的是交流3灯再生式收音机。第一级再生式高频放大，6K4高频遥截止五极管。第二级三极管栅极检波。第三级三极管低频"功率"放大。这两级共用一个复合三极管6N1。用喇叭听，声音不很大。整流用6Z4。共3个电子管。收到的电台和直流机一样。后来加了一个束射功率四极管6P1，有了真正的低频功率放大，成了4灯收音机，声音大多了。这些电子管的价钱，6Z4最便宜，一块多钱；6P1最贵，要三、四块钱。输出变压器是买的。电源变压器线包是杨同学用手工绕的。变压器铁心是从日光灯的旧镇流器拆下来的山字形硅（矽）钢片。铁心里的间隙很小，只能容下初级线圈（220伏，每伏6圈）和给灯丝供电的次级线圈（6.3伏，约40圈）。所以，整流电路的高压直接来自220伏交流电源。每次插收音机电源插头时都要特别小心，用试电笔测试，绝对保证220伏电源的中线（而不是火线）接到与收音机底板连通的收音机地线。虽然6Z4是双二极管，也只好并联成一个二极管作半波整流。

3.遇到危险

记得是在人民公社吃大锅饭喝稀粥的时期，大概是在1960年，传说台湾国民党要反攻大陆，形势紧张。奉上级的命令，生产队范队长要生产队里的人登记收音机。有一天，在公共食堂里，范队长找到我，问我为什么不去登记。我说我没有收音机。她说，你自己会做，肯定有。我说，我是做着玩的，拆掉了。她又说，有人反映，你收听台湾台；有人还听你讲，台湾一个大官死了，丧事很热闹。我说，我没有收听台湾台，也没有对人说过这些事。她不信。这时，我的一位堂叔出来给我解围，说：是这么回事，报纸上说的，美国总统肯尼迪的儿子死了，赫鲁晓夫打电报去悼念，拍马屁到家了；那些人搞错了。范队长将信将疑，后来也没有再找我。

过了不久，又有生产大队廖队长来问我，有没有收听过台湾台。我还是说没有。他说：你肯定收听过。我问他：你为什么这样说？他回答道：自己做的收音机，就是矿石收音机；矿石收音机，只能收台湾台。我辩解道：自己做的不一定是矿石收音机，矿石收音机可以收到中央人民广播电台。他看问不出什么，也就不再追问了。

我们到底有没有收听过台湾广播电台？我们的目的是玩收音机，对广播内容不感兴趣。在调试过程中，肯定听到过，正如听到过中央台一样。但是不能承认，一承认就完了，任何解释都是没用的。这是在中国为了保护自己的生存之道，从小就要学会，悲哉！痛哉！

在初中二年级的时候，有一天，班主任罗老师对全班同学说，学校出了反动标语，写在厕所的门板上，要大家到体育场去辨认笔迹。于是全班同学排着队，到了体育场，跟着别班同学走上司令台。只见台上放着一块小门板，旁边站着几位老师。我没看见门板上写有什么，就跟着同学们下了司令台。过了几天，同学们议论开了，说是初三年级的一位同学写的，"人民公社是地狱"，自己坦白的。我说，那天我怎么没看见。同学说，反动标语不能让人看，那天门板上根本就没有字，只是旁边站着老师在观察同学们的表情脸色。过了几天，大家到体育场开全校大会，那位初三年级的同学上台做检讨。我一看，吃了一惊，那是我的村邻钟同学，很熟悉。钟同学检讨说，自己偷听台湾台，才有这种反动思想。又过了几天，学校贴出布告，钟同学被"勒令退学"，就是被开除。钟同学会做电子管收音机，我们有时到他家里去，看他的收音机，而且还一起听过广播。幸好钟同学没有乱揭发交待，不然我和杨同学也大概完了。钟同学回家务农后，干部们一有需要就重提旧事整他。70年代后期，为迫使他的妻子做绝育手术，使用一切手段，包括翻出"反动标语"的老帐，逼他们就范。80年代人民公社解散后，才不了了之，没人再提这事。

二．高中期间

　　1961年，杨同学和我考上县城里的同一所高中，但不在一个班，关系不再像原来那么密切。我们在玩无线电方面也开始分家了。初中时，零件是私产，谁买的属于谁；合起来做一个收音机，所以收音机却是公产。上了高中，收音机也成了私产，每人有自己的收音机，但零件还会互相借用，互通有无。技术方面，经常互相切磋，互相帮助，所以每人对对方的收音机，也很熟悉。

　　随着年龄的增长，家庭经济条件的好转，而且家长也确实看到了成果，我可以向家长讨要到无线电零件钱了，专款专用。上高中后，我和一位村邻肖师傅变得熟悉起来。肖师傅是县汽车运输站保养场的老工人，乐于助人。我早晨上学，有时与他上班同路。有时候他也到我家里看我安装收音机。他给过我不少帮助，如：加工收音机底板，给我旧漆包线，硅钢片，焊锡。我甚至借过他的气枪和霰弹枪打鸟玩。

　　我家里仍然没有交流电源，只好做直流收音机，是4灯两波段超外差式收音机。买一个七极变频管1A2，双联可变电容器，美通牌天线线圈和振荡线圈，波段开关，就有了变频级。原来的电子管，高频五极管1K2，加上两个中周变压器，就有了中放级。二极-五极复合管1B2加上电位器，就有了检波和电压放大级。束射4极功率管2P2加上输出变压器和喇叭，就有了甲类功率放大级。乙电22.5伏，勉强能用。用这么低的乙电是为了省钱，只要15节干电池。

　　杨同学做的是交流5灯两波段超外差式收音机。变频：七极变频管6A2，中放：高频五极管6K4。检波和电压放大：双三极管6N1。功率放大：束射功率四极管6P1。整流：双二极管6Z4。

做好直流收音机以后，我买了一个整流管6Z4，做了一个整流器，打算在有交流电源的地方使用直流收音机时，用来代替乙电池。做好以后，拿到同班梁同学家里试验。结果，把6Z4插入管座时用力过猛而且不均匀，管脚处玻璃破裂，电子管漏气，电子管顶部的吸气剂立刻变成白色。看到这些，我都快晕倒了。出师未捷身先死，还没有开始试验电子管就坏了。这是我玩无线电以来最丧气的事情，当时的感觉，比现在丢了一千块钱还要难过。

我们的无线电知识，属于业余水平，谈不上什么理论。看过的书有：《矿石收音机》，《初级无线电技术》，《少年无线电》，《怎样装配收音机》，《简单交流收音机》，《超外差式收音机》，《电子管手册》4本，安装N灯直流和交流电子管收音机的书。还看《无线电》杂志。书的作者有：冯报本，刘同康等等。初中三年级物理的电学，对做收音机有一些帮助。高中二年级物理的电学，对做收音机有很大帮助。

高中二年级时，学校组织各种课外活动小组。杨同学和我都参加了无线电小组，有10多人，我当了小组长。指导我们的是我的班主任教物理的钟老师。但只活动了几次，就停止了，因为大多数组员跑去参加与学习科目（如数学）有关的小组活动了。就是在这几次活动中，我第一次使用电烙铁，感觉比用火烙铁容易多了。但是，安装自己的收音机时，我还得使用火烙铁。

高中三年级时，我的学习兴趣和特长已经确定，就是数学连带物理，无线电。报考大学的第一志愿是北京大学，三个系为：无线电电子学系，数学力学系，地球物理系。考上任何一个系，我都会很高兴。结果考上了地球物理系。杨同学则考上了清华大学水利系。上大学以后，我们还经常来往，不过，不是在一起玩无线电了。

在接到大学录取通知书后，我把无线电零件和书籍都送人了，打算上大学后一心只读数理书，洗手不干业余无线电了。但是没想到，在大学期间我还是玩起了无线电。其间的故事，下回再说。

07 玩无线电的大学生
2011年12月22日

在中学读书时，我是一位业余无线电爱好者。1964年高中毕业，考上北京大学地球物理系。接到录取通知书后，我把无线电零件和书籍都送人了，打算上大学后一心只读数理书，洗手不干业余无线电了。但是没想到，在大学期间我还是玩起了无线电，而且比中学时玩得更加轰轰烈烈。

一．大学期间

1.文化革命前

入学不久，我认识了刚从北大数学力学系计算数学专业毕业的老乡余同学（学长）。余同学分配到中国科学院计算所工作。他知道我会做收音机后，希望我能帮他做一部晶体管收音机。于是，他出钱，我出力，做了一部4管中波超外差式晶体管收音机，有4级：变频，来复式中放，低频电压放大，甲类低频功率放大带2.5吋小喇叭。高频用3AG系列三极管，低频用3AX系列三极管。大部分零件从西直门的处理品商店买，还去过德胜门的处理品商店。总共花了四、五十块钱。老实说，收音机的质量不高，凑合能用，因为主要零件都是处理品，我的技术也不高，那是我做的第一个晶体管收音机。

2.文化革命中 — 学校广播台

1966年6月，文化革命开始，学业中断。1967年8月，北大正式分裂成两派：支持聂元梓的"新北大公社"和反对聂元梓的"井冈山兵团"。相应有"新北大广播台"和"井冈山广播台"。那个年头，我派性十足，热情高涨，自告奋勇参加井冈山广播台当机务，充分发挥我的无线电特长。过了不久，还拉了一位同班同学参加广播台当机务，一起战斗。广播台机务人员室内的任务有两部分：播音期间值班，配合播音员操作机器，监视各路输出的工作状态，有无断路或短路，广播台的警戒线有没有被突破。不值班时修理机器，包括扩音机，录音机，喇叭等等。无线电系的杨同立老师是我们的技术指导。我学到了许多知识和雕虫小技。室外的任务也有两部分：对内是拉电线安喇叭；对外是破坏和偷对方的电线和喇叭，总之是要使我方的喇叭声音越大越好，对方的喇叭声音越小越好。在打内战中，学到了许多鸡鸣狗盗之术。以下略透露一二，40多年前的老技术了，请勿见笑。更需要声明的是，这些都是文化革命内战中的邪门歪道；本人早已改邪归正，各位千万不要效仿。

- 偷录音。偷录对方的校园广播或在大饭厅（现在的"大讲堂"）集会的扩音，有两种方法。（1）如果这时我方没有广播，则利用与对方最接近的一个喇叭，将输出线当作输入线，取得信号。其原理是：喇叭作电声转换，任一方向均可。（2）如果这时我方也在广播，则关掉某一路输出，转变成第一种情况。但这不一定有效，因为当作话筒用的喇叭可能同时在双方的播音覆盖范围内。这时，要把两根输出线并成一根当作输入线，取得信号（另一根是地线）。其原理是电磁感应。这种方法太麻烦，而且效果不是很好。后来，用了一根专用线来偷录对方的校园广播，就是专门拉一根不接喇叭的电线，与对方的广播电线平行而且靠得很近，效果好得多。

- 破坏电线。把对方的广播电线偷走或剪断，一般不可以干。这太明显，也容易遭到报复。最巧妙的办法是：用两只手靠得很近捏着电线，反复折动电线的一个地方，直到里面的金属芯线断裂而外面的塑料包皮仍然完好。这种断路故障位置极难确定，以致于不得不逐段更换电线。但是，这种破坏很难实施，实际上只对单股铝芯电线（那个年代广泛使用）有效，而且要爬到电线杆上待一会儿用双手操作才能完成，很容易引起注意。另一种"断路"的方法是：把电线接头处的胶布打开，把金属芯线分开，重新包好，造成"虚接"。以上说的是"断路破坏"。还有"短路破坏"。最简单方法的是将一根大头针插入平行导线。另一种方法与"虚接"相反，在胶布打开后，把金属芯线重新连接，造成短路。（具体说，一个线端为A1，A2，另一个线端为B1，B2。正常的连接为A1-B1，A2-B2。改接为A1-A2，B1-B2。）这种方法要求电线接头处有一个结头。

- 制造超级大喇叭。为了压倒对方，我们制造超级大喇叭。这个技术是杨老师从华北电业局学来的。据说在野外作业时，工人们用这种超级大喇叭远距离通讯。（那时没有手机之类。）这种喇叭从16欧25瓦号筒式高音喇叭演变而来，但其结构有两点不同。（1）号筒只有一层（不是三层套在一起），用厚铁皮做成，大概两米长。这样，避免了声波反射损失。（2）号筒的一端安装三个（或两个，不是一个）25瓦音头。这样，音头发出的声波相干（同相）叠加，在所需的方向上，强度远大于三个单独的单音头喇叭（非相干叠加）。在喇叭正对的方向，广播声震耳欲聋，绝对压倒对方。

这种喇叭只造了4个，分开放在一座楼（广播台所在的28楼）楼顶4个专用支架上，朝着所需要的方向。每个喇叭与警戒线相连，有人值班查看。喇叭安装音头的一端放进一个圆柱形黑色塑料袋，封得严严实实。这种喇叭是广播系统的最高技术机密，我们担心被对方窃取。只要那安装音头的一端被人看见，机密立刻就完了。怎么保密呢？与其被动防守，不如主动出击。文化革命中有一种斗争策略，叫做引导对方犯错误。何不把这个政治斗争策略，应用到技术斗争上？大家商量结果，由我来实施。

我在一张好纸上，写下开头一行："井冈山广播台，绝密"。接着认认真真地写下超级大喇叭的技术数据，简要的制造过程，还配有草图。然后折叠好放进一个公共汽车月票塑料夹子里。一天晚上，我来到42楼一个物理系男生宿舍门前，把那个月票夹子放在地上就走，就算完成任务。看到这里，你一定会问：你葫芦里卖的什么药？向你坦白，那些数据等等看起来似乎合理，其实是编造的。那么为什么要到那个宿舍门前去呢？原来，那是我的一位老乡Z同学的宿舍，我以前经常去，知道另一派新北大广播台的一位机务L同学也住在那个宿舍。把月票夹子放在那个宿舍门前，是要增加那些资料落到新北大广播台的机务人员手里的机会。

1968年8月，工宣队进驻北大，两派广播台合并，迁往一教西边的平房，和学校的电话总机房在一起。原两派广播台机务组的同学合在一起，在校园里架设电线安装喇叭，大家和平共处。有一天，几个人来到原新北大广播台取器材。我们看到一堆磁铁，线圈之类的东西，就问原新北大广播台的一位同学。那位同学说：你们不是也有这些东西吗？我们是想按照你们的方法造那种大喇叭；那些磁铁，是用物理大楼实验室里全国最强的磁场充的磁。听了之后，我恍然大悟。原来，他们真的上当了！

3.文化革命中 — 班级活动

1968年12月，校园广播网完工，广播台"裁员"，我回到班里的宿舍，参加班级的活动。回来后才发现，本年级的许多同学都在做收音机玩，于是我又被卷入了这个潮流。

这些同学都是后起之秀，不懂电子管那些老东西，都在做晶体管收音机。我加上同班的两位同学，则相反，只做电子管收音机，10个电子管，3个波段（中波，短一，短二），高低音两路输出，分别用一个5吋喇叭和一个8吋喇叭，安装在一个木制大音箱里。把音量开得大大的，那才叫过瘾。相比之下，那些晶体管收音机的声音简直就跟蚊子叫一般。10个电子管是：七极变频管6A2变频，2个高频五极管6K4两级中放，双三极管6N2检波和电压放大，双三极管6N1高低音两路前置放大，2个束射功率四极管6P1高低音两路甲类功率放大，调谐指示管

（"猫眼"）6E1调谐指示，2个双二极管6Z4整流。我们在海淀的旧货商店买零件。电子管的价钱，便宜的不到1块钱，贵的大概2块钱。表头差的1块钱，好的2、3块钱。我买了一个表头，做了一个简单的万用表，有交流电压，直流电压，直流电流，电阻，共4档。旧电烙铁5毛或1块钱一把。我还买过1个5吋示波管3块钱，后来自己没用送人了。我们还到建国门外的朗家园处理品商店买半成品的碳膜电阻，论斤要，便宜极了，不过电阻没有上漆，没标阻值，必须自己测量。

文化革命前上课时学的普通物理电学，对玩无线电很有用。1968年10月，我开始自学大学程度的无线电书籍，因而有了大学水平的无线电理论知识。我仍然动手制作业余的东西，但理论知识已经不再是业余的了。

玩无线电的同学，零件有时互通有无，甚至顺手拿别人的一个小零件，也算不上什么大事。读书人窃书不算偷，无线电爱好者窃零件也不算偷。但是一位同学玩得走火入魔，为了买零件，竟然去偷另一位同学献血得来的营养补助费10块钱，由无线电爱好者变成了孔方兄爱好者。这位同学很快就被追查出来，在年级大会上检讨，一把鼻涕一把泪，痛斥自己是"吸血鬼"。

收音机玩多了，想换个新花样。于是我参考《无线电》杂志上的一篇文章，做了一个发射机，只用两个电子管。一个双三极管6N2，其中一个三极管高频振荡，另一个电压放大，一个小喇叭加输出变压器当话筒（原电路用一个电键，做发报用）。两个三极管共用一个阴极电阻，耦合而实现振幅调制。一个双三极管6N1，接成二极管整流供给屏极电压。这个发射机并没有带来什么麻烦，公安局没有找上门来。我当时想，既然《无线电》杂志刊登这篇文章，那做一个这样的发射机玩玩，当然可以。（文化革命前和文化革命中，在《无线电》杂志上发表文章是要通过"政治审查"的。）

这是一个中波发射机，天线是2、3米长的电线，随便挂在墙上。由于功率很小，覆盖距离只有几米，至多可以隔一个宿舍房间用普通收音机收听。但是我很快就发现了它的妙用。我们年级的男同学住在同一层楼。有的同学调试收音机到很晚，电台播音和各种噪音传到楼道和我们的宿舍。前去交涉，至多当时有效，过一会儿播音噪音照旧。这时，我把电源的50周交流作为信号引进发射机的话筒输入端，企图发射电波进行干扰。但发射信号太弱，对晶体管收音机没有效果。于是，我进而把发射机的输出通过一个电容器接入墙上的电源插座。结果，输出信号沿着供电网到达每个宿舍，继而发射出去，非常有效。实施干扰时，要听着传过来的播音噪音，调节发射机的可变电容器，听到最强的"嗡嗡"交流声时，便是对准了晶体管收音机的接收频率。这时，还可以从发射机再加入各种噪音甚至骂上两句。由于收音机无法正常工作，那些同学只好停止调试。但是，过了几天，秘密被发现，遭到上门抗议。如果我们把宿舍门插上，不予理睬，那些同学就拉闸断电，发射机立即停止工作，干扰消失。但是，同时各个宿舍，洗脸间一团漆黑，谁也干不成事，引起众怒。最后，大家只好妥协，晚上十点多以后，不再调试收音机，或至少要保证，声音不泄漏出来。当然，发射机也不必用了。

那个时期，我懂理论，又能动手，经常帮助那些后起之秀。在我的影响和带动之下，一些原来的无线电盲，也开始看无线电书籍，或动手做收音机，有的后来还成了无线电发烧友甚至专家。我还帮助一位女同学，在菜市口信托商店买了一部交流5灯收音机，20块钱。后来，这位女同学成了我的老婆。（没花一分钱，那20块钱不是我的。）

4.文化革命中 — 在农村

1969年10月的一天，工宣队突然宣布，搞战备，下乡去。于是全系学生和教师，立即奔赴北京郊区。我们年级的同学，编成一个连队，到大兴县魏善庄公社王各庄大队劳动。一个偶然的机会，我给生产大队修好了一部两用机（收音，扩音）和一个闹钟。于是，大队干部拿了好多收音机和闹钟（肯定都是干部和社员的）给我修理。我趁机叫一位同班同学一起修理，不用下地干活。结果，工宣队出来干涉，说只能给公家修理东西而不能给私人修理东西。我们则振振有词地反驳说：你们看看公费医疗，哪有医生不是给私人治病而是给公家治病的？为了感谢我们，在我们离开王各庄回城时，大队干部赠送给我们两人每人一个塑料皮笔记本，首页上写有感谢的话，盖有鲜红的大队公章。

有一天，工宣队的师傅找我，说连队需要一个扩音机，能不能回学校去做一个。于是，我和原来在学校时一起玩收音机的另外两位同班同学，加上一位手巧的同班同学，回到学校。每天在物理大楼实验室忙碌，用了一个星期完工。根据《怎样设计放大器》书上的电路，做些改动。有话筒和拾音（唱机）输入。没有收音部分。自制机箱，自己绕输出变压器。电源变压器则用现成的。用2个汞弧整流管866。用4个功率管807乙类推挽放大，设计定阻输出150瓦，实际只有100瓦，因为受电源变压器限制，高压不够高。虽然我发挥了一技之长为公家服务，但最终还是被工宣队认定为"白专分子",毕业分配到最差的地方。这些工宣队的工人师傅,还不如王各庄大队的农民伯伯讲义气。

二．大学毕业后 — 再遇危险

1970年3月,我和女朋友一起毕业分配到陕西省商南县。当年12月,我在试马水库劳动,在工地上管理一个柴油机发电站。有一天,我办事经过试马公社革委会大院门口,被公社干部叫住,随着他进了公社大院,两位专案组的人在等着我。我被叫进一间小屋,要我交待问题,我一时间摸不着头脑,无从谈起。过了一会儿,县公安局的本地干部刘维秀走了出去。留在屋里的是从商洛地区中级法院下放到商南县的干部付广义,北京人,他和我互相认识。不知出于什么目的,他向我透露相当详细的"案情"。他告诉我,是我的一位在华南农学院读书的中学同学叶策欣,在大学毕业前夕揭发我"恶毒攻击"和"偷听敌台"。在"偷听敌台"方面,按照叶同学的说法,文化革命中我和他在一起时对他说,我在学校时做了一架收音机,收听莫斯科广播电台;不但自己听,而且把声音放得很大,整个宿舍楼道都能听得见。付广义提醒我说,写材料时不能写自己没有说过什么什么,没有做过什么什么。最后,他叮嘱我,不要告诉别人他对我说了什么,要不然别人会说他给我通风报信,同流合污。

我当时回忆,我见到叶同学是在工宣队1968年进校之前。文化革命中从1966到1968年工宣队进校的这段时间里,我根本就没有做过收音机。但是我想起来了,是有人在调试收音机时声音开得很大,我曾经在宿舍楼道听到过莫斯科电台的华语广播,评论文化革命,说:"无产阶级文化革命"不是革命,不是文化的,也不是无产阶级的。(请你评论,究竟说得对不对?)

和中学时不能承认听过台湾电台一样,不能承认听过莫斯科电台,一承认就完了,任何解释都是没用的。为了生存,保护自己,从小就学会了这一套,哀哉!在"交待材料"中,我压根就没有提"偷听敌台"这件事。我在公社大院内待了三天两夜,不准离开。白天在小屋里写材料,晚上睡在冰冷的公社客房。我没有脸盆毛巾牙刷,在大雪天里,只能在露天的水龙头下用双手捧着冰冷的水洗脸。

问题交待完了回到水库电站,几位电工问我这几天到哪里去了,也不提前打个招呼。公安局要我交待问题的事,在水库工地当时只有两位干部知道。一位是试马公社革委会副主任兼水库工地指挥刘永春（人称刘主任）。从此以后，刘主任对我抱有成见。有一次，我在水库电站调收音机，播放的是芭蕾舞红色娘子军。刘主任不知道这些丁零当啷伊里哇啦的声音是什么，可能是联想到"敌台"，厉声问我：怎么听这台？我说这是革命样板戏芭蕾舞红色娘子军，他才不作声了。就是这位刘主任，1976年四个伟大驾崩后，在公社设的灵堂守灵。夜里几个人闲得无聊，竟然不知深浅，在灵堂里猜拳行令，喝得酩酊大醉。此事被人揭发，刘主任受到党内记大过处分。从此以后，一见到酒，刘主任就会条件反射，两眼泪汪汪说道：我当初就是因为喝酒犯了个大错误。这是后话。

在水库工地当时知道公安局追查我的另一位干部是工地后勤总管贺运安（人称贺老总）。与刘主任相反，贺老总则私下对我说：你放心，我管后勤，不会搞迫害。1971年10月，水库工地召开干部和民工大会，传达中共中央关于9.13林彪事件的57号文件。刘主任通知我不要去参加大会，与四类分子同等待遇。而实际上，贺老总在此之前，早就私下向我透露消息说：林彪叛国投敌，坐飞机逃往苏联，摔死了。我听到这消息，松了一口气，因为根据叶同学的揭发材料，我有"恶毒攻击"林彪的言论。

这些"恶毒攻击"和"偷听敌台"的揭发材料，使我一直有"政治问题"，差点使我在1978年不能报考研究生。后来，陕西省商南县委组织部把这些材料在我赴京参加中国科学院北京天文台研究生复试和北大"回炉班"考试时转回北大党委办公室。1979年，我到北大查询，被告知，这些材料将被销毁。

三．后记

初中二年级时，我成了一位业余无线电爱好者，一直到大学毕业。这个经历，对我日后的人生道路，产生了深刻的影响。业余无线电爱好使我具有很强的动手能力。凭着这一技之长，1972年2月，在农村劳动后分配到商南县广播站工作，当技术员，玩无线电成为职业。动手能力加上自学的无线电理论，使我在1978年顺利地考取中科院北京天文台射电天文方法与技术专业研究生，1980年前往澳大利亚悉尼大学电气工程系留学，学习和研究射电望远镜。后来几经转变，由硬件到算法和软件，由射电天文到光学天文到雷达成像到医学图像处理，满足了我的兴趣，发挥了我的特长，对社会作出了贡献。对无线电的爱好，伴随着我的一生，至今不衰。

08 无线电爱好者的1989（上）

2012年02月06日

1989年我正在清华大学无线电系（电子工程系）雷达教研室（信号检测与处理教研室）做博士后研究工作。我要讲讲两位无线电爱好者在这年的经历，算是我们大学玩无线电的续篇。

1989年5月13日，北京的学生们开始绝食。5月17日，我在北京大学校园里，遇到地球物理系的W老师。W老师对我说：游行多一人少一人无所谓，还不如去帮学生搞好广播台。我当时心想，W老师的话还真有道理。其实，出于无线电爱好者的本能，我早就注意到了北大学生的广播台。这个广播台叫做"自由论坛广播台"，设在"工"字形的28楼二层的东北角（"工"字的上部一横的右半段），紧挨着举世闻名的北大三角地的南端。想当年文化革命中，我在北大"井冈山"广播台当机务，广播台就在28楼四层的西北角。想不到，时隔20多年，学生广播台也建在28楼，还离当年的广播台这么近。这28楼，还真是个风水宝地。

我是历史悠久的无线电爱好者，中学大学都玩无线电；大学毕业后，在一个县广播站工作过6年半，终日跟扩音机打交道。不必进去看，我就知道学生广播台技术有问题。安装在南校门顶上的25瓦大喇叭，没有变压器，距离广播台约300米，线路用的是本来用于室内照明电路的细电线。线路上功率损耗很大，喇叭声音自然小。挂在28楼旁边电线杆上朝向三角地的大喇叭，离广播台很近，但是声音也小。这就不是线路损耗的问题了。可以肯定，扩音机本身有问题，或者输出接线也有问题。听着堂堂大喇叭发出的啾啾唧唧的小声音，我感到难受。这是无线电爱好者的特异功能，与广播内容无关。我不禁纳闷，难道北大就没有无线电爱好者？无线电系的学生呢？老师呢？唉，还得我这个老将亲自出马。

现在言归正传。听了W老师的话，第二天5月18日，我一人空手去了28楼二层，推开活页门，进了东北角的楼道。右手边，有两个房间。第二个房间靠近朝东开的楼道窗户，房门上写着："这是宿舍，不是广播台，请勿入内"。（很久以后才知道，当年流传的复印报纸，如当天的香港《文汇报》，其"原件"就是用这个房间里的FAX机器接收的。）左手边，也有两个房间，像是办公室。一张桌子在楼道里紧挨窗台，桌上放着两台扩音机，还有一个话筒（麦克风）。我从左手边一个房间叫出一位学生，对他说：我以前是地球物理系的学生，现在来帮你们搞广播台。学生没有任何怀疑和犹豫，就让我去检查扩音机，而他则去继续干他自己的事。从外表看，这两台扩音机显得很粗糙，机箱前面板上有话筒和拾音（唱机）插孔，后面板上有两个输出接线柱，连接着许多凌乱的电线。扩音机没有明确的标识，更没有说明书。我还注意到，话筒线原有一个插头，又加了一个插头。两个插头分别插入两台扩音机的话筒插孔。话筒分路不是好方法，使用很不方便。显然，广播台的学生没有这方面的经验。我猜测录音机输出也是分成两路插入两台扩音机的拾音插孔。我准备改动。但是我没有带工具和零件，没有更多的事情可做，就对学生说：我回去拿工具、零件，明天再来。

回到家里，我用两个碳膜电阻做了一个分压器，分压比为几十分之一。分压器的输出接到一个话筒插头上。使用时，要把分压器的输入端接到一台扩音机的输出端，在分压器的输出端取得零点几伏的信号。再把话筒插头插入第二台扩音机的拾音插孔。这样，第二台扩音机就得到了大小适当的输入信号（拾音灵敏度约为0.1伏）。第二台扩音机的拾音音量一经调好，就不需要变动。话筒或录音机，则只须接入第一台扩音机，只需要调节第一台扩音机的音量，使用很方便。

第二天5月19日上午，我带了一些工具，零件，一个小万用表，一个12.5瓦线间变压器，来到广播台。和学生打了一声招呼，就开始干了起来。（后来才知道，这位学生名叫周建，江苏人，台长兼播音员。）28楼东边电线杆上朝东的12.5瓦8欧小喇叭，和其它25瓦16欧大喇叭一样，直接接在扩音器输出端。这显然是不正确的。因此，我把带来的线间变压器接入这个小喇叭的线路中，把输出电压降低到一半。然后，我用在家里做好的分压器把两台扩音机连接起来；把话筒的附加插头拆了，使话筒引线恢复原样。我告诉周建，以后只要把话筒插头插入一台扩音机并调节音量。

做完这两件事后，我打开一台扩音机的机箱检查。发现功率放大电路是无变压器OTL，而且还是无电容OCL。功率放大晶体管有散热器。这是定压输出扩音机，输出功率估计为50到100瓦。令我大惑不解的是，一个阻值十几欧姆的方柱形陶瓷电阻串联在输出电路中。我修理过许多扩音机，这是头一次见到。我只能猜测，这个电阻是用来作外线路短路保护用的。毫无疑问，这个电阻损耗太多的功率，这就是喇叭声音小的扩音机内部原因了。但是我当时不明白，怎么会用这种原始的方法来实现输出短路保护呢？既然是作保护用的，我不敢贸然把这个电阻从输出电路中去掉。经过仔细思考，我想出一个自认为安全的解决方法，准备找零件实施。至此，我有了使每个喇叭都得到尽可能大的功率的方案。

1. 改进扩音机的输出短路保护电路，消除功率损耗。我家里有所需要的零件和工具。

2. 对远距离传输，改用高压，以减少线路损耗。为此，我必须用成对的线间变压器，在扩音机输出端升压，在喇叭端降压，有如电力的远距离传输。

3. 在扩音机输出端正确连接各路喇叭线路。

我自己只有一个12.5瓦的线间变压器，已经用上了。大喇叭用的25瓦线间变压器，要到商店去买。我到位于海淀南大街的海淀百货商场五金交电柜台，只买到两个25瓦的线间变压器，回到广播台报了销。为了更多的线间变压器，我向地球物理系的教师王书仁求援。王老师是当年和我一起玩无线电的大学同班同学。1970年毕业时，我被分配到一个偏僻的山区小县。王同学则留校任教，教无线电课，是一位无线电专家。多年来，我们一直保持着密切联系。我找到王老师，讲了情况，他也没有线间变压器。但是他答应和我一起干，约好第二天上午某时在28楼广播台见面。

5月20日上午，我们如约到达广播台。王老师带了一个大万用表，我带了一些零件和工具。我们一起又把扩音机的输出电路研究了一遍。然后，我开始改动两台扩音机的输出短路保护电路，王老师则和周建说话聊天。

我把那个串联在输出电路中的十几欧姆方柱形陶瓷电阻取下，换上一个瓷管可变线绕电阻，固定在10欧姆的位置，再用一段3安培的快速保险丝把10欧姆电阻短路。这样，正常情况下，串联电阻为零，没有功率消耗。一旦外线路发生短路，保险丝快速烧断，10欧姆电阻串联接入电路，其保护作用和改动前差不多。这只是我的合理设计，不可能在现场做实验。谢天谢地，在后来的使用中，从未发生外线路短路。

从周建同学口中我们得知，广播台曾因外线路短路而烧坏过扩音机。在此之前，广播台的一位同学在人民大学听到广播声音特别好，就去人大广播台打听，得知是四通公司为他们安装的广播系统。于是，周建根据这个线索，去四通公司，说明情况，要买人大那样的扩音机。四通公司没有成品扩音机了，只好赶紧组装了两台，送给北大广播台。临时赶制，有些粗糙。为了防止外线路短路而烧坏扩音机，加了那个保护电阻。（证实了我先前的猜测。）

扩音机本身的问题解决后，我和王老师商定，后面的第一步是整顿现有的广播网，第二步是扩大广播网。

第一步，整顿现有的广播网。

我只记得3路喇叭的详细情况。第一个是挂在28楼旁边电线杆上朝向三角地的25瓦大喇叭。28楼是离三角地最近的一个学生宿舍。广播台紧挨三角地的南端，喇叭线路很短，喇叭端不需要变压器。只要解决扩音机的问题，喇叭声音就会正常。

这个大喇叭最为重要。这个三角地带，是北大学生宿舍区和教学区之间最重要的交通要道，是北大集中张贴各种布告的地方。1989年，这里是学生活动中心。所有重要活动如游行，绝食的发起都在这里。三角地天天人头攒动，名闻世界。"三角地"得名于该地被道路围成的一个近似等腰三角形，大概是底边5米、高7米。三角形内是土地面，有几颗小松树。三角形被布告栏包围，其上贴满各种布告，大、小字报。这个三角地，从1964年入学起，我看到的就是这个样子。从没见人嫌它脏，嫌它乱。可是，据说是为了整治环境，存在了几十年的布告栏已在几年前在一夜之间被拆除了。昔日的三角地已经消失。但是，当年三角地的形象和精神，永存于老北大人的心中。

第二个是安装在南校门顶上，向南对着海淀大马路的25瓦大喇叭。这个大喇叭也很重要。南校门是北大学生进出用得最多的校门。每次游行，学生们都是在大饭厅（如今的"大讲堂"）通往南校门几百米长的马路上集合，从南校门出去。校门口经常聚集着大量的人群听广播，看热闹。外国记者在马路南面架起照相机、摄像机，整天对着南校门，生怕漏了什么。那些日子，南校门两边柱子上还贴着送别绝食学生的对联：风萧萧兮易水寒，壮士一去兮不复还。南校门距离广播台约300米，喇叭端必须安装降压变压器，和扩音机输出端的升压变压器相配合。我带着变压器和工具，和一位广播台的学生，顺着校门侧面的墙爬到门顶平台上。变压器安装完毕后爬了下来。这时候，我看到王老师。于是，我们俩一起又爬到校门顶平台上，检查了一遍。确认接线无误后，爬了下来。

第三个是挂在28楼东边电线杆上朝东的12.5瓦小喇叭。三角地挤拥时，人们就会到28楼东面的空地上听广播。这个喇叭离广播台很近，喇叭端不需要变压器。我已经在扩音器输出端安装了降压变压器取得正常电压，只要解决扩音机的问题，喇叭声音就会正常。

最后，要在扩音机输出端正确连接各路喇叭线路，正确分配功率给各个喇叭。这个问题有点复杂，要计算一下。第一个大喇叭25瓦16欧，额定电压20伏。第二个也是大喇叭25瓦，用一个升压变压器（电压比1:6）与喇叭端的降压变压器（电压比6:1）相配合，仍然是16欧，20伏。第三个小喇叭12.5瓦8欧，额定电压10伏。已经安装了一个降压变压器，这一路的等效阻抗为32欧，等效额定电压为20伏。三路都要求20伏，可以并联在一起，总阻抗6.4欧，总功率62.5瓦。这3个重要喇叭合用第一台扩音机，是重点维护对象。我把话筒音量调整到输出电压接近20伏，告诉学生，不要随便调音量旋钮，只要开、关扩音机就行了。其余的次要喇叭，包括28楼西面的喇叭，以及后来加装的喇叭，就合用第二台扩音机。

解决了扩音机问题，整顿了广播网，面貌焕然一新，喇叭声音大得多了，人们不用再挤到喇叭跟前听广播了。您要知道，广播对同学们和老师们是多么的重要。在那些日子里，全校师生的心和广播台紧紧联系在一起。他们倾听广播的每一条新闻，特别是广播发出的每一个通知。但是，位于海淀大马路南面、对着南校门的居民楼里的人，却找到学生抱怨说，原来广播声音大小正好，现在太大了，没法睡觉了。于是，广播台的学生把南校门顶上的大喇叭转了方向，变成顺着马路而不再正对居民楼。

第二步，扩大广播网。

这主要是添加喇叭和拉电线。我和王老师，加上一位学生，在位于三角地东面的16楼北面的一棵树上安了一个25瓦大喇叭，向北朝着邻近的柿子林以及大饭厅。那时我还年轻，不用梯子，能徒手沿树爬上爬下。而今呢，廉颇老矣，不能饭了。我还和一位学生，扛着梯子，到28楼南面，在电线杆上安了一个25瓦大喇叭，向西南方向朝着32和35两座宿舍楼。这些喇叭最远的离广播台将近100米，没有用变压器，因为在学校附近商店里买不到变压器。音量受些影响，也只能如此。

至此，一切步入正轨。只要广播喇叭声音正常，就没有我们的事。我和王老师只是偶尔去广播台看一看，各自行动。我还不放心，就对广播台学生说：我不能一天24小时都待在这里；万一扩音机、喇叭有什么问题，随时可以到我在清华的家里找我。学生拿出一个本子，就是北大学生用的最普通的作业本。学生翻了本子的前几页，上面都写有东西。

于是，直接翻到最后一页，我在这个空白页上写下了我的姓名以及地址：清华大学西8楼2门401。但是，学生没有到家找过我。

5月28日，我独自一人骑着自行车，跑了半个北京城。正赶上全球华人大游行，有的道路挤拥得很。我逛了许多电器商店，只买回来3个线间变压器，一个25瓦，两个12.5瓦。回到广播台报了销。我用这3个变压器把两路远处喇叭线路改成高压输送。变压器的额定功率不够，凑合能用，没有出故障。在此前后，周建告诉我们，他要回家。于是，一位名叫顾珵的学生接管广播台，成为台长。但是过了一个星期左右，周建又回来了，说是到了北京站，可是火车不通。此后，广播台又由周建管理。

6月7日晚上10点多，天下着毛毛雨。我站在靠近大饭厅柿子林东边的人行道上，和许多人在一起，静静地听着学生广播。顾珵哽咽着宣布广播台停播，说完一声再见，广播戛然而止。完了，一切都完了。我情不自禁，黯然泪下。过了几秒钟，只听从喇叭传来喀喇一声，接着，顾珵带着哭声，又说了一声再见，广播再次停止。周围死一般的寂静，人群渐渐散去。我推起自行车，拖着沉重的步伐，在夜幕中，慢慢地往回家的路走去。

（未完待续）

09 无线电爱好者的1989（下）
2012年02月21日

1989年6月下旬的一天上午，我一人在位于清华主楼东翼三楼的无线电系的办公室里。教研室主任孟宪元老师走了进来，在一张简易长沙发上坐下，然后小声对我说：下午学校要来人和你谈话，听说是北大那边的事。孟老师说完这些话，立即站起来，转身走出办公室。

孟老师走了之后，我立即跑到楼下，骑上自行车，直奔北京大学一个位于东高地的教师宿舍区。这个宿舍区就在清华校园围墙的背后，大约5分钟就到。我上了楼找到王书仁老师，告诉他，清华找我来了，还是北大的事。我们一致认为，十有八九是北大学生广播台的事，下午谈话后就会知道。王老师说：别焦急，让我打听一下消息。

当天下午，两个人进了我的办公室，在那张长沙发上坐下。头一位是学校的人，个子不高，脸庞瘦削，戴着眼镜。我不认识他，他也没有通报姓名。第二位是无线电系的教师，我认识他，名叫刘序明。学校方面的人要我说说最近一段时期参加的活动。我就说了我在清华的一些情况。他听完之后，要我好好想想在校外的活动，写材料交给系里。没有指定内容，也没有限定时间。

至此，我可以肯定是北大学生广播台的事了。我采取的策略是尽量拖延时间，打听北大方面的情况，好决定怎样写材料。过了几天，我知道了，是我当初在北大学生广播台的记事本上写下自己的姓名和地址；当局在查抄广播台时发现了那个本子，于是顺藤摸瓜，追查到清华来了。我还知道，我在北大南校门帮学生安装喇叭时被北大保卫部门偷偷照了相。于是，我想好了如何写材料，Cooking up a story。

我是这样写的：5月的一天，我到北大书店去。路过北大南校门，看见一位学生在校门顶上，高处有些不安全。我问学生在干什么。他说对面居民楼的人抱怨广播声音影响他们休息，要把喇叭拆掉。我就对他说：好呀，我来帮你。于是我爬上校门顶，和他一起把喇叭拆了。下来后和他一起收拾电线。他问我是北大老师吗。我说：我以前是北大的学生，后来到澳大利亚留学，现在在清华做博士后。他说：好呀，我正准备考托福，能不能帮我复习英语？我说：行呀，以后找时间吧。于是，他从书包里拿出一个本子，我在本子里写了我的姓名和在清华的地址，就和他分手了。我不知道他的姓名。他后来也没有到清华来找过我。

这样，我解释了本子上的姓名地址问题，以及在北大南校门的活动。那是一个什么本子，我是不知道的。凭一张或几张静止的照片，很难确证是在安喇叭还是在拆喇叭。反正我就这么写，信不信由他们。

写完材料，交给系里，记不得给谁了。此后，只要我开门走进办公室，教研室党支部书记就跟着进来，总是对我说一句话：伙计，再写点吧。我的回答也是一成不变：我已经写了，交了，没了。他则转身就走，从不多说一句。搞我专案的那两个人，从未再找过我。至于幕后在搞什么，我就不得而知了。

我的博士后研究课题是合成孔径雷达，1988年10月到清华时开始。1989年4月我在系里做了第一次开题报告。后来，第二次开题报告被取消。我在系里无事可干了。虽然没人找我，但系里、学校里的一些活动烦人，我决计去科学院避风，那是我的老根据地。我手中有中科院理论物理所1989年1月发来的客座研究人员聘书，可以随时去工作若干个月，由自己决定。我把聘书给孟老师看，说这是早就定好的，有聘书上的日期为证。大概从8月份开始，我每天到位于中关村的理论物理所上班，骑自行车10多分钟就到。只是有时回无线电系看看，领工资，查信件。在理论物理所，我可以免费使用世界实验室中国高等科学技术中心的VAX-8550计算机（这在当时算是很好的计算机），为我的《最大熵方法》一书的算例做了大量计算。

我曾经在位于玉泉路的中科院研究生院当兼职教师，讲授最大熵方法。于是，我与研究生院电子部主任李象霖老师联系，1989年12月收到研究生院从1990年2月到7月的讲课聘书，并向孟老师出示。

这样，从1989年8月开始，到1990年10月离开清华，我基本上是在科学院干活。我用了大量的时间写书。1990年8月交了书稿。1991年12月，一本354页的专著《最大熵方法》由湖南科学技术出版社出版发行，其时我已在位于美国亚利桑那州图森市（Tucson）的NOAO（国立光学天文台）工作了。

没人再找上门来，不等于万事大吉了。1990年初，我向系里提出申请，参加4月份在美国举行的IEEE（电气与电子工程师协会）信号处理国际会议。申请书的一个大栏目，是政治表现。系人事科长王美旭要我在这栏里写明我在近几个月的时间里，参加了什么活动，现在认识如何。哼，我这个曾在澳大利亚留学6年的海归，也要再次接受"出国政审"。写就写吧。于是，我在这栏里写了：本人在最近的几个月里，没有参加任何暴力或非法活动。写完后把申请书交给王美旭，她看了一下，当场就说我写得不合要求，必须重写，把申请书还给了我。我想，按照你的意思写？别开玩笑了。按你的意思写，不是更加不可能出国了吗？罢了，我又不是没有出过国。我不再和她啰嗦，转身默默地走出人事科办公室，再也没有去过。事后，有的研究生对我说：吴老师，你亏了。我只是淡淡地回答：这么多人连命都没了，我这就不算什么了。1990年10月，我离开清华，回到北京天文台工作，任副研究员。清华把1989年的材料，转到北京天文台。于是，又引起一连串的故事，以后再讲吧。

王老师在北大，麻烦则是大得多了。从1989年7月初开始，他被传讯过多次。他被取消讲课资格，受到停课处分。他们要王老师到系图书馆当图书管理员，遭到王老师的拒绝。于是，王老师无事可干，也是写书，与人合作，在1991和1992年分别出版了两本书：《人类是如何认识电的？ 电磁学历史上的一些重要发现》（科学技术文献出版社），以及《多元大气数值模拟》（气象出版社）。此外，王老师还到其他学校去上课，干他的老本行，讲授"电子线路"课程。后来实在找不出什么钢鞭材料，在1990年12月，改为行政记过处分。在北大下发的处分通知书上，竟然把我们去过的北大校内的"自由论坛广播台"说成是设在天安门广场的"北大之声"广播站，以加重罪名。这个处分通知书，一直拖延到1992年夏天才在地球物理系无线电教学组会议上宣布，同时宣布恢复王老师的讲课资格。宣布完毕，他们要求王老师在处分通知书上签字，并说要把它放到王老师的档案中。王老师接过这个处分通知书，不是签字，而是把它放进自己的裤兜里，径直起身，丢下众人，率先独自离开会场。这样，当年9月1日开学以后，王老师又在北大重操旧业，讲授他的"电子线路"课程。

广播台的周建、顾瑆两位同学，以及其他同学，先后被抓，关进秦城监狱。在压力之下，有的同学讲述了我们在广播台的活动，说我们只参与技术工作。我们理解同学们的处境，讲的也是实际情况。我们从不埋怨这些同学。至于广播台的那个记事本，他们只是把写满字的开头若干页撕毁扔了。他们以为后面都是空白页，没有毁掉，只是摔到地下，结果被抄走，我的姓名和地址因此而暴露。这只能算是疏忽。这些同学作出了很大的牺牲，应该得到同情和敬意，而不应该受到埋怨。据说，顾瑆出狱之后，到上海的一家外资公司做文字工作。周建则是渺无音讯。

周建、顾瑆两位同学，你们在哪里？我们没有忘记你们。

20多年后的今天，回顾我们的1989。称为"运动"也好，称为"风波"也好，在当年的大潮中，我们根本算不上大鱼，甚至连鱼都算不上，没有翻起任何浪花。我们只是出于无线电爱好者的本能和老师对学生的同情，去帮助学生维护广播台，解决一些技术问题。我们不愿为此受罚，也不期望将来能够评功摆好。我们只是Scientists（科学家），只是Engineers（工程师）。我们不是D-Fighters（民主斗士），不是Heroes（英雄）。我们只是跟着感觉走，跟着良心走，跟着大众走。如此而已。因此而惹上麻烦，受到牵连。我们无怨无悔。

（全文完）

10 "反动标语"及其它

2012年04月20日

上期《华夏文摘》上新疆老李的文章"厕所和反动标语"勾起了我的回忆，也来写一篇有关"反动标语"的回忆文章，凑凑热闹。《读者评论》上小春夸老李的文章写得有趣，但是又抱怨说文中写的厕所太多，标语太少。我不敢担保本人的这篇文章一定会让小春感到有趣，但敢担保厕所很少，只与一个故事有关。

第一个故事的主人公名叫钟碧文。1960年，我上初中二年级。有一天，班主任罗老师一脸严肃地对全班同学说：学校出了反动标语，写在男厕所的门板上。接着厉声问道：你们谁写的？见没人吭声，罗老师接着说：哼，你们不说话，到体育场辨认笔迹去！于是全班男同学排着队，前往体育场。至于为什么女同学不用去，我不说你也明白。

虽然是60年代，咱们中学的设备不咋地，但厕所还是人性化的。学生蹲坑出恭享受单间，可以关门，有一人的小天地，因而产生了很多厕所书法家和厕所漫画家，同时也为反动学生作案提供了方便。后来上了大学，厕所的结构差不多，但是只知道有厕所歌唱家。想必是因为中学生和大学生思想境界不一样。闲话少说，言归正传。到了体育场，我们跟着别班男同学走上司令台。只见台中央竖立着一块小门板，两边站着几位老师，眼珠子滴溜溜地转，扫描角度超过一百八十，绝对无人可以逃脱。我只是瞄了一眼门板，没看见上面写有什么，就跟着同学们下了司令台。管他的，反正我没写。

过了几天，同学们议论开了，说是初中三年级的一位同学写的，"人民公社是地狱"，自己坦白的。我不解地问：那天我怎么没看见？同学回答说：反动标语不能让人看，那天门板上根本就没有字，只是旁边站着老师在观察同学们的表情脸色。啊！原来如此！狡猾狡猾的！

又过了几天，大家到体育场开全校大会，那位初中三年级的同学上台做检讨。我一看，吃了一惊，那是我的村邻钟碧文同学，很熟悉。钟同学检讨说，自己偷听台湾电台，才有这种反动思想。又过了几天，学校贴出布告，钟同学被"勒令退学"，就是被开除。后来我才知道，原来是学校搞心理战，钟同学害怕了，又相信"坦白从宽"，于是自己去交代了。

钟同学回家务农后，虽然没有被戴上"四类分子"的帽子，但是，干部们一有需要就重提旧事整他。70年代后期，为迫使他的妻子做绝育手术，使用一切手段，包括翻出"反动标语"的老帐，逼他们就范。80年代人民公社解散后，"地狱"消失，才不了了之，没人再提这事。

第二个故事的主人公名叫王晓秋。情节类似"反动标语"。文化革命期间，每年都要记念12.9运动。至于怎样纪念，谁是功臣，谁是罪人，那就年年不同了。1967年12月9日中午，我正在北大井冈山广播台睡午觉。突然，另一派的新北大广播台在非播音时间播音，先放了一遍震耳欲聋、令人胆战心惊的语录歌"凡是反动的东西，你不打他就不倒……"，接着高喊"打倒反革命分子王晓秋！"只有"罪该万死"之类的声讨，没有罗列具体罪行。非播音时间播音，一定有什么突发事件。井冈山广播台紧急行动，派人打听情况。原来，历史系老师写大字报纪念12.9运动，为了提高效率、及时贴出大字报，分工合作，流水线作业，分别负责写稿、抄写、打叉、张贴等等。王老师负责打叉，就是在"三反分子"刘少奇，彭真名字上打红叉。这差事简单吧，a piece of cake，小菜一碟，谁都能干。可是红叉打得多了，一时眼花，王老师把一个叉打到了"毛主席"上。大字报完工之后，也没人去过细检查。那个年代，报纸上的黑体字，谁都知道是最高指示。遇到黑体字，因为看厌了，视线会自动跳过去。大字报上的红叉叉则不同。红叉下面的名字是坏蛋，但坏蛋的名字，千变万化，快速变化，正所谓"今日座上宾，明日阶下囚"。人们通过观察这个变化，发现阶级斗争新动向，重新站队。正所谓"受不完的蒙蔽，站不完的队；写不完的检查，请不完的罪。"大字报贴出后，问题很快被人发现。于是负责打叉的王老师被当作反革命揪了出来，扭送海淀区公安分局。公安局因为班房人满为患，不接收王老师这样的反革命。但扭送的人说，因为打派仗，王晓秋回到北大一定会被残酷斗争，可能有生命危险。在他们的坚持下，公安局只好把王老师收下，差不多算是"保护措施"。此后，直到大学毕业，我都没有听到过王老师的消息。

第三个故事的主人公名叫姚成玉。情节也类似"反动标语"。军宣队和工宣队在北大掌权的时期，1968年末的那个冬天，寒风凛冽，在北大东操场全校大会上批斗历史系"反动学生"姚成玉。"打倒"的口号声震天价响，发言的人个个慷慨激昂。罪行是"反对伟大领袖毛主席"，就是不提具体情节。会后我才听说案情：那时候学生是全日制闹革命，

67

成天在宿舍里学习讨论，没有人不腻歪。一天上午在宿舍里学习文件，姚同学心不在焉，埋头在旧报纸上练毛笔字。散会后随手把旧报纸扔到宿舍门外楼道里。吃完午饭睡午觉。还没到起床时间，一伙人就冲进宿舍，从床上一把揪起姚同学，在他面前晃动一张旧报纸，厉声问道：上面是不是你写的毛笔字？姚同学看了看，说是。姚成玉立即被工宣队定为"反动学生"，铁证就是写在旧报纸"毛主席像"上的一些毛笔字笔划。真是祸从天降。姚同学在全校批斗大会后被关进牛棚。姚同学被放出来之后，我和同班同学陈必陶一起见过他一次，记得他穿着一身蓝色再生布的工作服，说他已经回到班里了。姚同学后来的处境，我就不知道了。

第四个故事的主人公是一位小学生，十二岁，记不得他的名字了。情节也类似"反动标语"。1970年"一打三反"运动期间，关押在陕西省商南县公安局的拘留所。案情很简单：那个年代，房屋的墙面上到处都写有"毛主席语录"和画有"毛主席像"。有一天，这位小学生在放学后，手持一支粉笔，在回家路上遇到墙壁时，就把粉笔触墙，边走边画出一条齐胸高的白线，口中还念念有词"嗤嗤嗤……嗤嗤嗤……"，觉得这样很好玩。有的地方，白线从低处的语录和像上划过，就是反革命了。小孩浑然不知，但是逃不过大人的眼睛。白线画到他家门口为止，证据明显，用不着王立军出马就可以破案。这位小学生被扭送县公安局。关押一段时间后，被释放回家。可怜的小孩以前从未到过县城，更认不得从县城回家的路。公安局的人只好把他送到离他家很近的一个路口，小孩说看见他家的房子，认得路了，才让他一人回家。

第五个故事的主人公名叫余导贵，也是在1970年"一打三反"运动期间，关押在陕西省商南县公安局的拘留所。情节略有不同，是喊"反动口号"。这位老兄是生产大队的贫下中农协会主席，怎么会犯"反动口号"案呢？老余不识字，不会发言，批判斗争大会上专门带头喊口号，却也声音洪亮，全会场人合起来，声音还比他低十几个分贝。不过你不要以为喊口号很简单，嗓门大就行。生产大队开大会，口号以"拥护毛主席、打倒刘少奇！"为最多。据估计，把毛、刘搞混的概率为千分之一到百分之一。如果你不相信，可以试试。请你拿个计数器，关起门来，或到马路边上，把这条口号喊上一千遍，看看喊"拥护刘XX、打倒毛XX！"多少次。如果你不乐意喊这条口号，可以改成"拥护奥巴马、打倒本拉登！" 你还好，不管喊哪条口号，错了问题都不大，顶多有人以为你发了神经。如果喊错了要坐班房、掉脑袋，在这种压力之下神经紧张，肯定会错得更多。不用我说了，你一定能猜到，老余是栽倒在"拥护刘XX、打倒毛XX！"上了。

在越南战争期间，1965年7月美帝开始轰炸北越，一大批北越大学生撤到北京，进了北大，住在28楼，两人一间，家具齐全，统一新装，吃留学生食堂，每人每月发生活费100元，还配备专职辅导员。和我们的生活条件相比，简直有天壤之别。某年某月某日，美帝再次轰炸北越。当晚学校组织师生在校园里游行声援北越，排队围着28楼转，一圈又一圈，高呼口号："支援越南、打倒美帝！"领头的喊一遍，我们跟着喊一遍。北越学生则从窗口探出脑袋、身子，鼓掌欢呼。"同志加兄弟"，热闹非凡。突然，领头的高喊"支援美帝、打倒越南！"也真有人跟着喊，不过人数不多，声音很小。接着是众人哗然，北越学生则有的还在鼓掌欢呼，估计这些都是脑子不灵光、汉语没学好的后进生（Slow students）。当晚的声援只好到此匆匆结束。据说犯事者是哲学系教师大左派高某，没有追究，不了了之。这个故事再一次证明，带头喊口号不是一项简单的工作，那些"拥护、打倒"和"支援、打倒"格式的口号最流行，也最危险，上至满腹经纶的大学教师，下至目不识丁的乡下农夫，都有可能犯错。

好了，回头再讲老余的故事。查来查去，老余是三代贫农，社会关系纯正，本人历史清白，一向积极跟党走。老余自己则痛哭流涕承认错误，同时又坚持说只是脑子不好使，一时糊涂（按照现时的说法，是"脑袋进水了"）。结果是释放回家，只把大队贫协主席的职位给撤了。

第六个故事的主人公名叫王七一。情节比"反动标语"还要严重。这个名字很有意思，只要你会加法，看一眼就能理解并记住。文化革命期间，王七一是北大地质地理系有名的"反动学生"。时隔多年，记不得是如何反动的了。这不能怪老夫记性不好。北大的"反动学生"太多，哪能把他们的事迹一一记住？王同学毕业分配到一个地质队，在陕西省洛南县一带野外工作。王同学本性不改，1971年林彪事件后，异想天开，写了一封信，署上真名真地址，寄给国务院办公厅。信中说，毛主席在接班人问题上犯了主观唯心主义的错误，要向全国人民公开检讨。这样，全国人民会更加拥护毛主席。可能是国务院办公厅的人觉得王同学说得有点道理，这事不好处理，于是把这封信转到陕西省公安厅。公安厅如法炮制，又把这封信转到洛南县公安局。这封信不能再往下转了，公安局只好派人到地质队找王同学谈话，要他检讨，提高认识。结果，王同学又写了一封信，交给公安局，进一步阐述了自己的观点。公安局的人看了这封信，不知如何是好，只得就此打住。结果是不了了之，王同学安然无恙。

"反动标语"，"反动口号"，"偷听敌台"这些东东，都是中国特产。但愿故事中的主人公都卸去了枷锁，过上了正常生活。但愿诸如此类的帽子绝迹，历史不再重演。

相关链接：新疆老李：厕所和反动标语
http://my.cnd.org/modules/wfsection/article.php?articleid=32153

11 老吴曾经是海归（一）- 自由化的冬天（1986-1987）
2012年12月26日

1978年我考取中国科学院北京天文台射电天文专业出国研究生。1980年8月，赴澳大利亚悉尼大学电气工程系读研究生。经过5年的努力，完成了博士论文。然后，在等待博士论文评审结果的同时，在系里做些教学辅助工作。1986年2月，我的研究生导师、北京天文台台长王绶琯先生到澳大利亚访问。他告诉我，根据李政道先生的建议，国内决定试行博士后制度；北京天文台将建立博士后流动站，欢迎出国留学生归国做博士后研究工作。我当时就对王先生表示，获得博士学位后立即回天文台。于是，王先生立即写了一封信寄回给天文台有关部门，说我很快就会回到天文台的博士后流动站工作。

1986年6月，我在参加博士学位授予典礼后，立即动身回国。10月，正式成为北京天文台博士后流动站的博士后研究人员。两年之后，1988年10月，转入清华大学无线电系（电子工程系）做第二期博士后研究工作。1990年10月，回到北京天文台，任副研究员，成为研究生导师。1991年11月，赴美国参加天文数据处理国际会议，随后参加哈勃空间望远镜图像处理的研究工作。1994年10月，技术移民加拿大。海归归海，一去不复返。

在海归5年半的时间里，发生过许多故事。有的惊天动地，有的鸡毛蒜皮，自己亲历其中。无论如何，要赶在老年痴呆症发作之前，写下自己在这些故事中的经历。这也算是写历史，一个平民知识分子在大环境中的真实历史。

一．

话说1986年10月，我成为北京天文台的博士后。12月，刚搬进在中关村甲四楼的新家，就听到北大学生上街游行的消息。一些人去看热闹，但我并不想去。原因是，我在澳大利亚见过工人罢工，参加过悉尼大学研究生的罢教（不去给本科生上辅导课）。刚从澳大利亚回国半年，6年留学期间储存到我脑子里的自由民主思想使我认为，学生游行是正常社会现象，派警察去阻拦没有必要，去看热闹是浪费时间。过了不久，1987年1月，从电视上看到方励之先生因为"资产阶级自由化"被解除中国科学技术大学副校长的职务、调北京天文台任研究员的消息，才引起我的注意。我在1978年参加北京天文台研究生复试时看见过方先生到考场为科大从复试考生中挑选研究生。我读过方先生主笔的书，如《西方宇宙理论评述》，还浏览过他在天文期刊上发表的文章。此外，方先生还是我的北大校友（学长）。

方励之先生调任的消息广播几天后，天文台召开全台职工大会。会场设在天文台开办的"东星公司"的大会议室。天文台党委书记王旭发讲话，说："我去（科学）院里开了一个会。会上领导同志问我：你对调方励之到天文台工作有什么意见、看法？我回答说：上级调他到天文台工作，我当然认为正确，坚决拥护啦！"大家听了，哄堂大笑。散会后，有人评论说：王旭发太滑头啦。

二．

也是在方励之先生调任的消息广播几天后，我注意到天文台的信堆里开始有寄给方先生信。那时候，天文台和微生物所合用一座位于中关村体育场北面的3层楼，天文台在第3层。天文台的收发室设在最低层，是一个靠近朝南楼门的房间。房间墙上开了一个大窗，挨着楼道。每天半上午，从邮局送来的天文台职工的平信，就堆放到窗台上。我们下班出楼去吃午饭，路过时就可以翻信堆，找自己的信。这样，只要有意，就可以看清每一封信的收信人姓名。这并不算侵犯隐私。于是，每

71

天我都会及时去翻信堆，找自己的信，同时注意方先生的信。我发现：寄给方先生的信，来自全国各地。有平信，也有明信片。明信片上写赞扬的话，甚至写诗。我还发现一个规律：这种信，从某一天开始，由少变多。几天后，突然变少，然后又是由少变多。周而复始。周期大概是3天。于是我推断，有人取走方先生的信，大概是3天取1次。理由是：当天没有取走的信，会留在窗台上。如果某人的信一直没人取，会在窗台上停留很长很长的时间，直到检查卫生之类的日子，或是积压的信太多，或是良心发现，传达室的人才会去清理。如果遇到心情舒畅，传达室的人还会把信送到各研究室去。3天积累下来，方先生的信大概有十几封或几十封不等。由此估计，信的流量大概是每天5到10封。这种情况应该持续到方先生到天文台上班、取信为止。到底持续了多少天，记不清楚了。假如是一个多月，那总数是几百封的样子。至于是谁取走这些信，不得而知。

三．

天文台的研究生中，有很多原是科大的本科生。记得其中一位女生C，有一天在楼门口遇见我，兴冲冲地说："吴老师，刚才听了传达报告，他们念了批判方老师的材料。方老师的那些讲话嘛，不能说是句句是真理，但也差不了多少。"原来，这就是批判方励之的效果、"副作用"！又有一天，这位C同学气鼓鼓地对我说："出国留学这么难，我以后一定要把儿子生到美国去！"不知道这位C同学现在是否在美国，是否有了美国籍儿子。

四．

我原来住在位于五道口的天文台临时宿舍。搬到中关村的新居后，我到五道口粮站迁出粮食关系，再到五道口派出所迁出户口。然后，到中关村派出所上户口。去了很多次，每次都是无功而返。户籍警察每次都说，那个甲四楼登记手续不完备，住户还不能上户口。上不了户口就办不了粮食关系，害得我连续几个月要向人借粮票度日，借煤本买蜂窝煤。一天，遇到工会主席老高。他听了我的讲述，哈哈大笑，说："这就是你的不懂了。这种事经常发生。甲四楼新建，派出所不给住户上户口，一定是向他们进贡不够。你怎么能不先打听清楚新住地能不能上户口，就把户口从老住地迁出来？"我向他求教，有何补救办法，比如把粮食关系退回五道口，先解决吃饭问题，户口以后再说。老高回答道："那怎么能行呢？粮食关系随户口。"接着，他低声告诉我如何如何，没准能成。

1987年博士后期间，在中关村用三轮车运输家用蜂窝煤

按照他的锦囊妙计，我骑自行车到了海淀区公安分局。到传达室说明来意后，根据指示，上了二楼，找到"户籍科"的牌子，敲门。一位身穿警服的人开门让我进去。我向他说明，我是天文台的归国博士，如何如何上不了户口。听我这么一说，他突然起身去把房门关上，问道："你是天文台的，说说方励之的观点为什么这么激进？"凭直观感觉，我不认为他有恶意。但是，想到自己身在公安局，有如林冲身在白虎节堂，还是小心为妙。于是我回答道："这个我就不清楚了。"听了这话，他也就不再追问，而是走到桌边，拿起电话筒，拨了一串号码，大声说道："喂，是老王吗？……我这里有一位天文台的归国博士……你们就给他办吧……再见！"看他打电话的样子，活像电影里的演员。我心里嘀咕，说不定电话那头连人都没有。他撂下电话，对我说："行了，我跟他们打招呼了，赶快去办吧。"我赶忙道谢，转身出门。他也跟着出门，一直把我送到楼梯口，还和我握手，说再见。

我赶快骑自行车奔中关村派出所。来到柜台前，见办事的还是以前的那个小青年，他应该还记得我。我二话不说，把几张纸递了过去。他也是二话不说，稀里哗啦一会儿就办完了。转身正想离开，只见一位中年女士，进得门来，对着远处的一位长者喊道："王所长，您上次吩咐的事都办了，该行了吧？"边说边从书包掏东西。就在这时，王所长说道："听说你们所里正在做躺椅，是不是？"女士连忙答道："是是是。"边说边拿起柜台上的电话筒，拨了一串号码，说道："喂，是软件所吗？……找……我正在派出所办那十几个人的户口……记得躺椅多做9张……王所长点名要的……"女士撂下电话，开始办她的正事。我急忙出门，骑车奔中关村粮站办粮食关系去。

五．

感谢老高，教给我锦囊妙计。那个归国博士的牌子，那时还管点用。也许，还沾了方先生的一点光。天文台还有一个故事。说是天文台的研究员，人称"老妖"（实为"老耀"），途经香港到美国开会。在深圳过了罗湖桥，进了香港入境事务处的办公室。老妖说明要去机场搭乘飞机前往美国开会，递上护照、机票和邀请信。移民官瞧了一眼，用英语问道："你是北京天文台的？""是的。"老妖用英语答道。"方励之是你们天文台的？""是的。"老妖照样答道。"你认识方励之？""是的。"老妖还是照样答道。这时候，只见那移民官左手拿着大印，在空中划了一条弧线，劈喇一声，重重地盖在护照上。又见那移民官右手拿着钢笔，在护照上划了一下。然后说道："走吧，祝你一路顺利！"就这样，老妖的3个Yes，轻松换来了一个签证。不知这个故事是真是假，有待老妖澄清。

六．

1987年初春，记得天气很冷。我们又在"东星公司"的大会议室开会，由党委书记王旭发主持。开这个会就是所谓"选台长"。其实只是台长候选人提名的民意测验。这年台长换届，先开一个这样的会，再进行幕后操作。王旭发简短讲话后，发给每人一张纸，上有表格供填写。会前没有"竞选"，只是通知开会时间、地点、内容等。我听到通知后，脑子里的自由民主思想又一次发生作用。我决计"自由化"一下，填一个他们不愿意看到的名字。我估计他们不会追查，但是谁知道呢？我当过电工，记得电工手册上说，不准徒手带电操作；如果不知道电线是否有电，一定要当有电处理。根据这个道理，不知道是否追查，一定要当有追查处理。于是，我双手戴上一副全新的白线手套，拿一支全新的圆珠笔去开会。拿到一张表格后，我到一个离大家尽量远的地方坐下，用左手把字尽量写好。我填了两行，第一行：王绶琯（姓名），天文学家（提名理由）。第二行：方励之，天文学家。然后，把纸对折，有字的一面朝里。走到"投票箱"跟前，完完全全地放了进去。你很容易明白，我为什么这样做。戴上全新白线手套是为了不留指印，用左手写字是为了改变笔迹。

后来，没有听说有追查一事。但是也不敢绝对肯定没有。"内紧外松"，从来如此。1987年台长换届的结果是：李启斌研究员为台长，王绶琯先生为名誉台长。

1988年10月，我转到清华无线电系做博士后。听说系里有三位研究生受到处分。原因是，这三位在选举海淀区人大代表时，在选票上写了方励之。当局进行追查，把他们挖了出来。可见，什么"民主选举"，"无记名投票"云云，都是废话。我当初的"当有电处理"，是何等的英明。哈哈。

12 老吴曾经是海归（二）- 清华园里放鞭炮（1990）
2012年12月29日

1990年。5月35日快到了。清华园里，风平浪静。与一年前人声鼎沸的情景相比，真是恍如隔世。失败者早已销声匿迹，胜利者则觉得不大光彩而不愿提起往事。在一年多的时间里，"动乱"变成"暴乱"，再变成"风波"。但是这种刻意淡化不能洗去正常人头脑中的记忆。

怎样来表示自己还有记忆呢？在清华园里放鞭炮。

一．

还有一个星期的时间，开始准备。我骑自行车去海淀镇买鞭炮。出了清华西南门，来到北大南门。沿着北大校园南墙往西，沿路看见许多警察，隔四、五十米站一个，还有流动的。又看见路南边有许多小摊贩，也是隔四、五十米一个。每个小摊都差不多。一个小木箱，上面摆一些香烟、火柴之类。小木箱旁边放一个马扎，上面坐一个小伙子。这些小伙子贼眉鼠眼，眼珠子在过往行人身上溜来溜去，全然不管自己的小摊子。一辆挂着东北某省车牌的小面包车，好像是走错了路，停下来想要掉头。两个警察立即走过去阻止。小面包车只好继续往前开。来到北大小南门，看见一个自行车修理摊子，紧挨大门。没有顾客，只有一个中年大汉两手交叉，坐在一条板凳上。我早已不是北大学生，这些都与我无关啦。我往南拐进海淀镇，去商店寻找鞭炮，一无所获。正在无望之际，我忽然想起来，过年的时候，有人送了一盒鞭炮。当时心情不好，没有燃放。于是，我买了一包带过滤嘴的大前门香烟，然后匆匆往家赶。

回到家里，果然找到那盒鞭炮。一盒200响小炮，被编成一串，长约20厘米。虽然是小炮，也凑合能用。我的设计是：拿两支香烟，把炮串两端的捻子分别捆绑在一支香烟（长度）的中央，就成一个"定时炸弹"。使用时，用火点着每支香烟的一头。当香烟烧到（长度的）一半时，点着小炮。半支香烟的燃烧时间，就是时间延迟。这使操作人员有足够的时间撤出现场。两端都捆绑香烟，是为了把成功点着小炮的可能性加倍。

组装不难，但在组装之前，要进行一系列的试验。这个也不难，我受过很好的物理实验和电子工程的训练，只是要费些时间。为了安全、保密，所有试验都在关闭门、窗的卫生间里完成。

第一个试验，看这些小炮有没有失效，能否被点燃。我从炮串的两端各拆下1个小炮。用剪刀把每个小炮在底部剪去一点。鞭炮在底部开放，只会燃烧，不会爆炸，以免发出大响声。拿小炮依次做试验，就是划火柴点着小炮的捻子。只见炮里的火药燃烧，喷出耀眼的火花和淡淡的白色烟雾，发出嗤嗤的声音。每个小炮都是这样。因此，我相信这串小炮没有失效。

第二个试验，证实小炮确实会爆炸。我又从炮串的两端各拆下1个小炮。点着一个，迅速丢进一个铁筒子，压上筒盖。只听一声闷响。两个小炮都试了，都爆炸了。好了，可以放心了。

第三个试验，测量半支香烟的燃烧时间。我拿出那包大前门香烟，取出2支。在每支（长度）的中央用圆珠笔轻轻地画上一个记号，再用细线绑上从炮串上拆下的一小段捻子。我拿一张复印用的好纸做了一个圆锥形漏斗。用剪刀在这个圆锥的尖端剪出一个小圆口，但是不安装通常漏斗有的一段小圆管。用火柴把香烟点着后，把纸漏斗套在有过滤嘴的一端，凑在嘴边用劲吸了两口。香烟有火的一端，立即变得通红。就在这时，看手表，脑子里记下时间。然后，我把香烟有过滤嘴的一端放在小板凳面的边缘，压上一个小铁钳。静静地看着香烟燃烧，直到捻子被点着而发出火花。立即再看手表，算出半支香烟的燃烧时间。用两支香烟做了两次试验，取两个燃烧时间的平均值，结果是5分钟左右。很好，这个时间延迟正合适，以后把捻子捆绑在香烟的中央就行了。说明一下，用纸漏斗套在过滤嘴上是为了隔离嘴唇和过滤嘴，目的与戴手套一样。

试验完毕，把所有纸屑等废物放进蹲坑，放水冲掉。

二．

试验成功后，要找个女伴。此话怎讲？别急，听我慢慢说来。1965年大学暑假，我们系全年级到河北省固城军训。一天晚上，天刚黑，全体同学在宿舍前面的空地集合。连长宣布，今晚搞"抓特务"活动。两个男同学，被指派为特务，已经到附近躲藏起来。我们的任务就是在两小时内找到他们，押解回来。全年级共有90多人。大家都用眼光搜索人群，叽叽喳喳议论了一阵，知道那两个男同学是谁了，我们就称他们为特务甲，特务乙吧。

当晚正值月圆之夜，天边飘着几丝薄薄的浮云。皓月当空，月光倾泻在大地上，一片银白色。夏日炎炎，晚上出来溜达溜达，也真的不错。我们三五成群，跑遍了附近的山岗田野，找遍了每一个角落，连个特务的影子都没有见着。看到三颗信号弹升上天空，知道时间已到，我们只好无精打采地回到宿舍前面的空地上，见连长早就等在那里。连长大声喊道："你们抓到特务没有？""没有。"一部分同学有气无力地答道。这时，只见从宿舍后面慢步走出两人，手拉手，肩并肩。我们一看，先是谔然，紧接着是笑得人仰马翻。

看官，您明白是怎么回事吗？听我给您解释吧。原来，特务甲、特务乙化了装。特务甲穿了一身灰白的土布衣裳，戴了一顶鸭舌帽，还把平时戴的眼镜摘去了。特务乙就更绝了，穿了一身大红衣服，跟披了一条花布床单差不多。在我们出动前，他们俩就已经坐在离宿舍旁一个三岔路口不远的一棵小树下了。两人靠着小树，依偎在一起。特务乙把头埋到特务甲的怀里，短头发就看不见了。我们在那个三岔路口经过不止一次。但是，在月光下隐隐约约看见小树下的那身大花衣服，谁都以为是一对男女在谈情说爱，不敢靠近。

看官，您应该明白了，找个女伴，是为了打掩护。两人一起去，试看谁敢靠近。

　　说来也巧，做完试验的第二天，我去食堂买中午饭。在回家时走到宿舍楼门口，迎面遇上一位博士后的妻子，也就是博士夫人啦。我突然眼前一亮，计上心来：就是她了！我赶紧把她叫住，移步到路旁。我也不啰嗦，单刀直入地问道："你帮我办件事行吗？""行吧，什么事呀？"她回答道。我接着压低声音说："先跟你说，你要是能帮就帮，不能帮也不要勉强，但是一定要替我保密。""当然啦。"她毫不含糊地回答。于是，我凑到她耳边，如此如此，这般这般，……。还没等我说完，她就乐了，说道："没问题！到时听你调遣就是了。"我又叮嘱了一下："一定要穿上鲜艳漂亮的衣服啊！""没问题！"她说完就转身朝食堂方向走去。我赶忙朝她喊道："快点去，溜肝尖只做20份！"

三．

　　提前一天，我把"定时炸弹"组装好，把自行车后面的号码牌取下来。第二天，觉得时间过得很慢，好容易等到天黑。我把眼镜摘下放进眼镜盒收起来。穿上一身平时不穿的灰黑色衣服，套上一件平时不穿的灰夹克衫，再戴上一顶绿军帽。把"定时炸弹"和纸漏斗放进一个塑料口袋，把手套和火柴放进夹克衫口袋。走下楼去，博士夫人已经在那里等候。只见她穿一身碎花衣服，长发垂肩，我禁不住怦然心动。我把塑料口袋交给她，自己骑上自行车，慢慢的。她一下子跳上车后座。来到中央主楼西翼电机系门前停下，把车锁好。

　　那时候，坐北朝南的中央主楼前面是一个水泥地广场。广场南缘中央连接一条南北走向的水泥路，通往学校的小南门。广场南缘，这条水泥路，西主楼以及学校东西走向的围墙，围着一块空地。空地上长着野草，一些小灌木，还有几棵小松树。草地上有几条抄近路的人踏出的小路，常有人走。中央主楼灯火通明，但是广场南缘的路灯却不很亮。当晚月亮还没到正圆，月光也不是很亮。我们沿着一条小路，走到一丛小灌木前。离开小路，我在前，她在后，走进灌木丛中几米的深处，紧挨着蹲了下来。小路上有人走动，我们也不管。相信他们也不敢过来。我戴上手套，取出"定时炸弹"，挂在小灌木上。两支香烟，隔着10多厘米垂了下来。我掏出火柴递给博士夫人。我拿起一支香烟，她划火柴点火。我把纸漏斗套在过滤嘴上，用嘴使劲吸了两口，然后把香烟小心放下。接着，我拿起另一支香烟，重复上述过程。这就算完事了。我哪里想到，博士夫人说了一声"我也来一下！"紧接着从我手里一把夺走纸漏斗，拿起一支已经点着的香烟，把纸漏斗套在过滤嘴上，用嘴使劲吸了两口，又把香烟放下。我先是吃了一惊。等我醒悟过来，她已经干完了。我把"定时炸弹"迅速检查后，说道："赶快走吧！"于是我们起身，她在前，我在后，沿原路回到电机系门前。开锁骑上自行车，快速撤离，顾不得听炮声。一周年之际，当局严加防范。还是安全第一，逃跑要紧。

四．

第二天，我照常去中央主楼东翼无线电系的办公室上班。没有看见什么异样。以后几天，也没有什么异样。到了星期天，我决定去放炮现场检查。星期天中午，我戴上眼镜，骑车到电机系门前，把车锁好。午休时间，周围一个人都没有。我沿着原来的小路，走到那丛小灌木旁。我蹲下身，把鞋带解了又系，系了又解，以便有足够的时间观察。我看见小灌木上已经没有什么了。地上有一些纸屑，肯定就是小炮炸了以后散落在地遗留下来的。看清楚后，我没有再去灌木丛中，而是站起来，继续往前走。到了通往学校小南门的水泥路，往回走到中央主楼前面的广场。又走进无线电系的楼里待了一会儿，再出来穿过广场，回到电机系门前，开锁骑车回家。说来有意思，那解鞋带系鞋带的Trick（诡计/计谋），还是从小学思想政治教育课学来的。课上老师讲了一个故事：小明看见一个人鬼鬼祟祟，背靠墙根蹲下，一只手在解鞋带系鞋带，另一只手伸到身子背后，磨蹭了半天才站起来往前走。小明警惕性高，跑到跟前一看，原来这人是个特务，假装解鞋带系鞋带，用反手在墙上贴了一张反动标语。小明高呼抓特务。群众围过来，那个特务想跑都跑不了。于是，小明成了英雄。听了这个故事，我们向小明学习。每天上学、放学回家的路上，都睁大眼睛，看看有没有特务可抓。没有想到，小时候听革命故事知道的特务Trick，过了30多年长大后，还可以用来干这不革命的勾当。

这就是我在清华园里放鞭炮的故事。相信那些鞭炮炸响了。不管你信不信，反正我信了。

13 老吴曾经是海归（三）- 海归归海（1991- ）

2013年01月01日

结束在清华大学无线电系的第二期博士后研究工作后，我于1990年10月，回到北京天文台工作。由于我早就有了副研究员资格，持有一本天文台发的"副研究员资格证书"，很快就被聘任为副研究员，在射电天文研究室工作。正好赶上研究生和导师双向选择的活动。其中一位从北师大物理系考来的研究生，对天文图像处理很有兴趣。两相情愿，签字画押，我就成了她的导师。

一 .

1991年初，我从期刊上看到一个国际会议通知：第四届贝叶斯统计国际会议，IV International Meeting on Bayesian Statistics。会议地址：西班牙Valencia；时间：1991年4月。我专门研究最大熵方法，博士论文中有一节论述最大熵方法与贝叶斯方法的关系。因此我很想参加这个会议。我写了一篇论文寄去，题为"Bayesian inference, MEM and consistency"（"贝叶斯推理，最大熵方法及一致性"），被会议接受。费用不成问题，我有结余的博士后研究经费。唯一令我担心的是，1990年我在清华无线电系申请去美国参加国际会议，就因为"出国政审"问题而不能成行。一般情况下，办理出国开会手续，大概要一个月。我预感会有问题，提前两个月就申请，好有回旋余地。把出国开会申请表交给天文台外事组后，等待时间已经超过一个月，离开会日期不到一个月了，还不见任何动静。于是，我到外事组，询问办理手续的进展。我走进外事组办公室，只见外事组负责人张彩成正在和组员聊天，眉飞色舞地向组员讲述他参观莫斯科大剧院的情景，赞不绝口。见我进门，他停了下来，问我有什么事。我问他："我的出国申请表交了这么久了，审批好了没有？"他不直接回答我的问题，而是说："有人说你刚来天文台不久，怎么就申请出国？"我一听就明白，他知道其中的原因，不好对我明说而搪塞其词。于是我面带愠色反驳道："我怎么是刚来天文台不久？1978年我就是天文台的研究生。那个时候，你们还不知道在哪里呢！"张彩成见势不对，赶快说："你别发火，我一会儿就去找台长说说。"于是，我离开办公室。

第二天下午，我在天文台办公的三楼楼梯口，正要下楼，台长李启斌从后面把我叫住。他走到我跟前，说："审批你的出国申请，本来是要他们盖章的。他们不盖，是我给你签了字。我已经叫张彩成明天星期六把你的申请材料当成急件送到院里外事局去，你下星期一就可以去外事局办手续。"他又接着说："我给你办理是有根据的。文件上说，三种人不能出国：动乱骨干分子，幕后操纵者，打砸抢分子。你不属于这三种人。"（那时每周工作六天，只有星期天休息不办公。"他们"指天文台党委。"院里"指科学院。）他说完立即转身回办公室去了。

这下子我完全明白了。清华把1989年整我的"动乱分子"材料转到天文台了。天文台党委不在我的出国申请表上盖章表示同意，是想拖延，错过开会时间，不了了之。这没有张彩成的事，也不是由他作主。感谢李台长主持正义，在这关键的时刻保护我，帮助我。

星期一一早，我带上1988年7月到英国开会时用过的护照，去科学院外事局办理申请西班牙签证的手续。一进科学院外事局签证办公室，就听见从屏风后面传来男高音。那不是歌声，而是嚷嚷："你们看了写李鹏的诗吗？快去看！报纸一会儿就会被收走的。"（指1991年3月20日《人民日报》（海外版）上刊登的嵌字诗，其中嵌入了"李鹏下台平民愤"。）我已经从VOA（美国之音）知道此事，也不觉得新鲜。我的签证申请是急件。办完手续，急忙骑车去位于建国门外的几家航空公司询问机票价钱。比较之后，到设在国际贸易大厦内的波兰航空公司付了1000美元现钞，买了途经华沙从北京到马德里的4月9日离境的往返机票。在离境前几天，才从科学院外事局拿到西班牙驻北京大使馆在4月4日签发的签证。

二.

从西班牙开会回来不久，我又从期刊上看到一个国际会议通知：第一届天文数据分析软件及系统国际会议，Astronomical Data Analysis Software and Systems Conference I。会议地址：美国亚利桑那州图森市（Tucson）；时间：1991年11月。天文数据处理是我的本行，当然要参加。我写了一篇文章寄去，题为"Using a matched filter to improve SNR of radio maps"（"用匹配滤波器改善射电天图的信噪比"），被会议接受。同时还申请到了美国国内洛杉矶和图森之间的来回机票以及会议期间的食宿费用。我自己只需要购买北京到洛杉矶的来回机票。没有问题，我还有结余的博士后研究经费。

为保险起见，我还是提前两个月向天文台申请去美国开会。因为我刚从西班牙开会回来不久，而且我那次出国表现良好，很快就获得批准。于是我到科学院外事局办理签证申请手续。

这是我第一次申请美国签证。根据填表说明，在姓和名两行都必须写上英文，中文以及标准中文电码。我申请过7个国家的签证，这是第一次看见标准中文电码的要求。我是理科学生出身，喜欢进行理论探讨，心想：美国佬真聪明，他们的电脑系统只能处理英文和数字。汉语有许多同音字。不同的中文姓名，可以译成同一个英文姓名，没法正确处理。加上标准中文电码，不同的中文姓名就译成不同的数字。这符合信息论的编码唯一性原理。那些犯罪分子，休想蒙混过关。当年赖昌星不去美国而跑到加拿大，很可能就是因为这个缘故。可是仔细一想，美国佬还是不够聪明。那标准中文电码，还是19世纪清朝时设计的，每个汉字对应4个数字，总共只能容纳1万个汉字。如果有一个人叫做林双囍，那么"囍"就没有对应的标准中文电码，申请美国签证的过程就不能完成。我怎么会想起"囍"字呢？说来话长。文化革命时，有一篇文章，记不得是张沫若还是李沫若写的，说雄文四卷不但政治上是马列顶峰，而且汉语方面也是史上第一，包含了现代汉语中所有最常用、最重要的汉字。可是我不这么认为。中国人喜欢庆祝，一个"喜"字不够，还造了一个"囍"字，经常使用，到处张贴，是百分之百的常用字、重要字。我花了好几天时间核查，证明四卷里没有"囍"字。但我不是安徒生笔下的那个小孩，不敢说出来。然而，这个"囍"字就深深地印在我脑子里了。这次拿来当试金石，一下子就试出美国佬的脑子不灵光。其实，还可以找出更多的问题。比如，中国最有名的人物阿Q，就会申请不到美国签证，因为标准中文电码里没有与"Q"对应的电码，无解。阿Q申请不到美国签证，吴妈也就申请不到美国签证。这就是中国的阿Q还没有在美国安家落户的原因。

闲话少说，言归正传。我的名字三个字，连小学生都认识，肯定都有解。我拿起桌子上的标准中文电码本，发现前面几页都翻烂了。幸好我的三个字不在其中。我花了几分钟译了码，完成了美国佬强加给我的任务。

接着往下填表，发现有一项就更加可笑。在这项中，问申请人是否共产党员，在Yes或No旁边的小方框里画叉。同时还说明，如果你选Yes，你可能不得进入美国。这美国佬也太低估中国人民的智力了。写得这么清楚，还有谁会往枪口上撞？谁要是在Yes旁边的小框里画叉，那就不是二百五，而是二百五的平方了。这说明反共的美国佬对毛泽东思想一窍不通，对57年的反右历史一无所知。否则，美国佬会把"不得进入美国"改成"优先办理签证"。这样一来，肯定有不少人在那个小框里画叉。等到被拒签后，这些人找美国佬理论，美国佬可以振振有词地反驳说：我们这是"阳谋"，是"引蛇出洞"，谁叫你自己在那个小框里画叉！

不过，美国佬耍不耍花招，与我没有关系。即使有便宜可占，我也不会去作假。我不加思索，顺手就在No旁边的小框里画了叉。

申请美国签证后，考虑机票问题。在北京买太贵。我与在亚利桑那大学（The University of Arizona，位于图森）读研究生的原天文台研究生C联系，托他买了来回机票，票价1100美元。

离开北京之前，王绶琯先生给我写了一封给美国NRAO（国立射电天文台）台长的亲笔信。信中说，如果有可能的话，请他安排我在NRAO工作一段时间。

三．

1991年11月3日，我乘西北航空公司的飞机离开北京前往洛杉矶。在入境时，如实告诉移民官，我的目的是开会，会后访问一些研究机关。结果，移民官只给了我一个月的逗留时间。

会议期间，见到原来在澳大利亚开会时认识的NRAO的Tim Cornwell博士。我把王先生的信给他看。他立即给NRAO的台长打电话。打完电话后，他对我说，现时NRAO没有合适的研究项目，无法帮助我。

会议期间，见到STScI（Space Telescope Science Institute，空间望远镜科学研究所）的Robert Hanisch博士。哈勃空间望远镜在1990年4月由发现号（Discovery）航天飞机送入绕地球的轨道后，很快就发现其主镜的形状有误差，严重影响图像质量。派人去维修，要等几年的时间。在此之前，只能在地面上进行图像处理，尽量改善图像质量。为此，研究所计划成立一个专门小组。Hanisch博士是这个小组的负责人。与我谈话了解到我的背景后，当场拍板，要我参加这个小组。当时研究经费未到，我先在位于会议地址图森的NOAO（国立光学天文台）从事天文数据处理软件包的研究发展工作。美国大学天文研究协会（AURA）帮我办理了有关手续。在NOAO工作7个月之后，我于1992年7月飞往马里兰州巴尔的摩，参加STScI的哈勃空间望远镜图像恢复工作。在3年的时间里，我为空间望远镜研究和发展了性能优秀的最大熵（MEM）图像恢复算法和电脑程序，可以和剑桥大学高价出售的最大熵程序相媲美，在世界上350个计算站（Computing sites）安装和使用。1994年，我和研究所的同事一样，获得一张NASA（美国宇航局）颁发的奖状，表彰我们对哈勃空间望远镜的贡献。我为自己能参加这项举世闻名的伟大工程而感到荣幸。

美国宇航局颁发的奖状（1994）

与奋进号航天飞机七位宇航员之一Kathry Thornton合影（1993年6月）

1993年12月，宇航员乘坐奋进号（Endeavour）航天飞机升空，前去修理哈勃空间望远镜。出发之前，七位宇航员在6月到STScI与研究所的研究人员见面，介绍修理工作，共进午餐，签名和合影留念。

在宇航员修复望远镜之后，我们的图像恢复小组面临解散的命运。1994年8月，我收到加拿大驻纽约总领事馆发来的技术移民签证。10月，我从巴尔的摩飞往多伦多。在多伦多登陆（Landing），成为加拿大永久居民。

四．

在多伦多登陆后，我在离多伦多大约一小时车程的Waterloo（滑铁卢）待了3个月。1995年1月，飞往位于B.C.（卑诗）省Penticton的Dominion射电天文台做数据处理工作，同时编辑我的MEM（最大熵方法）英文专著书稿。10月，回到多伦多，到York（約克）大学任Research associate（大致相当于副研究员），继续从事哈勃空间望远镜的图像处理研究工作。搜索太阳系外行星；计算土星（Saturn）的卫星Titan（泰坦）上的风速度。1997年4月，我的英文专著，"The Maximum Entropy Method"（最大熵方法）由德国的Springer（斯普林格）出版社出版发行，了却我的一大心愿。

1997年11月，我离开約克大学，到一家公司从事合成孔径雷达算法的研究和发展工作。当年在清华大学做博士后，我的研究课题就是合成孔径雷达。研究工作在1989年被迫中断。想不到，8年后在加拿大，才满足我的心愿，对合成孔径雷达进行深入研究，最终成为合成孔径雷达图像处理专家。

2000年10月，我转向医学图像处理。10多年里，先后在3家公司任职，从事CT，MRI（核磁），X光，超声波的医学图像处理，涉及几乎所有的医学成像模态（Modality），最终成为医学图像处理专家。在一家美国公司任职期间，发明了一种先进的"自动快门"（Autoshutter），从而成为一个美国专利的发明人。

在北美的20多年里，我在8个单位工作过，包括研究所，大学和公司，涉及哈勃空间望远镜，雷达和医学。但是，万变不离其宗，都是图像处理。既满足了我的兴趣，发挥了我的特长，又对社会作出了贡献，同时还可以养家糊口。套用时髦的话说：老吴同志的一生，是勤劳的一生，是利己利人的一生，是值得回忆的一生。老吴这辈子值了！

最后告诉您一个好消息，我们的孙女就要出世了。所以我今天特别高兴，给你秀一下我书中的两张插图。图中左边是原始的模糊图像，右边是用我的最大熵方法电脑程序处理过的清晰图像。图像处理神奇吧？

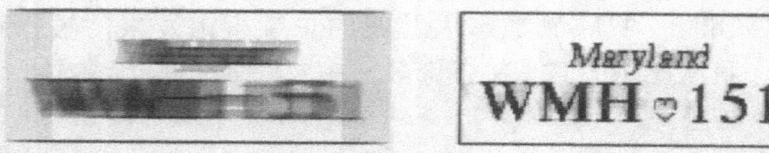

Fig. 3.15. The images of a car number plate for Example 1

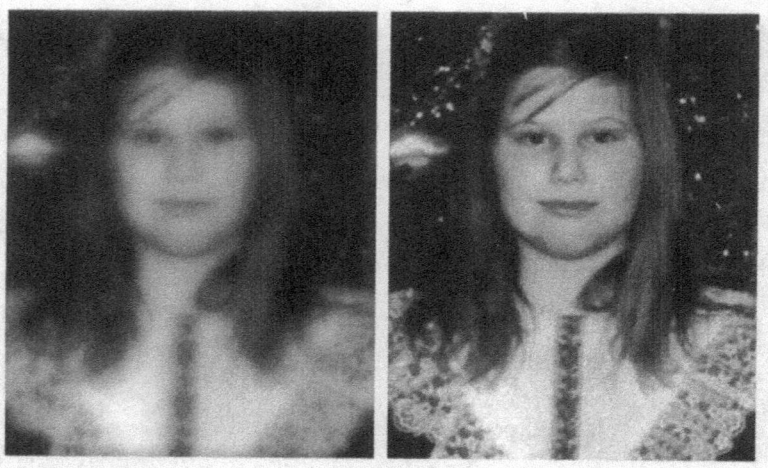

Fig. 3.16. The girl's portrait for Example 2

14 老吴曾经是海归（四）- 挺身而出（1989）
2013年06月02日

　　那是整整24年前的事了。

　　1989年5月13日，北京的大学生们开始绝食。这件事深深地感动了我。我当时正在清华大学无线电系（电子工程系）雷达教研室（信号检测与处理教研室）做博士后研究工作。5月14日上午，我去找环境工程系的W博士。W博士从美国学成归国，是北京博士后联谊会会长，兼任清华大学博士后联谊会会长。我去找他，是要请他出面组织清华的博士后研究人员，声援学生。当时，博士后牌子响亮。博士后都是刚毕业不久的研究生，还有不少"学生气"，很容易与大学生共鸣，产生同情心。博士后声援大学生，顺理成章，一定会影响大，效果好。

到了W会长的家里，我说明来意。W会长说：等几天再说。我问为什么。他说：清华的教师向来动作慢，要等他们行动了，我们才能行动。我说道：我们就是要在他们行动之前行动，带个头，才有意思。等他们都行动了，我们的行动就没有什么意思了。W会长没有别的话，只是反复说，要等教师们行动了，我们才能行动。我看继续谈话不会有什么结果，就离开了W会长的家。

我对W会长的回应很失望。回到家里，思量了一会儿。我毅然决定，单枪匹马，挺身而出！当天下午，我和妻子用白布做了一面长方形旗子，水平方向宽67厘米，竖直方向高89厘米。沿竖直方向的一边缝有套筒。竹竿插入其中，就成旗杆。旗子上用黑色墨水分行写上：

TSINGHUA UNIVERSITY
清华教师
声援学生
HUNGER STRIKE
- - - - - - - - - - - - - - - - - - - -
请您签名
- - - - - - - - - - - - - - - - - - - -
北大校友　　　　　　　　清华博士后
科大研究生院校友　　Ph.D.　　Dr.Wu
Aussie Sydney Uni.
14-MAY-1989

我把18张14厘米长、12厘米宽的白纸订在一起，做成一个小本子。再把这个小本子和一支圆珠笔一起挂在旗杆上，供签名用。我又用白纸做了一个几厘米宽的纸环，上书"声援学生"和"唇亡齿寒"，可以戴在头上。我从大衣箱里找出悉尼大学的博士袍、博士帽、领带，以及新的西装裤和衬衫。从墙角边找出黑皮鞋。穿戴停当后，下楼把旗杆捆绑在自行车车座后面。然后，小心翼翼地骑上我的凤凰牌28吋大链盒自行车，沿校内马路从宿舍西八楼前往中央主楼，全程大概1公里。此行的目的是试验穿着博士袍从车座前面（车座后面有旗杆）上、下自行车和骑自行车。结果是：相当困难，必须非常小心。沿途遇到一些人，投来异样的眼光。他们一定是对我穿的博士袍、戴的博士帽感到奇怪。回到西八楼前，遇到一群人，其中有赵大壮博士。他在小本子上签了名，并且告诉我，明天将举行北京知识界大游行，声援绝食学生。

5月16日上午上班时间，大概9点钟，我穿戴停当，从西八楼出发，骑车前往中央主楼。在西主楼的过街楼前下车，到过往人群中征求签名，声援学生。有不少人在小本子上签名。记得有一位北京林学院的中年女教师，跳下自行车，推着自行车走过来，说道：我支持学生，但是不支持他们绝食。接着签了名，陈XX，并在括号里注明"我不支持绝食"。我推着自行车，走到中央主楼前的广场征求签名。停留不久后，我骑车前往学生十食堂。这个食堂地处学校中心位置。食堂南面的一块空地，是学生的活动中心。我在那里征求签名。一位学生走过来，说他是学生筹委会的，问我能不能在下午带领学生在校园里游行。于是我们约好，下午3点在十食堂前见面。

回到家里，我和妻子用白布做了一条横幅，长80厘米，宽20厘米，上书：

≥100 清华学生绝食 ≥ 70 Hs.

这是为清华的理工科学生设计的，直接翻译是：不少于100名清华学生绝食不少于70小时（从5月13日下午到5月16日下午）。下午2点多3点前，我穿戴停当，走下宿舍楼，遇见无线电系的W博士。W博士从英国学成归国，是博士后研究人员。他见我这副装束，问我要干什么。我简单解释了一下，他马上就说：我正想找博士后们商量怎样声援学生，你这样做太好了！于是，他跟着我，骑自行车到十食堂前的空地。我放好自行车，站在车旁。W博士和一位学生用双手把长条横幅拉开，站在我的后面。又有学生，用手把自行车车座后面的旗子展开，让人能看见旗子上的字。有很多人围观，有一些人签名。过了不久，学生筹委会的人来了，给了我一个半导体喇叭（Megaphone）。我开始演说。

我讲了约10分钟，有10多次鼓掌。讲话主要内容如下：

- 我是无线电系雷达教研室的博士后。我叫XXX。我坚决支持学生。

- 学生，包括100多名清华学生，已经绝食三天。有人说要自焚，情况危急。

- 民主是要斗争得来的。我必须参加到这个行列中去，尽我自己的一点力量。

- 我呼吁老师支持学生。起码，老师要从良心出发，不要对学生施加压力。

- 请大家签名声援学生。我要到宿舍区去，唤醒老师，表明态度。

我讲完之后，有两人像大学低年级学生，递给我一张大纸，长约40厘米，宽约30厘米，是中国科学院研究人员声援学生的签名的复印件，上面有约50人签名，左上角第一位是（数学家）王元。（数学家）陈景润的签名在底部倒数第二行。我还知道（know of）其他几位签名者的名字。我随手在底部的空白处签了名。接着，一人穿着随便，手里拿着一个小型盒式录音机伸了过来，说：请你讲几句话。我怀疑此人的身份和目的，说道：我既然公开讲话，当然不怕你录音。紧接着我重复政府要和学生对话、和平解决问题的说法。然后，有一青年人，手里拿着一个小型照相机，自称来自武汉，请求和我合影。于是，两人站在自行车旁，由旁人动手照了一张像。

接着，游行开始，人群沿着通往南校门的马路向南缓缓移动。大概有100多人。我推着自行车，走在最前面。学生筹委会的人紧跟，手持半导体喇叭，带领喊口号。精密仪器系的一位男生和两位女生，拿着一个纸箱以及纸和笔，负责沿途收集募捐的款项和签名。沿途有不少人驻足观看，有的捐款、签名，有的加入游行队伍。沿途有不少人照相。时值阴天，闪光灯频频闪动。有的人使用专业相机，带有强力闪光灯，肯定担负有特殊的任务。在离南校门不远的地方，游行队伍往西拐弯，进入教工宿舍区。这里大都是平房，房前有篱笆和花园、菜园。有一位老干部模样的人捐款。听旁人说，他是退休的学校党委副书记李寿慈。在宿舍区走了不远，游行队伍往北拐弯。又走了不远，筹委会的人要我讲几句话，然后结束游行。于是，我接过半导体喇叭，讲了一些声援学生、感谢大家参加游行的话。精密仪器系的男生也讲了一些类似的话。人群呼了一阵口号，然后散去。我骑上自行车往家走。整个过程，从演说开始到游行结束，历时大概3小时。事后清点，我的小本子上共有117人签名。

这就是1989年我挺身而出，穿着博士服在清华园里发表演说、带领学生游行的故事。

（成稿于2013年5月16日）

15 老吴曾经是海归（五）- 不眠之夜（1989）

2014年06月03日

那是整整25年前的事了。

一.

1989年5月34日傍晚，清华园里。我吃过晚饭，骑车前往学生十食堂。这个食堂地处学校中心位置。食堂南面的一块空地，是学生的活动中心。我到设在十食堂门廊里的学生广播台看了看，又在食堂前的空地上转了转。听人说，有许多军车被堵在清河镇的马路上，要大家去那里支援。清河镇在清华的北偏东方向，距离大概10公里。于是，我骑上自行车，沿着一条小路从学校东边围墙的一个缺口出去，穿过铁路，在五道口附近上了由西向东的成府路，路南是北京地质学院，路北是北京矿业学院和北京语言学院。夜幕已经降临。昏暗的路灯下，行人稀少。这段路很短。我很快就到了南北方向的学院路。在这个成府路与学院路的交叉口，向左拐沿学院路朝北通往清河。但是我想先到附近的几所大学看看，于是向右拐，沿学院路西边的自行车道朝南走。在北京钢铁学院西门口，连一个人都没有，只有一辆满载煤炭的带拖斗的大卡车横在马路当中，显然是用来阻挡军车的。继续朝南走，到了北京航空学院的东门。门口聚集着百十来人。许多原本用来隔离汽车和自行车道的水泥墩，被移到马路当中，显然也是用来阻挡军车的。我没有下车，在北航门口作U形转弯（U-Turn）调转车头，沿学院路东边的自行车道朝北走。越过学院路与成府路的交叉口，沿学院路北上。到了学院路的尽头，上了通往清河的马路，继续北上。

在清河的马路上，停着一些受运煤大卡车阻拦的带车篷的军用卡车。正好附近有一个横跨马路的行人天桥。于是，我找到天桥旁边的一棵小树。先锁上老式自行车锁（固定在车座下的车架上，锁住后轮不能转动）。再用一根链条把自行车横梁锁在小树上。这样，我就能在黑夜里借助路灯的灯光找到自行车。

这些军用卡车似乎是空的，周围也没有群众。我沿着马路往北走，边走边数，大约有10多辆。继续往北走了一小段路，发现又停着一些同样的军车，周围有很多群众。我沿着马路往北走，边走边数，大约有70多辆。数完之后，我掉头往南走，回到开头群众围着军车的地方。

有些军车的车篷遮盖严实，看不见车里的情况。有些军车的车篷，两边的帘子卷了起来，里面坐满了军人，看起来像是年轻的士兵。许多群众把这些军车包围起来。有的人提着水壶，拿过士兵的水壶，往里灌水，或者把水注入大碗中，递给车上的士兵。有的士兵接过去喝，有的士兵不接。有的人把几张报纸卷成圆筒形，递给车上的士兵。没有任何士兵接这些报纸。（这些报纸在短暂的时间里，比较客观公正地报道北京的学生运动。）有的人对车上的士兵讲话，说北京没有动乱，不需要你们到北京来。所有士兵闭嘴不言，面无表情，无动于衷。车上只有一个30多岁的军人例外。一条领带松松垮垮地挂在他的脖子上，样子很滑稽。群众说没有动乱，他就反驳说有动乱，证据就是如广播、电视里说的，有人喊"打倒共产党"。双方都自说自话，当然不会有什么结果。

时间慢慢地过去，场面不冷也不热。突然，人群开始骚动。只见一个年轻人，跳上拦在马路当中的装满煤炭的大卡车的拖斗，大声喊道：军队要进城了！大家赶快排成横队，挡住他们！学生们！站到最前排！这时，有许多照相机的闪光。群众高喊：不准照相！ 清河的马路南北走向，柏油路面，东西两边的路肩（Shoulder）是狭窄的草地，草地上有小树。草地往外是水沟，再往外是农田。人们自动地排成横队，拦在柏油路面和路肩上。横队里，人们面朝北，手挽着手。我作为教师，站在第3排横队里。回头看，后面有很多排。一排又一排的横队，筑成厚实的人墙。

就在群众排队的同时，军人也在行动。军人排成一个长蛇阵。阵头朝南，离群众的人墙很近。长蛇阵很长，顺着马路的西边向北延伸，望不到尾。长蛇阵里，每个横排大概有6个军人，面朝南。一个军官站在阵头前方，面朝北。只听这个军官对军人喊道：我们到首都，是来保护人民的。带枪的同志，一律站到队伍里面去！ 群众听了，纷纷鼓掌。那些站在横排两端、背着长枪、步话机的军人，都和横排中靠里的军人交换位置。

记不得过了多长时间，双方准备就绪。军人的长蛇阵开始挪动。在马路的西边，军人的阵头猛冲群众的人墙。挽着手的群众，则往西边挤拥。由于人墙实在太厚，军人的阵头只能往前（往南）挪动一点点。于是，军人的阵头往马路的中央挪动。挽着手的群众，也往马路的中央挤拥。接着，军人的阵头往马路的东边挪动。挽着手的群众，也往马路的东边挤拥。如此这般，军人的阵头来回挪动和冲击，挽着手的群众相应地来回挤拥和阻挡。军人的阵头冲到哪里，那里的人墙就增厚。记不得过了多长时间，只记得很多回合后，似乎双方都已经精疲力尽。军人的阵头停了下来，不再冲击。群众的人墙，也就停在军人阵头的前面。实际的结果是，军人的阵头只前进了很短的一段距离。相应地，群众的人墙退却了很短的一段距离。

就在停战一会儿之后，突然有人高声喊道：搬东西去！ 我随着人群跑去。原来是，在东边路肩上摆着许多铁皮做的农贸市场的售货棚子，一个连一个。我心想：这怎么能搬得动？ 我随着众人围住一个棚子。众人把棚子推倒在地，齐声高喊：一、二、三！ 棚子被抬离地面，向马路中部移动。棚子有的部位触地，移动时由于磨擦发出刺耳的噪声。这个情景，使我联想到蚂蚁搬树叶。一群渺小的蚂蚁，竟能搬动一片庞大的树叶。人（蚁）多力量大，铁皮棚子（大片树叶）不在话下！

顷刻间，马路上堆满了七歪八斜的铁皮棚子，从路肩到路肩。大家干完了，松了一口气。筑成了我们的马其诺防线，大家颇有成就感，脸上露出笑容。再看看军人的长蛇阵，正在往后、往军车撤。军人开始往军车上爬。看来，这轮冲突已经结束。人墙开始解散。许多拖鞋、凉鞋散落在马路上。附近的村民说要回村，清河毛纺厂的工人说要回厂。我要回学校了。如果军人真的要进城，留下的铁皮棚子岂能挡得住？我不知道有没有人想这个问题，也不知道有多少人留下以及后来发生的事情。（若干年后从网上得知，当晚23军，由北向南，从沙河机场经清河镇，向德胜门开进。）

二.

我骑车回到清华学生十食堂，已经是深夜。食堂前的空地上挤满了人。学生广播台播报北京各处的情况，有时转播外国电台（主要是美国之音）。我靠着一个墙根坐下，听着广播，茫然地望着人群。脑中一团乱麻，心中充满悲愤和恐惧。我浑身感到寒冷，但是不想回家，只是有时站起来，到食堂前的空地上走走。我还爬上十食堂的房顶，帮助学生安装25瓦高音喇叭。长夜漫漫，黎明终于到来。食堂前的空地上，一些学生拿着一些军用品示众。有步话机的天线，有钢盔，有又粗又长（大约一扎长）的子弹，有人说是穿甲弹，有人说是开花弹。我决定去北大南门看一看。那里有北大学生广播台的高音喇叭，有庞大的人群。

我骑自行车路过清华校医院，见一辆救护车，人们正在从车上往下搬运伤员。一位男学生，面无表情，一个脚踝中弹，裤管的下端和鞋上沾满鲜血。两人正在抬他下车。这情景令人永远难忘。出了清华西南门，很快到达北大物理大楼的门口。往南拐弯，很快到达白（石桥）颐（和园）路（公共汽车332路即原来的32路）从南北向东西方向拐弯的路口。路口的东边是中关村，西边是北大校园。从这个路口到北大南门，只有四、五百米的距离。在这个路口的北面，我面对向南延伸的白颐路，突然产生一种异样的感觉。平日从早到晚车水马龙、熙熙攘攘的宽阔大道，此时空空荡荡。灰白色的水泥路面连同路边的高大杨树向南延伸，消失在远方。这是我第一次清楚地看见这条路的路面。再环顾四周，连个人影都没有，死一般的寂静。这个地区，我是多么熟悉！我在这里上大学，读研究生，做博士后研究工作。今天，怎么变成这个样子？！我感觉自己是置身于一个坟场，浑身打了一个冷颤。我不能自持，没有勇气继续往前。我不由自主，调转车头，沿着原路，赶快逃离这个地方。

回到家里，我一头扑倒在床上。这个不眠之夜，造成我精神上的永久伤害。两年之后，海归归海，我再次离开我的祖国。奔赴美国，又过三年之后技术移民加拿大。在这个陌生的国度里，我从头开始，努力奋斗，生根、开花、结果。此时此地，回忆25年前的不眠之夜，我情不自禁，老泪纵横。明日，我将照例素食一天，以兹记念。存者未敢忘记，死者没有瞑目。我做不了什么，只能这样纪念，年复一年，永永远远。

（成稿于2014年5月34日）

16 老吴曾经是海归（六）- 从清华回北京天文台（1990）
2015年01月08日

在完成北京天文台博士后研究工作后，1988年10月，我转入清华大学无线电系（电子工程系）做第二期博士后研究工作。我到清华无线电系继续做博士后，基于这些考虑：（1）流动性。当年的国家工作人员（"干部"）不是可以随意更换工作单位的。而在"博士后流动站"完成研究工作的"出站人员"，可以随意挑选工作单位，当然也要工作单位同意接收。这就是所谓的"双向选择"。工作期满离开博士后流动站，不需要建站单位同意，只要通知北京博士后管理委员会。我喜欢流动性。再做一期博士后，可以把挑选最后工作单位的决定推迟。（2）变换工作。我从1978年考上研究生开始，一直围绕射电天文学习和研究。研究对象即射电天体，与地球的距离以光年为单位，与人间生活毫无关系。到无线电系做研究，可以把我最擅长的最大熵方法和图像处理技术应用于人间。（3）清华的工作和生活条件很好。

我去清华无线电系的手续是副系主任陆大经（纟金）教授帮助办理的。我属于信号检测与处理教研室（原名"雷达教研室"依然通用。无线电系另有一个"图像处理教研室"），时任教研室主任孟宪元（副）教授是我的直接上司。茅于海教授是我的"老板"。茅老师极力主张我搞合成孔径雷达研究。他对我说：你搞合成孔径雷达，再合适不过了。你（原来的研究）又是合成孔径（天文界称综合孔径）射电望远镜，又是图像处理，又是最大熵。 而我也对合成孔径雷达很有兴趣，一拍即合。这里顺便说一下，合成孔径雷达是"863"计划的一个重要项目，当时有8个科研单位和大学参与。清华不在此列，但试图挤进去。所谓"863"计划即1986年3月提出并得到批准的"高技术研究发展计划"。

研究新课题，从学习开始。我每天的工作主要是到学校图书馆查文献，借书，复印资料，拿回办公室阅读。冬天天气很冷，在进入图书馆时，被告知必须脱下大衣，挂在入口处的衣架上。据说是为了防止有人把书藏在大衣下面夹带出去。我这才知道，清华大学里有人窃书（说偷书太难听）。我想，既然有人窃书，一定有人窃大衣。因此，我就不再穿大衣去图书馆了。

1989年4月，我在系里做第一次开题报告。在一个大教室里，我在讲台上讲解合成孔径雷达的基本原理，台下有二十几位听众。原定两周后做第二次开题报告，因为学潮兴起而被取消。学潮愈演愈烈，我也卷入其中。最终，我在系里无事可干，决计去科学院避风。从8月开始，我每天到位于中关村的理论物理所上班，当客座研究人员。我只是有时回清华无线电系看看，领工资，查信件。

1990年2月，我到位于玉泉路的中科院研究生院继续当兼职教师，每周一次，讲授最大熵方法。6月，考试完毕。一天，我去研究生院电子部主任李象霖老师家里交学生的成绩单。还有4个月的时间，我就要从清华"出站"。我们谈论出站后的工作去向。李老师对我说：我见到陆大经，对他说：吴某某研究工作做得好，课也讲得很好，你们要把他留下来。陆大经听了，回答道：（清华）不能留他，是学校的决定。这不是我们（无线电系）能够决定的。

听了李老师这些话，我彻底放弃出站后留在清华工作的想法。我当初去清华，基于三个考虑，如前所述。1989之后，我的想法反转。（1）流动性。这是第二期博士后，做完之后挑选最后工作单位，必须非常慎重。留在清华，一定会给我小鞋穿（其实已经穿过了）。（2）变换工作。我要把我的知识应用，从人间转回到天上，决不参与合成孔径雷达之类的研究，那是有军事用途的。89六四之后，每当我上、下班时望见无线电系大楼顶上安放的（为海军调试的）雷达时，我就会联想起六四镇压，心中难受。（3）清华的工作和生活条件，不再对我有吸引力。

我的首选是北京天文台。我是天文台1978级研究生，从天文台出国，学成归国后在天文台做过两年博士后，那里有许多老师和同学以及我教过的学生。我到我的研究生导师王绶琯先生家里，说了自己的想法。王先生对我说：回到科学院来吧，这里宽松一些。如果你想回天文台，要去找李启斌。（当时王先生是天文台名誉台长，李启斌是台长。）

几天后，我到中关村的一个公共电话亭给李台长打电话。我不在清华校内打电话，是担心被窃听，被他们提前知道我出站后的去向。这个担心是有道理的。我回到天文台工作后，他们还做手脚，这是后话。我在电话中说：我的第二期博士后即将结束，希望出站后回天文台工作。李台长一听，立即回答道：欢迎，欢迎！ 于是，"双向选择"成功。

离出站时间越来越近，孟宪元老师多次问我，做完博士后准备上哪里工作。我每次都回答：还没有想好。博士后出站之前，有两件事是必须做的。第一件事是做"博士后出站报告"。孟老师叮嘱我，报告中要有新的研究成果。这个不成问题，当然是有的。问题是如何选取。经过考虑，我故意选取他们可能最不感兴趣的内容，因为我不想做这个报告而又不得不做。出站报告在一个大教室里举行，有几十位听众。我报告的两项成果是：（1）最大熵解的一致性。（2）用最大熵方法推导理想气体分子速率的麦克斯韦分布律。果然，报告中和报告后，没有任何人表现出兴趣，没有任何人提问。 第二件必须做的事是填写"博士后研究人员工作期满登记表"。这是北京博士后管理委员会发的表，内容只与研究工作有关。我在完成第一期博士后时在北京天文台填过这种表。但是，这次多了一张表，清华大学博士后出站人员思想政治鉴定表。清华在1989后创造了这种鉴定表，不愧为"党校"。我在自我鉴定一栏写了一些中性的无关痛痒的话。其他鉴定栏目，由系、校填写。我不知道他们写了什么，那些内容是不让我本人看的。

1990年10月的一天，我从清华搬出。当年的北大同学帮我找了一辆小卡车运送物品。为了运送物品的小卡车出清华校门，我到系办公室开了一张搬家证明。凭这张证明，出了清华西门。我在清华无线电系的两年博士后宣告结束。

我回到北京天文台，在射电天文研究室工作。我很快就被聘任为副研究员，成为研究生导师。清华把1989的材料，转到北京天文台。于是，又引起一连串的故事。这些故事，已经在我的回忆文章，"老吴曾经是海归（三）- 海归归海"中讲过了。

17 老吴曾经是海归（七）- 儿子上学（1986-1991）

2015年01月15日

1986年6月，我结束澳大利亚悉尼大学的留学，举家回国，到达北京。回国后的重要任务之一，是安排儿子上学。儿子原在西城区二龙路小学上学。1985年3月赴悉尼探亲，还没有上完三年级。现在，做为科学院职工的子女，可以上中关村一小，二小，或三小。

回到北京天文台后，我到人事处登记，报上孩子的姓名等资料。8月的一天，到中关村一小报名。天文台在中关村体育场北面，往南走大约500米，就是中关村一小。高个子人事处长领头，紧跟着20多个天文台职工的孩子，一群家长断后。我从后面往前看去，这些打打闹闹的孩子就像是一群活蹦乱跳的小鸭子，跟着牧鸭人。

到了学校，给儿子报了名，拿到一张考试通知。儿子过了几天去考试，和三年级升四年级的补考生一起考。结果是，数学84分，语文48分。数学分数还凑合，语文分数很低。须知，这是为补考生出的题目。9月初去注册的时候，校长说，只能插班上三年级。我坚持上四年级，并解释说，儿子去了澳大利亚一年半，刚回国，语文分数不及格是不可避免的，48分就算不错了。我并且保证，一定帮助他赶上去。校长听了，说道：那你一定帮助他赶上。 我立即打保票说：一定！

于是，儿子插班到四年级。刚开始的时候，成绩在班上属于倒数几名。特别是语文课的作文，非常吃力。有许多汉字不会写，对于"中心思想"之类的要求，更是不得要领。我和妻子花了很多时间帮他温习功课，做作业。我负责数学，妻子负责语文。其实，我们自己也不清楚如何写符合要求的作文。因此，只能让儿子上课外作文补习班。补习班的老师，很有经验，对提高儿子的作文能力，起了很大作用。儿子在澳大利亚上过小学，当然是班里的英语科代表。他只是上课听讲，回家把作业做完，参加考试，就能得到很好的成绩，因而省了不少时间。

我到天文台工作，刚开始的时候，住在位于五道口的天文台临时宿舍，离中关村一小大约1.5公里。每天早上，我骑自行车，把儿子带上，路过天文台，送他到学校后，我才折回天文台上班。经过中关村体育场南面的路口时，常常遇到手臂上戴着红袖章，手里拿着小红旗的交通管理人员（不是警察）。一听到"下车！"的吆喝声，我们就赶快下车，我推着自行车走过路口，然后再上车。那时不兴罚款，没有经济损失。次数多了，习以为常。到了路口，不等吆喝声，自动下车。后来我知道了，那些交通管理人员，也是科学院的职工。吆喝一声，只是做做样子。本是同根生，相煎不太急。中午，儿子到天文台找我。午饭后回学校上课。我要算计放学时间，到学校门口接他，一起回家。

1986年12月，我搬进在中关村甲四楼的新家，离天文台不远，儿子自己走路上学。1988年10月，我转到清华无线电系做第二期博士后，住在清华西八楼，离中关村一小大约2.5公里。我为儿子买了一辆小轮自行车。开始的时候，我每天要骑车来回护送儿子。后来，儿子随着年龄增大，变成独立骑车上学。

那个时候，虽然小学也有质量高低之分，人们会择优选校，但是，不像现在这样疯狂。中关村的三所小学都很好，其中一小历史最长。据一小的人自己说，一小最好。一是老师好，二是学生好。学生大部分都是科学院研究人员的子女。一小（可能二小、三小也是）得到科学院的全力支持。一小的电力线路和自来水管，直接接入科学院的线路和水管，没有电表和水表，当然也就不向科学院交电费和水费。科学院的各个研究所，向一小提供财政支持和教学设备。天文台比较没钱，支援的方法是，天文台搞基建的时候，叫汽车司机把成车的建筑材料运送给一小。一小的校长，底气十足，非常牛逼。我随儿子到中关村一小报名时，亲眼看见校长面对一群孩子和领头的人，厉声说：叫你们的所长来！你们想想，也不支援，就想来上学。 硬是不让这群电子所的孩子报名。

经过整整三年的努力，儿子从班上的倒数第几名，上升为班上的前几名，实属来之不易。从我们方面总结经验：（1）在儿子落后的情况下，我们不焦急，而是从实际情况出发，采取有效措施，帮助儿子一步一步往前追赶，同时，得到儿子的合作。（2）儿子智力中上，刻苦努力，落后时不气馁。"不气馁"这点特别重要。他积极参加各种学习，参加各种竞赛。由于基础薄弱，屡战屡败，小学三年，从来没有得过竞赛名次，直到最后一战。但是，屡败屡战，这次没得名次，下次照样参加。

机会终于到来。北大附中每年举行一次"数学友好邀请赛"。参赛者绝大部分为海淀区小学六年级学生。这个邀请赛与人大附中"幼苗杯数学邀请赛"同日同时举行。因此，参赛者只能在二者之中选一。其他中学的数学邀请赛则在这个日期之后。因此，北大附中、人大附中邀请赛的参赛者，可能参加其他中学的邀请赛。你可以推理，这意味着什么。

北大附中数学邀请赛的参赛者由各小学推荐。中关村三所小学，六年级每班有几个人参加，儿子成绩已经足够好了，得到了这个机会。邀请赛在3月的一个星期天举行，家长都去助威。我当时正在清华做博士后，在考场外遇到一位相识的清华老师。他对我说，清华附小不准本校学生参加这个邀请赛。北大附中私下通知10名六年级学生的家长，他们是偷偷来的。结果，有2人被北大附中实验班录取，这是后话。

邀请赛结果，儿子是第19名，得到三等奖。这个邀请赛成绩，高于我们的期望。邀请赛的前40名，将进入北大附中初一"实验班"，guaranteed，不看其他各科成绩，不看将来海淀区小学升初中的初考成绩，真的是数学决定一切。有意思的是，邀请赛的第一名，竟然是北京郊区顺义县牛栏山小学的六年级学生，而且，这个学生后来没有去上北大附中。考试大约一个月后，颁奖仪式在北大电化教学楼的一个教室里举行。

1989年9月初，我们陪儿子到北大附中注册。上北大附中实验班，是儿子一生中的一个转折点。儿子有了好学校，好老师，好同学，我们也就放心了。当年北大附中初一有5个班：实验班（其中40名来自数学邀请赛），三好学生班（各小学的"三好学生"），初考高分班，（体育、文艺）特长班，子弟班（北大职工的子弟），每班50人。实验班兵强马壮，是北大附中的王牌，连校服颜色都和别的班不一样。儿子进入实验班时，属中等水平。这是一个新的起点，为后来的发展提供了良好的条件。1991年11月，我离开北京前往美国，培养教育儿子的担子落到妻子一人身上。而今，儿子已经长大成人，远在三千公里外的西雅图工作和生活。写下这些文字，寄托我们对儿子一家的思念。

1992年9月，儿子升入北大附中高中实验班。高中三年级时，儿子获得1995年全国化学比赛一等奖，因而被北京大学化学系免试录取。1994年10月，我从美国技术移民加拿大。1997年6月，妻子和儿子根据家庭团聚的理由移民加拿大。儿子从北京大学转学到多伦多大学，2002年从电脑软件工程专业毕业，8月赴西雅图微软公司工作。

18 老吴曾经是海归（八）- 在北京做博士后（1986-1990）

2016年03月26日

1986年6月，我在参加悉尼大学毕业典礼后立即动身回国，7月回到北京。1991年11月，赴美国参加天文数据处理国际会议，随后参加哈勃空间望远镜图像处理的研究工作，继而技术移民加拿大。在海归5年半的时间里，我做了两期博士后，每期2年。第一期在北京天文台，第二期在清华大学无线电系。

一.

悉尼大学毕业后回国的预定目标是在北京天文台做博士后。但是，在一些朋友和校友的建议和帮助下，我还是到其他几个单位了解情况，看看有无更好的去处，包括：清华大学无线电系（电子工程系），邮电部邮电科学研究院，北京邮电学院。最后的结果还是天文台。作这个决定是基于这几个考虑：（1）我出国前是北京天文台的研究生，在悉尼大学的研究课题是最大熵方法在射电天文中的应用。天文台有我的导师、老师和同学。（2）儿子从澳大利亚回国，必须让他上一所好的小学。作为科学院职工的子女，可以上中关村一小，二小，或三小。（3）当时的工作人员还是"单位所有制"，不可以随意流动。博士后流动站的研究人员是例外，两年后"出站"，可以再做一期博士后，或自由找工作。（4）博士后的待遇不错。按照我的资历，每月工资90多元。博士后津贴是每月100元。此外，还可以申请博士后研究基金（最多10000元加上2000美元），个人专用。

1986年10月，我正式成为北京天文台的博士后研究人员。所谓研究工作，就是自己选题，愿意干什么就干什么。我没有参加天文台的任何研究项目，只是想利用这段自由时间，系统总结过去的最大熵方法研究成果。

（1） 我向天文台表示愿意去科学院研究生院讲课。有一天，天文台研究员胡景耀领着研究生院电子部主任李象霖到办公室找我，商谈讲课事宜。谈妥后，我在1987年1月收到研究生院的聘书，聘请我为兼职教师，讲授最大熵方法，一个学期40个学时，从1987年2月至7月。第二年，1988年1月，我收到同样的聘书，又讲了一个学期的课。研究生院已经从肖庄迁到玉泉路。有研究生院的专车来往于中关村和玉泉路之间（约15公里，行车20多分钟），接送科学院的兼职教师。每逢有课，下午一点多，我到中关村体育场南门口等候专车（面包车）。专车有时还绕道清华，接送清华的兼职教师。

在科学院研究生院讲课，起了很好的作用。一方面，促使我系统总结最大熵方法。我在读研究生期间，心思集中在新东西上，即所谓的"原创性"。现在不同了，我要面对学生，必须从最基本的东西讲起，循序渐进，一步一步地引向新成果。上课是每周一次，每次2小时。我开始写讲稿，包括一些投影仪胶片。一般情况下，准备好下周和再下周的讲稿。第一年（学期），因为是第一次讲课，写原始讲稿，工作量很大。第二年是修改讲稿，就容易多了。另一方面，这个课程对于传播最大熵方法，起了良好的作用。

我总共讲了3年（即3个学期，包括后来在清华做博士后期间1990年）课。总共有49位学生，来自科学院各个研究所（大气所，空间中心，物理所，电子所，自动化所，半导体所，研究生院，声学所，高能所，计算所，地理所，天文台，科仪厂）和其他一些单位（海洋局，地震局，航天部，计量院）。虽然不能说是桃李满天下，但起码可以说是桃李一箩筐。

讲授最大熵方法，没有教科书或参考书。研究生院复制（影印）我的英文博士论文，作为参考书发给学生，每本收工本费2元。每次讲课开头，是"5分钟英语"，用英语总结上次课的内容，介绍本次课的内容。讲课用汉语，术语主要用英语。但是我在黑板上从不写中文，只写英文。这种教学方法很受学生欢迎。学期结束，开卷考试，2小时。学生可以带任何书本、笔记，但不可以看别人的答案。考试题是英文，学生作答可用中文或英文，没有限制。课程评分标准是：只要参加听课和完成作业，最后参加考试，底分是4分（良好）；考试成绩好的，给5分（优秀）。所以，大部分人是4分，少数人是5分。只有一人例外。这个学生缺一半的课，不做作业，考试时连题目都看不懂，5道题全都不会做，交了白卷。考试完毕，他找我打听情况。我告诉他，有两种选择：课程评分3分（及格）。如果认为评分太低，我可以把他的名字从选课记录中注销，不留下低分记录。结果，他选择了后者。

（2）在天文台做博士后期间，我在 IEEE Transaction on ASSP（国际电气与电子工程师协会，声学、语音、信号处理专刊）上发表了2篇论文。一篇是 "Properties of power spectrum estimation in the MEM"（最大熵方法功率谱估计的性质），发表于1987年9月。另一篇是 "An iterative algorithm for power spectrum estimation in the MEM"（最大熵方法功率谱估计的一个迭代算法），发表于1988年2月。听起来不错吧，在IEEE上发表了2篇论文。可事实是，我在悉尼大学读研究生期间写成这2篇论文，分别在1985年11月和10月向IEEE投稿。通常，IEEE审稿过程严格而缓慢。（我在IEEE上的第一篇最大熵方法论文，是1982年2月投稿，1983年4月发表。）因此，严格说来，这2篇论文不能算是我的博士后研究成果，属于"吃老本"。

（3）我虽然没有参加天文台的研究项目，但是经常参加学术活动。有一次在天文台会议室参加红外天文的硕士论文答辩。该研究生用投影仪展示了很多很复杂的数学公式，不说明是引用的还是原创的。我们几个听众低声议论，如果是原创的，都够博士论文水平了。后来我特地去看他的硕士论文。同样地，没有明确说明是引用的还是原创的，但是从上下文以及列出的参考文献可以肯定，那些很复杂的数学公式是引用的。我由此联想到一个问题，国内为数不少的文章，有意或无意混淆"引用"和"原创"，产生剽窃之嫌。不过，我认为这位研究生是基本训练不够，不知道明确区分"引用"和"原创"的重要性。

有一次在天文台会议室参加射电天文的博士论文答辩，该研究生是我的师弟，课题是综合孔径射电望远镜的相位自校准（Phase self-calibration），其中的关键技术之一是快速傅里叶变换。师弟讲解完毕，轮到答辩委员提问。答辩委员之一是科学院电子所C所长。C所长的问题是：在计算中如何保证傅里叶变换收敛而不发散？ 师弟听了，一时答不上来，会场寂静了10多秒钟。我心想：电子所所长居然问这个问题。于是我只好发言，为师弟解围，也为打破会场的尴尬冷场，说道：这里用的是有限长度离散傅里叶变换，不存在发散的问题。 会后师弟对我说：我根本就没有想到会有人提这种问题，当时就懵了。谢谢你给我解围。 我由此联想到另一个问题，国内有些单位，在聘请研究生论文答辩委员时，聘请职位高（电子所所长）但不熟悉有关研究领域（射电望远镜）的研究人员，而该研究人员欣然接受，结果是外行评审，走过场，而且问些不着边际的问题，闹笑话。

（4）中国的博士后制度是根据李政道教授的建议建立的。中国高等科学技术中心（世界实验室）也是根据李教授的建议建立的。中国高等科学技术中心（CCAST，China Center of Advanced Science and Technology）于1986年10月在北京建立，李政道教授任中心主任，周光召教授任中心副主任。刚开始时，中心办公室设在三里河科学院内，只有一个分中心即理论物理分中心（后来陆续建立了凝聚态和辐射物理分中心，高能物理和同步辐射分中心，天文和天体物理分中心；中心办公室迁到中关村）。中心研究成员分成两类：特别成员（Special member）和一般成员（Regular member）。我申请后在1987年5月收到由李政道教授签名的聘书，被聘请为理论物理分中心一般成员，任期从1987年7月1日至1988年6月30日（一般成员有任期一年的限制）。有意思的是，聘书是用英文打印的，李政道教授的签名却是中文。随后收到的成员名单表明，理论物理分中心第一任期的特别成员有13人，一般成员有20人。

中国高等科学技术中心的一般成员，任期一年内可以收到4000美元的研究津贴（Research stipend），其中3000美元由个人支配，500美元交给CCAST中心，500美元交给所属单位（Home institution，对我来说就是北京天文台）。每个季度开始时，每人收到一张瑞士银行的1000美元支票。当时中关村附近只有一个中国银行支行可以储蓄美元，位于五道口的北京语言学院内。于是，在每个季度开头的几天里，我们都去那里的中国银行。人数次数多了，银行营业员知道我们都是高等科学技术中心的成员，一见我们就笑嘻嘻地说道：又来了！

中国高等科学技术中心有时举办学术讲座。记得去参加过一次李国杰博士（中心一般成员，计算所博士后）的并行计算机讲座。我应邀作了一次最大熵方法讲座，引起郝柏林教授（中心特别成员，理论物理所研究员）的兴趣，建议我写书，并向蒋伯诚教授（国防科大，"计算物理丛书"编委）推荐。我因此而决定写一本最大熵方法的书，着手这一宏大的工作。

二.

在完成北京天文台博士后研究工作后，1988年10月，我转入清华大学无线电系（电子工程系）做第二期博士后研究工作。我到清华无线电系继续做博士后，是基于这些考虑：（1）流动性。我喜欢流动性。再做一期博士后，可以把挑选最后工作单位的决定推迟。（2）变换研究方向。从天文台到无线电系，可以把我最擅长的最大熵方法和图像处理研究从虚无玄妙的射电天文转到人间的实际应用。（3）清华的工作和生活条件很好。没有想到，由于1989年突发事件的影响，我最终又回到了天文台。

(1) 我去清华无线电系的手续是副系主任陆大经（纟金）教授帮助办理的。我属于信号检测与处理教研室（原名"雷达教研室"依然通用。无线电系另有一个"图像处理教研室"），时任教研室主任孟宪元（副）教授是我的直接上司。茅于海教授是我的"老板"。茅老师极力主张我搞合成孔径雷达研究。他对我说：你搞合成孔径雷达，再合适不过了。你（原来的研究）又是合成孔径（天文界称综合孔径）射电望远镜，又是图像处理，又是最大熵。 而我也对合成孔径雷达很有兴趣，一拍即合。这里顺便说一下，合成孔径雷达是"863"计划的一个重要项目，当时有8个科研单位和大学参与。清华不在此列，但试图挤进去。（"863"计划即1986年3月提出并得到批准的"高技术研究发展计划"。）

(2) 到清华后，我辞去了科学院研究生院的兼职教师工作，打算在无线电系开设最大熵方法课程。结果出乎意料，系里对此课程不感兴趣。1989年，我与李象霖老师联系，在12月收到研究生院的聘书，再次到研究生院讲授最大熵方法，一个学期，从1990年2月到7月。这次讲课与前两次没有什么不同，只是等候接送兼职教师专车的地点变成清华西门内的马路边上。通常，面包车里有十几、二十位乘客，绝大多数是来自科学院各个研究所的兼职教师，讲授的课程五花八门，教学方面没有交集。但是，一路上还是热热闹闹，话题是89-64，看法一边倒，有时司机也参与议论。记得有一位女士，大骂"八老"，说薄XX最坏。

(3) 经过充分准备，1989年4月，我在系里做第一次开题报告。在一个大教室里，我在讲台上讲解合成孔径雷达的基本原理，台下有二十几位听众。原定两周后做第二次开题报告，因为学潮兴起而被取消。这次合成孔径雷达研究被迫中断。没有想到的是，8年后在加拿大，才实现我研究合成孔径雷达的心愿。1997年11月，我到多伦多一家公司从事合成孔径雷达算法的研究和发展工作，任职Project scientist（项目科学家），当年学到的合成孔径雷达基本原理派上了用场。我对合成孔径雷达进行深入研究，终于成为合成孔径雷达图像处理专家。这是后话。

学潮愈演愈烈，我也卷入其中，并受到追查。最终，我在系里无事可干，决计去科学院避风。从8月开始，我每天到位于中关村的理论物理所上班，当客座研究人员，骑自行车10多分钟就到。我只是有时回清华无线电系看看，领工资，查信件。我的大部分时间用于写最大熵方法的书稿。中国高等科学技术中心的计算机房设在理论物理所楼里。我可以免费使用VAX-8550计算机（在当时算是很好的计算机）。机房的管理人员是留美归国博士王垂林和刘森，很是友好，给我提供各种方便。我为书中的算例做了大量计算，用激光打印机打印高质量的插图。

写书的工作量巨大。妻子与我讨论一些问题，并帮我誊写书稿，用20（格）x 20（格）的方格稿纸。每写完一章，我就把复印件寄给大连理工大学的王宏禹教授审阅。1990年5月，写完全书5章，我乘火车去大连理工大学，与王教授当面讨论。回来之后，把书稿做了部分修改和重新誊写，终于在6月完成最后的书稿。

1990年8月，我去参加第三届计算物理研讨会，地点在湘西索溪峪，由国防科大主办。我在会上作了最大熵方法专题发言，并把书稿交给蒋伯诚教授。1991年12月，一本354页的专著《最大熵方法》，作为计算物理丛书之一，由湖南科学技术出版社出版发行，其时我已在位于美国亚利桑那州图森市（Tucson）的NOAO（国立光学天文台）工作了。感谢国内各位前辈的提携，使我能出版这本专著，第一次向国人全面介绍最大熵方法，包括基本原理，在频谱分析、图像处理、数学和物理方面的应用，并为后来同名英文专著的写作奠定基础。

(4) 我的第二期博士后在1990年10月结束。我早就拿定主意，离开清华，这是"双向

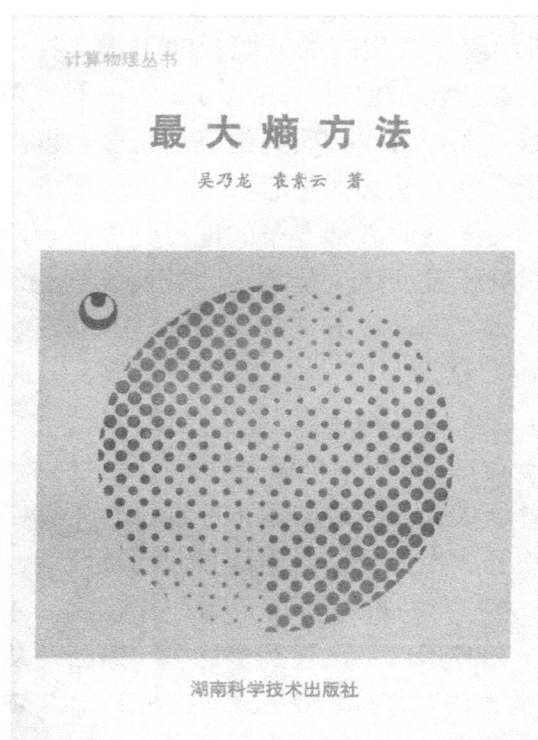

计算物理丛书

最 大 熵 方 法

吴乃龙　袁素云　著

湖南科学技术出版社

选择"的结果。清华早就扬言，我不能留校；我也不愿意留在清华被穿小鞋。我的首选是北京天文台，那是我的老根据地。天文台也欢迎我回去工作。于是"双向选择"成功。

博士后出站之前，有两件事是必须做的。第一件事是做有关研究成果的"博士后出站报告"。因为我不想做这个报告而又不得不做，所以故意选取他们可能最不感兴趣的内容。我报告的两项成果是：（1）最大熵解的一致性。（2）用最大熵方法推导理想气体分子速率的麦克斯韦分布律。果然，报告中和报告后，没有任何人表现出兴趣，没有任何人提问。 第二件必须做的事是填写"博士后研究人员工作期满登记表"。这是北京博士后管理委员会发的表，内容只与研究工作有关。我在完成第一期博士后时在北京天文台填过这种表。但是，这次多了一张表，清华大学博士后出站人员思想政治鉴定表。清华在1989后创造了这种鉴定表，不愧为"党校"。我在自我鉴定一栏写了一些中性的无关痛痒的话。其他鉴定栏目，由系、校填写。我不知道他们写了什么，那些内容是不让我本人看的。

1990年10月的一天，我从清华搬出。当年的北大同学帮我找了一辆小卡车运送物品。为了运送物品的小卡车出清华校门，我到系办公室开了一张搬家证明。凭这张证明，出了清华西门。我在清华无线电系的2年博士后宣告结束。

19 老吴曾经是海归（九）- 风萧萧兮易水寒（1989）
2018年05月23日

那是整整29年前的事了。

一.

1989年5月12日，北大三角地。一张呼吁绝食的海报贴在沿16楼西墙的大字报栏里。海报的结尾处有几个签名，我只记得王丹的名字，排在第一位。当晚，我照例去三角地。设在28楼东北角二楼的学生"自由论坛广播台"里，有几个人发表演说，我只记得三位。一是柴玲，说她本来的理想是办学校，教育儿童。可是现在，为了民主自由，不得不牺牲自己，参加绝食。说到动情之处，声泪俱下。二是从武汉来的学运活跃分子，介绍武汉高校的学运情况，如何突破封锁、冲出校门，最后宣布参加绝食，高喊：把我们的绝食推到全世界的荧光屏上！三是一位北大教师，代表部分教师支持学生绝食，要在第二天中午为绝食学生设宴饯行。

第二天5月13日，我提前吃了午饭，骑自行车从清华匆匆赶到北大。中午12点左右，学生们已经集合在从大饭厅到南校门的马路上，有些学生已经出了南校门。南校门门口挤满了围观的群众。南校门的两边，贴着送别绝食学生的对联：风萧萧兮易水寒，壮士一去兮不复还。

（照片来自网页 https://program-think.blogspot.com/2017/06/june-fourth-incident-31.html。作者"编程随想"保留版权）

我出了南校门，骑车沿着白（石桥）颐（和园）路，顺着北大南墙向东到了中关村，往南拐。人群熙熙攘攘。马路两旁是围观群众。马路上是前往绝食集合地点北师大的学生和护送人员，有骑车的，有步行的，没有整齐的队伍。有个步行三人组，像是学生。中间一人抱着一个大录放机，左、右两边的人抱着音箱，与录放机用电线联接，大声播放歌曲"送别"（电影"怒潮"插曲）。"送君送到大路旁，君的恩情永不忘，……" 歌声在空中飘荡，凄楚、悲壮。

跟着人流，我骑车到了友谊宾馆路口，拐弯往东。我看见一位学生，头上戴着一圈布条，显然是去参加绝食。我骑车追到他前面，请他上车。他回答说不。我劝他说道：去北师大路还很长，走路去太远了。

要保存体力，上车吧！他听从了我的劝告，跳上我的自行车后座。他告诉我，他是北大地质地理系的学生。

绝食集合地点是北师大校园内一个大操场。到了之后，我和那位学生分手。我把自行车停靠在一旁，然后在大操场里随便转悠。一位美国之音女记者，肩挎一个录音机，采访学生。大家七嘴八舌，说什么的都有。大概下午2点多3点，由数百名绝食者和数千名护送者组成的绝食队伍从北师大出发。我推着自行车，随人流前进。经过几条小街，队伍到达新街口外大街，然后一直往南，途径新街口，西四，西单，到达西长安街，往东拐，最后进入天安门广场。沿途街道两旁有许多人观看，鼓掌。绝食队伍两边有学生纠察员手拉手，以防止闲杂人员进入队伍。我在政法大学的队伍里，跟着他们高呼口号：法大法大，法比权大！

二.

下午4点多5点，这支绝食队伍到达天安门广场。在"人民英雄纪念碑"北面的旗杆下，已经有纠察队围成大圆圈，圆圈内的空地就是绝食场地。我随着队伍，推着自行车进入绝食场地。队伍解散。我正想出去，一位学生跑到我跟前，举手把学生证放在我眼前，焦急地说道：我是人大学生，要参加绝食。我解释道：我是送学生的老师，你得去找组织绝食的人。于是，他转身跑开了。

出了绝食场地，我推着自行车，在绝食场地附近转悠。我忽然发现，旗杆上升起了一面"绝食"旗帜。黑底白字，令人产生恐惧、绝望的感觉。过了不久，从绝食场地传出绝食学生集体宣誓的声音。

广场上人越来越多。天慢慢黑了下来。我没有离开广场，直到下半夜。护送学生的事早就办完了，我该回家了。于是，我骑上自行车，上了长安街，在夜幕中，只身奔向清华园。

（照片来自网站"六四档案" http://www.64memo.com）

（成稿于2018年5月20日）

20 怎样写作回忆文章

2013年11月23日

近两年来我写了一些回忆文章，总结出一些要点，写下来与大家分享。首先要说明的是，这只是个人体会，经验之谈。如果你有相同的看法，那是英雄所见略同，别往剽窃上扯。如果你有不相同的看法，那是英雄所见略不同，别搞得互不相容。不同的看法是互相补充的关系，不是互相抵消的关系。闲话少说，言归正传。下面开讲。

（一）三个基本条件

1.阅历

阅历是一个人经历的事情以及对这些事情的看法。回忆文章是写自己经历的事情加上自己的看法。所以，一个人的阅历是写回忆文章最基本的条件。有阅历才能言之有物。阅历越丰富，写好回忆文章的可能性就越大。请注意，阅历包括经历和看法。回忆文章也要包括这两方面，不是简单的记事。

2.记忆力

回忆文章是写一个人过去经历的事情，而且往往是很久以前的事情。记忆力所起的作用不言而喻。一个人的记忆力越好，写好回忆文章的可能性就越大。当然，辅助手段如写日记也起很大的作用。但有无日记是既成事实，不可改变。记忆力在很大程度上是天生的，后天的培养能使之改善。

3.写作能力

回忆的最终实现靠写作。一个人经历了一件事情而又记得清楚，要把它写成文章，就要有写作能力。写作能力要经过长期的学习和培养。不过，写作文章也不是高不可攀。不是只有作家才有资格写文章。就拿写回忆文章来说，我认为平常的人如你我之辈都能写。自己的经历自己动手写，责无旁贷。我就是抱着这种心理开始写回忆文章的，相当于高中学生自由命题，自由作文。结果发现还不错，自我感觉良好，越写越顺手，越写越有信心。

（二）三项基本原则

1.Minimum Information （最小信息量）

意思是：只写与主题有关的东西。与主题无关的东西，涉及隐私的东西，尽量少写，不写。

可以根据要写的主题，拟好文章标题，再写好小节标题，然后把每个小节详细写出来。这是自上而下（Top to bottom）写法。也可以围绕一个主题先把有关的东西一件件详细罗列出来，再分类而成小节。给小节加上标题。最后加上文章标题。这是自下而上（Bottom to top）写法。当然，还有介于二者之间的"混合"写法。无论采取哪种写法，尽量不要写与主题无关的东西。已经在草稿中写下的，要舍得删去。删去的文字，可以收藏起来，留作日后写作其它文章时使用。甚至有一种极端情况：写完文章后发现标题不合适。那就修改标题，反正这不是命题作文。

涉及隐私的东西，在草稿中可以明确写出来。但是在文章中要用适当的写法，以既保护隐私又不影响理解为原则。如：略去地名、人名，或用"某"，"X"，"甲/乙/丙"，"A/B/C"等代替。不宜更换成真正存在或不存在的地名。不宜以谐音字代替。"正面人物"和"反面人物"都要当作"隐私"对待，特别是后者。不要用真实姓名，除非你很有把握，不会给有关的人造成麻烦，不会给自己造成麻烦，或就是有麻烦也不怕。（公众人物也许不在此列。）

2.Maximum Accuracy Possible（最大可能精确度）

意思是：根据可能的条件，提供所需的最大精确度。

比如，根据需要，时间可能精确到年，月，日，时，分，或秒。要用各种手段（如回忆，查资料，上网，问人，推算）得到所需的精确度。如果实在不能达到，则求其次，尽量精确，以不影响理解为原则。对人物的处理和事件的描述与此类似。

这里特别说一下推算的问题。有时候容易回忆起一个事件的过程，但不容易回忆起准确日期或时间。在这种情况下，可以找出事件中的某一参考点，进行推算。比如，在"我的研究生梦"一文中，我考取研究生后离开陕西省商南县的准确日期就是推算出来的。我能够清楚记得的是：当时算计好了，要赶回北京过中秋节。回到北京火车站是星期天（当时唯一的周末休息日）傍晚。几乎全家倾巢出动，到火车站见证我们的命运发生历史性转变的时刻。根据万年历，1978年中秋节确是星期天，是9月17号。旅途中在西安和火车上各待了一个晚上。所以，离开商南县的准确日期就是9月15号。Absolutely correct!

3.Neutralism （中立原则）

意思是：叙述事件时，要尽量保持中立。

写回忆文章是回过头来看以前并且常常是很久以前的事情，比较容易去除主观情绪，做到中立客观。要尽量做到这一点，写的文章才有可信度，能为各方面接受。可以发表议论，但要和事实分开。要使人明白，事实是事实，看法是看法。而且，要使人明白，哪些是当时的看法，哪些是现在的看法。是的，"保持中立"，有时候说来容易做来难。有同学写了回忆文化革命的文章给我看，对我说，虽然明知文化革命的时候，学校里的两派都是上当受骗被愚弄，但是至今仍然认为自己一派正确。我只能对他说：无解，除非改变想法。

（三）一些诀窍

以下是我在写作过程中的一些做法和诀窍。

1.汉字输入。－我现是用Google Pinyin。用过QQ Pinyin。还试过Microsoft Pinyin。感觉都差不多。用Google Pinyin是因为习惯了。我的汉语拼音能力颇差（从小就没有学好）。有时利用《汉英词典》的"汉语拼音音节索引"。实在不行时，只好向LD（老婆）请教。

2.使用《现代汉语词典》。－为了弄清词语的准确意思和用法，有时查阅《现代汉语词典》。

3.上网查阅。－为了弄清词语的准确意思和用法，有时上网古狗一下，或查阅"汉典"之类。

4.打印出来阅读。－最后定稿之前，用打印机打印在纸上阅读。我的感觉是，在电脑屏幕上阅读和在纸上阅读不一样。在纸上阅读容易发现错误。（可能是因为老脑筋的缘故。）

5.灵感。－写作要靠灵感。不想写、写不出来时不要硬着头皮写。灵感出现于脑海里，稍纵即逝，必须赶紧抓住。

6.可读性（Readability）。－回忆文章不是文艺作品，但是也要有可读性。这就要在符合最基本的要求（真实，用词恰当，语法正确，表述清楚，文理通顺，等等）的基础上，再加上有文采，幽默，典故，等等。

7.插入英文。－可以插入英文短语，但是要恰当，也不能过多。奇怪的是，有时脑子里的idea，想不出恰切的中文来表达。（可能是不自觉地用英文思考的缘故。）可以写英文，在括号里注上中文。

8.随时记录。－开始写一篇文章后，我会在每层楼的房间里放好纸和笔，随手可取。一有好想法、好词句出现于脑中，立即记下。有时会在夜里从床上爬起来记，不止一次。

9.审阅。－我几乎没有请人审阅过稿件。我的看法是，每人写回忆文章，各有各的风格，这方面不要改变。需要根据别人的建议改变的是：错别字，确实不妥的内容，不当的措辞，不准确的日期和事实等。

10.安全。－为了不会因为意外的原因丢失稿件，必须随时做备份（Backup）。方法有：在本电脑或另一台电脑上做拷贝，拷贝到光盘或U盘（USB flash drive）上，把文件发送到电子邮件信箱，把文件上传到"云存储"（Cloud storage）。我是用Microsoft的OneDrive (SkyDrive)。

21 可恨的小偷
2013年02月18日

我早就拟定这个题目，列出提纲，打算写一篇文章，控诉可恨的小偷。写这种文章，不太好意思。被小偷光顾，赖我运气不好，也可以说与我的愚蠢有关。写这种文章，会被人笑话，说不定会触发抑郁症，所以迟迟没有动笔。读了含羞草近日发表在《华夏快递》上的文章"广州受骗记"，又读了许多CND大侠的跟帖，自我感觉好得多了。看来，跟我一样运气不好、智力不佳的人不在少数。

一．

首先，离题一下，不讲小偷，而是步含羞草的后尘，先来一个"广州受骗记"。本来嘛，受骗和被窃差不多，骗子和小偷同样可恨。

1980年2月初春节前夕，我从北京动身回老家探亲，路过广州。下了火车，到附近的长途汽车站看能不能买到汽车票。结果是看见售票窗口挂牌，三天内的预售票告罄。到了亲戚家，只好请他们想办法。第二天中午，他们交给我一张第三天早晨出发的长途汽车票。我带有两件行李，一个中等大小的手提旅行包，一个手提大网兜，加上一个身上背的小书包。上汽车时随身限带一件行李。也是为了行动方便，况且托运行李，头10公斤免费。因此，中午拿到汽车票后，下午提着旅行包去长途汽车站托运。

到了汽车站内行李托运处，见有三、四十人排队。于是站在队尾，把手提旅行包放在地上。这时，有两个年轻人走过来对我说，托运行李要先去一个柜台上取标签，填好后挂在行李上，才能托运。我看看周围，准备托运的行李上都挂有标签。我问他们，发标签的柜台在哪里。其中的一个年轻人朝托运行李柜台的方向指了指说，就在那边。我看不见发标签的柜台，认为它就在托运柜台的邻近，只是被一个墙角档住了视线。我信了他们的话，要去取标签。我请他们帮忙看一下旅行包，他们点头答应。我以为只有二、三十米的距离，时间很短，不会出问题。而且，我一边往那里走，一边回头看旅行包。到了墙角边，最后回头好好看了一眼，觉得没问题，就快步走向发标签的柜台，从工作人员手中取了一个标签，立即掉头往回走。最后取标签的过程，最多不超过十几秒钟。但是，等我回到墙角边，往我原来排队的地方一看，发现那两人没了。我心想不好了，坏事了。快步走到原地，发现旅行包也没了。这时我才意识到，受骗了。想了几秒钟，如何是好。我问旁边排队的人。他们说，那两人走了。我说那两人偷了我的旅行包。他们说，他们以为那两人是我的熟人。我赶紧在大厅里跑了一圈，没有看见那两个人。只好跑到车站外面，带有目的但又毫无目标地乱跑一气，四处搜索。过了大概十分钟，我终于意识到，不可能追回来了。我像泄了气的皮球，血压降低手冰凉，一屁股坐到车站门口台阶上，两眼愣愣地望着过往的行人。过了许久，我才站起来，慢慢地往公共汽车站走去，搭车回亲戚家。一夜没睡着。天还没亮，我拖着疲惫的身子，提着大网兜，背着小书包，去赶长途汽车。

丢了手提旅行包，使我彻底丧失了过年的心情。回到老家，不敢透露这个不幸的消息。一年多来省下的80斤全国通用粮票丢了，没法补贴家里了。一本《英语900句》丢了，不能练习英语了。自己的换洗衣服丢了，只好去商店买了刚够更换的几件。最使我难过的是，临行前老婆说：七年没回老家了，你图省事不想多带行李。老家的人见你空手回家，不怪罪你，肯定怪我。老婆邀上老妈，特地往西单商场跑了一趟。回家后打开大包小包，把那些东西往我的手提旅行包里塞。现在，这一切都丢了。我对不起老婆和岳母，也对不起老家年近花甲的母亲。回到老家之后，我只得去当地的商店买了一些年货作为补偿。在离开老家的时候，算计好路上刚够的费用，带着愧疚和补过的心情，把剩余的钱都塞给母亲。

回到北京，我也不敢告诉老婆。老婆发现手提旅行包没了，我说在路上弄坏了。老婆又发现我带去的换洗衣服变样了，我说在老家，人多衣服多弄混了。老婆半信半疑。直到几个月后，我的心情恢复平静，才向老婆坦白。这次受骗事件以后，我再也不敢把行李托付给陌生人照看了。如果没有熟人，我一定会带着行李去办事，哪怕行李很沉重。

二．

现在言归正传，讲小偷的故事。记得的第一次被窃事件，发生在我的老同学身上。刘同学是我的初中同班同学，高中同校同学。在大学里，他在无线电系，我在地球物理系，一起上数学、物理基础课。所以，我们两人经常一起行动。文化革命前1965年的一天，两人一起进市内逛商店。回到学校，他发现学生证丢了。学生证里夹有一张10元大团结。那时候，10元大概是一个人两个月的零用钱。损失不小。因为是最要好的老同学，我也感到沮丧和难过。过了几天，系办公室通知刘同学去取学生证。原来，小偷拿了钱，把学生证扔了，被人捡到，交给派出所。派出所把学生证送回北大。

过了不久，还是在文化革命前，在西直门公共汽车总站。一个小偷偷钱包被人发觉。刚下车的乘客围上去揍他。小偷无处可逃，只得钻到公共汽车底下。汽车司机见状，上车打着发动机，加大油门，轰了几下。小偷吓得赶快从汽车底下钻出来。乘客围上去，又是一顿猛揍。看着这一幕，联想到刘同学的被窃，我感到很解恨。请您不要批判我，说没有人权、法治观念。那个时候，我确实没有这些观念。

三．

下面这个小偷故事，有点恶心，有点暴力，您要有思想准备。您要是神经脆弱，干脆跳过去不看。

上世纪70年代，我在陕西省商南县广播站工作。我经常到城关中学去，很多大学毕业生在那里当教师。一位西安体育学院毕业的杨老师，在学校教体育。有一天回到家里，发现被窃。常言道，盗亦有道，可是这个小偷属于无道之盗。不但偷了东西，还在一个桌子的抽屉里留下一坨屎。杨老师见了，气得当场晕了过去。向派出所报案后，也没有下文。

　　过了几天，在县城通往河南省南阳市的公路上。县公路管理站的老董，坐在一辆卡车的副司机位子上。卡车正在行驶，只见前方路边站着一个小伙子，右手拿着一面一半红一半白的小旗。小伙子把小旗往前一举，老董就明白，这人想要拦顺路车。老董叫司机停车，自己下车径直走到小伙子跟前。老董二话不说，一拳就把小伙子打翻在地。司机紧跟上来，两人把小伙子扭住，押送派出所。

　　老董为何敢不问情由就把小伙子打翻在地？老董是公路管理站的老经验，一看就知道，那小伙子来路不正，想冒充公路管理站的人员，用公路管理站特有的小旗拦顺路车，因为老董自己经常这么干。在商南县境内，卡车司机一看见这种小旗，一定乖乖地停车。小偷从杨老师家里偷来了杨老师上体育课用的小旗，以为这种红白各半的小旗，可以当作公路管理站的小旗，用来拦顺路车。如果遇上普通的卡车，小偷肯定能得逞，因为一般人不知道公路管理站小旗特有的细节。但是要想糊弄老董，一点门都没有。这个小偷运气不佳，碰上老董，露出了破绽，被逮个正着。正是：李鬼剪径，遇上李逵，露出原形。杨老师家的失窃案，也就破了。

四．

　　我在商南县广播站工作的时候，经常到省会西安出差。有一次，到西安提货，三部大型扩音机。早上起来，到饭馆买了一份盖浇饭，六毛钱加四两粮票。我知道西安的小偷很猖獗，平时把钱和粮票放在贴身的上衣口袋里，外面再套一件衣裳。买了饭后，觉得找回的钱和粮票数目不大，就图省事，顺手放在裤子后兜里。吃完饭，坐公共汽车到位于西安市北大街的陕西省广播事业局开了提货单。我想，去位于西安市南郊的仓库提货，一会儿就到。因此，顺手把提货单也放在裤子后兜里，然后坐公共汽车去仓库。到了目的地，下了公共汽车。用手摸了一下裤子后兜，觉得里面是空的。再把手伸进去掏，确实是空的。我意识到被偷了，一下子心就凉了，头冒冷汗。那点钱和粮票是小事。三部大型扩音机的提货单，金额将近一万元。如果真的损失了这些钱，我一辈子都还不清。考虑了几秒钟，我立刻决定继续往前，去仓库挂失，确保扩音机不被人用那张提货单提走。我跑到仓库，找到负责发货的人，说明我的提货单被偷走，并详细描述了那张提货单。发货的人安慰我说，小偷不敢拿那张提货单来提货的。我这才放心。然后，我又赶回陕西省广播事业局，到开提货单的办公室。办公室有两人。男的说，提货单被偷发生过好几次了；忘了提醒我，这是他们的责任。女的把原来的提货单注销了，给我重开了一张。

这个被窃事件大大地刺激了我，决定做一个"小偷报警器"。设计是这样的：用两块几厘米见方的金属薄片当作电容器的两个电极，中间隔一层薄纸。用棉线把一块金属片固定在衣服兜里，把另一块金属片连在钱包上。这个电容器是一个高频振荡器的调谐电容。高频振荡器的输出控制一个音频振荡器。音频振荡器接有用来发声的压电晶体片。正常情况下，高频振荡器振荡，音频振荡器不振荡，压电晶体片无声。当钱包被抽出衣兜时，那块活动金属片随着出来，电容器遭到破坏，高频振荡器停止振荡，音频振荡器开始振荡，压电晶体片发声。这就实现了"报警"。这个原理肯定是成立的，因为根据这个原理，我为县木业社做过一个"电刨报警器"，用来防止工人的手过于接近电动刨床的刨刀。用当时的电子元件，也可以把整个报警器做得足够小，放进裤兜里。但是，这只是一时的冲动，没有真的动手去做。然而，从此以后，只有在极有把握的情况下，我才敢把钱包之类的重要东西放在裤子后兜里。如果周围环境有所改变，我会不嫌麻烦，把钱包从这个很不安全的地方转移到别处。

五.

后来到了国外，住处被小偷光顾过两次。第一次在1984年，悉尼大学留学期间。一天下午，由学校的语言学习中心组织，我带着照相机，到Sydney Morning Herald（悉尼先驱论坛报）编辑部参观，前后大概两小时。觉得很有意思，照了不少照片。参观完了直接回家。到房门口一看，发现房门被人撬开了，虚掩着。这肯定是小偷干的了。进屋清点，被偷的有：一些零钱，从泰国曼谷带回来的一些纪念品和硬币，等等。幸好我把Minolta（美能达）单反（SLR）照相机带走了，幸免于难。同一楼房共住有四人，大家怀疑是其中的一人串通小偷，看准了时间作案。怀疑归怀疑。没有真凭实据，又能怎么着？虽然发生了这个失窃事件，我还是认为悉尼是个很安全的城市。

第二次在1998年，多伦多工作期间。一天下午下班回家，发现房门没有被锁住。进屋一看，被翻得一片狼藉。衣服贮藏室的大箱子被用刀子割开了，东西被抖在地上，乱七八糟。客厅和寝室也被翻了。最吓人的是，明晃晃的菜刀放在客厅里的一把椅子上。赶快打911叫警察。警察过了一个多钟头才来。警察巡视了一番，用沾有黑色粉末的小刷子在门把手等地方来回刷了刷，说：要找到小偷是很困难的。又叫我去附近的警察局报告被窃的物品。然后，提着工作包走了。第二天我去警察局报告，清单上有：Minolta（美能达）单反照相机一部，TTC（多伦多公共交通）token（辅币）200多枚，几十加元现金，外币现金若干，纪念品若干，等等。去警察局报告后，也没有下文。事后分析，最大的可能是管理公寓大楼的Super（Superintendent，大楼管理员）串通小偷干的。Super在出事的前一天，通知各家各户，第二天要给各个单元检查、安装一氧化碳报警器，不要把自己加安的门锁锁上。Super有钥匙，可以开由业主安装的锁。这样，Super就可以打开每个单元，并且知道里面的情况，通知小偷。当我去向Super报告被窃时，看见他面无表情，好像早就知道了似的。事后不久听说，Super被查出有前科，被Fire（开除）掉了。和在悉尼一样，怀疑归怀疑。没有真凭实据，又能怎么着？没有人身伤害，区区几百块钱，在警察眼里，不过是小事一桩。虽然发生了这个失窃事件，我还是认为多伦多是个安全的城市，只是很少数的几个地区，治安不好。从此之后，我去银行租了一个保险箱，存放"贵重"物品，花点钱买个peace in mind（安心）。

我详细地写下这些经历，意在作为您的前车之鉴。希望受骗、被窃的不幸事件，不发生在您的身上，也不再发生在我的身上。

22 读于小红"白花丁香树"所想到的

2013年11月11日

星期五11月8号下午3点钟。我打开电脑，上网连到CND。"【华夏文摘】于小红：白花丁香树（于光远，孙历生大女儿忆童年）"映入我的眼帘。于小红，于光远孙历生的大女儿，不就是于小康的姐姐吗？看了上期【华夏文摘】上于小康的文章："身份"，回想起的一些事情一直在我脑中回萦，对有些问题不得其解。于是我赶快点击文章标题，开始阅读。

读着读着，文字和照片在我的眼中逐渐变得模糊不清。我抬起右手擦眼睛，才意识到，我是情不自禁，流下了眼泪。擦了眼泪，读完文章，我才把脑中回萦的片段，连接起来。

一.

那是38年前的事了。1975年春天，我从工作的陕西省商南县回到北京的岳母家中住了一段时间，在西城区二龙路17号。中间隔着一个门面不大的二龙路小学，就是我的北大同班同学陈必陶的家，二龙路21号。我经常到他家里串门，与他家的人很熟悉。有一天，在必陶家中见到一位个子不算高的姑娘。寒暄了几句后，她说她正在自学美国哈里德的《物理学》（大学教材，中译本。当时这书刚出来，很流行）。接着她问我：自然界有四种力：万有引力，电磁力，强相互作用力和弱相互作用力，摩擦力属哪一种？我一下子答不上来，只好说道：让我想一想。随后必陶的弟弟必久告诉我，她是于光远的女儿于小康，并且补充了一句：她只是初中毕业生。（不知他说这话有何根据。）于是我觉得这对她来说难度太大，但是很欣赏她的自学精神。从此，我就记住了她的名字和模样。这次看到文章中她的童年照片，还可以和她当年留给我的印象对上号。

1978年我考取科学院北京天文台的研究生，开头在玉泉路的出国人员英语训练班学习英语，后来到肖庄的科学院研究生院上课。我听说于小康也在那里，是科学院计算所的研究生。不过一直到1980年8月出国，我也没有见过她。我当时心想，她可能都记不得我了。1986年，学成归国后，我从研究生同学得知，于小康去美国留学了。

2011年9月，我在《华夏快递》上发表了"我的研究生梦"。凡草在《读者评论》中开了一条线。在跟帖中我讲了一个初中生靠自学考上研究生的例子，就是于小康。凡草又跟帖说：小康很好。有机会见她，我代你问候。于是，我到《华夏文库》通过写"评论"联系上凡草。凡草回了email，给我发来了1978级科学院研究生通讯录。不过，我在阅读于小康的文章"身份"之前，一直只知道她是高干于光远的女儿。（别对我提王蒙的名著《蝴蝶》。自从读了他的名著《布礼》，看到他的"亲娘也会打孩子，但孩子从来也不记恨母亲"的名论，我就再也不读他的文章了。）

二.

　　"白花丁香树"让我落泪，是因为故事真实、悲怆（王友琴语），文字平实，也因为我认识文中人物。文章解答了在我脑中回萦的一些问题。文章中最使我感动的人物是"姥姥"。她是那么善良、坚毅，却是命途多舛。毋庸讳言，文章也或多或少改变了我对于光远原有的印象。

　　文中的插图大都是美好的照片。连在那张劳改农场的照片中，"妈"也显得面带笑容。这些美好的东西遭到毁灭，便是悲剧。悲剧催人落泪。我想，于小红应该也有不那么美好甚至凄惨的照片。也许，把这些照片放在文中不合适。那么就留着它们吧，直到适合它们重见天日的时候。

　　文中说，因为吃了她们家的包子，佳木斯六中红卫兵就认定她们是地主、资本家，搜出一张房契说是"变天账"，进而疯狂打砸。这种"因为吃了包子"的解释过于简单。吃人家的包子以后打砸人家，有悖常理。我只知道北京的某些红卫兵在北京为非作歹，在外地煽风点火，自认高人一等。那些外地杂牌红卫兵到了首都，是"学习、取经"，低了一等。即使认为人家是地主、资本家，也断然不敢自作主张，轻举妄动。所以，一定是背后有人指使，让外地红卫兵当冲锋队。据我所知，二龙路居委会就有这种人，游手好闲，专门欺负街坊。这是一部精心设计的绞肉机。没有一个齿轮不转，没有一个齿轮空转，也没有一个齿轮独立转动。

三.

　　"白花丁香树"让我想起在那两大历史事件中受到迫害的人。1957年反右运动时，我在上小学5年级。一天上午，到了上课时间，忽然看见6个人挑着尿桶，从学校的后门出去。仔细一看，都是我们的老师。有人指着他们的背影说道：他们是右派分子，挑尿桶淋菜去。从此以后，这些老师就不再教课。有些班只好合在一起上课。我现在还记得其中四位老师的姓名：夏其报（校长），巫紫环（语文老师），罗莉萍（语文老师），胡伯（图画老师。姓胡，大家叫他胡伯，不叫名字）。记得最清楚的是胡伯，50多岁。每节图画课45分钟，一定在30分钟内画完。我们非常配合，都想赶快画完，好听胡伯讲水浒。胡伯戴上老花眼镜，拿起一本书就讲起来。他不是照本宣科，而是不时瞟书一眼。从张

119

天师、洪太尉讲起，九纹龙大闹史家村，……，宋江怒杀阎婆惜。故事会戛然而止。我们都非常失望。可怜胡伯50多岁的人了，还被迫挑重担干粗活。1986年我学成归国，见到夏其报校长。他给我讲述了被打成右派后的悲惨生活。

我上中学时最优秀的数学老师是"摘帽右派"，名叫黄开民。文化革命1968年"清理阶级队伍运动"中，黄老师被捆绑游街遭殴打。更加悲惨的是，优秀的语文老师杨冕兴被殴打致死，罪名是"三青团骨干"。

众所周知，文化革命中北大许多人被迫害致死。我所在的地球物理系在1968-1969年"清队运动"中，有两人致死。一位是讲师，我的"双料"（中学、大学）校友（学长）李其琛，被"隔离审查"，遭到毒打。罪名是"反革命小集团"、"桥牌俱乐部"成员。李老师在1968年12月跳楼自杀身亡，时年34岁。一位出类拔萃的（大气物理）科学家就这样被推向死亡。当年的打人凶手，至今还逍遥法外。另一位是我们年级的同学、"重点审查对象"施祖葑。1969年2月春节放假期间在颐和园昆明湖十七孔桥南面的冰面上"失足落水"。"失足落水"是工宣队为了逃避责任编造的。因为疑点太多，我们当时不相信这种解释。

我在这里写下这些，是希望大家不要忘记他们的名字和所受的冤屈，也不要忘记那些黑暗的历史。

相关链接：
于小康：身份（《华夏文摘》）
http://my.cnd.org/modules/wfsection/article.php?articleid=37771

于小康：身份（《华夏文库》）
http://fan-cao.hxwk.org/2013/10/27/%e8%ba%ab-%e4%bb%bd/

于小红：白花丁香树（《华夏文摘》）
http://hx.cnd.org/?p=93123

23 商洛山中（一）– 商洛山中的厄运

2014年01月06日

1970年3月我从北京大学毕业，被分配到陕西省商南县。不久，厄运就降临到我头上。由于被人诬告我有"恶毒攻击"言论和"偷听敌台"而几乎毁了一辈子的前程。如今回忆起来，还心有余悸。

一．毕业分配

1964年我高中毕业，考上北京大学地球物理系。1966年6月，文化革命开始，学业中断。1970年3月毕业分配，我们像是垃圾，被扫地出门。又像是用过的抹布，被随手扔掉。分配方案由工宣队、军宣队决定，其间还有个别的学生"依靠对象"参与，完全是黑箱作业。3月中旬的一天上午，我们年级的同学在二教阶梯教室开完会，回到宿舍39楼第5层楼道里领取毕业生派遣材料，我才知道自己被分配到陕西省商洛地区，报到地点是地区专署所在地陕西省商县。这是我们班最差的分配。值得庆幸的是，女朋友和我分配在一起。

我们从来没有听说过商县这个地方。拿出《中国地图册》，翻到陕西省这页，怎么也找不到商县。只好拿一根直尺，把尺上缘与地图最上边对齐，然后把直尺慢慢地往下平行移动。每当露出一个带红点的小圆圈，就看旁边的地名。这样扫描了几次，花了半天功夫，终于在地图的底部找到陕西东南部的商县。（我们至今保存着这本地图册作为记念。）

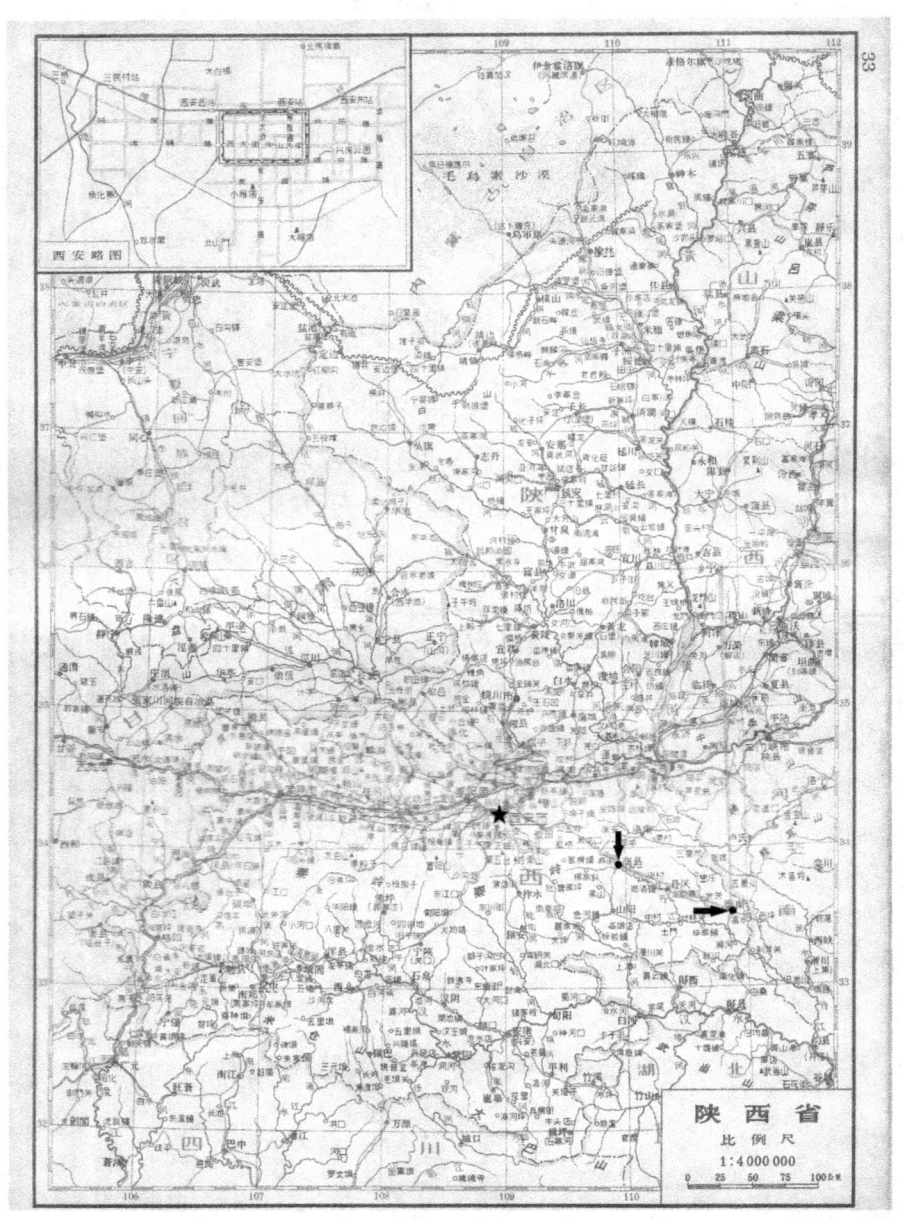

《中国地图册》，陕西省。图中五角星为西安市，垂直向下箭头所指圆点为商县，水平向右箭头所指圆点为商南县

凭发给我们的火车票，第三天我们登上从北京开往西安的直达快车。大约200名北大同学，挤满了两节车厢。这些同学来自各个系。分配得最好的是三、四十位去西安市报到的同学。其余依次是：关中，陕南，陕北。邓家小姐邓楠和男朋友张宏是物理系64级学生，分配到陕南

的汉中地区，和我们同等待遇，正所谓"高官失势，子女与庶民同苦"。相信他们不是和我们一起挤那趟火车；否则，我可以认出张宏。（张宏是北大武术队队员，经常到我们宿舍找武术队的秦同学。）

次日到达西安。在西安住了两个晚上后，我们坐上早6点半开往商县的长途汽车。翻越秦岭，进入商县境内。穿过地势险要的黑龙口时，汽车上有人念当地民谣"过了黑龙口，别想往外走"。我听了，心凉了半截。从此以后，我们就要在这大山里待一辈子？半下午到达商县汽车站。跳下汽车，我一眼就看见先期到达的研究生侯汉清同学。他有些惊奇，对我说道："你怎么也到这里来了？"

去商洛地区革委会报到后，我们住进建在山坡上、看起来像窑洞的地区招待所。虽然离开北京时知道商县是个偏僻的地方，作了思想准备，但是因为几天之内落差实在太大，心里还是难于接受。目睹破败的县城，环顾四周的高山，失望和凄凉袭来，我黯然落泪，叹息道："太差了！太孤单了！"女朋友走过来，拉起我的手安慰我说："不孤单！不孤单！我不是在这里吗？"说着这话，她也流下了眼泪。

共有23位北大同学被分配到商洛地区，还要再往下分配。侯汉清和女朋友余良云同学，化学系韩长绵同学，以及我们两人，共5人分配到商南县。随后我们坐上由货车改装的长途汽车前往更加偏僻的商南县，一路颠簸。到商南县革委会安置办公室报到后，我们被县革委会"借用"，到商南县公安机关军管组帮忙搞"一打三反"（打击反革命破坏活动，反贪污盗窃，反投机倒把，反铺张浪费）专案。我们住进县革委会临时隔成的一个小院子。3位男同学住一间，2位女同学住另一间。我们就这样暂时安顿下来了。

过了不久，听县革委会的人说，来了中央文件，说北大、清华的试点毕业分配四个面向（面向边疆、面向基层、面向厂矿、面向农村），做到了三满意，即接收单位满意，家长满意，毕业生本人满意。我的火气还没消呢，就来了个三满意。什么三满意，起码本人就不满意。心里禁不住骂道：TMD的放P！（用商南话说是：日他爹，满意个毬！）

二．祸从天降

按照惯例，我们要"劳动锻炼"一年，再重新分配工作。"借用"顶"劳动锻炼"。有这暂时安定的环境，我开始看书，主要是数学书，消磨时间。日子平淡无奇。8月的一天，记得是柿子成熟的时候，我突然被叫到县安置办公室，通知我立即去农村插队劳动。只有我一个人去，很奇怪。于是，我骑自行车，把一个行李箱先行送到生产队去。还没有出县城，遇到修街道，只好沿小路穿过一片玉米地去上公路。结果连续陷进泥坑，挣扎了半个多小时，才走完100多米长的小路。不祥的预兆浮现在我心头。果然，这是8年坎坷路的开始。

插队劳动的地方是离县城10公里的试马公社郭家垭大队第二生产队。刚到的时候，一位名叫陈忠谋的下放干部领我到生产队的一座公房安顿。这原来是一座庙，改建成4间房。进大门右手边第一间住着一个名叫老郭的单身老汉，陈忠谋住在第二间。左手边第一间是生产队的保管间。第二间就是我的"新房"，里面空无一物。陈忠谋帮我用土坯垒好台子，上面架一块大木板，成为我的床。他又给我找来一张很破旧的小桌，放在床边。没有任何别的家具。我数了数，桌面上有将近100个大大小小的坑。我用旧画报纸铺在桌面上，放上大号煤油灯，晚上可以看书，同时可以听到隔壁保管间里老鼠的吱吱叫声。每天天刚蒙蒙亮，生产队长就沿屋前小路向各家喊话派活。我跟随社员干活，生产队长给我农具。我从小在农村长大，干农活没有什么问题。但是，有时体力不支。最受不了的是背红薯（当地叫"红苕"）。一背篓刚从地里挖出的红薯，少说也有100斤。背满满的一背篓红薯，青壮年男劳力都费劲。我难于承受。从红薯地到保管间，要走几百米到几里的路。中途我要把背篓靠着坡地歇几次。保管间前的一段路，常常要咬着牙才能挺过去。

熬过一个月，可以休息两天了。沿溪边小路步行大概10分钟，走上公路。沿着山间公路走2小时，才能到达县城。回到县城的当天，同学告诉我，要我去农村插队劳动，是因为县里收到了从北大发来的"材料"。我不得其解，因为在学校时我不紧跟工宣队，但也没有与工宣队对抗。我没有把柄在他们手里；否则，毕业前我一定会因此而挨整。我还得知，那个从商洛地区中级法院来的下放干部陈忠谋是受公安局委派，监视我的。我这才联想到，陈忠谋对我过度关心。比如，我外出，他会问这问那。我到公社代销店买日用品，他会主动陪我去。

在生产队劳动了大概两个月，我接到试马公社的通知，去几公里远的试马水库工地劳动，具体的工作是建立一个柴油机发电站，为水库施工服务。于是，我带上行李，到水库建设指挥部报到。陈忠谋完成了监视我的任务，向县公安局汇报说，他没有看出我有什么反常的活动。（可见陈忠谋还不错嘛。）

年底有一天，我办事经过试马公社革委会大院门口，被公社干部叫住，随着他进了公社大院。我被叫进一间小屋，两位专案组的人在等着我，要我交待问题。我一时间摸不着头脑，无从谈起。过了一会儿，县公安局的本地干部刘维秀走了出去。留在屋里的是从商洛地区中级法院下放到商南县的干部付广义，北京人。在借用到军管组办专案时，我和他住在同一个小院子里，彼此有些来往。不知出于什么目的，他向我透露相当详细的"案情"。他告诉我，是我的一位在华南农学院读书的高中同学叶策欣，在大学毕业（1970年7月，比北大晚4个月）前夕揭发我在文化革命中"恶毒攻击"和"偷听敌台"，还有当时在场的高中同学黎次镜做旁证。揭发材料从华南农学院寄到北大，从北大转到商南县。付广义提醒我说，写材料时不能写自己没有说过什么什么，没有做过什么什么。最后，他叮嘱我，不要告诉别人他对我说了什么，要不然别人会说他给我通风报信，同流合污。

　　我在公社大院内待了三天两夜，不准离开。白天在小屋里写交代材料，晚上睡在冰冷的公社客房。我没有脸盆毛巾牙刷，在大雪天里，只能在露天的水龙头下用双手捧着冰冷的水洗脸。付广义、刘维秀有时到小屋督促我写交代材料。在食堂吃饭的时候，公社干部向我投来异样的眼光。

　　我对叶同学的揭发感到非常意外。他是我最要好的高中同班同学之一。1964年高中毕业，他没有考上大学，回家务农。为了准备第二年复考，他向我求援。这是因为从1965届开始高中生才学解析几何，65年高考的数学有解析几何内容，而他没有学过。我买了解析几何书寄给他，鼓励他。1965他考上华南农学院，还写信感谢我。文化革命中我见过他，谈论一些小道消息，发表一点议论，过后也就忘了，记不清楚了。为了生存，保护自己，我只能避重就轻，写了几页。付广义临走时告诫我，在审查期间不要与叶同学联系，以避免"串供"之嫌。

　　根据叶同学的揭发，我有如下"恶毒攻击"言论。（下文中"记得说过"或"不记得说过"是我当时的回忆，不是在交代材料中写或不写。）

1.江青是"妲己"（影射毛主席是商纣王）。

（不记得说过。）

2.事物都要一分为二，那毛泽东思想也要一分为二。

（记得说过。）

3.林彪除了打仗，什么也不会。

（记得说过。）

4．"揪军内一小撮"是《红旗》杂志社论说的。社论要政治局批准。陈伯达是杂志总编辑。王、关、戚哪有这么大的权力？是替罪羊。（王、关、戚即王力、关锋、戚本禹。被打倒的罪名是"揪军内一小撮"。）

（记得说过。）

5．姚文元的文章"工人阶级必须领导一切"强词夺理。当初工作组走了，现在工宣队又来了。

（记得说过。）

6．样板戏"沙家浜"里阿庆嫂和胡传魁搞破鞋。

（不记得说过。）

7．官场就是戏场，争权夺利。

（记得说过。）

8．共产主义是不能实现的。

（记得讲过一件事：1967年从新疆来的一个人在北大学生第六食堂贴大字报，说共产主义是不能实现的，因为人的本性是自私的。我只是讲这件事，没有表示赞同或不赞同。）

在"偷听敌台"方面，根据叶同学的揭发，我在学校时做了一架收音机，收听莫斯科广播电台；不但自己听，而且把声音放得很大，整个宿舍楼道都能听得见。

根据我当时的回忆，那不是我的收音机，而是有人在调试收音机时声音开得很大，在宿舍楼道可以听到传来的莫斯科电台华语广播，评论文化革命，说："无产阶级文化革命"不是革命，不是文化的，也不是无产阶级的。我当然不能说听到过莫斯科电台，而只能压根不提这事。

当时正值"一打三反"运动期间，"恶毒攻击"和"偷听敌台"都是严重罪行。当时在商南县，有许多人因为被揭发有这些罪行而被逮捕，被判刑，甚至被处决。其中有的人，"罪行"比我轻得多。正当专案组的人准备动身去"外调"时，付广义被抽调去镇旬公路（陕西省镇安县至旬阳县）建设指挥部，"外调"因此耽搁下来。我没有成为运动风头上的牺牲品。但是，从此我就成了一个"政治不清"的人，受到歧视和刁难。

三．达摩克利斯之剑

1971年发生9.13林彪事件，1976年10月"四人帮"垮台。这些整我的材料逐渐失效。但是，商南县委组织部（保存我的人事档案的部门）

不销毁这些材料，也不给我任何说法。这份"恶毒攻击"和"偷听敌台"的材料成为悬在我头上的达摩克利斯之剑，长达8年之久。

（一）

刚开始的时候，在水库工地只有两位干部知道我被公安局追查的事。一位是试马公社革委会副主任兼水库工地指挥刘永春（人称刘主任），另一位是工地后勤总管贺运安（人称贺老总）。刘主任因此而对我抱有成见，贺老总则对我抱有强烈的同情心。他私下对我说：你放心，我管后勤，不会搞迫害。有一次，我在水库电站调收音机，播放的是芭蕾舞红色娘子军。刘主任不知道这些丁零当啷伊里哇啦的声音是什么，可能是联想到"敌台"，厉声问我：怎么听这台？我说这是革命样板戏芭蕾舞红色娘子军，他才不作声了。1971年10月，水库工地召开干部和民工大会，传达中共中央关于9.13林彪事件的57号文件。刘主任通知我不要去参加大会，与四类分子同等待遇。而实际上，贺老总在此之前，早就私下向我透露消息说：林彪叛国投敌，坐飞机逃往苏联，摔死了。我听到这消息，松了一口气，因为根据叶同学的揭发材料，我有"恶毒攻击"林彪的言论。

后来，越来越多的人知道我被公安局追查的事。这些人中的多数与我疏远，不和我交往，但是也有例外。和我在电站一起干活的电工兼拖拉机司机章义宝，经常拉我到他在水库工地附近的家去。逢年过节，请我到他家吃饭。有人提醒他我有"政治问题"。他回答说："他就是个学生，能有啥问题吗？"北京医学院毕业的黄振光、张凤夫妇，经常叫我到他们在试马卫生院的家去。后来他们调到县防疫站工作。我进县城时经常去找他们。防疫站站长张知修告诫他们，吴某某有"政治问题"，不要和他来往。黄振光反问道："那你说说他到底有什么问题？"张知修无言以对，只好不再干涉。几十年过去了。每当想起这些当年在心灵上给我安慰的人们，他们熟悉的面孔就浮现在我眼前，对他们的感激之情、思念之情油然而生。

在试马水库工地劳动期间，发生了令我最为伤心的一件事。1971年3月，我收到母亲从老家寄来的航空信，说祖母病重，要我回家见她一面。过了几天，收到母亲发来的加急电报，说祖母病危，要我立即动身回家。我赶紧写了请假单，拿着加急电报去找刘主任请假。刘主任说：你是县上管的人，我不能批准你的假。我只好赶到县城，找到县安置办公室主任老胡（人称胡安办）请假。第二天，胡安办板着脸孔对我说：你的案子没有搞清楚，不能走。我再三恳求，眼泪都掉下来了。胡安办无动于衷，不再理睬我。我只好怀着失望和沉重的心情，返回水库工地。

回到水库工地不久，收到母亲寄来的航空信。祖母去世的噩耗，使我悲痛欲绝。我在电站工棚里不吃不喝待了两天两夜，流干了泪水。我恨那些人，制造了一个案子，并以此为借口不准我请假。我从小受到祖母疼爱。现在，祖母走了，我不能在老人家临终前见上一面。这是我心中永远的伤痛。我恨那些人，恨一辈子。

（二）

"劳动锻炼"期满一年后，像我这种"有政治问题"的人，不给重新分配工作。1971年9.13林彪事件后，"四个伟大"的神话破灭，当局忙于处理上层的问题，对我们的打压才有所缓和。1972年2月春节前，也就是毕业分配到商南整整两年后，我接到通知，到县安置办公室开会。有10多位和我一样因为有"政治问题"还没有分配工作的大学毕业生参加，侯汉清同学也在其中。会议由胡安办主持。首先是补政治课，学习中共中央关于9.13林彪事件的57号文件。可见，这些人和我一样，1971年与四类分子同等待遇，被排除在当时的群众大会之外。接着是讨论工作分配事宜。有一位毕业生竟然还说感谢的话。从西安交大毕业的骆世音同学当众反驳说："感谢什么？捅你一刀，再给你抹点红药水！"他的胆大直言让我吃了一惊。由于我有无线电的一技之长，县广播站正好有一个职位空缺，于是我被分配到广播站机线组当技术员，维修广播器材。此后不久，我的女朋友从离县城6公里的张家岗公社调到离县城几公里的县气象站工作。从此，我们终于有了一个比较安定的环境。

我在商南县广播站工作了6年半，还是生活在"政治不清"的阴影下。最触动我心的是这么一件事。当时有一对夫妇，男姓刘，女姓李，都是西北农学院的毕业生。李的父亲原是陕西省高干，文化革命中失势，丢掉了官职。所以这对夫妇毕业分配到了偏僻的商南县。后来，李的父亲被解放，官复原职。于是，这对夫妇立即"函调"（上级单位发函到下级单位调动）回西安市，刘进了陕西省人事局。我们和这对夫妇在商南时有些交往。我的妻子曾经与李共事过一段时间，关系比较密切。而在商南的北大同学韩长绵，则曾经与刘共事过一段时间，关系比较密切。韩同学出差到西安见到刘，听刘说陕西省刚成立一个无线电研究所，需要工作人员。于是韩同学接了茬，说吴某某的无线电很好，能不能帮他调到无线电研究所。刘竟然说：这个我知道，我是能够帮助他的，但是吴某某有政治问题，我不可以帮助他。韩同学回到商南后，跟我说了这件事。有一天，我又对妻子说了这件事。妻子听了，潸然泪下。这对我的刺激极大。这刘姓小子欺人太甚。不帮助倒也罢了，还专门戳我们的痛处！男儿当有志。我当着妻子的面发誓说：我以后一定要找到一个比陕西省无线电研究所更好的单位！为了实现誓言，我坚持不懈，努力学习大学课程，努力工作，进行技术革新、发明创造，发表文章。最终在1978年一举成功，考取中国科学院北京天文台研究生，比到陕西省无线电研究所工作强多了。

最危及我的前途的是这么一件事。1978年，我准备报考研究生。县革委会一些人听到风声，跑到县文教局，说：吴某某有政治问题，不能让他报考研究生。幸好主管招生的县文教局副局长许文魁为人正直友善，也是希望在这个"科学的春天"考上几个研究生为商南县特别是文教局增光，不同意再纠缠这个问题。但是他不敢自作主张，于是去找主管文教的张副县长，说了自己的看法。张副县长同意许文魁副局长的意见。1978年3月，我到县文教局招生办公室顺利报考北京天文台研究生。

经过努力，我和妻子以优秀的成绩分别考取北京天文台射电天文专业研究生和北京大学地球物理系"回炉班"。在离开商南之前，我特意去县文教局，找到许文魁副局长，感谢他对我报考研究生的帮助。

1978年9月，我和妻子告别商南，返回北京重新开始学习。商洛山中长达8年半的厄运终于结束。 -All's well that ends well.

1972年摄于商南县城

24 商洛山中（二）– 我所知道的"一打三反"运动

2014年01月25日

    1970年3月我从北京大学毕业，被分配到陕西省商南县。到商南县革委会安置办公室报到后，我们被县革委会"借用"，到商南县公安机关军管组帮忙搞"一打三反"专案。"一打三反"的全称是"打击反革命破坏活动，反贪污盗窃，反投机倒把，反铺张浪费"。发动这个运动的根据是1970年中共中央发出的三个文件：《关于打击反革命破坏活动的指示》，《关于反对贪污盗窃、投机倒把的指示》和《关于反对铺张浪费的通知》。

    这个运动是文化革命的一个重要组成部分。从1966年6月开始，打倒党内走资本主义道路的当权派，夺权运动，清理阶级队伍，知识青年上山下乡。造反派和红卫兵气势已尽。各级"红色政权"即革命委员会已经成立和巩固，对一些重要部门实行军事管制。当局也就是当权派终于腾出手来镇压社会上的反对力量或疑似反对力量，扫荡一切民间的异议思想。说是"一打三反"，其实只有"一打"，即打击反革命，也就是镇压政治犯、思想犯。其残酷和血腥，与清理阶级队伍运动不相上下。要否定文化革命，必须否定"一打三反"运动。

    根据"历代商南大事记"，商南县的"一打三反"运动开始于1970年3月，结束于1971年3月，历时一年。运动中全县揪出"九种人"746名，有2719名农村基层干部受到触及。被定为历史反革命5人，现行反革命10人，运动中发生自杀事件41起，死亡28人。"大事记"还说，1971年6月，县革委会对"一打三反"运动揭发出来的人和事进行落实政策，对195人进行定案处理。其中：按人民内部矛盾处理133人，按敌我矛盾处理62人，补订地主、富农78户。（"九种人"即叛徒、特务、走资派、反革命分子、地主、富农、资本家、坏分子、右派分子。）

    以上对商南县"一打三反"运动的叙述，是避重就轻、轻描淡写。只提及"九种人"、"农村基层干部"，只用"揪出"、"触及"这种含糊的字眼；只提及"自杀"、"死亡"。即使如此，也可见运动打击面之广。商南是个山区小县。1970年的人口大约是16万，估计成年人大约9万。"揪出"大约百分之一的成年人，"触及"大约百分之三的成年人。"大事记"最刺眼的是最后的光明尾巴："落实政策"。上级制定的政策总是正确的，只是下级执行时出了偏差。这是最虚伪的说词。这个《1984》式的"新话"，从文化革命开始，至今还在使用。1970年3

月至8月，我在商南县公安机关军管组帮忙搞"一打三反"专案。据我所知，运动中许多人被随意逮捕、判刑，甚至被处决。这是"历代商南大事记"刻意迴避的事实。

一.运动特征

概括起来，这个"一打三反"运动有如下特征：

1.由县军管组主导

商南县军管组的全称是"商南县公安机关军事管制组"。"公安机关"是对原公安局、检察院、法院的统称。这个三合一的县军管组负责立案，办案，定案，处置。没有检察院的起诉，没有法院的审判，公安局包办一切。县军管组的负责人是个现役军人、连级干部韩学军。大家叫他老韩。老韩是个三、四十岁的大老粗，至多有初中文化水平，连文件都念不通顺，根本没有法律知识。军管组有临时抽调的几十人，杂七杂八，原来干什么的都有，只要是被认为政治上可靠、有一点文化就行。

2.群众运动（运动群众）

运动期间，生产大队就可以抓人，押送到人民公社。只要公社革委会同意，就可以押送到县军管组，投入县看守所，关押起来。所以，看守所人满为患。是谁赋予生产大队、人民公社这种抓人、押送人到县军管组的权力？只能是县军管组。与其说是群众运动，不如说是运动群众。

3.宁左勿右，宁重勿轻

在立案、办案、定案、处置过程中，宁左勿右，宁重勿轻，以扩大运动成果。杀人越多，判刑的人越重越多，抓捕的人越多，成果就越大。

4.草菅人命

宁左勿右、宁重勿轻的极端就是草菅人命。中央文件规定，杀人由省、市、自治区革命委员会批准，报中央备案。到了后来，听说中央要收回杀人批准权。县军管组的人说，得赶快杀，不然就来不及了。

立案、办案、定案这个流程的最后步骤是县革委常委会讨论，结果上报陕西省。"三结合"（即"军、干、群"结合）的县革委常委会由军人即县武装部部长、政委，被解放的干部，以及群众代表组成，大致上总人数15，各方占三分之一。定案讨论的情况大体如下：县军管组办案人员汇报案情；"军"方首先唱高调，提议定重罪；"干"方温和一些，在肯定"军"方意见的基础上减轻一点；"群"方则没有自己独立的看法，只是表示同意。如果"军"方坚持己见，则无人敢不同意。最后，众人附和，得出最后的结果。

二.我所知道的案件

下面是我知道而且现在记得的一些案件，发生时间仅限于1970年3月至8月我在商南县军管组帮忙搞专案期间。

1.最血腥的案件

到县军管组不久，我们被安排参观设在县革委会的"商洛地区'一打三反'运动成果展览"。"刘总师反革命暴乱集团"是展览的特大案件。这个"刘总师"案发生在商洛地区的镇安县以及相邻的安康地区安康、旬阳县。本来，文化革命中这些地区有一个群众组织叫做"六总"。为了方便杜撰罪名，在办案过程中把它的名称变成"刘总"，意为"刘少奇总司令部"。再凭空加上"司"，成为"刘总司"。再把"司"强行变成"师"，最后成为"刘总师"，意为"刘少奇总司令部的一个师"。简直就和变戏法一般。通过残酷的刑讯逼供、屈打成招，把这个群众组织打成一个反革命暴乱集团。共有29人被判处死刑。展览会上有巨幅的临刑照片，场面非常恐怖。据后来的揭露，办案过程中还打死、逼死53人。其他受害人不计其数。镇压"刘总师"当时被作为"一打三反"的重大成果大肆宣传，轰动全地区，全省。1982年陕西省委"平反""刘总师"冤案。这已经是12年后的事了。

在运动开头的半年内，商南县有两人以"反革命"罪被判处死刑。两人都是公社社员。家庭成份都是贫农。第一名叫聂进福，是20多岁不到30岁的男青年，试马公社人，陕西武功农校肄业生。被搜查出写有"反动日记"，"恶毒攻击"社会主义制度。聂进福不服死刑判决，说"三家村"邓拓、吴晗、廖沫沙都没有判死刑，为什么判他死刑？军管组的回答是：处理"三家村"是中央的事，与你无关。聂进福被处决后，他的叔叔到县城附近的刑场收尸遭到阻拦，第二天才用架子车一步一步翻山越岭把尸体拉回10多公里远的老家埋葬。第二名叫党广林，40多岁的单身汉，赵川公社人。"恶毒攻击"言论是：毛主席好个逼，叫人饿肚子。刘少奇好，分自留地，有饭吃。党广林接受死刑判决，说：我骂毛主席，该死。党广林被处决后无亲属收尸，县军管组只好叫人掩埋尸体。

2.了解得最详细的案件

吴圣章，40多岁的中年男人，家庭成份地主，湘河公社社员。吴圣章1949年以前在西安市大兴善寺佛学院学习佛学。吴圣章是佛教徒，与世无争，平日很少与别人来往。吴圣章算是有文化的人，在家有空闲时写诗作文，大部份有关佛教。写完把本子往挂在走廊的一个篮子里一扔，从不给别人看。"一打三反"运动来了，被怀疑上了。民兵从他家里搜查出诗词本，挖掘罪证。

"莫笑地主无政权，无地无权自清闲。六月苍蝇落汤客，无辜埋葬李海宾。"说的是地主分子李海宾被镇压的事。把这说成是地主分子发泄不满、为被镇压的同伙鸣冤叫屈，太容易了。吴圣章看见生产队的庄稼长得不好，写下"禾苗枯黄死，蓬蒿称霸王"。他的儿子因为家庭成份不好找不到对象，写下"为了成份难结婚"。这些都算是反动诗词，"恶毒攻击"社会主义制度。他写过一篇短文，把毛泽东思想比喻成老子的道德经、佛教的般若经。作为一个佛教徒，这些经在他心中都是神圣的。但是，他颂扬的本意被定性为"恶毒攻击"毛泽东思想。由于他上过大兴善寺佛学院，被怀疑是从佛学院潜伏下来的特务，县军管组还专门派人到西安市去调查。调查没有得到证据，就称为"特嫌"。吴圣章家住离县城40多公里的偏僻山村，连公路都不通，被押送到县军管组逮捕判罪。无产阶级专政的铁拳伸到神州大地的每一个角落，无人可以逃脱。

在给吴圣章定罪的县革委常委会议上，县军管组办案人员汇报案情后，县武装部赖政委首先唱高调：吴圣章罪大恶极，死有余辜，应判处死刑。从省上来的下放干部王讯有不同看法，但他也不敢和"军"方唱反调。只听他先附和说：罪大恶极，死有余辜，那是肯定的。然后接着说：但是，是不是可以考虑留他一命，好挖出其他特务，这样成果会更大。很明显，王讯是要说无期徒刑。其他干部跟着说：是的，这样成果会更大。但是，赖政委不为所动，坚持要判处死刑。无人敢再表示不同意见。群众代表齐声附和说：杀！ 这个案件以死刑上报。省上批下17年徒刑。吴圣章免了一死。但是，因为写了这些诗句，就被判17年徒刑，也太冤枉了！

3.最荒唐的案件

阮英武，20多岁的男青年，家庭成份地主，城关镇人。因为有人揭发，阮英武对着墙上用红漆喷成的毛主席头像说：像狮子头。尽管他否认，还是以"恶毒攻击毛主席"罪被判处5年徒刑。

133

余导贵，50多岁的中年人，男，家庭成份贫农，水沟公社社员，生产大队贫下中农协会主席。"一打三反"运动期间，余导贵在批判斗争大会上经常带领喊口号。有一次，把"拥护毛主席、打倒刘少奇！"喊成"拥护刘XX、打倒毛XX！"被扭送县军管组。他坚持说，他不是故意而只是一时糊涂喊错了。结果是教育释放，撤销贫协主席职位。

童老三，16岁，男，中学生，白浪公社人。被少年同伴揭发，有污辱毛主席、江青的言论（恕不在此重复）。案发后外逃。被从宝鸡市姐姐家里抓捕回商南县。结果是教育释放。

一小学生，男，其它情况不详。在放学回家的路上，手持一支粉笔，遇到墙壁时，就把粉笔触墙，边走边画出一条齐胸高的白线，口中还念念有词"嗤嗤嗤……嗤嗤嗤……"，觉得这样很好玩。有的地方，白线从低处的毛主席语录和像上划过。小学生被当成反革命扭送县军管组。结果是：关押一段时间后，被释放回家。小孩认不得回家的路，军管组只好派人送他回家。

"叛国"案。姓名等情况不详。起因是买了一本中国地图册，被怀疑企图叛国。根据本人的口供，在地图上找路线，想从内蒙古偷越国境，逃往苏联。被扭送县军管组。处理结果不详。

"特务"案。龙窝公社有一个青年人，卧房里安有一个农村有线广播喇叭，有一个拉线开关可以控制喇叭的通断。这个小伙子手贱好动，闲来没事就躺在床上用手乱拉开关玩。因此，有线广播断断续续，有点像无线电发报机的嘀嗒声。这种声音被人听见，小伙子被当做特务扭送到公社。公社干部找到龙窝公社小学附设初中班的杨老师，问这样能不能发电报。杨老师是西安交大无线电系毕业生，听了之后差点笑死了。不用多说了，公社干部听了杨老师的回答，就把小伙子放了。唉，商南县少抓一个特务。

25 商洛山中（三）– 与四害作斗争
2014年01月27日

世界上的害虫害物究竟有几种？据不完全统计，直接危害人体的有老鼠，苍蝇，蚊子，臭虫，跳蚤，虱子，蟑螂，麻雀。所以，答案是：有N种，N至少等于8。不知什么原因，中国人常说"四害"。理论上，从8中挑4，有70种可能。这是因为根据数学上的组合算法，有如下结果：8！/（4！（8-4）！）= 70。

如果您问，麻雀怎么也算一种？那么可以肯定，您不到60岁。何以见得？全民动员消灭麻雀是在1958年。假定您4岁开始记事，那么计算公式就是：（2014 - 1958）+ 4 = 60。网上的八卦说法是：毛主席习惯晚上工作、白天睡觉。有天上午毛主席还在睡梦中，屋外一群麻雀叽叽喳喳叫个不停，把毛主席从梦中吵醒。于是毛主席勃然大怒，下令消灭麻雀。比较靠谱的说法是，毛主席收到农民的反映，说是麻雀祸害庄稼，于是毛主席指示：麻雀是害鸟。麻雀因此而被列为四害之一。1958年大跃进，麻雀也跟着倒大霉。

"四害"的内容随时代变化。最早可以追溯到1955年，由伟大领袖钦定的《全国农业发展纲要》把四害定为老鼠，麻雀，苍蝇，蚊子。1960年，还是由伟大领袖钦定，把四害改为老鼠、臭虫、苍蝇、蚊子。不知从什么时候开始，四害又改为老鼠、苍蝇、蚊子、蟑螂。据说理由是由于近年来中国人民的生活条件不断改善，蟑螂的危害性变得超过原来定义的四害。老吴百思不得其解，生活条件改善如何导致蟑螂倒霉，被揪了出来代替臭虫。1976年，"四人帮"被翻译成"四害"。这没多大道理。因为根据这个道理，"N人帮"要翻译成"N害"。当N很大时，从N中正确地挑4或挑5极其困难。Anyway，这个"四害"是政治概念，消灭这些"四害"是英明领袖华主席的事，None of our business，与我们的讨论没有关系。

既然"四害"的内容可以随时代变化，那也应该可以随与之打交道的人变化。所以，我要讲述与四害作斗争的故事，可以自选为臭虫，跳蚤，蚊子，老鼠。不要以为四害只横行于贫穷的第三世界，肆虐于落后的农村。澳大利亚和英国的老鼠灾，美国纽约市和洛杉矶的臭虫灾，您听过新闻、看过视频没有？保证令您胆战心惊，过后觉得老吴所言不假。不要以为您幸运，没有像老吴这样的不幸经历。老吴会教您怎样与四害作斗争。没准您有一天受到四害的骚扰，想起老吴教给您的诀窍，还会感激一番呢。

闲话少说，言归正传。下面开讲。

一.臭虫

臭虫大概是黄豆大小，爬行缓慢。臭虫又称床虱，可见主要在床上活动，以吸人血为生，每次的吸血量可以超过体重1到2倍。如果您使劲

135

把一只吸饱血液的臭虫打死，可以看到一小滩鲜血，闻到一股臭味，令人恶心。臭虫主要在夜间活动。人体被臭虫咬过以后会起包，红肿痒痛。我第一次遭受臭虫袭击是在大学一年级第二学期。1965年夏初，天气逐渐变热。床上的臭虫开始活动。我们开始有所感觉。我们接到系里的通知，去学校庶务科领取六六六粉。放进盆里加水调和。塞进填满每个双层床的木板之间的所有缝隙。这还真管用，不再有感觉了，而且一直维持到毕业。想必是因为那时还没有大规模滥用农药，臭虫还没有抗药性。如今大城市闹臭虫，都是Super bug，六六六粉不管用了，要用Super drug才行。

不久开始放暑假。有一天，在校园里遇见老乡、中文系的沈同学。见沈同学无精打采，我问他怎么回事。沈同学长叹一声，向我诉起苦来：放暑假了，同学回家，六人的寝室里只剩他一人，遭到臭虫的猛烈进攻，赢尽宠幸在一身。前天晚上想出个主意，把两张书桌拼起来，放在寝室中央，晚上在上面睡觉。还真灵，避开了臭虫，安安稳稳一觉睡到大天亮。昨天晚上照样办理。半夜时分，觉得身上奇痒难受。拉灯绳把电灯打开一看，我的妈呀！头顶天花板上臭虫黑压压一片，正在纷纷往下跳，落在书桌上，有的还正好落在身上。赶紧起身拿扫把，横扫天花板上的臭虫，再扫书桌。搞得精疲力尽，只是快天亮时迷糊了一下。诸位看官：北大厉害吧！不但有学生精英，还有臭虫精英。臭虫会空降，您还是第一次听说吧！中文系的臭虫尚且如此精灵，那物理系的臭虫就可想而知，至少是精灵的平方，不但会空降，而且会飞翔。

听了沈同学的诉苦，我安慰他说：小问题，好解决。他赶紧问我有何奇招。我把我们宿舍的杀虫过程讲了一遍。沈同学立即飞也似地向庶务科跑去。

二.跳蚤

跳蚤大概是芝麻大小，善于跳跃，是动物世界的弹跳冠军。记得初中上动物课时，老师说按弹跳力与体重之比例，跳蚤居所有动物之首。按照这个比例根据人的体重计算人的弹跳力，人可以从地球跳到月球。假如这条结论真的成立，技术上能实现，什么土星号火箭阿波罗飞船登月舱，统统作废。造火箭不如转基因，只要把跳蚤的"跳"基因嵌入人类的细胞就行了。

跳蚤与臭虫的生活习性大不相同。臭虫个子大，一次吸血多，吸饱之后离开人体，找个地方躲藏起来，晚上再出动。跳蚤个子小，一次吸血少，吸饱之后不离开人体，在衣服里躲藏起来。跳蚤一会儿就饿了，爬行几毫米就可以接触人的肌肤，再吸一次，方便得很。所以跳蚤的骚扰，不分昼夜。有人建议，晚上睡觉时脱光衣服裸睡，早晨起床后再穿上。这样一来，起码可以免去白天之苦。这听起来好像有道理，但是不能完全解决问题。跳蚤到达您身上的途径太多了，防不胜防。一旦您身上沾上跳蚤，极难清除。把身上所有的衣服脱下来使劲抖动，不一定能把所有跳蚤赶跑，何况这些跳蚤还可以重新跳到您身上。清除您身上跳蚤的唯一方法是把所有的衣服脱掉，用开水烫这些衣服。

跳蚤神出鬼没，要抓住它们极其困难。跳蚤像是黑芝麻，眼力不好的人连看都看不见。就算您看清楚了，伸出手指去抓，还没接近，跳蚤就已经检测到您的红外辐射，一蹦而逃之夭夭。抓您身上跳蚤的唯一方法是：当您感到身上某点痒时，把一个手指头轻轻地接近这点。趁跳蚤全神贯注吸血之际，用指尖迅速按在这个点上。如果您感觉到指尖下有一个小硬东西，那就对了。按住跳蚤后，用指尖施加尽可能大的压力，在原地小幅度反复搓动，直到感觉发热，再搓动一段时间，总共大概几十秒。这个时候，也只有这个时候，您才可以再伸出一个手指头，用两个指尖把跳蚤捏住，拿到眼前看看，再加另一只手的指尖把它搞死。反复搓动直到发热，使跳蚤受重伤而不能跳跃，这点至关重要。如果没有这个步骤，按住跳蚤后就企图用两个指尖把跳蚤捏住而拿出来，几乎可以肯定，跳蚤就趁机跑掉了。这是因为跳蚤有坚硬的外壳，很难伤害它。有人说，把指尖蘸点口水效果更好。还有人把抓到的跳蚤放进嘴里磕死吃掉。您不妨试一试。您很可能会提出一个问题：如果跳蚤咬我的后背怎么办？您可以想法干扰跳蚤，直到您的指尖能够得着痒点为止。您也可以请求LD（老公/老婆）协助。这里的答案只是我的理论设想，有劳您试验以后公布结果。

诸位看官，您记住了上述步骤没有？当年毛主席对刘主席说：我动一个小指头就能把你打倒。轻轻松松一句话，刘主席就完了。而我们呢，至少要用两个手指头，费半天牛劲。呜呼！消灭一个跳蚤之难，难于打倒刘主席。

我第一次遭受跳蚤袭击是在大学毕业以后。1970年3月，我被分配到陕西省商南县。不久便被派遣下乡。去的地方叫做油桐公社。本来叫做双庙岭公社，文化革命破四旧、立四新，庙都砸了，那个旧名当然不能要了。当地有很多油桐树，盛产桐油，于是改名油桐公社。到达之后身上就开始发痒。一个星期后回县城，浑身布满小红点，瘙痒难忍。我不知道是什么原因。听人说可能是对油桐过敏。去县医院，医生也是如此说。拿了扑尔敏，可的松，服了之后脑子昏昏沉沉，瘙痒减轻了许多。过了不久再次下乡，又遇到同样的问题。这个地方没有油桐树，必须另找原因。经过仔细观察和询问老乡，我终于知道这是跳蚤作怪。从此以后，我对下乡有畏惧之心。在乡下期间，只能忍耐。每次回到县城住处，立即脱下所有衣服，放进一个脸盆。往盆里倒两暖瓶滚烫的开水，赶紧用另一个脸盆盖上。几个钟头以后，掀开上面的脸盆，可以看到浮在水面的黑点点，那就是死跳蚤。有时还可以看到浮在水面的白点点，那就是死虱子。

1974年2月，农历新年过后，我被派遣下乡参加"整顿改组农村领导班子"运动。又是到双庙岭公社（不知什么时候，改回老名了）。每个月只能放假两天回县城一次。春去夏来，天气渐渐变热。跳蚤开始猖獗起来。忍无可忍，我终于决定把铺上垫的麦草全部抱到屋门口的晒场上，铺上只剩下硬绑绑的木板。正要点火烧麦草，房东老农民走过来，指点一番。嘿，说得还真有道理。什么道理？把麦草堆成一个圆形。不能只在一处点火，要在圆形周边选定几个均匀分布的点，至少4个，越多越好；迅速点火，越快越好。何故？如果只在一处点火，随着火势蔓延，跳蚤会不停地撤退，跳到中央再跳到边上。等到麦草烧完，跳蚤也跑光了。相反，如果在四周同时点火，跳蚤只好往中央撤退。火从四周往中央烧。最后，烧到中央，跳蚤无处可逃，只能葬身火海。怎么样？贫下中农在与四害的长期斗争中积累了丰富的经验，值得老九学习吧？烧完麦草与跳蚤，回到屋里，把敌敌畏水撒到铺板上。虽然气味难闻，晚上睡觉木板硌人，还是比被跳蚤咬好多了。

自己屋里的环境可以自己控制。但是，到老乡家里，就得另想办法。经过反复研究，我终于得出一套行之有效的办法。第一是把裤腿挽起来，离脚跟至少20厘米。第二是在同一个地方甲站立不要超过1分钟。在挪到另一个地方乙时，使劲跺脚。这样一来，从地方甲爬到腿上的跳蚤（如果有的话）在没有到达裤腿之前，受震动而逃跑跳走；同时也可以把地方乙的跳蚤（如果有的话）吓走。第三，如果不得不坐下，一定要用小板凳。在坐之前用手拿到离地面10厘米的高度，放下时趁机把小板凳往地板上猛砸一下。这样一来，小板凳上和地板上的跳蚤（如果有的话）都会被吓跑。第四，与站立的情况相似，每1分钟挪动一次板凳，每次往地板上猛砸。这些时间长短和空间尺度是我根据多次试验得出的最佳值。如果您得到更好的试验结果，有劳您公布一下。第五，尽量避免进入别人的家，逗留的时间尽量的短。这是显而易见的了。

谢天谢地，终于熬过了几个月，没得神经病，回到县城工作，Safe and sound（安然无恙）。

三.蚊子

蚊子是空中飞虫，避免被蚊子叮咬的最好办法是挂蚊帐。从前广东人外出打工，一定要带两件宝贝：蚊帐和水桶。蚊帐用于防蚊，水桶用于冲凉。中国与蚊子有关的出名故事，首推《二十四孝》的第十三孝，恣蚊饱血，说的是晋朝濮阳人吴猛，八岁时就懂得孝敬父母。家里贫穷，没有蚊帐。每到夏夜，为使父亲能够安睡，吴猛总是赤身坐在父亲床前，把蚊子吸引过来，任由蚊子叮咬而不驱赶。（至于吴猛如何孝敬母亲，故事没有说。）这个荒唐的故事，被说成是彰显出中华民族的传统美德。愚不可及的吴猛，被捧为大孝子。还有一个出名的故事，说的是地主把欠债的老农扒光衣服绑在柱子上，任凭蚊子叮咬。老农的儿子赶来，为了减轻父亲的痛苦，把父亲身上的蚊子赶跑。谁知蚊子太多，赶走一批就又飞来一批。最后父亲血被吸干，临终告诉儿子：你不该赶走蚊子。一批蚊子吸饱了血伏在我的身上不动，别的蚊子无法再到我身上吸血。赶走一批蚊子，再来一批，吸血更加凶猛。这个悲惨的故事，影射贪官压榨百姓的现实。新贪官比旧贪官更加贪婪。旧贪官去，新贪官来，何日是尽头！

如果没有蚊帐，防蚊子咬的方法很多。比如：气味驱蚊（薄荷，茉莉花，花露水，清凉油）。蚊香（Mosquito coil）与电热蚊香。杀虫气雾剂（例如"黑旋风"）。Mosquito repellent（例如"OFF!"）。敌敌畏。一般说来，效果好的，副作用就大（对人体有害）。喷洒敌敌畏的效果非常好，但是有剧毒，不知现在是否还用于灭蚊。此外还有各种设备，如：紫外线灭蚊灯。超声波驱蚊器。效果如何，说法不一。据说有一种"驱蚊软件"，安装在电脑或手机上。运行时发出超声波或特殊音响，驱赶蚊子。不管您信不信，反正我不信。

1971年夏天，我在商南县试马水库工地劳动。没有别的东西，我们这些电工只能用土法驱蚊。工地电站是一个长条形大棚。一头是机房，安装柴油机、发电机，周围开放。另一头是宿舍，四周砌有土砖，留一扇门和一个小窗。每天下午我们从地里拔一捆我不知道名字的野草。天黑以后，在宿舍里放些小树枝，浇上柴油，点火。火旺时赶快把野草盖在火上面。于是，一股黑白混合的浓烟从火堆冒出，散发出浓浓的刺鼻气味。我们赶快撤到屋外，把门关紧。约莫半小时之后，开门进屋。屋里还有残余的烟雾，相当强烈的野草加柴油气味，但是听不到蚊子的叫声。蚊子可能是从窗口逃走了，或熏晕了。年老体弱的可能被熏死了。总之，晚上可以安安稳稳睡觉了。当然啦，得忍耐一股逐渐淡薄但是永远不消失的野草加柴油气味。

四.老鼠

首先一句话，老鼠坏透了，但是无法消灭，甚至无法减少。老鼠生命力极强，能在极度恶劣的环境中生存。据说在核辐射区，老鼠是生存率最高的动物之一，而且DNA突变的放射鼠，可能长到像猪那么大。老鼠繁殖能力极强，数学上的几何级数不足以形容，得用一种新的"老鼠级数"。老鼠传播疾病，据不完全统计，有57种，可以使人致命。老鼠危害极大，必须认真对付。据说在研制世界上第一架电脑过程中，最重要的试验之一，是让老鼠咬各种不同的电缆，从而挑选出抗鼠电缆。

人类从诞生开始，就与老鼠斗争。结果是越斗老鼠越多。据估计，2012年全世界人口总数为70亿，而老鼠总数是世界人口的4倍，为280亿。据本人愚见，是斗争的方法不对。就拿老鼠的天敌猫来说，不管白猫黑猫，抓住老鼠就是好猫。于是人类就以此为标准养猫。人类哪里知道，鼠类有对应的标准：不管白鼠黑鼠，不被猫抓住的就是好鼠。人类聪明，但是鼠类更加聪明。养猫灭鼠，这是人类的诸多幻想之一。

与老鼠斗争的最好方法之一，是鼓励大家吃老鼠肉。最好例证在小说集《夹边沟记事》里。在三年大饥荒期间，为了减少死亡人数，右派分子们被准许在上班时间抓老鼠充饥。结果，把附近的老鼠都逮绝了，吃光了。各省人中，只有广东人吃老鼠肉。如果推广到全国，虽说不一定能消灭全国的老鼠，但肯定能大大减少老鼠的数目。近来有报道说，有无良商贩把老鼠肉冒充羊肉销售。这种做假行为当然要打击。但是，与此同时，要给老鼠肉出路，让销售老鼠肉合法化，正如伟大领袖曾经说过的，不给出路的政策不是无产阶级的政策。条件是正确标示，挂鼠头卖鼠肉。为了顺利推行，政治家可以请科学家协助。记得1980年代，为了推销肥肉，市长陈希同邀请科学家同上北京电视台，论证只吃瘦肉的害处和吃肥肉的好处。科学家可以论证转基因食物无害，当然可以论证吃老鼠肉的好处。总而言之，科学家可以论证政治家所要求论证的任何东西，包括水稻亩产万斤，雾霾的好处，不洗脚的好处，抠鼻子的好处，等等等等。

我亲自和老鼠斗争是在2002年。买新屋不到一年，还在建筑商的保修期内。有一天，老婆神秘兮兮地对我说：你又有活干啦。我早就写了一张长长的保修单给建筑商，就等他们来一项一项地修好。我有些不耐烦地说：我干什么活？保修单早就交了，一件不落。老婆接着说：地下室里有老鼠了，我看见了，你想不到吧？我惊讶道：真的？老婆答道：当然是真的，我昨天亲眼看见一只小老鼠在跑。于是，我开始特别注意观察。果然，有一次，我也在地下室里看见一只小老鼠在跑。有一只就可能有更多，危害会越来越大。我下定决心，一定要消灭它们，至少要把它们赶到屋外去。首先，要搞清楚老鼠是如何跑进地下室的。说是地下室，其实是"地上室"，Walk-out basement，有一个门直通处于同一高度的后院。我们严格实行随手关门，老鼠不可能通过这个门溜进来。我绕着墙根探究，终于在墙角发现一个挨着地面的小洞。这肯定是建筑工人施工用的，完了之后忘了堵塞。但是，我必须先灭鼠或驱鼠，保证地下室没有老鼠，然后才可以堵塞这个小洞。

我到Canadian Tire（遍布加拿大全国的大型连锁店）寻找灭鼠和驱鼠的物品。这些东西在商店的Garden Centre（园林中心）。嘿，种类还真多。低科技产品如：Mouse Trap（机械式老鼠夹子），Rat and Mouse Killer（杀老鼠药），Rat & Mouse Glue Traps（粘老鼠胶板）。高科技产品如：Electronic Mouse Trap（电子式老鼠夹子），Ultrasonic Electronic Mouse & Rat Repeller（电子超声波驱鼠器）。我是软件工程师，不喜欢高科技产品，连手机都不用。电子式的就免了。机械式老鼠夹子太危险，不小心没准把手指给夹了。用胶粘老鼠，能不能粘住值得怀疑。挑到最后，老鼠药最合用，只要不往自己嘴里放就行。

买了一盒老鼠药。回到家里，打开盒子一看，4块几厘米见方的褐色老鼠药，看起来与三年大饥荒时吃的豆渣饼差不多。把4块老鼠药分开放到4个隐蔽的角落。然后每天检查。过了几天，发现有一块老鼠药少了一个角。好了，老鼠上当了。又过了一、两天，看见一只小老鼠，在地板上慢吞吞地走，像是喝醉了酒。我拿起准备好的扫把，一下子就把它击中了。再用一把尖嘴钳夹住小老鼠，拿到后院把它埋了。如此这般，几星期内，消灭了3只小老鼠。从此再也不见动静。几星期后，用从Home Depot（遍布加拿大全国的大型建材连锁店）买来的Self-bonding Cement（自粘性水泥，用时加水调和）把墙角的小洞堵住了。从此以后，老鼠在地下室绝迹10多年了。

26 商洛山中（四）- 商洛山中的故事
2014年02月16日

陕西省有个商洛地区，位于秦岭的南坡。商洛地区辖7个县，专署所在地是商县。这个地区不叫"商县地区"而叫"商洛地区"，是因为境内有商山、洛水。商山在商县东部，也叫商洛山。这是商洛山的正宗定义。但是，许多人有意无意把"商洛山"理解为"商洛地区的山"，范围扩大了许多。洛水即丹江，丹江口水库的丹江。这里的"洛"是现代字，古字是"雒"。

提起商洛山，许多人立即就会想到李自成。故事说，明朝末年，李自成造反，被明军打得大败，仅率十八骑突出重围，退隐到商洛山。李自成重整旗鼓，东山再起，与明王朝血战，八进八出商洛山，最终进兵北京。根据这些故事，商洛地区开发旅游风景区。商县建了一个"闯王寨"，商南县也建了一个"闯王寨"。不知道有多少人前去参观。

还有一个不知名的历史故事，说的是宋朝开国皇帝赵匡胤曾在当地建立兵营。有一天，赵匡胤试骑一匹马。先登上一块大石，再上鞍。不料马受惊狂奔。惊马在一个地方被挡住，掉头再跑，最后在一个地方被捉住。于是，兵营所在地被称为"试马寨"。那块石头被称为"试马石"。惊马被挡住和捉住的地方，被分别称为"挡马店"和"捉马沟"。我当年在商南县试马公社劳动时听到这个故事。我听过有人把试马公社革委会所在地叫做试马寨，但是没有见过试马石。这个故事既不见于正史，也不见于野史。在这个千方百计挖掘古迹，真假难辨的今天，也不见有谁"发现"那块试马石，不见有谁去开发一个"试马寨"旅游风景区。一个大好商机，被白白放过了。

从1970年3月到1978那9月，我商洛山中待了8年半。耳闻目睹和亲身经历的许多凡人小事还在我的记忆之中。活动活动脑筋，把它们写下来，有助于推迟老年痴呆症的发作。写下的文字，既可以自我欣赏，也可以供有兴趣者阅读，可谓一举三得，何乐而不为呢？

下面就是我要讲的商洛山中的现代故事。

一.初到商洛山

1970年3月我大学毕业，被分配到商洛地区。到设在商县的地区革委会报到后，再分配到商南县，被县革委会"借用"，帮忙搞"一打三反"专案。日常工作毫无趣味，只有星期天（当时每周的唯一休息日）才能提起一点精神逛县城的农贸集市。商南县城很小，面积不到0.5平方公里。农贸集市就是沿着一条街道，大概100多米，附近的农民摆出自己的农产品。星期天一早开始，半下午结束。集市上不准买卖粮食、油料等等所谓"一类"和"二类"农产品。只有"三类"农产品才可以自由买卖。当时当地的物价很低。集市上的物价大概是：鸡蛋5分1个，个大个小加1分减半分。1斤多的小公鸡1块钱1只。母鸡是农民的小金库，生蛋用的，通常不卖。柿子2分1个，个大个小加1分减半分。核桃、花生（当地叫"落生"）要到农民家里去买，论升（用来量米的升）。每次回家探亲前，我们骑自行车到附近的乡下去采购，因为城市里凭票、凭证供应。冒尖的1升，1块钱，核桃2斤多，花生不到2斤。野生黑木耳，3、4块钱1斤，依品质而定。野生天麻，15块钱1斤。后来人工种植这些东西，产量大增，但是品质大降。现在市场上出售的产品，都是人工种植的。

外地大学毕业生和知识青年的到来，犹如一股新鲜空气吹进商南县，产生了许多意想不到的事情。我们刚到，有县革委会的人问：哪个大学毕业的？答：北京大学。再问：北京哪个大学？一个食品店把麦乳精标错价钱，一大罐才一块多钱。本地人不知麦乳精为何物，对它的价钱没有概念，也没人购买。几位上海来的大学毕业生一看，高兴坏了，每人买了许多罐。有一个大学毕业生的小男孩，在小学操场上骑小三轮车玩。本地小孩没见过，围上看新鲜，就像看凯迪拉克。有的女知青穿裙子，老乡围上去，要看看里面有没有穿裤子。

二.学毛著积极分子

文化革命期间，100多名外地大学毕业生分配到商南县。其中最出名的要数上海第一医学院毕业的L女士。L女士被分配到一个公社卫生院当医生，被评选为商南县学毛著积极分子，进而成为商洛地区学毛著积极分子。她最重要的先进事迹是：有一位农村妇女因尿道阻塞无法排尿。为了帮助这位妇女排尿，L女士把导尿管一头插入尿道，用嘴吸另一头。L女士出席陕西省学毛著积极分子代表大会，到各地巡回演讲，成为知识分子与工农结合的模范。正在红火之际，L女士突然消声匿迹。接着小道消息逐渐传开，说在L女士出名之后，省上有人拉线搭桥，要把她介绍给一位空军军官。L女士声明自己已有男朋友，不能接受。事情没有到此为止。那些人还去调查，然后威胁L女士说：你的男朋友家庭出身不好。如果你继续和他保持男女朋友关系，就将丧失学毛著积极分子代表资格。　L女士不为所动，结果是被剥夺所有头衔，回到公社卫生院，继续和男朋友一起当医生。那些传播消息的县革委会大院的大妈们，大都为L女士失去荣誉和升迁机会可惜。与此相反，大学毕业生们则几乎一致认为L女士做得对。那个什么积极分子代表，有什么好当的？

三.小祸与大祸

我刚到县广播站工作不久，县城修街道，各个单位的人都要参加义务劳动。上午上班时间，大概9点钟，我们上了一辆很破旧的敞篷卡车，要去离县城几公里的地方拉沙子。我们随车来到县电信局门口，让电信局的人上车。电信局一个莽撞的愣头小伙子，上车之前把铁锹往车上使劲一扔，锹头正好打中我的右脚踝。我的脚踝立即受伤流血。广播站的王师（王姓师傅的简称）扶着我到县医院包扎伤口，然后回到广播站。我躺在屋里床上，糊里糊涂睡着了。突然一阵敲门声，广播站的刘师大声喊道：吴师！告诉你一个好消息！拉沙子的汽车翻了！　过了不久，我们知道了事故的详情：装了沙子的汽车在上坡路上熄火。司机拉紧手闸，但是没有在车轮下放防止汽车滑坡的石块就离开驾驶室去修车。司机打开车头的盖板，正在检查，汽车开始滑动。司机无法，只好跳车自保。汽车顺着路边的坡地向旁边的小溪倒退下滑，越来越快，车上的人立即慌作一团。有人跳车，有人留在车上，听天由命。快到坡底时，汽车被一棵树挡住，迅速停了下来。由于惯性作用，汽车上的人和沙子一起，被抛出车外，落到坡地上。轻伤或重伤，无人幸免。那个愣头小伙子落到一个荆棘丛中，耳朵被撕破，满脸是血。广播站的一位编辑，被摔得胸部受伤咯血。而我呢，遇了一个小祸，躲过了一个可能的大祸。扶我去县医院的王师最幸运，不管小祸大祸，全都免了。

从此之后，我对商南县的所有汽车持不信任态度。另一方面，我牢牢记住了，汽车的手闸不可靠。在坡路上停车时，一定要遵守交通规则，除拉紧手闸外，要把前轮打向curb（马路牙子），以防止汽车滑坡。自己动手修汽车时，为了避免汽车滑动，一定要在车轮下放大木块。

四.神医都绥之

1975年冬天，我的右大腿内侧长了一块皮炎，骚痒难忍。县医院的医生说是过敏性皮炎，试用口服西药中药，外用可的松药膏，皮下注射可的松。每次像是好转时，边上又冒出一圈小泡。如此反复，几个月内，变成直径5、6厘米的不规则圆形。正在无计可施之际，县广播站的许站长知道后对我说：你得去找皮肤科专家都绥之，他是个神医。他举例说：有一人头上长疮，流脓流水，又痒又痛，无法忍受，把头发都揪下许多。是都绥之治好的。恰好我在试马水库工地劳动期间认识都绥之，见过他给工地的民工缝合伤口。但是我只知道他是从西安医学院附属医院来的下放医生，不知道他是皮肤科专家。我赶忙打电话到试马卫生院找都医生。答复是：都医生调回西安去了。于是我赶忙到县医院开了转诊单。广播站的一位编辑知道了，又向我把都绥之神吹一通，说都绥之原是西安医学院副教授、皮肤科专家，文化革命中被下放到商南。有一次，意大利医学代表团访问西安，点名要见都绥之，因为他写过一本皮肤科方面的书。接待人员只好推託说都绥之出差去了。事后都绥之就被调回西安医学院。

到了西安之后，我到西安医学院附属医院挂了皮肤科号。在皮肤科诊室里，接诊的是一位中年男医生。我向他说明来意，他立即说道：你是找我们的都主任！可以看得出来，他是带着敬意说"都主任"。接着他告诉我，都主任身体不好，待在家里，并告诉我住址。于是我到医院内的家属区，找到都主任的家。都主任当然能认出我来。寒暄之后，我说明来意。他用肉眼检查了我的皮炎，写了一张纸条，大意是：取下一些皮屑，用显微镜检查。如果发现菌丝，如何如何处理；如果没有发现菌丝，又是如何如何处理。我带着纸条回到皮肤科诊室。那位医生照办。检查后告诉我，没有发现菌丝。接着开了处方。我到药房取了药，回到住地陕西省广播局招待所。这是外用药，叫"威尔金逊氏软膏"，黑糊糊的，看起来像煤焦油，装在一个底面直径4、5厘米，高3、4厘米的圆柱形小纸盒里，大概5毛钱。每天洗净患处，涂抹两次。三、四天之后，不再骚痒，皮屑开始随药膏脱落，露出新皮。大概一星期后，整个面积好转，皮肤变得平整。我确信药很有效，痊愈指日可待。过了几天，我再次挂号去见那位中年男医生，报告好消息，并且又买了一小盒威尔金逊氏软膏备用。又过了几天，我动身回商南。第一盒药膏没用完，皮炎就完全好了，只留下黑色素沉淀，慢慢地变淡消失。我把剩下的药膏保存了很长很长的时间。我永远记住药膏的名称和神医都绥之的名字。

五.按权力分配

商南县有一条小河流经县城，名叫县河。1973年，在离县城几公里的河上游建成县河水库。此后，陆续有各级领导到水库视察。有一次，陕西军区司令视察，看上了水库边上一棵高大的樟树，说道：这树做傢具很好。 陪同视察的本地干部心领神会。在视察结束后，派人把树砍了。把树干最好的中间段截下，运送到西安进贡。把树干的其余部分据为己有。剩下的大树枝，可以做小傢具，被水库的干部拿走。再剩下的小树枝树叶，被附近的农民捡去烧火做饭。人们谈论此事，没有异议。这颗大树的分配，正好反映出一幅按权力大小和地位高低分配财富的图景。而且，人们对此习以为常，认为理所当然。

那木材是怎样运送到西安的呢？商洛地区出产木材，而木材属于国家管制物资。在商县通往西安的公路上，在翻越秦岭的最高处，有一个木材检查站。检查站的人把横跨公路的拦杆放下，过往车辆必须停下，接受检查。车上的木材，包括原木和大型傢具，必须有各县木材管理站的介绍信才能放行，前往西安。可以豁免检查的车辆有：长途客车，军车，救护车，邮政车。这些车辆有时干走私勾当，是公开的秘密。有一次我乘坐从商南到西安的长途客车，上车后发现一根又长又粗的木头放在汽车前排座位前面，我无法入座。跟司机交涉，被安排在后排座位。广播站一位编辑屋里的一堆木板，通过熟人安排由军车运往西安。总而言之，熟人帮熟人，什么事都办得成，更何况由掌握权力的人出面。那些进贡的木材，很可能是由军车运往西安的。

六.武装部的部长政委们

商南县武装部大院在县城中心区，平时大门紧闭，平民不得入内，内部的情形无从知晓。武装部官多兵少。我见过部长、政委们许多次，但只在"一打三反"公判大会上见过几个押解犯人的士兵。

商南县离国境线十万八千里，设立武装部，显然是为了安内而不是攘外。那时的权力机关革命委员会是"军干群"（军人、干部、群众）三结合。县武装部的部长、政委们都是县革委常委会的成员。在县革委常委会上，左调唱得最高、最有决定权的就是他们。这些部长、政委们，担负着教导群众的任务，经常在各级干部和群众大会上宣讲文件，宣传大好形势。由于文化程度不高，经常出错。1971年我在试马水库工地劳动。一天下午，提前收工，民工们坐在工地指挥部前的空地上听武装部王部长作形势报告。王部长讲巴勒斯坦人民和以色列作斗争，把"巴勒斯坦"念成"巴基斯坦"。讲美帝的海盗船到厄瓜多尔的海上掠夺金枪鱼，把"海盗船"念成"海窃船"，把"厄瓜多尔"念成"尼瓜多尔"，把"金枪鱼"念成"金抢鱼"。Who cares? 民工们把开大会当作歇息的好机会，抽烟，纳鞋底，捉虱子，打瞌睡。

那个时候，不像现在"群体事件"频发，"安内"任务不繁重，所以部长、政委们有很多空余时间。那个年代物资短缺，他们就用特权为自己谋利。商南县城很小，我遇见过多次。商南盛产柿子。制成柿饼，1毛8分钱1斤。有一次，我到土产门市部买柿饼。我隔着柜台，看着售货员开始用手抓柿饼往秤盘里放。突然，武装部袁政委快步走进店来，掀开柜台间的档板，径直走到柿饼筐前，旁若无人。他把售货员挤到一旁，亲自动手一个个地挑选好柿饼，放进一个包里。然后，吆喝售货员给他过秤。袁政委穿着一身军装，非常显眼。店里的顾客，没人说一句话。我想了想，袁政委挑剩的柿饼，就在上层。我当然不买了。

留给我印象最深的是武装部赖政委。赖政委特别喜欢出风头。"一打三反"公判大会，全县运动会，县机关职工大会，主席台上少不了他，讲话也少不了他。他的广式普通话，别有风味。赖政委是当然的县革委常委。在"一打三反"的定案会上，他的调子最高。动不动就是要判死刑，无期徒刑，并且坚持己见不退让。

我在县广播站当技术员，有一项业务是修理收音机。有一天晚上，五金交电商店的头头找我，要我去商店帮助检查收音机。我觉得很奇怪。跟着他到了商店，我发现店里挤了一群人，来自县革委会和武装部，赖政委也在其中。商店的头头向我解释说，接上级通知，所有半导体收音机明天开始降价，幅度高达4分之1到3分之1。比如，120元的3波段收音机降到80元。他要我帮助这些人挑选合意的收音机。啊！原来这些有门路的人提前得到消息，当晚就来抢购。这显然不合法。但是我有什么办法呢？我只得答应他的要求。谁看中一架收音机，就让我试听一下，就灵敏度（收台的多少）和音质等发表意见，作为这个人考虑买还是不买的参考。忙乎了一个晚上，干了我最不愿意干的一件事。

赖政委喜欢吃肉。经常可以发现他在卖猪肉的门市部，坐在那里跟人聊天。猪肉是和猪骨一起卖的。一扇连骨带肉的半条猪悬挂在钩子上，从最底下开始砍。排队的顾客凭运气，遇到哪个部位就必须买这个部位的肉带骨。当然啦，很便宜，1斤5毛9分钱。赖政委一边聊天，一边注意卖肉的进度。一但到了他所要的部位，通常是臀部或腰部，立即起身上前，要卖肉师傅砍下一块给他。县城的居民每人每月猪肉定量1斤半。赖政委从来不交肉票。当然啦，钱是要交的。赖政委买了肉，提在手里，心满意足把家还。

给我印象最深的是赖政委买大米。广东人嗜米如命，有如酒鬼嗜酒如命。古语云：面条不算饭，女人不算人。 古时候，如果丈夫出门了，只有妻子在家，有人敲门问道：有人吗？妻子必须回答：没人。这就是"女人不算人"。广东人吃面食，比如吃面条，那怕肚子撑得滚圆，还是觉得没吃过饭。这就是"面条不算饭"。赖政委是正宗广东人，当然不例外，一家人离开米就没法过日子。可是商南不出产大米，要从外地调拨，粮站里大米很少。为了正常过日子，赖政委跑遍各个粮站。有一次，我到离县城10公里的富水区广播放大站修理扩音机。半下午完成任务后，搭一辆当地铬矿开采公司的敞篷卡车回县城。当时下着大雨，我穿着雨衣和一群人一起站在车上。汽车来到富水粮站门口停住。只见赖政委身穿军装，肩扛一袋米，从粮站跑了出来，到汽车跟前，拉开副驾驶边的车门。一位年轻妇女从车门出来。赖政委连袋带人，钻进汽车驾驶室。过了几秒钟，一个婴儿被通过车门传递出来。那位妇女像是说了些什么，然后伸手接过婴儿。车上的人七手八脚，把婴儿接上车，把妇女拉上车。汽车开动，大风大雨袭来。有人搀扶母子，有人用雨伞雨衣为她们遮挡风雨。那位妇女说，她曾请求把孩子留在驾驶室，但是解放军不答应。目睹眼前发生的一切，我心中鄙视赖政委。这个"军民鱼水情"的场景，铭刻在我脑中，永远不会忘记。

27 商洛山中（五）– 我的1976

2015年01月31日

1976年对我来说，是值得回忆的一年，有国事，有家事。这一年发生的国事，我这个小民是旁观者。但是这些事件，对我的命运发生了根本性的影响。这一年发生的家事，我这个一家之主却是参与者。我亲身经历这些家事、国事，至今不能忘怀。

一.

1976年，农历龙年闰八月。闰八月不祥。不管你信不信，这年确实发生了好几件国家级的"坏事"。当然啦，也有人认为，那是好事。这个多事之秋的第一件大事是1月8日周恩来逝世，接着是"四五运动"，即4月清明节期间发生在北京天安门广场的大规模群众抗议事件。我当时在陕西省商南县工作，除了广播、报纸上的一面之词，没有其他信息来源，也对这些事情不感兴趣。千里之外京城发出的冲击波，到了偏僻的山区小县，早已衰减为零。（后来7月6日朱德逝世，连京城的冲击波都没有。）

对我来说，妻子怀孕，是当时最重要的事。悠悠万事，唯此为大。商南县那个地方，各个单位的领导通情达理。老家在外地的孕妇，可以在预产期的一个月之前甚至更早一些的时间请假回老家待产，产后有标准的56天产假。5月13日，我陪妻子坐长途汽车前往西安，在同学家里歇息了两个晚上。15日上午，我送妻子到西安火车站，坐火车回北京。沿东大街坐无轨电车到达火车站附近时，发现大街两旁许多人在忙碌，好像在准备什么活动。进了火车站候车室，我去买站台票，被告知不售站台票，送客上车的人不得进入站台。我心想：无论如何，我一定要送妻子上火车。 到了乘客进站的时候，我左手搀着妻子，右手拿着一张火车票，到了地下通道的进口（平时使用的从候车室到月台的水平通道被关闭），女检票员不让我通过（她当然知道不售站台票）。我对她说：你看这是孕妇，一定要有人送上车。 她瞟了我妻子一眼，不再阻拦，只是对我说道：你进去就出不来啦！ 我心想：能进去就好。出不来？我才不信！ 于是我搀着妻子，下了地下通道，走了一段路，上了月台。我把妻子送上火车安顿好，下车找路出火车站。这难不了我，我知道火车站不可能是完全封闭的，只要顺着铁轨走就能出去。于是，我顺着铁轨朝北，走完月台走小路。没走多远，到了火车站围墙的开口。小路上横着一根木头栏杆，但是旁边的小屋没人。太好了，没人把守。我快步绕过栏杆，从围墙的开口出去，溜之大吉，省费一番口舌。

从围墙开口出来之后，我沿着墙外的一条小路朝南走，回到火车站

149

前面的东大街。大街景象已经大变样。大街的路面上空空荡荡。大街的两旁站满大儿童，像是小学高年级学生。这些儿童穿着蓝短裤白衬衫，脖子上系着红领巾，手里拿着花环。根据经验，我知道，这是要欢迎高级"外宾"。大街的两旁还有许多警察和便衣，阻止行人穿越大街。有人跟警察和便衣争论，为什么不准过街道，说自己要去上班。站在路边看热闹的一些人，帮腔发牢骚说：李光耀也是中国人，为什么他可以走大街而我们就不能走？ 有些步行的人强行冲上大街朝对面走去，警察和便衣也没有办法阻止。有些人推着自行车，要强行通过。便衣们则扣住自行车。一位年轻妇女推车要过大街，一个便衣过去，咔嚓一声把自行车锁上（在车座下、固定在车架上的老式车锁），然后拔下钥匙拿在手里跑开。年轻妇女只好守在倒地的自行车旁，嘴里骂个不停。这种情况发生多次，场面相当混乱。

过了好久，大街两旁的儿童们开始高呼：欢迎！欢迎！热烈欢迎！同时有节奏地扭动身躯，挥动手中的花环。一个车队出现在大街上，一群摩托车开路，接着是一辆敞篷汽车，后面是一群小汽车。李光耀和某领导人一起站在敞篷汽车上，双手扶着前面的把手，面无表情，真的是辜负了欢迎人群的热情。不到一分钟，车队过去。欢迎队伍收摊，看热闹的人群开始散去。我沿东大街，往市中心走去。

第二天，5月16日。这是文化革命的一个光辉节日。10年前的这天，1966年5月16日，中共中央通过关于无产阶级文化大革命的决定，即"十六条"。十周年，当然要大庆特庆。50万人在西安市新城广场集会，庆祝文化大革命十周年，会后举行声势浩大的游行。大慨下午一、两点钟，我站在位于西大街的西安市文化局招待所（商洛地区广播事业管理局的办事处设在招待所里）大门前面，观看游行。徒步的游行队伍，夹杂着彩车。只记得中学生队伍，老师领头，后面跟着排成方阵的学生，高呼"把文化大革命进行到底！"之类的口号。他们当然不知道，再过几个月，文化大革命就要到底了。一辆彩车，上面放着一口倾斜的大锅，锅口上支着三根棍子，指向天空。大锅旁边坐着一个身穿白大褂、鼻梁上架着一副眼镜的中年男子。外行看热闹，内行看门道。我当然知道，这口大锅，代表微波天线，旁边的男子代表操作人员。这是用来歌颂文化大革命的伟大成果，陕西省刚建成的微波通讯线路。对于占观众百分之九十九以上的无线电盲，这个大锅与棍子的组合，没有任何意义。

二.

　　6月底，我收到从北京发来的电报。儿子出世，母子平安。过了几天，收到寄来的出生证，到城关镇派出所上了户口。我开始做准备，到北京接母子回商南县。就在动身的前几天，传来唐山大地震的消息，知道北京受到影响，但是并不很严重。（地震的准确日期是7月28日。）我从商南县乘长途汽车前往西安，一路上乘客都在谈论地震。从西安乘火车前往北京，到达丰台，开始看见倒塌的围墙和开裂的房屋。在北京站下车后，本来应该坐无轨电车到前门站，换乘7路公共汽车，在辟才胡同站下车，走几分钟到在二龙路的家。由于受地震影响，无轨电车停运。于是，从北京站走大约5分钟，到达建国门内大街，坐1路公共汽车（俗称大一路），向西沿东、西长安街和复兴门内大街，到民族文化宫站下车，然后走大约10分钟到在二龙路的家。我注意到，长安街两边没有什么异样，但是小街道两边，搭了许多简陋的防震棚，木板加塑料布。家里的房屋没有明显的损坏，但是也算不安全的房屋。白天尽量少在屋里停留，晚上不得在屋里睡觉，整个四合院的人都这样。四合院的门口，沿着街道搭满了防震棚，就是晚上睡觉的地方。我到了家，只见岳母一人在屋里。弟妹在公共汽车（当时称为人民汽车）公司工作，在木樨地总站的大帐篷里有一席之地。妻子和儿子就在那里避难。我立即坐公共汽车赶到木樨地。在大帐篷里，我第一次看到自己的儿子，在母亲的怀里酣睡。

　　街道两旁的防震棚，不是什么好呆的地方。特别是下大雨的时候，顶上漏雨，地下流水。也不知道从哪里搜罗到一些木料，内弟在屋里搭了一个防震棚，就是用粗木头当柱子和横梁搭一个框架，把木板固定在横梁上。把床放在框架里面，被保护起来。从此，全家人可以在屋里睡觉了。

　　9月9日下午，我从午睡醒来，懒洋洋地躺在屋里防震棚下的床上。忽然，隔壁二龙路小学的大喇叭响了。先是咔啦几声，接着是播音员沉痛的声音：中国共产党中央委员会……极其沉痛地……宣告：我党我军我国各族人民敬爱的伟大领袖……。听到这里就够了。肯定是毛泽东死了！听完讣告，我觉得奇怪，讣告只说逝世的时间，不说享年多少岁。这可能是因为，喊了几十年万岁，喊了十年万寿无疆，现在要说活了连100岁都不到，实在是不好意思。讣告中也没有提及出生日期，使得计算活了多少岁成为不可能。接下来，发生了更奇怪的事。几遍哀乐之后，广播的竟然是：现在广播周恩来同志治丧委员会。 广播戛然而止。我百思不得其解，怎么会广播这个。后来的一些所谓幕后故事，真相解释，也不能令人信服。

我从床上起来，出到四合院门口。二龙路街道上，一个少女扶着一位大娘，慢慢走着。大娘臂戴黑纱，流着眼泪，很可能是居委会的大妈。我回到屋里，该干什么还是干什么。吃完晚饭，黄昏时候，我决定到天安门广场看看有什么变化。我骑上自行车，从二龙路在民族文化宫旁上了西长安街。骑车朝东，来到人民大会堂，依逆时针方向绕着天安门广场转了一圈，没有发现什么变化。街道上人流如常，广场上灯光照样明亮，天安门城楼上的画像照样挂在那里，没有丝毫变化。

但是，从第二天开始，情况就大不相同了。商店玻璃橱窗里原来花花绿绿的陈列品，被拿走或被黑布遮盖起来。大人出门上街，必须臂戴黑纱。二龙路副食商店门前的蔬菜大棚里，摆着一个小柜台，两个女人，一老一少，在卖黑纱。黑纱每个几毛钱，还要收两寸布票。我当时心想：收钱倒也罢了，怎么还要收布票？既然戴黑纱这么重要，难道政府就不能把布票免了？才两寸嘛！ 广播里整天播送哀乐、讣告、唁电。街上的人们，脸色阴沉。整个京城笼罩在死气之中。不过话要说回来，也有好的一面。一个多月前发生大地震后，人心惶惶，地震是人们的中心话题。这下可好，人们似乎忘记了地震，不再担心地震。

三.

我离开商南已经一个多月，请假到期。京城里气氛无比沉闷、窒息，似乎凝固了。人们小心翼翼，生怕言行不慎招来横祸。再待下去，没什么意思。而且，"国殇"10天期间，火车乘客一定很少。这对于我们一家老小，是莫大的方便。追悼会定于9月18日。天安门前的长安街，只准公共汽车和小汽车通行，而且不准停车。就在追悼会的前几天，我和妻子、孩子和老母亲，一家4口坐内弟（职业司机）开的上海牌小轿车前往北京火车站。小车沿长安街从天安门前经过。从车窗往外望去，天安门广场上空无一人。紧挨着天安门城楼，正在搭建追悼会高台。台面已经搭好，两边竖起了两根大柱子。没有看见施工的工人。长安街上车辆稀少，小汽车很快就走完东长安街，继续开往火车站。

第二天到达西安，一家人住在同学家里。9月18日下午，同学全家都必须去参加追悼会。我们不在工作单位，没人管。一家人躺在大床上安静休息。同学从外面把房门锁好，免受干扰。当天下午西安下大雨，同学被雨淋了一身。

回到商南，"国殇"已过，恢复原状。和一个多月前我离开时相比，单位里没有什么变化，大家该干什么还是干什么。但是，我隐约感到，毛泽东死了，一个时代已经过去，中国将会有所变化。我在聊天时对仍在商南工作的北大同学韩长绵说：就看这一次了。如果还是没有变化，我这辈子也就算了。 自从1970年3月毕业分配到商南县，我一直努力学习，盼望有朝一日机会到来，跳出山沟，干一番事业。长期以来，我晚上经常做两种梦。一种梦是：原来揭发我"恶毒攻击"和"偷听敌台"的中学同学，出来声明说，他的揭发是不真实的。另一种梦是：回到北大，重新学习，见到许多老同学。 时间流逝，一年又一年。我已经三十岁了，如果还是没有机会，我这辈子真的要完了。

10月初，我动身去浙江省淳安县出差，到一家无线电厂为商南县电视转播台订购电视转播机。在杭州，我住在大学同学家里。从杭州坐长途汽车前往淳安，到了新安江水库（千岛湖）库区，公路曲折，一边是湖水，一边是连绵的山包，也就是修水库之前的高山被水淹后仍然高出水面的山峰。在许多公路急转弯处，我真怕汽车沿切线方向飞出，葬身水底。在淳安县住了几天，办完公事。天刚蒙蒙亮，我坐船从水路到达一个叫做毛竹园的地方，然后坐汽车到达建德火车站。我坐火车在义乌转车前往余姚县，停留一天。到余姚的任务是参观余姚县电视差转台。参观完了，在余姚火车站等候路过的宁波开往杭州的列车。至此为止，一切如常。但是，接下来惊人的一幕出现了。当火车徐徐进站时，远远望去，车厢上涂满了大字。黑色大字越来越近，越来越大，越来越清晰。等列车停稳，仔细一看，吓了我一跳，居然是"绞死江青"，"油炸张春桥"，"火烧姚文元"，"炮轰王洪文"。我想，莫非又是一帮不怕死的家伙在胡闹。但是转念一想，也不像这么回事，当局哪能容许这些"反动标语"随着火车穿州过县，沿途扩散影响？上了火车，邻座的乘客问我：你看见火车上写什么了吗？ 我瞟了他一眼，回答说：没有。 再看看周围，也没有人谈论这些标语。

到了杭州，我在大街上看见同样内容的大标语，只是多了"坚决拥护"之类的内容。到了同学家里，同学告诉我，确有这么回事，江青等人被抓起来了。过了两天到达上海，住在大学同学家里。我到外滩去，沿途看见铺天盖地的大标语，挤满大街敲锣打鼓的人群在欢庆胜利，声讨"四人帮"。大标语内容分"打倒"和"拥护"两大类。记得在外滩看了一张揭发"新生资产阶级分子"王洪文的大字报，说今年不久前，王洪文带领一帮六、七个人，住在锦江饭店，一个星期就挥霍了一万多块钱，而且还列出了明细账目。

我离开上海回西安，在上海火车站发生一个小插曲。同学的家长托我带一旅行包大米（大约20斤）给在西安工作的同学。同学的弟弟送我到火车站。到了检票口，两人告别后，我肩扛着一包大米随着人流往里走去。突然，一个中年男子（估计是火车站的人）拦住我，问道：你这包里是什么东西？ 我如实回答是大米。那人说：上海不出产大米，你不能把大米带出去。 边说边拉着我去旁边的小屋，要称重量后拿走我的大米，还给我钱和全国粮票。我根本就没有想过会有这种突发情况，该如何应付，只好跟着他走。心想，这下完不成任务了。 突然，同学的弟弟不知从哪里冒了出来，一把夺走旅行包，消失得无影无踪。我心想，得，不用扛大米包了，也不用带钱和粮票了。

上了火车，刚找到座位坐定，同学的弟弟又不知从哪里冒了出来，把手里提着的那个旅行包放到行李架上，说了声再见就走了。后来才知道，同学的弟弟就知道可能发生那种事情，一直在遥望着我。他对火车站很熟悉，所以能够混过检票口，夺走旅行包，拿着旅行包混上火车，完成送大米的 Mission impossible（不可能完成的任务）。

四.

到达西安的第二天，我坐火车去铜川，目的是参观铜川市微波中继站，铜川市电视转播台就设在那里。铜川市给我的印象就是肮脏，大街上到处是尘土和煤末。在微波中继站，我第一次看彩色电视节目，播放的是重新拍摄的彩色电影"年青的一代"。在从铜川回西安的火车上，车厢里有四、五个下农村插队的男知识青年。每人都带着一个小书包，挂在胸前。书包鼓鼓囊囊，一个鸡头露在外面。我猜想他们是回西安的老家，顺便带只鸡。须知，那时西安的食品供应很差，我甚至见过西安市发给同学家的（蔬）菜票。在车厢里无事可干，我开始闭目养神。突然，哗啦一声，附近一个车窗的玻璃被从车外飞来的一块石头砸破，碎片飞溅。幸好没有伤人。有些乘客说，这事经常发生，铁路沿线的农民，经常向行进中的火车扔石头，不知是找乐子还是蓄意破坏。于是，我们都调整姿势，使身体的所有部位都远离玻璃窗户。

回到西安后，我立即坐长途汽车回商南。千里之外京城发生的大事，对这个偏僻山区小县影响甚微。这次稍有不同，也完全是由于上级布置了任务。"打倒"和"拥护"的大标语，在县城里有几幅。县广播站的播音员，天天高喊"打倒"和"拥护"。和以前相比，腔调一模一样，只是"打倒"和"拥护"后面的人名重新进行了排列组合。昨日的领导者，今日成了阶下囚。

中国的天，终于在1976年变了。这次变天，给我们带来了机会。两年之后，1978年，我考取中国科学院北京天文台研究生，妻子考上北京大学地球物理系回炉班。我们带着儿子，回到北京，重新开始学习。我们的新生活从此开始。

28 第一次出国（1980）
2015年01月19日

两个半月前（2014年10月31日），《华夏文摘》上刊登了杜欣欣的"出国记"，讲述她30年前（1984）的第一次出国经历，又提到她1986年学成归国，1991年再次出国。读了之后，觉得有些巧合。我是34年前（1980）第一次出国，也是1986年学成归国，1991年再次出国。读了欣欣的文章，我当即决定，要把自己的第一次出国经历写出来。

一.

1978年，我考取中国科学院北京天文台的出国研究生。经过各种准备和耐心等待，终于在1980年7月收到科学院外事局的通知，到位于三里河的科学院参加出国人员学习班，很快就要动身出国了。

7月的一天上午，天气闷热，我到学习班报到。会议室门前，放着一张长条桌，桌上摆放着一些文件表格和办公用品，桌边椅子上坐着一位女士，负责接待。我签到后，刚转身要进会议室，看见一位女士，中等身材，脸庞清瘦，戴着眼镜，眼镜架上挂着透明塑料的防掉链。这位女士走到桌边，就像和熟人聊天似的，对接待女士说道：我丈夫在MIT的电子研究实验室，我去那里，和他住在一起，生活费便宜些。 听了这话，我朝这位女士仔细一看，哇！这不是靳剑生的妻子宋岩吗？！靳剑生是科学院地理所1978级出国研究生。在玉泉路的出国英语训练班，我和他在同一个班（5班），一起学习大约半年。我和他没有很多的来往，但是知道他将到MIT的电子研究实验室读研究生。我也知道，他的妻子宋岩，即宋彬彬，是科学院地质所1978级研究生。有一次，宋岩到玉泉路英训班找靳剑生，我见过她，还有印象。这样一来，我立即知道，靳剑生已经去了美国，宋岩也要去了。宋岩签到后就走了。接待女士和旁边的人聊天，也提到宋岩的名字。宋岩只是签到露了一面，我再也没有在学习班上看见她。

学习班的几天里，先是进行"政治学习"，也就是洗脑，"打预防针"。然后是办理具体的出国手续。我领到置装费700元，礼品费20元，还有一张纸条。凭这张纸条，可以到王府井百货大楼旁边的"出国人员服务部"购买当时市场上难于买到的用品。这是我第一次有这么多现钱，心里又兴奋，又紧张，生怕弄丢了。我把钱放进一个小书包，赶快骑车往家里奔。

出国人员服务部内地方不大，很挤拥。第一次进服务部，交纸条，在本子上建立一个纪录。以后每次去购物，先通报姓名，找出记录本。除一些小件外，买的物品要纪录，有数量限制的，比如皮鞋可以买两双。我去过服务部几次。我订做了一身西服，100多块钱。一位裁缝师傅给量身定做。我还买过：领带，三接头皮鞋，皮凉鞋，风衣，皮带，扇牌洗衣皂，等等。去出国人员服务部时，也顺便到王府井百货大楼购物。此外，还跑了不少地方，买织锦、丝巾、剪纸之类的小礼品。最后的结果是，720元基本花光。

科学院外事局为我办理护照和澳大利亚签证以及路过香港的签证。学习班一位工作人员给我飞机票，北京往香港，第二天香港往悉尼。他还交给我一张5美元钞票，说是路上的零用钱。我问他，香港住一个晚上怎么办。他回答说，你自己想办法。我赶紧向同学和朋友求助。结果，没人能找到在香港的熟人帮助我。受当年国内宣传的影响，以为香港社会秩序混乱，人身安全没有保障。我第一次出国，独自一人，带着行李，要在香港找住处过夜，心中有恐惧感。于是，我去找那位工作人员，要求改换机票。他说，那你只能把机票退了，改从北京途径马尼拉前往悉尼，在马尼拉不出机场，不需要菲律宾的签证。他还给了我一张金额空白的支票。

于是，我带着机票和支票，到了位于西单的民航局。我对一位女士说明来意后，她收了我的机票，接着拿起电话，为我订票。然后，一位男士走过来对我说：北京到马尼拉的机位已经订好，但是马尼拉到悉尼的机位现在没法订。你走不走？ 我回答道：走。 男士接着说道：这样的话，在马尼拉机场，如果他们找不到到悉尼的机位，会把你从马尼拉送回北京，你得负全部责任。 我心想：他们能找到马尼拉到北京的机位把我送回来，就不能找到马尼拉到悉尼的机位把我送到悉尼去？反正我到时待在马尼拉机场，一直等到有马尼拉到悉尼的机位。于是我坚定地回答：我负全部责任。 男士听了，拿出一张表，要我签字。我毫不犹豫就签了。最后，男士叮嘱我说：到了马尼拉机场后，不要自己下飞机，要在飞机上等到中国民航接机的人，跟他们说明情况，他们会帮助你的。 我付了款，拿回支票存根一看，票价为1275元。把机票翻开一看，8月19日，北京到马尼拉一段，机位OK；马尼拉到悉尼一段，机位RQ（Requested）。回到科学院，把退票收据和支票存根交给那位学习班工作人员。他看了看支票存根说：这么便宜，才一千二百多块钱。他还告诉我，科学院将向驻悉尼总领事馆发电报，通知我的到达日期。

二.

有了准确的出国日期，我做最后的准备。一个大行李箱，放满日用品和少量书籍，准备托运。一个手提旅行包，放一些零碎日用品和食品，准备随身携带。还有一个小包，放护照之类重要物品，准备背在身上。因为可能在马尼拉机场等候很长时间，我特别准备了充足的食品。三条老字号义利面包：果料面包，维生素面包以及没有填料的普通面包。一包切好的熟香肠。临走的前几天，还特地到西单的甲级理发店理发，5角钱。

8月19日早上，我到达北京机场。托运行李的时候，按照科学院学习班工作人员的吩咐，第一句话就是：我是科学院的出国留学生。于是，30公斤的大行李箱顺利托运。原来是科学院与民航局有协议，科学院的出国留学生可以托运30公斤行李，比普通旅客多10公斤。早上8点25分，飞机从北京起飞。波音707，从北京到广州，坐满了旅客。11点，到广州机场下飞机后，国内、国际旅客分流。我被引导到一个大厅门口，交了护照，领了一个号码牌，进了大厅。大厅里摆着一些方桌，上面放着各种食品，主要是点心，还有大瓶橘子汁，随意享用。吃完后，领回护照，重新登上那架波音707。

飞机上人不多，连一半都没坐满。起飞不久，飞机平稳后，又供应点心。虽然肚子还饱，想到在马尼拉机场要等候很长时间，我尽最大的努力，吃完给我的一份。飞机上安静下来。我透过舷窗，望着下面的无边大海和片片白云，回想自己在商洛山中度过的8年半艰苦岁月。今天，终于飞出国门，正在留学的路上。内心感慨万千，无法形容。下午2点30分，到达马尼拉机场。按照买机票时那位男士的吩咐，在飞机上坐着等候，直到见到中国民航接机的三人。听了我的讲述之后，他们安慰我说：我们和菲律宾航空公司的关系很好，他们会尽力给你找机位的。他们还问我：你会讲英语吗？ 我回答说：我会。 他们说：那就好办了。 接着，一人领我到一个中转柜台前，把我的护照和机票交给办事人员，接着跟他说了一通话，然后对我说：我已经对他说了，你是留学生，要赶到悉尼大学上学，他答应，把你的名字放在最优先的位置，只要有一个机位，就会给你。 安排好之后，他和我握手告别。 30多年过去了，我现在还清楚记得当时的情景，对他们的敬业精神和真诚帮助，心存感激。

办完这些事后，我坐在附近的一张椅子上耐心等候。马尼拉机场内，有三件事印象深刻。一是马尼拉夏天非常闷热，机场大厅内没有空调。大厅内有大蚊子，我被叮了几次，只好隔一段时间起来走一走。二是机场大厅内有武装军人巡逻，随处可见。军人肩挎冲锋枪、轻机枪，枪身近似水平，枪口晃悠着。我真害怕枪走火打着人。三是大厅有人搞非法活动。一位清洁女工（胸前挂着带照片的ID牌子）走近我，说道：请你帮助我买一瓶威士忌。她给了我20美元，手指不远处的一个售货柜台。我第一次出国，毫无经验，真的起身去帮她买酒。到了柜台前，售货员要我的护照和机票。我说我的护照和机票在中转柜台。售货员说，买东西凭护照和机票，不能卖给你。 于是，我回到原处，把钱还给了她。 后来想起此事，庆幸没有买成。那是免税商品，买的东西必须带上飞机。如果买成了，给了那个女工，不知有什么后果。

等了6、7个小时，原来塞得满满的肚子，开始饿了。我从手提旅行包里拿出几片面包吃了。过了不久，中转柜台的小伙子走到我跟前，说道：好消息，你有座位。 于是，我起身跟着他，到柜台办理登机手续。登机的广播声响起，我随着人群，出了大厅，进入停机坪，来到飞机旁边。波音747有双层机舱，机身几层楼高。我是第一次看见这种庞然大物，非常震撼。我手提随身旅行包，沿着舷梯往上走，进入机舱坐定。 晚上10点25分，飞机起飞，我的心踏实了。只要待在飞机里，再过7个小时，就要到达悉尼，我的最终目的地。

三.

　　第二天8月20日清晨，飞机到达悉尼上空。飞机低空转弯，悉尼歌剧院和海湾大桥映入我的眼帘。多么美丽的景色！我心中不禁由衷赞叹。当地时间7点30分，飞机在悉尼机场降落。我领取了行李，过海关时如实申报食品，结果那包熟香肠被海关官员扔进垃圾筒。出了海关，跟着来接我的北大地球物理系潘老师，到门口坐上领事馆的小面包车，直奔领事馆。

　　我在领事馆住了两个晚上。有卫生间的小单间（领事馆大楼原是一个旅馆），每晚15（澳）元。餐费另算，每天3顿共2.5元。不够一天的零头，每顿为2.5元的3分之1。我还另借了100元"安家费"。一星期后领到学校的奖学金，全数归还。

　　悉尼大学离领事馆不远，走路20分钟。到达悉尼的第二天，到电气工程系报到。见到我的研究生导师，在各种文件上签名。在系里当访问学者的阎兄的帮助下，找到大学附近的一间单人房间，租金每周20元。当时就交了定金10元，拿到门钥匙。第三天，在阎兄的帮助下，坐的士从领事馆搬进新家。从此，开始有规律的留学生活。

　　早年的留学生，有许多相似的经历。欣欣在"出国记"中讲述了几件事，我有类似经历。

　　寄信。还在北京的时候，就知道寄信回国的诀窍，带信封、信纸和邮票出国。有人回国，则把写好的信封好，贴上面值正确的邮票，托人带回国寄出，又快又省钱。（从邮局往中国寄航空信，限重20克，0.45澳元。）悉尼是个大城市，留学生们互通信息，经常能找到回国的人，包括驻外人员，出国访问人员，留学生和访问学者。那个时候，大家把替人带信回国当作义务。我的第一批3封信是在到达悉尼的第二天，托回国路过悉尼的驻斐济大使带回国寄出的，分别寄往北京家中和北京天文台有关人员。

　　书。因为行李重量限制，我只带了少量认为会急用的书，其余共43本（大部分中文书，少量影印英文书）从北京邮局当印刷品寄出，邮费大概是20多元，大约3个月后收到。这些书只是开始时有用，后来就逐渐变得没用了。研究工作用书，从图书馆借。有些上课用书，要自己买。我有学校的奖学金，所以，每年有二、三百元的书籍补助，足以用来购买书籍和文具。

　　奖学金。这事最复杂。我考取了科学院公派留学研究生，又在出国前申请到悉尼大学的奖学金。奖学金比公派留学生领取的公费高不少。我开始时第一年是4200（澳）元，第二年是6200元，此后每年小幅度增长。而公费生开始时每月不到300（澳）元，即每年不到3600元。当时悉尼物价低廉，房租一般每周20到25元，最多不超过30元。食品很便宜，花钱更少。留学生们都带够了衣服，不花钱。因此，用这些钱，日子应该是过得不错的。但是留学生们都拼命省钱，Stretch a penny（一分钱掰成两半花），为的是回国时买"8大件"（电视机，录像机，收录机，照相机，电冰箱，洗衣机，自行车，缝纫机）以及若干"小件"（收音机，手表，手动打字机等小电器/用品。种类和限额时常变动）。另一个原因是，与国外相比，当时国内的日常生活用品价钱低很多。花澳元时，乘2折算一下，觉得与国内相比，太贵，就不买或少买了。大家没有在国外长期居住的打算，得过且过。与其在国外花钱，不如把"洋财"带回国内。

　　我刚到悉尼时，领事馆管留学人员的老李对我讲了很详细的规定，大意是：领取奖学金的公派留学生，待遇与公费留学生相同，但是能有百分之十五的奖励，多余部分存入银行，待后处理。不过他又说：我只管教育部派来的留学生，你是科学院派来的，你要自己跟科学院联系，看看到底怎么办。 过了两个月，老李召集留学生开会，传达文件，内容是：个人申请所得奖学金归个人，但是要归还机票、置装费。这样一来，我在留学期间一切费用自理，成为"公派自费"。1986年我学成回国，向科学院归还机票款1275元，置装费700元，礼品费20元。他们忘了那5美元，没有归还。

29 忆科学院出国人员英语训练班（1978-1979）

2016年01月13日

　　1978年我考取中国科学院北京天文台的出国研究生，随后在科学院出国人员英语训练班（位于北京市海淀区玉泉路原中国科学技术大学校园内）学习英语半年。这次学习对我后来的出国留学起了重要作用。37年过去了，我还不忘当时的情景。

一.

1978年7月我在北京天文台参加研究生复试，在离开天文台返回陕西商南前，我已经知道我被录取为射电天文专业研究生。8月上旬的一天，我正在县广播站清理物品做回北京学习的准备，突然接到天文台研究生招生办公室蔡主任打来的长途电话，说是准备派我到澳大利亚学习射电天文，要我去参加教育部组织的出国人员英语考试。于是，第二天一早我坐长途汽车赶赴西安，报名并参加8月15日（笔试）和16日（口试）的英语考试。

10月5日我到中国科学院研究生院（位于北京市海淀区肖庄原北京林学院校园内）报到，被告知我应该到位于玉泉路的英语训练班报到。英训班开学在11月，比研究生院晚了一个多月。英训班共有大约100人，绝大部分是科学院各个研究所的出国研究生，加上很少数的代培生。这些出国研究生，应与我相似，是从科学院录取的研究生（约1000人）中挑选一部分，去参加教育部组织的出国人员英语考试。然后根据考试成绩，最后决定（绝大部分）是去英训班学习、准备出国，还是（只有很少数人因为成绩太低）到肖庄的研究生院（"国内班"）学习。英训班只管英语训练，不管办理出国留学事宜。出国留学事宜由各个研究所帮助研究生办理。之所以称为"出国人员英语训练班"而不是"出国研究生英语训练班"，可能是因为里面有通过其他途径进来的其他人员。顺便说一下，与英训班一起还有一个德训班，约20人，是准备派往德国的出国研究生和其他人员。

二.

英训班在玉泉路原科大校园内，简称玉泉路英训班（相应有肖庄研究生院）。文化革命期间，科大被迁往安徽，位于玉泉路的校园惨遭瓜分。北半部被高能所占领，南半部被海军等机关占领，一些科大的老弱病残被挤到一个角落，名曰"留守处"。我在英训班学习期间，看过科大留守处人员贴在校门口的大字报（据说还贴到西单去了），说科大被迁往安徽是受林彪和"四人帮"迫害的结果，要求把科大迁回北京。文化革命结束后，南半部的占领者逐渐退出，建立了科学院英训班，后来研究生院从肖庄搬了过来。但是，高能所没有退出，反而扩大规模。当时文化革命刚结束，某些人异想天开，鼓吹中国自行建造全世界最大的粒子加速器，连一些著名美籍华人也参与其中。高能所趁机扩张，首先修建了许多宿舍楼。我们经常从楼前经过。有位老兄（研究生）指着宿舍楼笑着说：张文裕（时任高能所所长）真聪明，先拿钱盖了宿舍再说。"建造全世界最大粒子加速器"的吆喝声，很快就衰减为零。（历史正在重演。）

三.

英训班按教育部英语考试成绩从高到低分班。开始时6个班。我在成绩最低的第6班。没多久，可能也就一、两星期后，第5、6班合并成第5班，20多人，计有：（数学所）邵嘉裕，（力学所）王东健、朱升华，（计算所）李小波、犹嘉槐、朱明发，（高能所）何礼熊，（电子所）孔繁年，（大气所）张大林、林修德、吴国雄，（天文台）吴乃龙，（环化所）朱草斌，（地质所）夏宗国、赵中岩，（地理所）靳剑生、詹慈祥，（计量院）张章淼，（心理所）须英弟。此外还记得两位，我只能记得他们的模样，不记得姓名。

本班全是男生，住在一个平房大教室里。10多个钢架铁丝双层床，顺着墙壁摆了一圈。教室中间摆了一些桌椅。作息时间和大学差不多。早上6点起床，不严格，可以多睡一会儿。起床后有人跑步，有人读英语。一般情况下，上午、下午都有教学活动。有午睡。晚上时间自由支配。晚上10点熄灯，很准时。熄灯前后是宿舍里最热闹的时刻，大家海阔天空地神聊一通。家在北京的同学，一般是星期六下午回家，星期天晚上返校。我也是这样的。星期六下午坐公共汽车直达西单，下车后先到西单民主墙看大字报，然后步行到二龙路。班上有2位高干子弟，虽然也放有铺盖在宿舍，但不在宿舍里过夜或午睡。他们甚至中午都要骑自行车（约7、8公里单程）回三里河的家中吃午饭，然后匆匆赶回学校上课，大冬天也是这样。只有几次，因为上午教学活动结束太晚，他们才到食堂吃午饭，然后在宿舍休息一会。

四.

英训班刚开始时，教我们班的老师姓柴。我们当面叫他柴老师，背地里称他柴老头。柴老头50多岁，据说第二次世界大战期间当过美国兵，所以我们推测，他一定是在文化革命中被"清理"而成为社会上的"闲杂人员"。当时文化革命刚结束，英语教师奇缺。不知谁知道他懂英语，临时拉来教我们。第一次上课，他走到每人跟前问姓名，是哪个研究所的。然后就吹起来了，说只要懂英语，全世界通行无阻。不仅在美国，而且到欧洲任何一个国家，甚至小村庄，都没问题。听起来让我们觉得他真的跑遍了全世界。有人问他，该学英语还是美语，他的回答是，都行，相通的。他只给我们上过几次课，就被解雇了。

此后，教我们班的中国老师是肖朝良，教材是英国的"Essential English"，从香港订购的课本。（在课本到达之前，用英训班自己制作的复制本，很不清楚。）我觉得这个教材很有意思，课文中写人写事内容生动，课文后有练习，有笑话。教我们班的外国老师起初是来自美国的Miss Wu（吴丽萍或武利聘），没有固定的教材。后来是来自澳大利亚的Andrew。全班上课时用的教材是"English for Today"。内容也很有意思。记得讲美国的交通，说美国是轮子上的国家。有一课讲一个城市的交通，对用公共交通取代私家车进行估算。一方面，能节省很多车辆、燃料。另一方面，要在上班时间，同时出动这么多大汽车，按时准确地把这么多人从各自的家里接出来、运送到各自的工作地点。再在下班时间，出动这些大汽车，按时准确地把这些人从各自的工作地点接出来、送回各自的家里。这是不可能完成的任务。再者，这么多大汽车，不运送人的时候，车停在哪里，司机干什么？结论是：用公共交通取代私家车不可行。我当时想：这和大跃进时用公共食堂取代农民各家各户的厨房一样，行不通的。

英训班的外国老师还有：陈英和（吴丽萍的丈夫），Elizabeth（Andrew的妻子），Miss Deng（邓洁贞，来自美国）。他们教别的班。

除全班上课外，还有5、6个人的小组辅导。Andrew经常带英文杂志和报纸，以及一些杂七杂八的英文材料。记得他给我们看报纸上一篇题为"The Gang of Five"（注意：不是Four）的文章，我们觉得很新奇。还有一次，他给我们看报纸上的一篇报道：美国华盛顿天主教大学投票选出世界上10大恶魔，给出名字并用一句话概括当选理由。现在还记得5位：希特勒（理由：与人类为敌），斯大林（使恐怖成为一种制度），毛（残害了千千万万中国人），中非皇帝博卡萨（吃人肉），乌干达总统阿明（独裁统治杀人无数）。

到了学习的后期，举行模拟TOEFL考试，就是用过去的TOEFL试卷进行测验，通常是每两周一次。

五.

除上课外，英训班还举办其他活动。

看电影。在附近的机关大礼堂里看英语电影"炎热的夏天"，还看过译制片"驯火记"（苏联电影），香港电影"三笑"。在英训班食堂里看英语电影"Nicholas Nickleby"（临时挂的小银幕）。

英训班的外教住在友谊宾馆，套间，每天房租20元，由科学院付。有时候老师邀请学生去住处作客。我只去过一次，接受Andrew的邀请。凭学生证进入友谊宾馆。就是吃些东西，聊聊天。记得吃的生鱼籽，其腥无比。作为回报，1979年春节期间，我们班的同学邀请Andrew夫妇去附近的饭馆吃了一顿。事后每人分摊约2元5角。

1979年元旦期间，Miss Wu在上课时让大家在教室里庆祝一番。于是，桌子椅子被搬到一边。两位湖南籍同学自告奋勇，表演节目"唱支山歌给党听"。A同学唱，B同学舞。"唱支山歌给党听，我把党来比母亲，……"不知道 Miss Wu 听懂没有、看懂没有。（Miss Wu 是ABC（American Born Chinese）会说广东话，不懂普通话。）反正我觉得很滑稽，在英训班当着外教的面表演雷锋节目。

还发生过其他事情。1979年2月，中越战争爆发。Andrew问我们防空洞在哪里。我们对他说，没有防空洞。他有些不相信，以为我们对外国人隐瞒，还追问过几次。班上的C同学平日有说有笑，在战争爆发后，变得沉默寡言。3月战争结束，一天午饭后回到宿舍，手里拿着一封信，高兴地对大家说：我弟弟来信了，回来了，没事了！ 然后开始念信的内容：我是重机枪手，没被越军的子弹打中，……。 1979年春的一天，我们正在上课，突然感到轻微震动。下课后听说有一架波音飞机在五棵松（离玉泉路约2公里）附近坠毁，撞到一个厂房上。有的同学听了，真的骑自行车去探看。回来对我们说，都封锁起来了，不得近前。后来听说，是北京机场的一名飞机维护人员，因对某事不满而私自驾机起飞，打算去撞天安门，因为无法控制飞机而坠毁在五棵松。如果再偏一点，没准就掉在玉泉路了。

六.

我的英语是在陕西商南县工作时自学的。我从未上过英语课，听力和口语很差。刚开始时，听不懂也说不出口，上课时非常狼狈，压力非常大。从前在学校，我的学习很好，上课时轻松自如。现在情况完全反转，让我感到很沮丧，几乎丧失了信心。但是我安慰自己：我完全靠自学英语而考取科学院出国研究生、有幸进了这个英训班，可以算是个奇迹了，我必须珍惜这个机会。现在条件这么好，只要和以前一样，坚持不懈，努力学习，最终一定会行的。班里的同学都很好，互相帮助。大家从各个研究所来到一起，唯一的目的是尽快提高英语水平，准备出国。唯一例外是D同学。这个D同学，经常炫耀自己，取笑他人。看我在背单词，便带着不屑的语气说道：你怎么还背这些单词？ 我回敬了一句，反唇相讥道：你从初中就开始学英语，怎么现在和我在同一班？

经过几个月的努力，情况逐渐好转，终于赶上了同班同学，上课表现正常，有了信心，自觉好多了。转眼到了1979年5月，英训班快要结业考试了。突然，北京天文台通知我回去，原因是澳大利亚悉尼大学电气工程系的研究生邝振焜访问天文台，帮助我们制作射电望远镜的数字接收机。工作室设在友谊宾馆里，我每天骑自行车到那里上班。邝先生是位ABC（Australian Born Chinese），当时只会说很有限的普通话。于是我就成了他的课堂翻译。开始时很困难，主要是不懂射电天文和数字电路的术语。幸好十多位听众中，有几位研究人员对这些术语比较熟悉，帮了我很大的忙。几个星期下来，感觉好多了。两个多月后，邝振焜先生离开北京返回澳大利亚。经过这段时间的实战，我的专业英语有了显著的提高。

七.

英训班出了不少知名人物。据我所知，在媒体（网络）上出现最多的是李小文，彭云，靳剑生。

在英训班学习时我不知道研究生中有人名叫李小文。第一次听到他的名字是2015年1月从网上看到他去世的消息，知道他原来是英训班的地理所出国研究生，当过华夏文摘的编辑，还知道他被誉为"布鞋院士"，"杰出专业技术人才"，"扫地僧"，等等等等。看了有关报道和讨论，我始终有一个疑问：李小文的一些生活和工作习惯（比如酗酒、抽烟），明显地属于病态，简直就是自残，是需要治疗的。李小文因此而早逝。他在身后得到一片赞扬之声，为什么生前却长期得不到有效的关照？

在英训班的出国研究生中，有一些是被当作将来的领导、骨干培养的。我们班的E同学就是其中一位。他学成归国，真的成了领导和骨干。在英训班，有一天，有人指着一位戴眼镜的研究生说：那是"江姐"的儿子彭云，是将来的计算所所长。我上中学时看过小说《红岩》，当然知道"江姐"是谁。从此，我就记住了彭云的名字和模样。此后，我很晚才知道，彭云到美国留学，学成回国后，再次赴美工作，继而定居美国。对此，人们有不同看法，愤慨，无语，理解。这很正常。其实，这是个人经过思考后做出的决定，作出的选择，属于个人自由，不需要过多的解释。诸如"原来想做出大东西就回来（回国），但还没等做出来就老了"的辩解，"我虽然人在国外，但心还是在中国。我的根在中国，我永远热爱自己的祖国"的表白，属于多余的话。与"江姐"的共产主义豪言壮语相比，显得很是苍白无力。

靳剑生出名，主要是因为他的妻子宋岩（宋彬彬）。靳剑生和我在同一班。有一天，宋岩到玉泉路英训班找靳剑生，我见了她一面因而记住了她的模样。我在1979年5月离开英训班后，不知同班同学的去向。1980年7月，我到科学院办的出国前学习班报到，正好宋岩也去报到。从她与工作人员的谈话中得知，靳剑生去了MIT电子研究实验室读研究生。1986年我学成归国回到北京，在路上偶遇刚从美国学成归国的当年D同学。据他的说法，靳剑生出生在美国，有美国的出生证。到美国留学，立即就成了美国公民。直到2011年12月，我在网上看到靳剑生在北京因病去世的消息，心头一震，甚为惋惜。

靳剑生和我同班。看起来，他与班上其他同学并无二致。我和他没有很多的来往，只是在一起上课，知道他喜欢运动，身体好。只有两件事印象深刻。第一件事是，有一次肖老师在课堂上和我们讨论如何改进英语学习。靳剑生说，他可以请葆青到我们班来讲授英语口语。肖老师摇头，可能是表示对此不感兴趣。靳剑生不就此打住，仍然继续坚持谈论他的建议，显得把握十足，表示他一定能请到葆青。这事可以理解成靳剑生关心集体，也可以理解成炫耀他的背景。（葆青即申葆青，著有《英语语音简明教程》，（后来）中央人民广播电台"星期日广播英语讲座"主持人。）第二件事是，有一天，一些同学到友谊宾馆外教住处作客后回到玉泉路。靳剑生在教室里当众气愤地讲述：我们从外教住处出来以后，到友谊宾馆的游泳池去，要进去游泳。游泳池管理员不让我们进去，说：游泳池只对住在宾馆的客人开放。于是我对他说：你这不是"华人与狗不得入内"吗？ 他还是不让我们进。我当即问他：你的姓名？ 他不敢告诉我。 听了靳剑生的讲述，我当时觉得，游泳池的管理员按规定办事，没有什么不对。这是"非住客不得入内"，跟"华人与狗不得入内"沾不上边。他对此气愤，没有道理。可能是他以前到哪里都是畅通无阻，没有遇到过这种情况。可能是在潜意识中自认为是"高等华人"，不应受这种规定约束。

八.

后记。 1986年我学成归国后，在科学院研究生院当兼职教师，讲授最大熵方法。研究生院在1981年从肖庄搬到玉泉路。我去讲课，重游故地。鸟枪换炮，研究生院盖了大楼和许多教室和宿舍，非昔日的英训班可比。1988年，研究生院庆祝建院10周年，我应邀参加。昔日是学生，今日是老师。电子部在一个教室里开座谈会。当年英训班的D同学，也在研究生院当兼职教师，也在这个座谈会上。D同学本性不改，仍然是夸夸其谈，发表什么"地球将来要毁灭"的高论。1995年回北京，我去探望高能所研究员李惕碚先生，再次也是最后一次重游玉泉路校园。我在李先生家里吃午饭，就在当年张所长拿钱盖的宿舍楼里。

30 第一次人生感悟
2016年02月15日

我的第一次人生感悟，来自23年前的一次渡海旅程。

1993年我在STScI（Space Telescope Science Institute，空间望远镜科学研究所，位于马里兰州巴尔的摩市）工作。10月12日，与十多位同事一起，前往加拿大B.C.省维多利亚（Victoria）参加第三届国际天文数据处理大会。先乘飞机从BWI机场（Baltimore Washington International Airport）到达温哥华，然后在Tsawwassen渡轮港口上船，渡海前往维多利亚Swartz Bay，航程约一个半小时。

上渡轮后，我和巴西籍的同事Ivo一起，登上船头顶层，迎风眺望前方。当日多云天气，太阳时隐时现。10月的海风很冷。一会儿的功夫，我们就冷得没法忍受，下来走到船尾，躲在船舱后面避风。原来以为，在船尾向后眺望，景色不如在船头向前眺望。出乎意料，一幅更加壮丽的图景呈现在我的面前。从船上往正后方看，只见一行巨浪，源源不断，从船尾翻滚而出，向后急速流去。随着与船距离的增加，水浪逐渐变矮变宽，形成绵延几公里的航迹，由大变小，消失于远处的海水之中。再往两边望去，浩瀚的大海上，各种大小的船只，万吨巨轮，渡轮，游艇，小帆船，一艘艘沿各个方向翔游于海上。大船排水，激起大浪；小船排水，激起小浪。一艘艘船只牵引着一条条航迹，朝各自的方向前进，在大海上交织成一幅美妙的动态网络。把目光移近，在渡轮侧面不远处，发现一个黑点，时隐时现。仔细看了一会儿，才看清是一只海獭（Sea-otter），在浪中挣扎前行。一会儿头露出水面，一会儿整个身体被埋入海水之中。

我们的渡轮在前进，船尾的巨浪跟随前进。一艘艘船只拖着航迹退出我的视野，又有一艘艘船只拖着航迹进入我的视野。在我的眼中，天穹之下，大海之上，只有我们的渡轮常存不变。在极目之处，天连着水，水连着天。那海平线后面，隐藏着什么？也许，和我看得到的景象一模一样；也许，尽是些翻覆的船只；也许，什么也没有。正在胡思乱想之时，我突然感悟，人生不就如同航行于大海上的一艘船么？大人物小人物，犹如在浩瀚大海上航行的大船小船，都在前进，都会翻起浪花，高低不等；造成的航迹，不管大小，最终都会消失。不管大船小船，都会退到海平线后面。不管大人物小人物，都会退出历史舞台，被人忘记 – 起码是被绝大多数人忘记。要说不同，那么人生具有更大的不确定性。就说载着我的渡轮吧，不管如何巅簸，总算有个方向，有个目标，朝着港口驶去。而我呢？每天兢兢业业工作，可是不知道明年等待着我的是什么。我这样想，过于消极悲观？也不见得。人生在世，总要干点事情，这是我的一贯想法。想当年，考上北京大学，胸怀满志，一心想当科学家。想不到，由于一场史无前例的文化革命，学业中断，被扫地出门。几经周折，总算从偏僻的山沟爬了出来。可是，我最宝贵的青春年华已经在十年浩劫中逝去。现在已经年近半百，还在干本来应该三十岁前干的事。干不干？当然要干。一个渺小的海獭，还要在汪洋大海中奋力挣扎呢！我已经无望成为一艘大船，但也要尽力而为，翻起尽可能高的浪花，虽然不能永存，但是起码当我健在的时候，可以自豪地说：瞧，这就是我的事业，这就是我的成功！

31 汽车的故事

2017年06月12日

　　我总共买过6辆汽车。我早就想把伴随这些汽车的故事写出来。今天动笔，为的是了却我这个心愿。这些故事，有的平淡，有的惊险；有的有趣，有的Boring。闲话两句完毕，下面开讲。

一.

　　我买的第一辆汽车是Nissan Datsun 120Y，手动。译成中文是：日产（尼桑）达特桑 120Y（代表汽缸容量1200毫升 经济型）。那是在1985年4月，澳大利亚留学期间。花了900澳元，当然是旧车啦。那时候留学生很少，买汽车的更少。悉尼大学的中国留学生中，我的师兄第一个买车，我是第二个。我们都拿悉尼大学的奖学金，经济上宽松一些，买辆旧车，不成问题。对我来说，买车的直接动力是：妻子（访问学者）和儿子（探亲）都在悉尼，有车才有行动自由。那时候我不懂汽车，全靠机械系的一位台湾留学生帮助。有了车以后，我自己动手，逐步学习，一点一点地积累，终于成为汗滴们（Handyman）。获得的技能，受用终身。电气工程系有一个小车间，有各种工具，给我提供了方便。我干过的活有：换发动机机油（简单），换刹车片（圆盘型和鼓型，比较复杂），换火花塞（比较复杂），调整分电器以调整点火提前角（要用两个专用仪器，比较复杂），等等。最大的工程是：卸下发动机汽缸缸头，企图换活塞环。结果是徒劳无功，发动机继续冒黑烟，只好把车送去修车铺，换一个旧发动机，花了370澳元。

　　随着时间的推移，中国留学生越来越多，买车的人也越来越多。与我住在同一栋房子的小林，是悉尼大学机械系研究生，也买了一辆旧车，Toyota Corolla，丰田 卡罗拉（花冠）。说是破车，也不为过。

　　说到汽车，就自然要说驾驶执照。我是在买车之前，向教车师傅学的，花了几百块钱，路试三次才通过。不过，养成了开车的良好习惯，受益终身。我可以自信地说，我是一个好司机。

　　我总结了开车三要素：熟练操纵汽车，遵守交通规则，有认路能力。认路能力是天生的，爹妈给的，不服不行。认路能力很差的人，虽然可以通过后天的改进，有所增益，却很难弥补先天缺陷。

　　小林是清华大学机械系高材生，认路能力却不行。不是一般的不行，是严重的不行。从住处到学校，就那么几百米的路程，白天还差不多，晚上有时会走错路。据说有一天晚上，小林开车拉女朋友去看电影，回家时迷了路，两人在车里待了一夜，第二天早上天亮后才找到路回家。这只是传说，不知真假。不过有一件事，肯定是真的。有一次大家约好，到悉尼Taronga动物园游玩，上午9点钟在动物园门口会面。他载了一车男男女女，开车绕了好几个弯，才上了海湾大桥。过了海湾大桥后，完全迷了路。转呀转呀转，直到耗尽汽油。众人只好把车推到一个加油站，加满一箱油。经加油站伙计指点，画了路线图，众人帮他看路，又转了好多圈，才最后到达动物园门口。我们一拨人等得不耐烦，早就进动物园去了，只留我一人在动物园门口等候。看见他的汽车来了，我松了一口气。虽然让我干等了两个多小时，总算一车人平安，没有栽到大桥下面海里去。从此以后，我经常听小林悲叹：海湾大桥就是我的百慕大！

二.

1991年11月，在美国NOAO（国立光学天文台，位于亚利桑那州图森市（Tucson））做访问学者期间，我与两位室友（Roommates）合伙买了一辆旧汽车。只记得是美国车，手动，不记得厂家和型号。总共300美元，其中包括3个月的保险费约100美元（保险挂在另一位朋友名下，因为我们3人都没有驾驶执照）。这辆车曾遭遇一次发生在停车场的车祸，右边后座的车门被撞，车窗玻璃已经没有了，车门变形已经打不开了。前面的挡风玻璃有一条很长的裂缝。这是一辆名符其实的破汽车。不过，就是用这辆破车，我通过了路试（Road test），拿到了驾驶执照。这车虽破，但是解决了我们的购物（Shopping）问题。有一次我独自驾车，不慎上了通往机场的高速公路。在交通流中，加速到时速50英里，发动机突突作响，车身抖动，只好减速，不到40英里，惹得后面的汽车，喇叭按得震天响。我只能忍耐着，捱到下一个出口，逃下高速公路。

那时的图森，不但汽车保险便宜，其他费用也很便宜。到交通局笔试，如果通不过，分文不收。如果通过，交7美元，管3次路试。路试和笔试必须间隔几周的时间。我的笔试和路试都是一次通过，这是因为我曾经是手动车司机，又经过认真的练习和准备。路试通过后，交7美元，发临时驾驶执照，几周后正式驾驶执照寄送到家。办理临时驾驶执照时，柜台边的办公老太太问我的身高。我刚到美国没多久，脑子里只有公制，没有英制，答曰：170厘米。老太太不知道折合英制该是多少，命令我站起来，打量了一下，说道：5英尺5英吋。我回家折算才知道，少了2英吋，等于少了一个脖子。年青时用了几年时间才长成的2英吋，就这样凭空没了。按照国内流行的标准，从N+1级残废变成N级残废。好在后果不是那么严重，老婆早就娶了，儿子都和我差不多高了，也就懒得跑一趟交通局去更正了。后来到了加拿大，换驾驶执照时，办公的女士不听我的申诉，而是按照数学公式，严格换算，折合165厘米，变成矮5厘米。后来每5年更新一次驾驶执照，我一提出更正身高记录，女办公人员便拿出一张看起来很复杂的表，要我填写，我就懒得再往下办理了。直到去年，遇上男办公人员，听我一说，顺手就把我的身高改成170厘米。不费吹灰之力，事就办成了。看来，还是叔叔比阿姨好！

1992年7月，我到STScI（空间望远镜科学研究所，位于马里兰州巴尔的摩市）工作。我在离开图森前，放弃那辆汽车的所有权，得到50美元。我在STScI工作到1994年10月，期间没有买汽车。要出去旅游时，租汽车。嘿，这些新汽车，开起来比我以前的破汽车舒服多了。

三.

1997年6月，我在多伦多约克大学工作期间，花了约1万6千加元，买了第3辆车，Chevrolet Cavalier，雪佛莱 骑士牌。从租车公司退役的很新的二手车，红色，自动，1996年产，里程数不到2万公里，还在3年保修期内。不幸的是，7月份发生重大车祸，整车报废（Written off）。那是一个星期五下午，一家人去中国超市买食品，准备第二天星期六去农场摘樱桃。途径一个交叉十字路口，遇上黄灯。根据交通规则，只要在变成红灯之前进入交叉区（Intersection area）就算合法。于是我由东向西，原速（约50公里时速）前进。刚进入交叉区，就看见一辆在交叉区边缘等待由西向北左拐的汽车，突然起动，冲向交叉区中央。我立即煞车，毫无用处，眼睁睁看着那辆汽车冲到我的汽车前面，我的车头撞到那辆车右侧前座的门上。轰隆一声，我的车停了下来；那辆车转了半圈，也停了下来。我的车内两个前座安全气囊（Air-bag）爆开，冒出白烟，散发出刺鼻的气味。眼前的一切，就像打电子游戏的场景。我们赶紧下车。车头已经完全损毁。地上一滩暗红色的粘稠液体，是汽车发动机的冷却液。不知是哪位路人打了911电话，警车、救护车相继到达，几辆拖车（Tow truck）也来了。警察询问我撞车过程，做了笔录。两辆汽车被拖走了。妻子受了一些轻伤，经过检查和短期治疗，完全康复。但是，我们精神上受到的冲击，延续了很长时间。那辆汽车内只有司机一人，没有受伤。我的这辆汽车，6月24日从车行开回家，7月18日遭车祸报废，只使用了短短的25天。可惜呀！

四.

这次车祸，我没有责任，保险费没涨。我用保险公司赔的1万6千加元，买了第4辆车。同一个车行，同一种车。Chevrolet Cavalier，白色，自动，1996年产，里程数3万多公里。8月20日从车行开回家。这辆车为我们家立了大功。我开它上班挣钱，妻子和儿子用它练习开车，拿到驾驶执照。儿子在多伦多大学念书，开它到地铁站乘车。在开了14年、16万公里之后，2011年7月，我们退休后不再需要两辆车，在网上登广告，把这辆车卖了。我们依依不舍，目送这辆白车驶出社区的门口。

五.

2001年7月，我们买了新屋，搬到了郊区。儿子正在IBM当暑期工，无法再利用公共交通上班。我们只好赶紧买一辆车，8月3日开回家。这是我买的第5辆车。这是一辆新车（Brand new），2001年产 Pantiac Sunfire，庞蒂亚克 太阳火，金属蓝，自动。这辆车为我们家立了大功。这辆车伴随我在多伦多上下班，到美国纽约州雪城（Syracuse）工作一年。2017年2月，我们买一辆新车，把这辆开了16年、13万5千公里的车Trade-in（以旧换新抵价）。提新车那天，在车行的停车场，我最后一次手拍车头，作最后的告别。在把车钥匙交给车行推销员的时刻，一种失落感顿时涌上我的心头。

六.

我们早就有买新车的念头，到几个车行考察过。今年2月份，看到GM（通用汽车公司）的促销广告，条件不错，只到2月底有效。既然打算买车，就要赶快行动。到3个车行考察，上路试车，觉得确实不错。最后选定一个车行，买了一辆新车，2017年产Chevrolet Cruze Hatchback，雪佛莱 科鲁兹 掀背式，灰色，自动。这就是我买的第6辆车。

七.

讲六次买车过程，够Boring的了。好了，还是讲些有趣的话题吧。我开了将近30年车，思考过一些与汽车有关的问题。

1.男女有别

记得在悉尼大学读研究生的时候，上数理统计课。英文参考书上举了一个统计检验例子，假设H_0：All women are bad drivers。（所有女人都是很差的汽车驾驶员。）记不得检验结果，接受H_0还是否定H_0。即使记得，为了政治正确，不说出来为好。当年觉悟不高，脑子里缺少PC这根弦，还认为这个例子很有意思。

如果把上面的例子换成检验假设H_0：女人是比男人差的汽车驾驶员，检验结果一定是接受H_0。这与常识相一致。看看周围的人吧，夫妇一起，绝大多数情况下，丈夫开车。妻子乘车，顶多当个Back seat driver，唠叨不停。如果在高速公路上，看到前面的车慢腾腾，一般人都會想，那是女士或老头开的车。超车时瞟一眼，十有八九是对的。如果说在汽车驾驶方面，女人比男人差，那么，在汽车修理方面，这个差异就更大。看看周围的人吧，绝大多数家庭都是丈夫保养维修汽车，妻子最多是打个下手。有报纸说，去车铺修车，如果是妻子出面，估价会比丈夫出面高出百分之十五。注意啦，以上说的是统计检验。没有被否定（即被接受）的假设H_0不一定正确。可能有女汗滴们跳出来说，我家就是我开车修车，LD（老公）靠边站。这当然可能是真的。但是如果你认为你这就否定了H_0，对不起，这只能说明你的数学是体育老师教的。

2.驾驶执照

我是主张去驾驶学校学开车的，而且是在安大略省注册的、有信誉、收费中等以上的驾驶学校。这笔钱不能省。驾驶学校有"理论课"，讲解汽车操作和交通规则。学员从驾驶学校结业后，可以收到一张"驾校培训全科证书"。将来办理汽车保险时，凭这张证书可以降低保险费。驾驶学校有"实践课"，带领学员上路开车。跟着师傅学开车二、三十小时，是不够的。如果家里有人开车，应该陪练至少同样多的时间。安大略省多伦多，是全加拿大甚至全北美最难考到驾驶执照的地方。安省的驾驶执照分为3级，G1，G2和G。交通规则笔试通过后，取得G1级驾照，可在有G级驾照并有4年以上驾驶经验的司机的陪同下开车，并且有一些限制。经过一段时间后，可以参加路试（Road test），只在当地道路（Local road）上开车，不上高速公路。通过后，取得G2级驾照，可以单独开车，可以上高速公路，还是有一些限制。从通过笔试算起，5年内的某日必须参加上高速公路的路试。通过后取得G级驾照，永久有效。这种路试可以参加许多次，直到通过为止。如果在5年内不能通过，那么G2级驾照失效。失效后一切从头开始，也就是再参加笔试以取得G1级驾照，然后考G2和G。安省的驾驶执照，当然全安省通用。所以，不少多伦多居民到多伦多周边地区参加路试，那里容易些。如果你有加拿大其他省或者美国的驾驶执照，持有时间两年或两年以上，则可以直接换成永久有效的G级驾照，哪怕你拿到驾照后，从来没有摸过方向盘。所以，如果你打算移居多伦多，一定要提早混个驾驶执照，可以省却许多麻烦。

有不少人学开车，不上驾驶学校而是由朋友、亲戚或家庭成员教。其中最普遍也是最危险的情况是丈夫教妻子。你有没有听说过俩口子教车学车的故事？老公教老婆开车，吵得不可开交。老婆屡考屡败，最后离婚。当然，又有故事说，男士教女生开车，最后粘在一起了。所以，学车导致离婚，那是两人的缘份已尽。老公教老婆开车会导致离婚的说法，很可能是驾驶学校为了拉生意而有意散布的谣言，不可轻信，但是也不可不信。

大家都知道，中国的交通规则和国外不一样，司机开车的习惯不一样，道路设施也不一样。（在这里我只说不同，不谈好坏，以免像杨舒苹同学一样，被贴上"辱X"标签。这个嘛，你懂的。）我曾经陪刚从国内来的老司机练车，发现他能熟练操纵汽车（开车第一要素），但是不能遵守交通规则（开车第二要素）。他有很多与我们不同的习惯，或者说是坏习惯。比如：在交叉路口停车等候左拐，绿灯（不是绿箭头）一亮，就要冲出去左拐；换车道时不扭头观察，而是减速和鸣喇叭；不能礼让而是抢道。经过多次纠正，没有了这些错误动作，但是他告诉我，他仍然会有做这些动作的冲动。可见，这些习惯多么顽固，要想改掉，多么不容易。他的英语很差，使得认路能力（开车第三要素）很差，除固定的路线（从住处到超市）外，必须有人给他指路。我不能说所有从国内来的司机都和他一样。但是，我可以说，他具有代表性。

3.买什么车

1985年我买第一辆车的时候，不懂车也没有很多的钱，只要买到一辆便宜且能开的车就行，结果买了一辆旧日本车。1991年刚到美国，作临时打算，与别人合伙买车，也是一样的想法，结果买了一辆旧美国车。后来到了加拿大，有稳定的工作，钱包鼓了一些，对买什么车就可以随心所欲了。我对车的基本要求是：安全，可靠，舒适。我买自动车，是因为车要全家人开。我买新车，是因为开了租车公司的新汽车后，就不想再开旧车（破车）了。我没有攀比心理，不喜欢高档车。即使是租车公司免费升级，我也不喜欢。看看那些买了好车的人吧，在停车场把车泊到远处角落里远离其他车辆，以免被碰被刮，多不方便，多没意思。

可能有人会问：你为什么老买美国车？这个问题很有意思。我周围的中国人，绝大部分买日本车。中国（大陆）人每周在社区中心（Community center）聚会，只有我开美国车赴会。其余所有人，包括经常转发微信骂日本的爱国人士，开的都是日本车。在加拿大，美国车算国产车。我爱加拿大，就买美国车。我不骂日本，也不买日本车。买日本车的理由，不能令我信服。比如说，日本车省油。可是我的美国车也很省油。又比如，很多人说，旧日本车的残值（Residual value）高，美国车残值低。事实是，前者被高估了，后者被低估了。无论高估低估，都不会影响我的决定，因为旧车残值不在我的考虑之列。我买一辆新车，打算开到头，起码10年。旧车能卖多少钱算多少钱，反正只是个零头。有人买去，物尽其用，我会高兴。如果是Trade-in，那么不同旧车折价之间的差别是二级小量，更是可以忽略不计。所谓日本车省油，是有代价的。夸张一下，日本车是用塑料做的，美国车是用钢铁做的。假如以同样的价格买一辆美国车，买一辆日本车。两车相撞对决，日本车一定失败。所以，为安全计，还是买美国车为好。

故事讲完了。可能有人会问：你开了将近30年车，有没有一个最重要的诀窍相告？当然有。先给你讲个故事吧。从前有个学徒跟着打铁师傅学打铁。三年期满，就要出师了。师傅问学徒：再学一年，教给你一个最重要的打铁诀窍，如何？学徒一听是最重要的诀窍，满口答应。于是，学徒又白干了一年。最后，师傅告诉学徒最重要的诀窍：不能用手抓烧红的铁块！所以，我要告诉你最重要的诀窍：不能闭着眼睛开车！

32 足球的故事

2018年01月14日

广东省梅县是著名的足球之乡。我出生在梅县，在那里度过童年和少年，直到十八岁高中毕业考上大学。从小耳濡目染，自然而然成为足球爱好者。往事历历在目，还是从小学说起吧。

一.

我所上的小学名叫勤力小学，地处县城西郊，靠近城区，从家走路10多分钟。记不得从几年级开始，和其他男同学一起玩足球。说是足球，其实就是没有成熟的柚子，形状比较接近球体。只有上体育课时，才可能有真的小足球。刚开始踢的时候，柚子很坚硬。我们都是光脚踢，感觉痛。踢过一阵子后，柚子变软，踢起来就好受多了。这所小学是由一个大户人家的房屋改建的，有个长方形的大天井。屋后有一块很大的空地，就是学校的操场。课间休息15分钟，我们在天井里踢。课前课后时间长，在操场里踢。天井的地面是三合土（成份为熟石灰，粘土，沙子，是当年常用的建筑材料），操场地面是夯实的粘土，混有沙子和小石子。在粗糙、坚硬的地面上光脚踢柚子，脚部经常擦伤，有时甚至造成大伤口，鲜血淋漓。勤力小学有一支由高年级同学组成的足球队，经常和邻近的毅新小学足球队比赛。我小时候个子矮小，足球踢得不好，只能当围观群众。我的村邻廖恒燊，是守门员。每次看他参加比赛，好羡慕啊。两校的比赛在毅新小学的小足球场举行。用的是小足球，不是柚子。比赛完了，两队队员在中场面对面排成两队。输的队员高呼：向XX小学学习！赢的队员高呼：向YY小学致敬！围观群众则随后鼓掌乱喊。记得是喊"向毅新小学学习！""向勤力小学致敬！"的时候居多。

二.

1958年我小学毕业，考上乐育中学，也是离家10多分钟的路程。初中三年，正值大跃进和随后的大饥荒。上体育课时连正常的项目都不能进行，改成太极拳之类节省能量的活动，大运动量的踢足球自然就很少。我对这三年的踢足球，记忆甚少。只记得足球场边上有几棵橄榄树。在结果实的季节，如果没有老师在场，大家都会使劲把足球朝树上踢，然后赶快跑到树下捡橄榄。不管橄榄成熟不成熟，是甜是酸，有吃就高兴。

1961年我初中毕业，考上梅州中学，离家约20分钟的路程。大饥荒慢慢过去，家里吃的多一些好一些，踢足球又多了起来。我在班上算是中等个子，但是踢球技术属于中下等。一般情况下，班与班比赛，我只是候补队员。至于校队，当然没有我的份。不过，我有自己的优势。我是右撇子，但是踢球用左脚，所以，适合当左边锋。如果缺左边锋，我就有机会上场。

三.

1964年我高中毕业，考上北京大学。跑步和踢足球，成为我最常用的锻炼身体方法，一直延续到1966年文化革命开始。每天下午，只要天气好，不上课，我就会尽早去五四操场，大概是3、4点钟。最先到达的足球爱好者，凭学生证借到一个足球，几个人围成一个圆圈，开始传球。人数越来越多，有10几个人了，于是大家从高到矮，排成一长队。从高到矮报数编号，一、二、三、四 ……。单号为一方，双号为另一方，分成两队开打。后到的同学，看看哪边人少，就加入到那边的球队。五四操场有两个足球场，每个足球场的标志是两个球门。所以，后到的同学多了，会组成另外两队。如果人数实在太多，有人会跑去东操场，看看有没有可能在那里踢球。我就这样干过好多次。球队是临时报数编成的，一群乌合之众，彼此不认识，也没有佩戴标志，所以，有时发生传球失误，把球传给对方的球员。如果这是发生在本方的球门近旁，那差不多就是死定了。犯错的球员，会招来一阵叫骂。我们经常带着书包去操场，踢球时把书包放在球门柱子旁边，从未发生丢失，可见当年北大"民风纯朴"。1979年我老婆在北大上"回炉班"，在图书馆自习，中途出去休息一会，回来就发现英文教科书不见了。这种教科书，书店是不卖的。她只好四处托人买书，过了几周没有英文书的日子。唉，时代在前进，人心在变坏，熵在增加，北大也不能例外。

四.

1970年3月大学毕业，我被分配到陕西省商南县。商南县地处山区，很少平地，县里只有几所中学有足球场，我没有机会踢足球。1971

年春，我正在试马水库工地"劳动锻炼"。有一天，试马小学的体育老师范登保捎信叫我到学校去。从水库电站出发，走10多分钟，到了试马小学。范老师告诉我，县里要开全民运动会，每个区要组织一个足球队参加比赛。（当年陕西省在县和公社之间还有一级政府机关，称为"区"。一个区管辖几个公社。试马公社属于永清区。）叫我来是要我参加永清区足球队队员的选拔。于是，我和一群十几二十来个大大小小的孩子一起，分成两队，在学校的蓝球场里踢足球，混战一场。（学校没有足球场。）这无异于筷子里面挑旗杆，矮子里面拔将军。开始不久，我就被范老师叫了出来，接着又有几个大孩子被范老师叫了出来。"比赛"到此结束。我们几个人就算是被范老师选中了。最终，试马公社有两人入选永清区足球队，我来自试马水库，另一位张同学来自试马小学附设初中班。

过了不久，永清区足球队正式成立。只记得两位主力：来自清油河公社的西安交大毕业生李新平，来自腰庄公社的陕西省林业学校毕业生张进仓。我被范老师指定为足球队队长。哈哈，我这个平庸之辈，居然成了队长，正是：蜀中无大将，廖化作先锋。

1971年4月，商南县第六届运动会在城关中学举行。据商南县志记载，有915名运动员参加各项目的比赛，盛况空前。开幕式在城关中学操场召开。根据惯例，又是县革委会常委、县武装部赖政委作开幕式讲话。他的广式普通话，别有风味。讲起话来，活像姜文电影"鬼子来了"中的国军高少校。开幕式完毕，接着是足球比赛。第一场是永清区对赵川区。我和李新平、张进仓是主力队员。永清区以2比0获胜。这不是因为我们的水平有多高，而是因为赵川区地处边远山区，足球水平更低。比赛结束，范老师表扬我，夸我的倒钩球好得很。

我们的第二场比赛是对城关镇队。这个队的主力是在县农械厂工作的多位外地大学毕业生。他们在大学可能是足球爱好者。到了商南之后，平时可以在城关中学操场踢球，当然踢球技术和球员之间的配合好得多。但是，更主要的是，这些外地大学毕业生好像憋着一肚子气，表现得很野蛮，用"足球痞子"形容，也不过分。比赛开始不久，城关镇队一球员抬腿过高，竟然踢中本队主力李新平的一只眼睛。李新平受伤退场。没过多久，又发生类似事故，本队主力张进仓前额被踢中，伤口流血。张进仓受伤退场。此时，我们的球员再也忍不住气了，和对方吵了起来。一些观众跑进球场围观。范老师赶紧要我安抚本队球员。我只好表态，说对方的球员不见得是有意的，好歹才把紧张气氛平息下来，使比赛得以继续。可想而知，一下子失去两名主力队员，本队只有招架之功，毫无还手之力，连防守都很困难。比赛结果，永清区足球队以0比3大败。范老师在赛后找到我，表扬我平息事态，避免了冲突，使比赛得以继续。

由于比赛采取单败淘汰制，永清区足球队不再有比赛。剩下的几天，球员们只有当观众的份儿。就在被城关镇队打败的第二天，范老师找到我，说试马水库电站的发电机坏了，等着我修理。于是我立即赶回试马水库。电站的电工见我回来，感到很奇怪，问道：运动会这么快就开完了？ 我说是他们告诉我，电站的发电机坏了。电工说道：哪有这回事，发电机好好的。 这使我顿生疑心，猜想其中的原因。运动会后，有一位同学被借用，筹备组织县代表队参加将在洛南县举行的商洛地区运动会。一个偶然的机会，我在这位同学的住处看到一份县革委会文件，上面列有县足球代表队队员名单，其中3人来自永清区：李新平，张进仓，以及试马小学附设初中班的张同学。这就印证了我当初的猜想：县革委会的某些人，认出我这个在1970年被县革委会"借用"半年后由于"政治问题"而被赶去生产队插队劳动的大学毕业生。县运动会还没有结束，就编造谎言让我离开。县运动会结束后选拔县代表队去参加地区运动会，当然要把我排除在外。那个试马小学附设初中班的张同学，足球技术比我差远了，也被选上。政治标准第一，技术标准第二，向来如此。而且我怀疑，把我排除在外的人正是一向"极左"的县武装部赖政委。后来到了1978年，我考上了科学院北京天文台的研究生，在街上与他偶然相遇。他一反见面不理睬我的常态，声称我们是（广东）老乡，非要拉我到他家去聊聊。到了他家里，他便表白，他当年是如何替我说好话，使我免遭迫害。听了这些话，我一言不发。我不相信他说的话。

五.

梅县是著名的足球之乡，可以查到许多有关资料，这里我只讲自己耳闻目睹的故事。上小学的时候，我们最崇敬足球大王李惠堂。李惠堂生于香港，祖籍为邻近梅县的五华县，曾经是香港一个足球队的队员。根据传说，李惠堂的脚力异常凶猛，不管从足球场的任何地方，他都可以一个大脚把球踢飞到对方的球门前面。如果由他执行十二码罚球，那么对方就死定了。即使守门员把球接住，也会连人带球一起滚进球门。

所以，我们中如果谁踢了一个好球，就会自夸或被人夸为李惠堂。

梅县有一个很大的运动场，称为东较场，意即县城东边的较武场。上中学的时候听我的姨丈讲，民国时期，驻防梅县的国军师长黄任寰将军酷爱足球，派军人修了这个运动场。军人足球队和当地的强民足球队比赛，只想赢，不愿输。如果在接近终场时军人队比分落后，军人就会制造借口起哄，甚至朝天开枪，使比赛中断，从而比分不算数。不管怎样，托黄将军的福，梅县从此有了一个很好的运动场。我上中学的时候，东较场有一条400米跑道，围着一个标准足球场，还有几个篮球场，沙坑，等等。足球场西面有一个司令台和一座办公用平房。东较场的四周是水泥格子围栏。每两根柱子之间的格子，结构是长方形四边加上两条对角线。围栏不高，大一点的孩子就可以翻越过去。围栏格子的空隙很大，大孩子都可以钻过去。遇到收费观看的足球比赛，管理当局会派人顺着围栏排开，防止有人不买票而越过围栏进去观看。不过，大家还是可以站在围栏外面，从围栏上方或透过围栏空隙从远处观看。有人则爬到围栏外的树上，看得更加清楚。曾经发生一个惨剧。一个十来岁的男孩，从树上摔下来，当场气绝身亡。后来，环绕足球场建了看台，完全挡住了视线，使得从远处偷窥足球比赛成为不可能。

梅县有许多足球队，最有名的要数"强民足球队"。这个足球队成立于1928年，由一批青年足球爱好者组成。"强民"即"强国先强民"之谓也。我在乐育中学上初中，两位体育老师，黄秉信和王海华，都是从强民足球队退役的运动员。初中二年级搞军事体育，正是这位黄老师，派我和杨同学去学无线电收发报，从而使我们成为无线电爱好者。

强民足球队主力队员之一（前锋），是我们村的丘泉坤，我们叫他"泉哥"。泉哥原来的职业是骑脚踏车载客。我每天走路上小学，有时遇到他骑着空车，还可以搭上一段顺风车。1958年小学毕业，我得重感冒病了9天。病中第5天初考，泉哥推自行车驼着我，我母亲跟车扶着我，把我从家送到乐育中学的考场。这件事，我永远记得。文化革命期间，强民足球队停止活动，泉哥回到村里赋闲。文化革命结束后，重新掀起足球风，他重回强民足球队。廉颇老矣，不能踢了，转而当了国家级裁判。地方新闻中，"农民裁判丘泉坤"，成了家喻户晓的体育明星。

梅州中学雪麟楼（摄于2000年）

　　梅县向各级足球队输送过很多足球良将，其中最著名的要数曾雪麟。曾雪麟曾效力于多个省市和国家级足球队。从1983年初开始，曾雪麟担任中国国家队足球主教练。1985年5月19日，他率领的中国队在北京举行的世界杯预选赛中失利，负于香港队，中国队因此而未能在世界杯预选赛出线。这一惨败酿成了轰动一时的"5·19事件"，曾雪麟因此而引咎辞职。曾雪麟是梅州中学校友。香港富商曾宪梓先生也是梅州中学校友，按家族的排行辈分，属于曾雪麟的侄子。为了安慰曾雪麟，曾宪梓在梅州中学校园捐建了一座办公楼，取名"雪麟楼"。从此，雪麟楼成为梅州中学校园中的一个标志性建筑物。

33 我的数学老师黄开民

2018年03月08日

一.

1961年到1964年，我在梅州中学读高中。1962年高一第二学期，要开始上"三角"数学课。班主任、物理老师谢兰昌，在教室里对我们说：开民老师教你们的三角，你们运气好！

兰昌老师为什么这样说呢？我们慢慢才明白。开民老师原是梅县有名的数学教师，1957年调往广州师专（广州高等师范专科学校）任讲师，专门培训中学数学教师。被划成"右派分子"后，到农场"劳动改造"。刚被摘去"右派"帽子，恢复教职，回到梅州中学任教。我们开始学三角，巧遇开民老师"摘帽"，成为我们的数学老师。这就是兰昌老师说的"运气好"。

我们一个年级200人平分成甲、乙、丙、丁四个班，我在丙班。开民老师教丙、丁两班的三角。接着教两班的立体几何。高考前给我们复习平面几何，为高考作准备。有开民老师这样的数学老师，确是"运气好"，是我一生中的幸事。学到的数学知识和能力，成为我后来求学和发展最重要的基础之一。

二.

开民老师年过半百，中等身材，面容清瘦，讲课不紧不慢，有条有理，深入浅出，用同学们的话说是讲得"醒"，就是醒豁（清楚）的意思。开民老师有时会讲一些超出课本的内容。比如，讲三角函数的"函数"定义，课本上说，如果一个变量随另一个变量变化，那么前一个变量就称为后一个变量的函数。开民老师则用集合论补充讲解：由元素组成集合。函数是一种对应关系，使得一个集合里的每一个元素对应到另一个集合里的唯一元素。一个更复杂的例子是立体几何中多面体的欧拉公式：对于一个凸多面体，V（顶点数）+ F（面数）= E（棱数）+ 2。课本上只叙述公式，没有证明。开民老师给我们补充证明，用拓扑学的方法，但没有用高深的术语。我听了之后，觉得大开眼界，印象极为深刻，以致于现在还能记得证明过程。兹简述如下：（1）想象多面体（示意图中的三棱台）是由有弹性的橡皮膜做成的。挖去一个面，多面体就有一个洞。用手把洞的周边往外使劲拉，拉成一个大洞，把多面体的剩余部分摊在一个平面上，成为一个平面图形。与原来的多面体相比，这个平面图形上少了1个面（面数F减小1），顶点数V和棱数E都保持不变。因此，要证明对于原来的多面体，V+F=E+2，即V+F-E=2，只需要证明对于这个平面图形，V+F-E=1。（2）拆去平面图形上的1条棱，棱数E减小1，同时面数F减小1或者顶点数V减小1。因此，V+F-E的值保持不变。这样一直拆下去，最后剩下1条棱和2个顶点，于是有V+F-E=2+0-1=1。因此，对于原来的平面图形，也有V+F-E=1。【证毕】

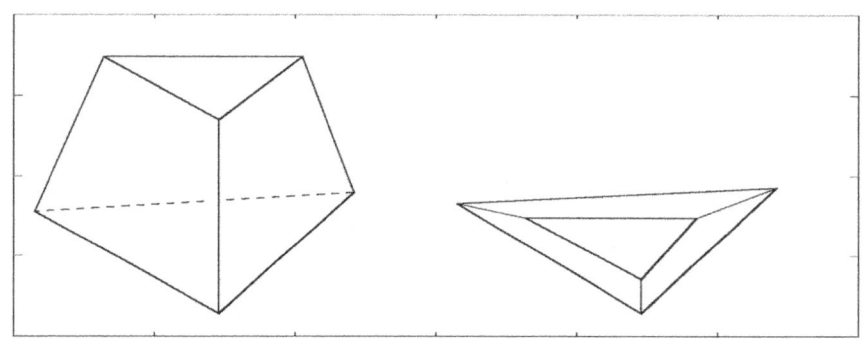

（示意图）多面体三棱台。V=6. F=5. E=9. 挖去底面，生成一个平面图形。V=6. F=4. E=9.

三.

我的同班同学饶淳安，也是数学爱好者。我们两人经常做课外数学题，做得最多的是平面几何题。遇到不会做的难题，包括几何，三角，代数，我们都会一起去找开民老师，通常是到他办公的数学教研室。一般情况下，开民老师看一下题目，马上就告诉我们怎样解答。只有很少数的时候，他会让我们在旁边站着等一会儿，自己试一下，很快就告诉我们解法。总之是当场解决问题，从来没有发生过这种情况，说你们先回去，以后告诉你们答案。后来，得到开民老师的同意，我们做课外题，把解答写在练习本上，交给他批改。开民老师批改得非常详细和认真，一丝不苟。不但要求我们答案正确，而且要求我们正确使用数学语言。我们从开民老师那里学到数学知识和能力，终身受益。

四.

1963年，梅县跟随大城市，开始举行一年一度的中学生数学竞赛，称为梅县中学生数学竞试。（1966年因为文化革命而终止。）记得是高二第二学期，全年级数学考试，每班前5名参加县数学竞试。竞试考场设在梅州中学。由华南师范学院（今华南师范大学）数学系出题。考试分初试和复试，在一个星期天上午进行，初试完了，中间休息，接着复试。考完之后，自我感觉不好，对得奖没抱希望。平时数学考试，觉得很容易，几乎次次满分。这次考试，却有好多题不会做。完了也就完了，没有多想。

学校教导处对面的墙上，有一个很大的黑板。每天早晨，教导主任邓英中会在黑板上写学校的新闻和通知，我们都会顺道或绕路去看。一天早上，上学进了教室。我放下书包，照例去教导处。一条新闻影入眼帘。新闻曰：梅县中学生数学竞试评卷工作已经结束，我校高二年级同学吴乃龙、饶淳安、XXX、YYY分别荣获第一、二、五、六名。其中的姓名是用红粉笔写的，格外醒目。看见自己的姓名，我有些惊愕。回到教室坐定，仔细思量，认为是考题很难，我的分数低，其他同学的分数更低。过后不久，我知道了自己的分数。初试60多分，复试37.5分。按初试4折、复试6折的方法计算，（加权）平均分48，为最高分。根据分数，正式评定是：我和饶淳安（高二丙班）同学一等奖，XXX（高二甲班，女）同学和YYY（高二丁班）同学三等奖。（第三、四名分别为东山中学和高级中学的学生。）

感谢开民老师的培养，使我们在第一届梅县中学生数学竞试中获得最好的成绩。

五.

1964年我考上北京大学。收到录取通知书后，我和同学到开民老师家里报告好消息。开民老师很高兴。听说我考上地球物理系，他笑着对我说：你将来可以去南极探险！上大学后，和开民老师通过几次信，寄过照片，不久失去联系。1970年大学毕业，我被分配到偏僻的陕西省商南县，处境不佳，直到1978年考取中国科学院北京天文台的出国研究生。1980年出国留学前，在2月春节回老家探亲期间，到梅州中学教师宿舍看望开民老师。开民老师已经年过古稀。他告诉我，他已经过了退休年龄，但是学校要他教重点班的数学，所以还在工作。（我当然知道，他的"右派"已经获得"改正"。）听说我要出国留学，他非常高兴。1986年6月我从澳大利亚学成归国回北京，绕道梅县，归宁母校，与昔日的老师、同学叙旧。开民老师已经退休，回家居住。梅州中学特地接他到学校，与我会面。开民老师走路要用拐杖，但精神很好，头脑清醒。师生情深，交谈甚欢，共进午餐，合影留念。所得的照片，我珍藏多年。

开民老师欣赏作者的博士证书

梅州中学校门口师生合影

六.

　　长期以来，我一直想写文章纪念开民老师。去年7月回梅县探亲，顺便访问母校，见到副校长黄海生先生，谈起此事。黄副校长当即找到开民老师的一些资料给我。据此，我拨通在外地居住的开民老师的公子任粦的电话，从而建立了联系。感谢黄副校长和任粦先生，使我详细了解到开民老师的生平，从而更加敬重开民老师。

　　开民老师生于1907年。只上过小学和中学。凭着自己的聪明才智、勤奋好学，十八岁成为中学教员，成为一名优秀数学教师。开民老师曾在多间中学任教，当过梅州中学教导主任，东山中学师训班数学科组长，1957年调往广州师专任讲师。忠厚老实的开民老师不幸中了"阳谋"，1957年10月被划成"右派"，随即被调回东山中学。1958年6月，被下放到苗木场"劳动改造"，每月只发10元生活费。经过4年的磨难，1961年11月才被摘去"右派"帽子，随即恢复教职，回到梅州中学任教，工资由原来每月124元降为54元。不过，在梅州中学，开民老师还是有威望，得到大家的尊重。这就是为什么兰昌老师对我们说：你们运气好。

　　开民老师曾经头顶光环，当过第一、第二届"梅县人民委员会委员"，"主席团"成员，还当过县"人大代表"和"科协代表"。自从被划成"右派"，便成了敌人。情况大反转，正所谓"昨日座上宾，今日阶下囚"。不但本人受迫害，还株连家属，饱受歧视。特别是文化革命中1968年"清理阶级队伍"运动期间，被抄家搜查，被重新戴上"右派"帽子，失去人身自由，被挂上"右派分子"的牌子，游街批斗。文化革命结束后，开民老师的"右派"才获得"改正"，重新回到教育岗位。工资恢复到原来的每月124元，不过，补发是没有的。由于"落实知识分子政策"，开民老师被"当选人大代表"。情况再反转，"昨日阶下囚，今日座上宾"。

　　1980年，73岁高龄的开民老师从梅州中学退休。1990年，开民老师在家因病逝世，享年83岁。开民老师的一生，是坎坷的一生，有成就的一生，值得我们尊敬的一生。

34 千里迢迢上北大

2019年01月16日

一.

　　1964年我从广东省梅州中学高中毕业。高考日期是7月21日至23日，六科连考三天。按照惯例，考试后一个月开始发放录取通知书，寄到学校。录取通知书分三批发出。第一批是重点大学，第二批是非重点大学，第三批是高等师范专科学校之类。所以，进入8月下旬，我们就开始天天往学校跑，看看有没有自己的录取通知书。事关自己的命运大事，好焦急呀！

梅州中学高中毕业证书正面和背面的成绩表。第一、二学年评分是5分制，第三学年是百分制。数学各科（代数、几何、三角）和物理的全部评分都是满分（5分或100分）

成 绩 表

顺序	课程	第一学年 第一学期(学期成绩)	第一学年 第二学期(学年成绩)	第二学年 第一学期(学期成绩)	第二学年 第二学期(学年成绩)	第三学年 第一学期(学期成绩)	第三学年 第二学期(毕业成绩)
1	政治		5		5		99
2	语文		4		5		89
3	俄语		5		5		99
4	代数		5		5		100
5	几何		5				100
6	三角		5		5		
7	物理		5		5		100
8	化学		5		5		94
9	生物		5				
10	历史		5				
11	体育		4		4		85
12	生产劳动		5		5		
13							
14							
15							
16							
17							
18							
19							
20							
21							
22							

一天上午，我们来到学校科学馆，班主任钟尉光老师就住在这里。钟老师一走出房间，在楼道里就大声对我说：你考上北京大学了！ 这消息使我欣喜若狂。不但考上了大学，而且考上了北京大学！

　　我拿着录取通知书，立即往家跑。

二.

　　回到家里，一家人欢天喜地，自不必说。根据录取通知书上的报到日期，必须在7到10天内动身。要在这短时间内筹足盘缠，办完各种事宜，去2600多公里外的北京上学，够忙乎的。当年坐汽车从梅县到广州，公路400多公里，票价10元8角。坐火车从广州到北京，2200多公里，硬座慢车票27元2角，特快加价40%。凭录取通知书享受学生优待，慢车票部分减半，加快部分不减，票价为24元5角。所以，光车费就要35元3角。此外，还要添置个人用品。日常穿的衣服，大部分都打有补丁，所以要赶制几件衣服。没有棉袄，现在要去寒冷的北方，也要添置。平时光脚走路，现在要去大城市念书，鞋、袜也要添置。在家里挑了一双比较结实的塑料拖鞋，准备穿着上路。

　　我幼年丧父，全靠母亲一人支撑家庭，经济拮据。母亲从箱底搜出保藏多年的10几个银元，找村里的熟人卖了，一元一个。姨妈和舅舅在工厂上班，领取微薄的工资，也帮助一些。听说可以向学校申请补助，于是去学校填了申请表。按照标准，家在农村的毕业生赴北京上学，得到12元补助，相当于汽车票钱。七十多岁的祖母，也拿出些多年积蓄的防老私房钱。东拼西凑，有了五、六十元。

　　录取通知信中还有一张助学金申请表。家在农村的新生，如果家庭经济困难需要申请助学金，必须由生产大队和人民公社在表中签署意见和盖章。于是，我先到生产大队，然后到城北公社管理委员会办理这些手续，同时办理"户口迁移证"和"粮食关系转移证明"。十二年寒窗苦读，换来两张薄纸，有了跳出农门的通行证。

　　刘荣欣同学与我初中同班、高中同校，也考上了北大。我们约定，一起去上大学。开往广州的长途客车，早上5点半从县城汽车站出发。我家在县城郊区，走路去汽车站要20多分钟。刘同学的家离县城比较远，走路要多用一个多小时。因此，刘同学和母亲头天晚上到我家歇宿，以便第二天早上一同去汽车站。

三.

第二天，我们半夜起床，准备停当，天刚蒙蒙亮就离家出发。最难忘的是，老祖母送我们到村头三叉路口。老人家瘦弱的身影和慈祥的目光，深深刻在我脑中，永远留在脑海里。

说出来不怕你见笑，我的日常活动不超出离县城20公里的范围。长这么大了，没有坐过汽车。出门离家最远的一次，是1958年初中一年级时，大炼钢铁，挑一担粪箕连夜走路4个小时，去一个叫做白沙坪的地方，住了一星期。每天去附近的矿山挑煤，送给附近的土高炉，一天好几趟。现在，我第一次坐汽车，要去400多公里远的广州，感到新鲜，又略带一点恐惧。出了县城汽车站，20多分钟后汽车到达称为南口的第一个车站，有旅客在这里上车。原来听说过南口这个地方，离家大约15公里，走路要3小时，觉得离家远，没有去过。现在，要不了半小时就到了，觉得真快。汽车继续前进，感觉良好，原来对晕车的担心一扫而空。第一次坐汽车不会晕车，以后就不会晕车，真是好极了。

当年的长途客车，外观和货车一样，有一个突出的车头，像"解放牌"汽车的样子，只是车内安装木头座椅，每排分左、右各2个座位，中间是很窄的过道。全车有30多、不到40个座位。正逢临近开学日期，过道里也坐满了人。这些人都是在广州上学的返校大学生。一块长条形木板，左、右两头搭在座椅上，人就坐在木板上。汽车经过兴宁、五华、龙川、河源、增城这些县，两次下车吃饭。汽车到达广州汽车站，早已天黑。又逢大雨，只好叫了一辆三轮车，前往离车站不远的东华东路的朋友家。刘同学则去了他的朋友家。

四.

朋友在广州火车站工作，帮我和刘同学买了去北京的火车票。在广州停留的几天时间里，和刘同学一起去华南工学院探望一位朋友。这位朋友名叫李梅清。他是1962年应届高中毕业生，当年落榜，没有考上大学。在准备第二年再考的过程中和我认识，一起做过不少数学题。1963年高考后发榜，他收到录取通知书。因为他是"社会青年"，不是应届毕业生，通知书直接寄往他的家庭地址而不是寄往学校。打开信一看，录取通知书上的姓名是"李海青"。大家帮他分析，认为是录取工作人员写错了偏旁，把"梅"写成了"海"；又把"清"写成普通话的同音字"青"。他到县招生办公室查询，得到证实。这件事广为流传，成为大家的谈资。在华南工学院，他请我们吃了一顿午饭。一张长条桌前，每人交一张餐票，帮厨的学生往每人自带的饭盆里打一份菜。然后，每人自己去从饭桶里打饭，不限量。广州的大学里，学生吃饭不限量，我是第一次知道。刚从三年饥荒过来的我，很惊奇，又很羡慕。他对我们说，上了大学，公费医疗。这我也是第一次知道。我们这些来自农村的学生，从来就没有想过，还有这等好事。他告诉我们，参加高考的考生，被分成三类：优先录取，可以录取，不宜录取。并且说，他属于"优先录取"，可能是因为家长和村里干部关系好，得到一份好鉴定。

从前广东人离家，打算长住在外，喜欢带两件宝贝：蚊帐和水桶。蚊帐用于防蚊，水桶用于冲凉。在老家准备行李时，祖母已经把一项旧蚊帐放进我的旧皮箱。到了广州，朋友带我到附近东山区的一间百货商店买了一个小号镀锌铁皮水桶和一个浅黄色小号搪瓷脸盆。后来到了学校，蚊帐没有派上用场，直到1970年毕业分配到商洛山中，在县城工作时才用上。水桶的最大用处则是用来洗衣服。不但我自己用，同学也经常借用。同寝室有一位福建籍陈同学，很讲礼貌。每到周末，向我借用水桶之前，他都会说一句话："你先死（洗），我后死，你死了我死。" 可惜的是，这个水桶，1966年文化革命开始不久后就丢失了。那个脸盆，运气也不好。也是在文化革命期间，1967年春天的一个晚上，圆明园旧址附近的草料场发生火灾，听到学校的广播后，大批北大学生带着自己的脸盆，前去救火。我也带着脸盆去了。学生们排成长队，传递盛有水的脸盆。不用说，脸盆全乱套了。第二天，大家把自己带回的脸盆，放到大饭厅地上，再去辨认自己的脸盆。我去了几次，根本找不到自己的脸盆。眼看地上的脸盆越来越少，我只好拿了一个很旧的脸盆，回宿舍去了。后来听说，生物系的一个学生想当英雄，偷偷放火，然后参加救火，异常奋勇。不过，被追查出来，英雄梦破灭，成了纵火犯，被判了刑。

五.

一天下午，我和刘同学在广州火车站会合，约莫四、五点钟上了火车。那时候从广州到北京，特快火车49小时，中途停靠20多站。一上车就在同一车厢里结识了邻座的两位家在广州的北大无线电系一年级（63级）返校学生。我穿着拖鞋，他们也穿着拖鞋。据他们说，北大每年在广东招收60名新生，考上也真不容易。1964年考上北大，梅州中学有3人，梅县有7人。据我所知，是最好的一年。后来，又遇到一位从广州返校的北大俄语系女教师。

火车从南向北行进，2天内看到不同的田园景象。与南方相比，北方的天气比较寒冷，秋粮成熟较早。出发的时候，广东的晚稻插秧后不久，禾苗正在分蘖，发育。随着火车往北方奔驰，开始看见（其他省份的）中稻开花，继而看见中稻结穗。向车窗外望去，一根根电线杆从眼前掠过，感觉远处的电线杆在绕着近处的电线杆旋转。我当时想，如果测量出电线杆的距离和旋转速度，就可以计算出火车的速度，亦可以做相反的计算。黄昏时候，火车通过武汉长江大桥。火车沿着弧形铁道接近大桥，使我们能够看到大桥的全貌。记得初中语文有一篇课文，是大文豪郭沫若的打油诗"长江大桥"。诗中郭沫若自言自语，把长江大桥比作这个那个，然后自我否定，说这些比喻都很蹩脚，最后高喊："它就是，它就是，武汉长江大桥！"本人思维迟钝，不理解他为什么这样啰里啰唆，猜想他可能是要说明这座长江大桥独一无二。诗中还有一句："谁说中苏友谊可以不要，请看这长江大桥！"这是郭沫若在1957年喊出的诗句，后来中苏交恶，不知道删掉没有。

火车上供应三餐。如果要吃早饭，必须自己去餐车车厢。午饭和晚饭，有列车员推小餐车，沿过道送到座位前。小餐车里，不带盖的铝饭盒层层叠叠。这些饭盒，经过无数次摔打，扭曲变形，里面装着盖浇饭，就是米饭上浇有一些蔬菜、几片薄肉，3角钱一份，不要粮票，感觉比城市里饭馆卖的便宜。如果想吃得好一点，必须自己去餐车车厢花钱。沿途车站里，站台上有食品出售。河南烧鸡出名，我们早就听说过。在河南境内，可能是信阳也可能是漯河，下车花一块钱买了一只烧鸡，和刘同学分享。相信那时民风纯正，不会是病鸡死鸡。如果要喝火车上的开水，从广州出发后，要花5角钱买一张茶水票。列车员会给旅客一个专用瓷杯，把茶水票套在瓷杯盖顶疙瘩上，放些茶叶到杯子里，把开水从一个大铁壶斟进杯子里，把盖盖好。以后列车员巡视车厢，会给带茶水票的杯子添水。这张茶水票，只管到武汉。过了武汉，如果还要这项服务，必须再花5角钱买一张茶水票，管到北京；否则，专用瓷杯就会被收走。这个"喝水必须掏钱"的规定，在文化革命中被大串联的红卫兵反掉了。老子坐火车都不要钱，却要花钱买水喝？岂有此理！

六.

经过两天两夜的火车旅途，到达北京火车站。我和刘同学跟着三位老师、学长，乘坐无轨电车和公共汽车，傍晚时分，进了北大南门，随后发生令人非常扫兴的事。有人问我和刘同学有没有打防疫针的证明。我们压根就不知道还有打防疫针这回事，回答说：没有。于是，我们两人被带往庶务科的小屋里隔离。这个小屋，位于44楼北面（还隔着员工第一食堂）、校医院西南面，周围是荒地，堆着一些杂物。小屋用炉渣砖砌成，只有一个小门，没有窗户，堪称小黑屋。屋里放着几张双层木床，屋角有个水龙头，其下方有个水槽。小黑屋里共关了5位从广东来的新生，其余3位是：来自兴宁县的陈同学（生物系），来自海南岛的吴同学（生物系），以及来自海南岛的某同学（只记得是高个子，不记得姓名和系别）。我始终不明白，为什么我们会被隔离。录取通知信中根本就没有提打防疫针的事，当时广东也不是疫区。我相信60名来自广东的新生，都不会带有打防疫针的证明。他们也和我们一样被隔离？60人，住在哪里？或许，新生宿舍还没有安排好，我们几个只是来得太早的倒霉蛋。

初到北京，印象最深的是冰冷的自来水。在庶务科小屋里第一次拧开水龙头，手碰到水，立即缩了回来，就跟碰到烫手的开水一样。被关了二、三天后，实在无聊，我和刘同学决定溜出去看看。一天早饭后，我们偷偷出了小屋，随便走了一会儿，觉得校园太大，不知道校门在哪里。我们又不敢问人。我灵机一动，心想：沿着靠近学校围墙的路走，一定能看见校门。这招果然奏效，不久就看见一个结构复杂的校门（后来才知道是西校门），溜了出去。来了一辆公共汽车，我们立即上车买票，先离开学校再说。到了终点，研究了一会儿站牌上的地图也没有搞清楚，反正坐上另一路车往远处去了。我只记得最后到了德胜门，花2角钱买了一串葡萄，吃完依原路回到学校。每人花了5角车票钱，只看到一些无聊的街景，觉得有些冤枉。那个时候，5角是一天的伙食钱。

七.

在庶务科的小屋里隔离一个星期后，我们终于搬离了。学校已经把我们的托运行李运回。我先到大饭厅新生接待站领取行李。当初的录取通知信里，夹有4张"新生行李签"。每张行李签上印有4行字："北京

大学/新生行李签/（空格供填写）系　姓名（空格供填写）/注意：此
签在行李两端各贴一张"。找到自己的两件行李（一个皮箱，一个大帆
布袋），凭当初的火车行李托运单领取。

　　我带着行李，来到指定的宿舍：39斋510室。（1966年文化革命
开始，"斋"改称"楼"，一直沿用到现在。现在的北大学生都不知
道"斋"了。）随后，其他5位室友陆续到来。

　　开学了，有规律的大学生活从此开始。

未名湖畔留影

35 我们的毕业分配
2019年02月20日

　　近日读了华新民先生《华夏文摘》上的文章"最是仓惶离校日-大
学毕业五十周年忆旧"和"我们的毕业文凭"，深有感触。和华先生一
样，我也是文化革命前考进大学，文化革命使学业中断。文化革命中毕
业，扫地出门。我们有相似的经历，也有不同的遭遇。

一.浪费青春

　　1964年我考上北京大学地球物理系,9月份入学,被分配到大气物理专业,学制6年,预计在1970年暑期毕业。本来,在6年时间里我们应该学习2年基础课,2年专业基础课,2年专业课,同时学习2年第一外语(对我来说即是俄语),4年第二外语(英语)。可是,6年间(实际上是5年半)我们干了什么呢?(1)文化革命前:学习了将近两年的基础课。(2)文化革命初期:1966年6月开始,学业中断。在随后两年多的时间里,经历了工作组进校和撤出,学生和教职员工分裂成两派打内战,武斗。(3)文化革命后期:1968年8月,工宣队("工人阶级毛泽东思想宣传队")和军宣队("解放军毛泽东思想宣传队")进驻北大,控制了局势,开始残酷的"清理阶级队伍运动"。1969年10月,搞战备,奔赴北京郊区,全年级到大兴县魏善庄公社王各庄大队劳动。为了避开农民的春节(1970年2月6日),我们于1月24日离开农村,回到市内,到位于东郊酒仙桥的北京第二光学仪器厂搞"教(学)改(革)",即在车间里劳动。我们在那里只待了10天,于春节前夕、2月4日回到学校。毕业分配工作立即启动。3月中旬,我们离开学校,各奔前程。

二.毕业分配

　　毕业分配的表面文章是开会。天天开班会,偶尔开年级大会和全系大会,诸如学文件、讲形势、表决心之类。毕业分配的实质性工作是确定分配方案,把谁分配到什么地方去。这个最关键的工作,则是在暗处进行。分配方案由工宣队、军宣队决定,其间还有学生"依靠对象"(一般是每班一人)参与,完全是黑箱作业。我不是"依靠对象",连"外围群众"都不是。我无从知晓内幕,只知道一般原则,什么"四个面向",即面向边疆、面向基层、面向厂矿、面向农村;只知道广东籍学生分回广东的可能性很小,因为广东的教育相对发达,本省就有很多大学生;广东籍学生大部分会分到教育相对不发达的广西、湖南。工宣队从不找我征求意见,我也不找他们申述对分配所去地方的要求。(后面会讲为什么。)

　　3月中旬的一天上午,我们年级3个班大约90名同学在二教阶梯教室开会。会后回到宿舍39楼第5层楼道里领取毕业生派遣材料。一班的宋同学负责发放材料，早就在那里等候。几张头尾相连的长条课桌摆在他面前。桌面上竖放着许多派遣材料，排成一行，每人一份。由于人数很多，宋同学忙不过来，只能帮一些人翻寻他们自己的派遣材料。大部分同学都是自己动手翻寻自己的一份。宋同学无法阻止，只好听之任之。我找到自己的派遣材料，打开一看，才知道自己被分配到陕西省商洛地区，报到地点是地区专署所在地陕西省商县。

没有毕业证书，没有毕业留影，更没有毕业典礼。拿到派遣材料之后，也没有和同学道别。大家匆匆离校，如鸟兽散。

毕业分配之后通过各种途径，我逐渐了解到一些具体情况。文化革命前招收的北大学生，理科6年制，文科5年制，只有很少数的系和专业除外。1965年，理科改成5年制。文化革命期间，1969届的毕业生，被推迟到1970年分配。所以，1970年北大的毕业生，理科有3个年级（六年制的63级和64级，五年制的65级），文科有2个年级（五年制的64级和65级）。这些"老三届"（理科）/"老二届"（文科）的毕业分配方案非常差，百分之七十的人到边疆、基层、农村，连厂矿都不能去。相对而言，地球物理系毕业生的分配方案比较好，这是因为接连发生的大地震，吓坏了中国人，各级地震研究所/地震队/地震台纷纷成立，企图去完成地震预报这个Mission impossible（不可能完成的任务）。地球物理系"老三届"大约有270人，分成4个专业：地球物理，大气物理，气象，高空物理。其中只有地球物理专业与地震有关。其余3个专业，与地震没有一毛钱关系。由于文化革命，学业中断，即使地球物理专业的学生，也没有学过地震。但是，270人中的100人，沾了系名"地球物理"的光，被分配到地震部门，隶属于中国科学院及其分院，报到地点是以下4个城市：北京（20名），昆明（20名），长沙（30名），兰州（30名）。一般说来，每个班有2名毕业生去以上每个城市，2名毕业生留校，以及很少数分配到大城市（非地震部门）。这些分配到"好单位"的毕业生，每班共有10多人。本班小，共25人，所以，大概有一半的人分配到"好单位"，剩下一半的人，大部分去了河南、安徽、山东、江西等地的农场，其余几个人去了地区/县的小地方，属于"面向农村"。

我被分配到偏远的陕西省商洛地区，属于"面向农村"。也就是说，我的分配方案，是本班最差的。为什么会这样呢？听我慢慢说来。

三."白专道路"

1966年6月文化革命开始，学业中断。那个时候，我没有独立思想，相信毛的理论，随大流参加文化革命。1968年8月，工宣队和军宣队进驻北大，两派联合，或者说两派消亡，原两派广播台的人员组成学校广播台。我原来是井冈山广播台机务（技术人员；其他人员是编辑和播音员），进入了这个学校广播台。我们这些机务人员，每天在校园里架设电线安装喇叭，不住在班里的宿舍，不参加班级活动，因而暂时躲开了残酷的"清理阶级队伍运动"。

身穿学校广播台工作服　　　　　　登高作业

领导学校广播台的工宣队员，对我们还算宽松。每周有几次集体学习时间，每次时间也不长。星期一到星期六，我们白天在校园里干活，就跟玩一样，晚上时间自由支配。星期天大家休息，我们也不例外。在孤独的44楼，我与原井冈山广播台机务徐同学合住一屋。我们都喜欢看书，互不干扰。因此，在这个避风港里，我有时间静下心来思考一些问题。我在中学和大学，热爱学习，成绩优秀，确有成名成家的思想。在学习中断两年之后，人还在，心不死。我扪心自问：上课两年才学了6门数学物理基础课，欠缺两年的专业基础课和两年的专业课，将来能干

196

什么？我认识到：停止学习而整天搞运动是没有前途的，最终吃亏的是学生本人。于是我拿定主意，一是收集（买）书，二是开始自学。有了这些主意，我空虚的心灵变得充实多了。我下定决心，一定要坚持下去。

我开始拟定学习计划，自学无线电和数学。我托无线电系的老乡刘同学找到该系的讲电子线路原理的2册讲义。1968年10月，我开始自学。学完第1册，接着学完第2册。（没有找到也没有学讲电子元件的第3册。）这样开始自学是结合实际，从兴趣出发。我从初中二年级开始就是业余无线电爱好者，动手能力很强，但是缺少真正的无线电理论知识。这两本讲义，使我掌握了大学水平的无线电知识，是我后来学习所有无线电理论和技术的基础。我对数学有特殊的兴趣。1963年高中二年级，我获得梅县中学生数学竞赛第一名。上大学后，是班上的数学科代表。我开始自学的数学书是（苏联）布尼诺斯艾利兹的《变分法》（中译本）。其中记得最牢的是最速降线和等周问题。10多年后，1980年代我研究最大熵方法，变分法派上了用场。这是后话。

我预感自己会被毕业分配到偏远的地方，找不到人求教，只能依赖书本。于是，我开始跑旧书店。那个时候，学校、图书馆纷纷外迁甚至解散，"读书无用论"泛滥成灾，书籍成为废纸。旧书店里的旧书，保存得最好的是半价；保存得差的，极为便宜。一些不到100页的薄书，只要一角钱。那时的旧书店称为"中国书店"。我经常去的有：前门中国书店，西单中国书店，海淀中国书店。其中，前门中国书店的书籍最丰富，海淀中国书店离学校最近。

1968年12月，校园广播网完工，广播台"裁员"。我记得这个时间，是因为在最后一次政治学习会上，念1968年12月22日《人民日报》上毛的指示："知识青年到农村去，接受贫下中农的再教育，很有必要。要说服城里干部和其他人，把自己初中、高中、大学毕业的子女，送到乡下去，来一个动员。各地农村的同志应当欢迎他们去。" 念完之后，一位物理系的老兄发言说：我听了主席的这条指示，想到自己毕业后可能要下乡，不像以前听了主席的指示那样高兴。 这个发言又像发牢骚，又像自我批评。我当时心想：这人真会说话。

我回到班里的宿舍，参加班级的活动，开始亲自领教工宣队和"清队"的厉害。但是，主意已经定好，习惯已经养成，无法改变，我也不想改变。我对揭发批判，"斗私批修"毫无兴趣；对一些人"狠斗私字一闪念"的讲用，觉得很可笑。在那荒唐的年代，读书无用；岂止无用，而且有罪、反动。你可以打扑克，逛大街消磨时间，就是不可以看（业务）书。离开广播台这个避风港后，为了偷偷看书，我必须进行掩饰，在书的封面贴上白纸，写上诸如此类的书名："中学生习作选"，"社会发展简史"，"政治经济学批判"，"毛线编织法"。虽然如此，还是被工人师傅发现，或许还有人告密，成了目标而被盯上了。我们年级有一个工宣队员，名叫张绍宏。此人不是正牌的工人，而是不久前才转业到工厂的转业军人。此人非良善之辈，多次与学生发生冲突。一方面，他召开"讲用会"，在学生中树立"斗私批修"典型。另一方面，千方百计抓"反动学生"，"落后分子"。他独出心裁，在年级里举办各种"学习班"，把一批批同学叫去接受洗脑和训话。本人有幸，被请进"红专道路学习班"。学习班的成员，都是被他认定的"白专分子"，就是原来学习比较好的同学。只记得卢嘉锡（后来的中国科学院院长）的公子、本年级气象专业的卢同学也在其中。

20多本自学笔记中的5本。封面上写有"社会发展简史"，"政治经济学批判"

　　1969年"二十周年大庆"，北大学生参加天安门方阵游行。工宣队叫大家报名，我没有理会。三天假日期间，我和同年级的许同学一起骑自行车去他在天津的家。期间我去天津市劝业场内旧书店买了20多本旧书，价钱比北京便宜得多。这事被工宣队知道了。假期过后，在年级大会上，排长（即年级的工宣队领导）邰德敬训话，说：有的人怕苦怕累，不参加国庆游行，却去天津玩，来回跑了四百里路，怎么就不嫌累？ 他没有在大会上点我的名。会后，本班工宣队员尤师傅奉命做我的"思想工作"。他把我叫到44楼南面、43楼北面的空地上，要我认识错误、改正错误。我认为我去天津不是错误，自始至终一声不哼。他沉着脸，只好让我走了。我知道，我又一次得罪了工宣队。这些事件的后果是，工宣队在我的毕业鉴定上，写下"要防止白专道路的侵蚀"这样的警告性语句。其实，我当年并没有去反对工宣队，更没有去反对什么思想，反对什么制度。我只是回归常识，想自学一些将来有用的知识而已，说是"只专不红"，还差不多。给我扣"白专道路"的帽子，是言过其实。我也懒得和他们争论。工宣队根据他们的好恶行事，当然，我在毕业分配时，没有好果子吃。对此，我坦然接受。我对自己的决定有信心。我对一些要好的同学说：将来不管把我扔到什么地方，我都要爬起来的。 我学到的知识，就是说这话的根据。值得庆幸的是，这条"只专不红"的道路，最终居然让我走通了。

四."催化剂"

临近毕业分配，学生中的男女朋友，共同商量前途，自不必说。对于那些本来有点意思的男、女同学，毕业分配就成了"催化剂"，加快了事情发展的进程。有人说，在毕业分配方面，工宣队所做的唯一正确的事情是：只要一对男女同学确定是男女朋友关系，就可以分配到同一个地方去。与文化革命前的毕业分配相比，这无疑是一个巨大的进步。因此，毕业前夕有许多速成男女朋友，就不足为怪了。据说还发生过这样的事情：两位男同学分别向工宣队声称，某女同学是自己的女朋友。就在同一时间，这位女同学向工宣队声称，某男同学是自己的男朋友。这个某男，并非那两位男同学之一。不知工宣队如何认定，最后花落谁家。

男女朋友毕业分配到同一个地方，固然是好事。但是，必须付出代价。根据"就低不就高"的原则，分配去的地方变差。具体说来，如果单独考虑，一方可以分配到北京（最好的地方），另一方可以分配到另一个城市（次好的地方）。那么，合在一起考虑，则两人都分配到北京的可能性近似为零，分配到与"另一个城市"相当的地方的可能性很小，最大的可能性是分配到比"另一个城市"差甚至差很多的地方。对于那些原来只是"有点意思"而条件悬殊的男女同学，就是考验人的时候。须知，催化剂既可以加速合成反应，也可以加速分解反应。所以，如果在毕业前夕由"有点意思"变成"毫无意思"，也不足为怪。极端情况下，原来已经形成的一对，出于自身利益考虑，也会在毕业前夕告吹。不可能？这里用得着铁道部王发言人的名言："至於你信不信，我反正信了。"

闲话少说，言归正传。我是凡人，亦不能免俗。我和班上的一位女同学，有些来往。她当过班长，我当过班生活委员。我帮助她做过一些事。比如，她的一个弟弟在山西阳高县插队，我受她之托帮助她弟弟为所在的生产大队从菜市口信托商店买过一部电唱机，50块钱，还在王府井唱片商店买过一些塑料唱片。与此同时，我帮助她家从菜市口信托商店买了一台5灯交流收音机，20块钱。一来一往，彼此有了好感。在催化剂的作用下，终于走到一起。一个星期一的下午，开完班会，我们一起从39楼北门出去。天上飘着雪花。我们出了学校西门，沿着大马路走到颐和园北面，然后沿着一条向北的田间小马路走了一会儿，远远望见中央党校的大门，转身往回走。来回路上，我们讲述自己的家庭。当我说到我有海外关系，一个叔父在泰国、一个叔父在香港时，她默不作声，只是静静地听着。多年后回忆起来，她说她当时既不认为这是好事，也不认为这是坏事；既不想沾便宜，也不怕受影响。我们谈论毕业分配。她也对分配到什么地方无所谓，只要分配到同一个地方就好。我们商定，明天上午我去找工宣队，说明情况，要求分配到同一个地方。回到39楼北门前面，夜幕已经降临。天上还飘着雪花，学生食堂已经关门。我问是否一同去海淀吃晚饭。她说她不去，回到宿舍可以找到吃的。于是，我一人去了镇上，买东西吃了。

第二天上午，在开班会之前，我找到兼管我们班的张师傅。我说了女同学的名字，说我们是朋友关系，要求毕业分配去同一个地方。张师傅答应，向工宣队转达我的要求。接着，张师傅对我说：她在班上表现多好，你要向她学习！ 许多年后，我对妻子转述此话。妻子听了，立即回应：以前没有跟你说，现在告诉你吧，小苏（女工宣队员）知道我们的事以后，对我说：你要好好帮助吴乃龙！ 说到这里，我们不由得乐了起来。在学校的时候，她是个循规蹈矩的学生，在工宣队看来，是个"听话的人"，就是所谓的"表现好"。而我呢，是个"不听话的人"，就是所谓的"表现不好"。本来，凭家庭条件和工宣队对她的印象，她可能被分配到家庭所在地北京或邻近的地方。可是，跟着我，被一起分配到千里之外、偏远的商洛山区，吃了很多苦头。我问她后悔不后悔。她回答：我从来没有后悔过。这辈子跟你，下辈子还跟你！

五.毕业之后

凭发给我们的火车票，在拿到毕业生派遣材料后的第三天，我们登上从北京开往西安的直达快车。接着，乘坐长途汽车，从西安到达商县。在商洛地区革委会报到后，被再分配到更加偏远的商南县。随行的行李中最重要的物品就是我们收集到的250本书。在这商洛山中，我们度过了漫长的8年半。由于我被人揭发"恶毒攻击"和"偷听敌台"，我们的处境更加困难。直到文化革命结束后的1978年，才有转机。这一年，我们竭尽全力，在长期努力的基础上，一举成功。我和妻子以优秀的成绩分别考取中国科学院北京天文台出国研究生和北京大学地球物理系回炉班，回到北京重新开始学习。1980年我们才收到迟来10年的大学毕业证书。毋庸讳言，这份毕业证书的"含金量"不高，充其量是8K（24K x 2年/6年）。

封面　　　　　　　　　　　　　　　正文

1980年8月，我赴澳大利亚悉尼大学读研究生。1984年4月，我的妻子以访问学者的身份到悉尼和我团聚。从此，我们在世界各地飘泊：澳大利亚，美国，加拿大，当然也包括中国。从大学毕业算起，我们同甘共苦，一起度过了整整49年，有欢乐也有忧愁，有顺境也有困境，有成功也有失败。值得庆幸的是，不管如何，我们挺过来了。

【华夏文摘】华新民：最是仓惶离校日- -大学毕业五十周年忆旧
http://hx.cnd.org/?p=162934

【华夏文摘】华新民：我们的毕业文凭
http://hx.cnd.org/?p=163027

（2019年2月完稿于多伦多家中）

36 北大文革回忆 – 7.12大字报

2019年03月24日

　　北京大学文化革命中的一个重要事件是1966年7月12日地球物理系陈必陶等5位同学贴出标题为"把运动推向更高阶段"的大字报。一些有关的回忆和评论文章出现在书籍和互联网上。作为陈必陶的同班同学，我也来讲述事情的经过和发表自己的看法。（大字报的原文附在本文后面。）

一.大字报的产生

　　这5位同学中的4位，陈必陶，赵小康，贺玉芳，袁素云，与我同班。本班是地球物理系1964级2班（大气物理专业），共有25名同学，其中男生21人。文化革命中开会是在男生宿舍。由于宿舍空间大小的限制，一般情况下，全班同学分成两个小组，各组占用一个寝室。这4位同学中，后3位属于同一个小组，组长是贺同学。陈必陶则是属于另一个小组。

　　这5位同学中的最后一位赵玉亭，与我同年级不同班，来自1964级1班（地球物理专业与高空物理专业）。因为每个寝室住宿6人，本班21名男生中的3人（包括陈必陶）与1班的3位同学（包括赵玉亭）合住一个寝室（39楼505室）。因此，陈、赵两位同学彼此很熟悉。7月12日当天，写大字报的那个小组的会场正好在505室。

　　我与这后3位同班同学不属于同一个小组，7月12日那天不在505室，没有参与大字报的写作，没有在大字报上签名，但是大字报贴出后，我坚决支持这份大字报。

　　根据袁同学的回忆，7月10日星期天晚上，陈必陶和她一起坐公共汽车离家返校（两人家在北京，是邻居）。路上陈必陶说，周末他的几位在大学读书的朋友和他聊起当时的文化革命，大家都觉得有些压抑感，有些学校里甚至有学生质疑工作组的所作所为仍是老一套。袁同学当时心有同感，但是转念一想，那些人都是高干子第，天不怕地不怕，说什么话都不要紧，而自己是一介草民，不敢妄议朝政。

　　第二天7月11日星期一，全班同学照例分成两个小组开会。袁同学的组在505室。依照惯例，开始是读报，大家轮流，每人一段。接着是讨论，每人都得发言。上午完了，下午照样。6.18事件以后，天天如此，有时晚上也要开会。

这天晚上，这组正在505室开会时，赵同学回宿舍拿东西。他推门一看，发现里面正在开会，就连忙退了出去。过了不久，从楼道里传来踢踢踏踏的脚步声和脸盆的磕碰声，这说明就寝时间到了。女同学正准备离开会场，不料陈必陶拉着赵同学开门进来。袁同学听见陈必陶对赵同学说话，重述在星期天晚上返校路上对她说的事，即其他大学的学生对工作组有看法的事。大家一听此事，都来了精神，各抒己见，热烈讨论起来。直到熄灯时间，才各自回自己的宿舍。

7月12日星期二上午，505室。小组会一开始，组长贺同学就说，昨天大家讨论很热烈，都关心国家大事，关心文化大革命。他问大家，是否可以用大字报的形式把大家对当前运动的看法写出来，帮助工作组推动运动深入发展。 大家一致同意，把陈必陶从另一个小组请了过来，一起起草大字报。大家你一言我一语，很快就把大字报写出来了。在场的同学中有5位签上了自己的名字。然后，一起去把大字报贴到宿舍楼（39楼）北面的学生第六食堂的西头的墙上（朝西）。

二.大字报贴出之后

7月12日大字报贴出后，引起不少同学围观和议论。特别是午饭和晚饭时间，不少同学端着饭盆边吃边看大字报。围观的人越来越多，在原大字报（约2500字，大概有6、7张纸）周围贴了不少大字报，有支持的，有反对的。

本班、本年级和本系的同学立即分成支持和反对的两派。支持的同学认为大字报说的情况是事实，不认为大字报是反对工作组的。反对的人则认为，大字报是反对工作组的。在大字报贴出的几天内，工作组没有公开表态。当然，大字报的作者和支持者是承受着压力的。

大字报贴出几天后（记不得准确日期，但是可以肯定，一定是在7月18日之前）的一个晚上，我听到学校广播台的高音喇叭广播，呼叫5位大字报作者的姓名，要他们立即去燕南园XX号。根据袁同学的回忆，她在听到广播呼叫后，心里嘀咕：事儿来了，不知是祸是福，但是心中无愧，也就毫不犹豫去了燕南园。到达后一看，已经有人先到了。除5位同学外，还有一位老师向他们介绍坐在她自己旁边的女士。由于当时头有点晕，袁同学没有听得很清楚，好像是李讷。散会后回想，袁同学觉得应该就是李讷，因为她的眉眼和面部与在大街上贴的毛主席像有些相似，而且讲话的语调和气度也不一般。会很快就开完了。主要是询问7.12大字报产生的前后情况。5位同学一一据实回答，说明就是想表达自己当时的观点。

7月18日晚上，即"6.18事件"一周月之际，校工作组组长张承先在全校广播大会上，很不情愿地宣布，陈必陶等5同学的7.12大字报是"革命大字报"。我还记得当晚的情景。很多人聚集在学六食堂南面、38楼和39楼北面的马路和空地上听挂在一棵大树上的高音喇叭。当说到该大字报时，张承先停顿了几秒钟，才蹦出"革命大字报"这5个字。人群中立即发出一阵掌声。掌声并不响亮，说明原先支持大字报的人并不占多数。

大字报的作者和支持者都松了一口气，原因是，"反对工作组"的帽子没有了，而且被工作组承认为"革命大字报"。请注意，支持大字报的人不是认为，大字报反对工作组而且是反对对了。很多原先反对大字报的同学也转而支持大字报。没有人再说那张大字报是反对工作组的，至少没有人公开说。

7月25日、26日和8月4日三个晚上，中央文革小组和其他中央领导人物在北大东操场召开所谓的"万人大会"。在7月26日的大会上，宣布撤销工作组和成立学校的文化革命委员会。在成立（正式的）文化革命委员会之前，先成立文化革命委员会筹备委员会，每个系选举一名委员。地球物理系进行了相当激烈的"竞选"。两位候选人是：7.12大字报代表人物陈必陶和老牌学生干部、1960级学生王世一。竞选活动在学六食堂南面、38楼和39楼北面的马路和空地上进行。陈必陶本人没有出面竞选，只是他的一些支持者在热情鼓噪。王世一则亲自出马发表演说，加上她的支持者的呐喊。竞选结果，陈必陶当选为地球物理系的委员。当选后他只去参加过一次校文革筹委会会议。据他自己说，不再去开会的原因是（开这种会）"没意思"。后来在校文革筹备委员会的基础上成立校文革委员会，陈必陶不是地球物理系的委员。

1967年7月12日，由新北大公社16团（地球物理系）组织学校的7.12大字报发表一周年纪念大会。其时聂元梓的新北大公社已经发生分裂。16团被"反聂派"主导。当晚纪念大会在五四操场举行，只有"反聂派"参加。主持大会的是地球物理系1962级学生王素菊。我在大会上代表本班（陈必陶所在的班）发言。陈必陶本人也在大会上作了简短发言。

三.讨论

（一）7.12大字报的性质

1966年5月25日下午聂元梓等7人的大字报在大饭厅东墙贴出后，引发了支持者和反对者的辩论，但是没有影响到学校的教学秩序，第二天我们照常上课。6月1日晚中央人民广播电台广播了这份大字报。第二天开始，学校停课。以张承先为首的工作组随即进校，领导北大的文化革命，斗"黑帮"，包括开斗争会和强迫劳动。工作组也把学生分成"左、中、右"，准备整学生。6月18日，部分学生甩开工作组，"自发"斗"黑帮"。工作组把它定性为6.18反革命事件，运动从而进入冷清时期，引起一些同学的不满。这就是7.12大字报产生的背景。

张承先在他的文章"文革初期的北大工作组"[1]中说，在陈必陶等五名同学贴出大字报后，"工作组领导小组决定通过这张大字报，进一步贯彻'放'的方针，把运动搞活。"仿佛他对大字报的态度是一贯肯定的。根据其他同学和我的回忆，张承先说的不是事实。

根据北大学生陈焕仁的日记[2]，7月17日他到大饭厅听了张承先的报告。报告的题目是："高举毛泽东思想红旗，把运动推向更高阶段"。报告的内容是："首先总结了前段运动，然后布置了今后的工作，点名批判了陈必陶等5人大字报，他用了很长时间，对陈必陶大字报罗列的工作组'五大罪状'，一一地予以批驳，说陈必陶等人的大字报完全是别有用心，北大的运动只能在工作组的领导之下，坚定不移地按照中央部署和要求进行，决不能让少数别有用心的人去左右，从而走偏方向。"

我不记得张承先作过这样一个报告（可能这个报告根本就不是面向我们这样的普通群众）。但是我记得我们都承受着很大的压力。正如北大学生古樟的看法[3]，张承先态度发生过转变；这个转变是北京市委领导李雪峰和吴德一再做工作（批评）的结果。

总之，工作组（即组长张承先）对大字报的态度不是一贯不变的。由于上级（北京市委）的压力，由（自主的）否定变成（不自愿的）肯定。

让我们来看大字报的内容，根据当时流行的方法解读。大字报首先肯定工作组，说工作组领导北大文化革命取得很大成绩。然后，以地球物理系为例，列举运动中存在的四个问题，其间没有提到过工作组。接着，大字报提出进一步搞运动的两条建议，其间提到了工作组，给工作组出主意。最后表示，要在工作组的领导下，把运动推向更高的阶段。

以上是心怀好意，正面解读，得出大字报不是反对工作组的结论。对大字报也可以心怀恶意，负面解读，得出大字报是反对工作组的结论。大字报在开头对工作组抽象肯定，然后对工作组具体否定。大字报列举运动中存在的四个问题。虽然没有提到过工作组，但是运动是在工作组领导下进行的，所以，工作组必须负责，也就是说，这四个问题是由于工作组的错误造成的。大字报提出进一步搞运动的两条建议，趁机攻击工作组"包办代替"，"怕'乱子'"。最后谎称"要在工作组的领导下，把运动推向更高的阶段"，其实就是要抛开工作组，由少数别有用心的人去左右运动，偏离大方向。

没有亲历文革的人很难欣赏当时那种能从鸡蛋里挑出鸡骨头，甚至挑出猪骨头的本事。

依我的看法，7.12大字报不是反对工作组的大字报，顶多能算是对工作组不满的大字报；是工作组把它说成是"反对工作组"的大字报，从而可以给作者和支持者扣上"反工作组"这顶大帽子。须知，工作组自称是党中央、毛主席派来的。因此，"反工作组"就是"反党"。这种"反XXX"就是"反党"的逻辑，一直通行无阻。文革开始后，这是北大第一次出现的这类大字报。因此，工作组必须把它打压下去，才能维护工作组的权威。这顶帽子很好使。

在工作组一统天下的文革初期，写出和贴出这样的对工作组不满的大字报，签上自己的名字，需要很大的勇气。从前面的第一小节"大字报的产生"可以看到，是陈必陶把对运动现状不满的情绪和看法带到在505开会的小组。第二天，是组长贺同学提议写大字报，帮助工作组推动运动深入发展，得到大家的同意。在写大字报过程中，陈必陶起了关键作用，在大字报上第一个签名。根据全班分组方法推断，在场应有10几人，但最后只有5人签名。这说明过半的人不同意或部分不同意大字报的内容，或只是勇气不够。

有意思的是，在工作组表态之前，大字报的作者和支持者都辩称，大字报不是反对工作组的；大字报反对者则说大字报是反对工作组的。在工作组表态、说大字报是革命大字报之后，作者和支持者的说法不变，而反对者则改变说法。总之，大家都说大字报不是反对工作组的。后来，工作组撤出学校，大家批判工作组的"资产阶级反动路线"，都转而说那是北大第一张反工作组的大字报。这不是有点滑稽可笑吗？

（二）7.12大字报对北大文革的影响

（1） 7.12大字报贴出后，校园里出现不少支持或反对的大字报，在一定程度上打破了6.18事件后的冷清局面。但是，局面在短期（一周）内会发生根本性的转变，迫使工作组承认7.12大字报是革命大字报，是因为外力迅速介入的作用。从表面上看，是北京市委（李雪峰、吴德）对张承先的批评。实际上，是更高层的力量在起作用。从逻辑上讲，文革初期的工作组（以及后期的工宣队），是共产党中央派的。因此，工作组的老虎屁股别人摸不得，只有党中央才能摸。只有党中央才能说工作组犯了"路线错误"，才能命令他们撤出学校。说工作组是刘少奇派的，不是党中央派的，那是狡辩。难道刘少奇是以个人名义而不是以党中央名义派工作组到学校？何况，有人披露，向北大等单位派工作组是得到毛泽东同意的。更可笑的是，在清算工作组的错误时，说工作组执行了"资产阶级反动路线"。共产党中央派的工作组执行的路线，与资产阶级有什么关系？说工作组执行了"无产阶级反动路线"，还靠谱一些。

从事情发展的时间顺序，可以看出外力介入的迅速和巨大作用。7月12日大字报贴出，几天后李讷在燕南园会见大字报作者，7月18日张承先在广播大会上宣布7.12大字报为革命大字报，7月25日中央文革小组和其他中央领导人物在东操场召开"万人大会"，7月26日的大会上宣布撤销工作组和成立学校的文化革命委员会。前后只有两周的时间。有理由认为，要以工作组的问题为借口向异己发难，是毛泽东早就计谋好的。7.12大字报的出现，提供了一个契机，由中央文革小组出面，启动批判工作组、撤销工作组、清算异己的过程。

（2） 当时流行北大文革"先天不足"论，即：把工作组撤走后、北大文革的情况和清华相比较，北大文革不像清华那样轰轰烈烈，是因为北大文革"先天不足"。根据当时流行的说法，"先天不足"的原因有二。

"先天不足"的第一个原因是：北大有个聂元梓。在工作组撤出后，1966年7月28日成立校文革筹委会，主任是聂元梓。9月11日成立（正式的）校文革委员会，主任还是聂元梓。由于聂元梓是毛泽东钦定的"全国第一张马列主义大字报"的作者，在北大无人可以挑战她的地位，无人可以代替她，因而北大"乱"不起来。而只有"乱"，才能"轰轰烈烈"。10月6日物理系学生路远、周闯在学六食堂东头墙上贴出大字报，标题为"搬开聂元梓，北大才能乱"，劝聂元梓自动退位。

"先天不足"的第二个原因是：7.12大字报的问题解决得过快，前后只有一个星期的时间。时间不够长，打压烈度不够，反抗烈度不够，因而北大没有出现清华蒯大富式人物。不过，这里含有猜测成分。如果工作组来得及对7.12大字报作者和支持者进行猛烈打压，谁也不能预料其结果。

参考文献：

[1]张承先，《文革初期的北大工作组》，《百年潮》，1998年第5期。

[2]陈焕仁，《红卫兵日记》，香港中文大学出版社，2006年。

[3]古樟，浅析张承先的《文革初期的北大工作组》，电子杂志《记忆》，第147期。

附录　1966年7月12日北大地球物理系陈必陶等5位同学的大字报，"把运动推向更高阶段"。（引自"地方文革史交流网"。）

把运动推向更高阶段！

自从六月一日党中央和毛主席派来了工作组，我校起了一个翻天复地的变化。伟大的无产阶级文化大革命即刻在我校蓬蓬勃勃地开展起来了，取得了很大成绩。革命形势大好，我系的文化大革命运动也和全校一样，发展很快，取得了巨大成绩。但运动的发展是有些问题的，尤其当前我们觉得问题比较突出。

一、我们对当前的运动有以下几点估计与意见：

（一）运动在当前发展较慢，几乎停止不前，斗苏士文的辩论会进展极慢，原计划搞两天的干部路线问题，结果搞了四天，收效不大。苏士文没有承认任何实质性问题，而是气焰嚣张，至今还负隅顽抗。敌人是不打不倒的。但为什么苏士文这个顽固分子，我们打了还不倒呢？是因为我们打的不狠，现在大字报质量不高，有许多更深层的材料还没有揭出来，大字报几乎千篇一律，大同小异，没有对立面，而是一边倒，难道大家的看法都如此一致吗？

（二）陶铸同志说："我建议大家串连，班与班串连，系与系串连，甚至可以到校外去，群众运动么，就是要运，就是要动。既不运也不动，几个人蹲在屋子里，你看看我，我看看你是不行的。"现在我们就是既不运也不动。每天早晨七点三十分至十一点三十分是坐在宿舍里，下午二点三十分至四点三十分是坐在宿舍里，晚上还是坐在宿舍里，几乎没有什么串连，班与班，年级与年级，系与系，学校与学校互不通气，甚至同层楼的也是"鸡犬之声相闻，老死不相往来。"整天在宿舍里，东拉西扯，没有讨论出什么东西。交流经验，交流观点是太少太少了，也没有时间。早晚七点三十分、下午二点三十分到宿舍的规定，很多同学感到卡得死死的，憋得慌，满腔热情，一身干劲不能充分发挥。

（三）现在左中右还不分明，糊糊涂涂一锅粥。无产阶级文化大革命是触及人们灵魂的大革命，每个人都要在运动中受到考验，可现在大家几乎都是左派，按理说真正的左派是少数，然而学生中你是左派，我也是左派，中间派在哪里？右派在哪里？这真是奇怪，当然真正的左派在哪儿也就不清楚了。

（四）现在各班的核心小组是核心吗？毛主席说："凡属团结一致，联系群众的领导骨干，必须是从群众斗争中逐渐形成，而不是脱离群众斗争所能形成的。"又说："一个百人的学校，如果没有一个从教员中职员中学生中按照实际形成的（不是勉强凑集的）最积极、最正派、最机敏的几个人乃至十几个人的领导骨干，这个学校就一定办不好。"当群众还有种种习惯势力和框框的时候，所选出来的人就不一定能代表真正的革命力量。领导核心应是左派组成的。正如主席所说的是在群众斗争中形成的而不是勉强凑集的，不是一成不变的，左派队伍也会分化，真假左派要靠斗争来检验，必须不断地提拔在斗争中产生的积极分子来替换原来骨干中相形见绌分子或腐化了的分子。

现在核心小组还未充分发挥作用，有些干部每天开会太多，脱离群众，核心小组是上头有什么布置就往下传，下头有什么情况就向上反映，一件事作完就要指示，不来就等，没有一点主动性，创造性。说难听点只起传声筒的作用。

二、运动在当前怎样搞，我们认为：

（一）要组织起来真正的左派队伍

上面说过在学生中几乎都是左派，实际上左派队伍还没有真正组织起来，我们建议，真正的左派，要打破班与班的界限，打破级与级的界限，我们大家组织起来，组成革命的核心队伍，团结广大革命师生，向黑帮开火，向资产阶级权威开火。

在教师中，我们认为情况更为严重！领导权是否在真正的左派手中？在斗争苏士文的辩论会上，什么人控制着会场？是什么人总发言，什么人不发言？犯了错误的干部洗手洗澡，轻装上阵了吗？为什么苏士文不倒吗？这难道和我们的"队伍"无关吗？红旗杂志社论《信任群众，依靠群众》中说："掌握了毛泽东思想的广大人民群众，对牛鬼蛇神战斗得最好，他们瞄得最准，打得最狠。"而我们怎么斗得不够好呢？这个问题值得考虑。我们认为，现在的问题首先不是什么知情不知情的问题，而是敢不敢彻底革命的问题。

（二）要放手发动群众

我们认为，工作组要放手发动群众。就学生来说，广大革命师生蕴藏着极大的革命积极性，不要卡得太死，不要搞清规戒律，要让群众的积极性充分发挥出来。

红旗杂志社论《信任群众，依靠群众》中说到："我们党必须依靠各个地方，各个部门的坚定的革命左派。不要受级别、资历、年龄等错误框框的束缚，把坚定的左派组织起来，作为运动的骨干，大胆放手地让他们在无产阶级文化大革命中发挥带头作用。"

毛主席在《中国共产党在民族战争中的地位》中说："必须善于使用干部。领导者的责任，归结起来，主要地是出主意，用干部两件事。一切计划、决议、命令、指示等等，都属于'出主意'一类。使这一切主意见之实行，必须团结干部，推动他们去做，属于'用干部'一类。"毛主席又说："必须善于爱护干部，爱护的办法：第一，指导他们，这就是让他们放手工作，使他们敢于负责；同时适时地给予指示，使他们能在党的政治路线下，发挥其创造性……。"

我们的工作组，就要"大胆放手"，让坚定地发挥带头作用。我们坚决服从党的领导，服从工作组的领导。但领导不是包办代替。我们服从工作组领导是要让我们放手工作，同时又适时地给予指示，使我们能在党的政治路线下发挥创造性。

我们希望，工作组不要怕"乱子"，搞运动嘛，就得"乱"点，不"乱"才不是"正轨"。现在就有点松松散散，稀稀拉拉。比如有的人，游泳、打球，一玩就是一二小时，有的人一天游泳竟达二、三次之多，有的人读小说，科技书，爱不释手，试问这兴趣哪来的？他们一搞运动就象泄了气的皮球。我们提倡适当锻炼身体。问题是有的人竟达到了疯狂地步，这和对运动的态度形成鲜明对照。在这里就反映着对文化大革命的态度。

要搞运动就不要怕乱，不搞运动当然也就不"乱"。要在乱中求不乱，有点"乱子"才好呢，这样每个人都要接受检验，人们就会分化，各派队伍就会分明起来。左、中、右分明了，我们看，这就比"一锅粥"好搞。"六．一八"不是许多牛鬼蛇神登台表演了吗？一表演就暴露这岂不是好事。

以上就是我们对当前运动的看法，同志们可以充分发表意见，进行辩论，在工作组的领导下，把运动推向更高的阶段！

地球物理系二年级

陈必陶　赵小康　贺玉芳

袁素云　赵玉亭

一九六六年七月十二日

37 三十年的珍藏

2019年05月06日

今年是89民运30周年。时光流逝，我心依旧。30年来，我珍藏着一些照片和物品。与那些震撼人心的照片相比，我的这些"作品"微不足道。但这是我亲手所为，弥足珍贵。所以，我要与大家分享，重温那激动人心的日子。

一.

三十年前，1989年，我正在清华大学无线电系（电子工程系）雷达教研室（信号检测与处理教研室）做博士后研究工作。我是北京大学地球物理系1964级本科生。因此，我既属于北大，又属于清华，奔走于两校之间。

照片1是4月某日我站在清华中央主楼前平地的东南角、朝主楼方向拍照的。用的是美能达（Minolta）单反（SLR）照相机（下同）。

照片1. 清华学生在中央主楼前集会

二.

照片2是4月某日朝西方向拍照的。大体在照片中心位置、夹在两个树林之间的白色单层建筑物是学生十食堂。食堂前部是突出的东门廊（靠右边，看起来较大）和西门廊（靠左边，看起来较小，标有数字"1"）。西门廊里设有学生临时广播台，里面放有两部扩音机。食堂前面的空地是学生的活动中心。

照片2.清华学生十食堂，学生活动中心

照片中食堂左面、标有数字"2"的树林，与食堂之间隔着一条水沟，其上有一座小桥，连接水沟两边的马路。6月4日，清华学生在这个树林里祭奠死难者。一个黑色棺材前设了几个牌位，记得一位是段昌隆（清华化工系应届毕业生），还记得另一位是钟庆（精密仪器系本科生）。牌位前面放着水果等祭品，还有点着的香烟。人们低头默哀、鞠躬行礼。

三.

照片3是4月某日从28楼北面拍照的北大三角地，北大学生的活动中心。大字报栏后面的建筑物是教工宿舍16楼。左边露出的房顶是与大饭厅（如今的"大讲堂"）相连的学生第二食堂（小饭厅）。

照片3. 北大三角地

四.

　　4月26日晚，在清华学生集会上，学生自治会筹委会宣布取消第二天抗议4.26社论的游行，引起许多学生的不满。4月27日早上，这些学生自发组织游行队伍，冲出清华西校门，到中关村与北大学生的游行队伍会合。照片4中游行队伍途径宿舍区、前往西校门。

照片4. 清华学生抗议4.26社论的游行队伍途径宿舍区

五.

4月27日早上，北大学生冲出南校门，参加抗议4.26社论的游行。下面是当时北大南校门的照片。南校门内，游行队伍高举旗帜、整装待发。南校门外，围观和支持的群众人山人海（照片5）。

照片5. 北京大学南校门，4.27早上

5、6月份，我为北大学生广播台"自由论坛"当机务（维修人员）。我多次顺着南校门侧面的墙爬到门顶平台上，安装和调试高音喇叭和变压器。

六.

5月14日，我决定单枪匹马，挺身而出，声援绝食学生。当天下午，我和妻子用白布做了一面长方形旗子，水平方向宽67厘米，竖直方向高89厘米。沿竖直方向的一边缝有套筒。竹竿插入其中，就成旗杆。图1是旗子的实物照片。

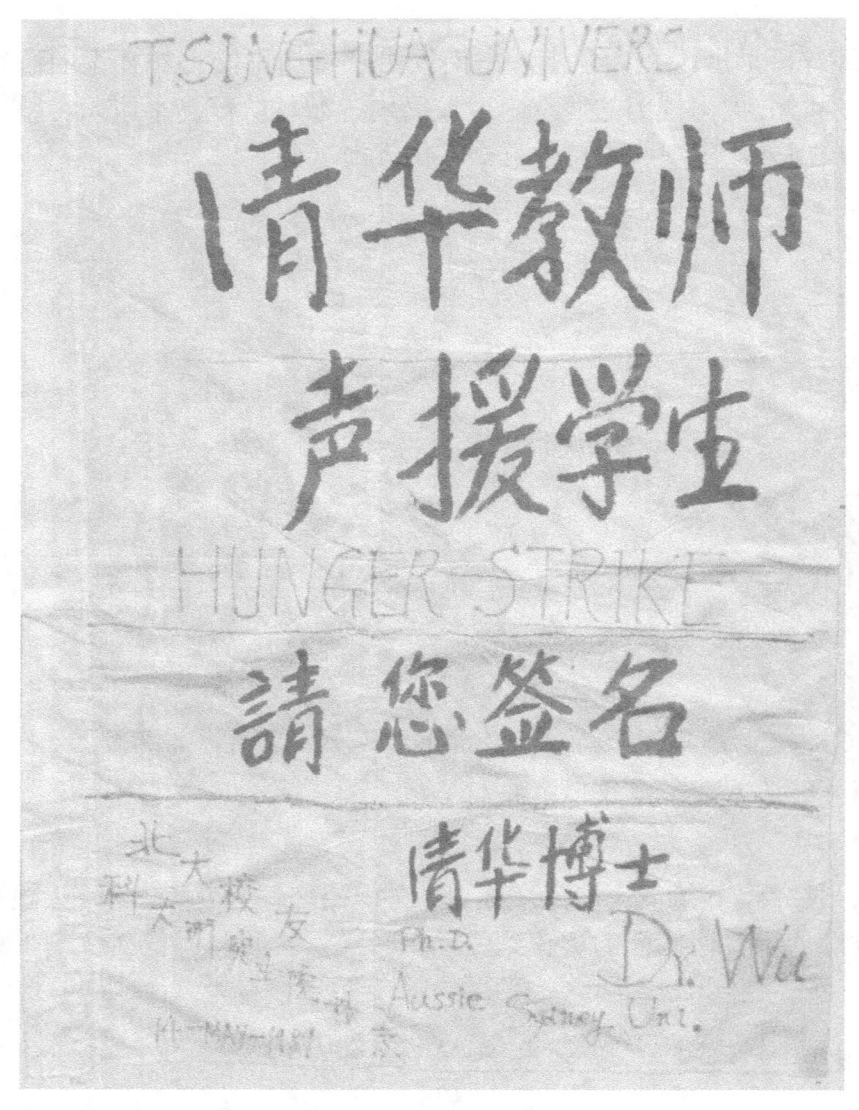

图1. 声援绝食学生的长方形旗子（"清华博士后"的
"后"字是用圆珠笔写的，已经褪色，在照片上看不见）

　　我把18张12厘米宽、14厘米高的白纸订在一起，做成一个小本子，供签名用。图2是小本子的实物照片。

　　当天下午我穿戴着悉尼大学的博士袍、博士帽，把长方形旗子的旗杆捆绑在自行车车座后面，把小本子和一支圆珠笔一起挂在旗杆上，骑自行车沿校内马路从宿舍西八楼前往中央主楼，征求签名，声援学生。

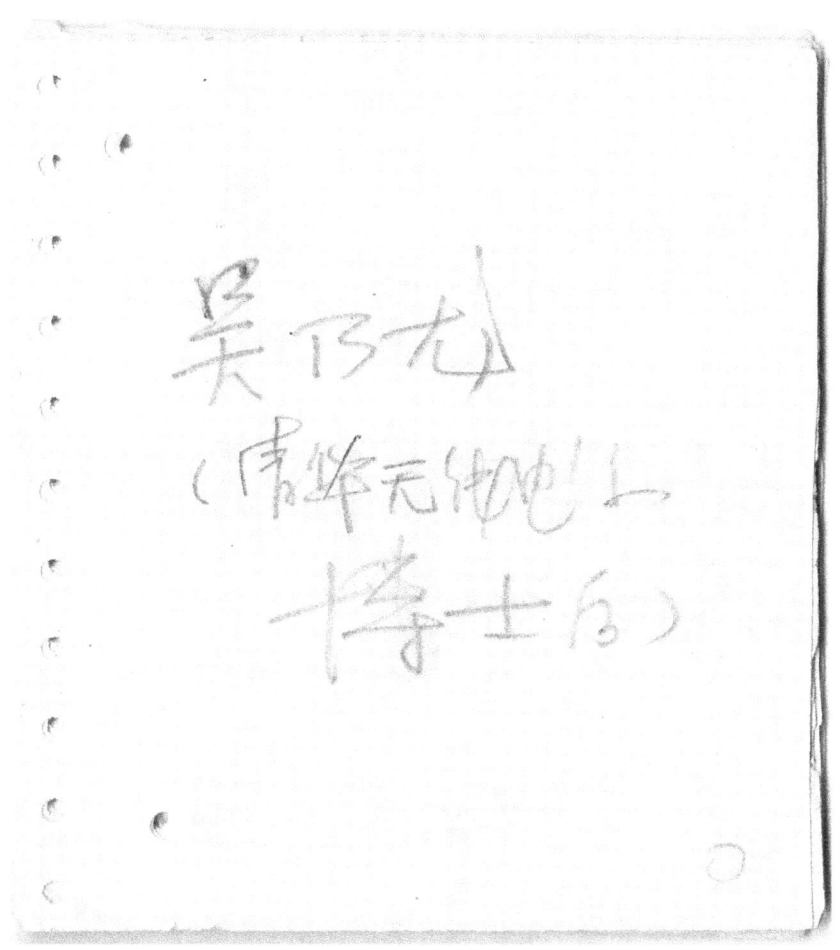

图2. 供签名用的小本子

七.

　　5月15日，我把长方形旗子的旗杆捆绑在自行车车座后面，参加北京知识界大游行，声援绝食学生。在天安门广场，"人民英雄纪念碑"东面的清华营地，我接受了台湾聯合報记者汪士淳先生的采访。图3是汪先生发表在聯合報上的报道。

教師聲援

罷教，並參加遊行！

特派記者汪士淳 / 北平專訪

四十歲的雷達圖像專家吳乃龍說，現在不行動，等到十二歲的兒子長大後再去搞學運，當爸爸的就要汗顏了。大陸知名的雷達圖像處理專家一北京清華大學博士後研究員吳乃龍，這幾天說自到天安門廣場聲援絕食學生，他已經停止研究並罷教了一個月。吳乃龍說：「為了爭民主、自由，我可以不研究！」

四十歲的吳乃龍，北京大學畢業後，在澳大利亞取得電機工程博士，目前他是大陸唯一的「最大熵方法」權威。

自從大陸學潮於上月十八日爆發以來，吳乃龍就停止他的研究工作，和年輕學生一起參加各種學運活動。吳乃龍說：「這是我的良知促使我這麼做的。學生為了爭民主、爭自由，不惜冒了這麼大的風險，做老師的當然應該和學生站在同一邊！」

吳乃龍有一個十二歲的兒子，目前就讀北大附中。吳乃龍認為，他如果現在沒有行動，而要等到他兒子就讀北京大學之後去參與學生運動來爭取基本人權，那麼做父親的就要汗顏了。

昨天，吳乃龍扛著一面表明身分並支持學運的旗子，親自到天安門廣場與清華大學絕食學生在一起，並搖旗吶喊。他說，這面旗子是也在教書的妻子製作的，她支持他這麼做。

吳乃龍認為，以大陸的民主、自由及經濟現況，要談和台灣統一，根本談不上。他說：「海峽兩岸要統一，先決條件是兩岸民主、自由及經濟發展水平要一樣，目前大陸落後太多！」自從他從澳大利亞學成返回大陸六年來，對大陸各方面發展極為失望。

天安門廣場上，除了絕食學員及聲援群眾之外熶有不少像吳乃龍這樣的大學教師及研究人員實質參與其中。

图3. 记者汪士淳在聯合報上的报道
（见网站“六四档案”http://www.64memo.com）

八.

5月16日上午，我又穿戴着悉尼大学的博士袍、博士帽，把长方形旗子的旗杆捆绑在自行车车座后面，把小本子和一支圆珠笔一起挂在旗杆上，在校园里征求签名，声援学生。在学生十食堂前面，学生自治会筹委会的人和我约好，下午3点在十食堂前会面，然后带领学生在校园里游行。

回到家里，我和妻子用白布做了一条横幅，宽82厘米，高21厘米。图4是横幅的实物照片。

图4.声援绝食学生的横幅

横幅的字面意思是：不少于100名清华学生绝食不少于70小时（从5月13日下午到5月16日下午）。

下午3时许，在十食堂前面，我站在拉开的长条横幅前面、自行车上的小旗旁边，手持半导体喇叭，面对人群，发表演讲，中心意思是呼吁清华教师支持学生。图5是现场录音卡式磁带的实物照片（内容见附录一）。

图5.现场录音卡式磁带

演讲之后，有人递给我一张中国科学院研究人员声援学生的签名的复印件。上面有约50人签名，左上角第一位是（数学家）王元。（数学家）陈景润的签名在底部倒数第二行。我随手在底部的空白处签了名。见图6。

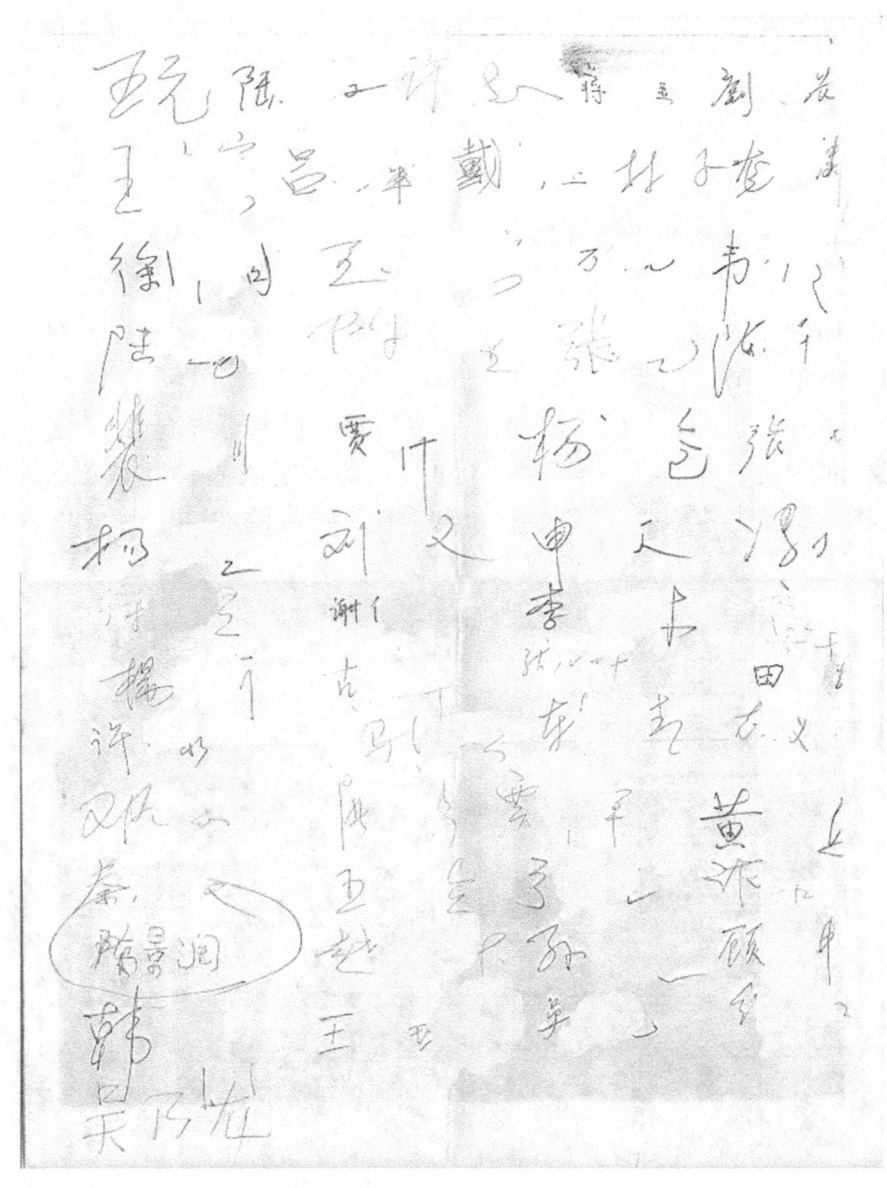

图6. 中国科学院研究人员声援学生签名的复印件

随后，我推着自行车，带领学生在校园里游行，筹委会的人沿途收集募捐的款项和签名。小本子上共有117人签名。下午活动过程历时大概3小时。

九.

【附录一】5月16日下午在十食堂前面的演讲，呼吁清华教师支持学生，长9分种。根据录音整理的内容。

我是清华无线电系雷达教研室的博士后。我叫吴乃龙。我是坚决支持学生的。现在是学生挺身站出来，为了民主，不惜牺牲自己的一切。我应该站出来，支持他们。13号那天，我跟着游行队伍，护送学生到了天安门广场。那天晚上，清华队伍到了以后，我就在城里过了一夜，在广场上过了一夜。5月14号那天，我弄了这面旗子，呼吁在最困难的时候，希望清华的老师来声援学生。14号使我非常失望。14号那天，除了我以外，只有一个赵大壮博士签字。（轻声苦叹）我非常感动。后来我继续，我觉得我应该继续站出来，呼吁老师支持学生。我是，昨天我一直在天安门广场。12点的时候，我到了清华绝食队前面，我看到清华一百多个同学在那里绝食，情况非常的悲惨。我都感动得流泪了。我就看了他们一眼，我都不敢再看第二眼，我怕自己的神经受不了。我回来以后，我继续呼吁老师，有良心的老师，支持学生，声援学生。我从今天开始，我又花了很多时间。除了休息之外，我就出来，呼吁老师支持学生。所以，我现在希望，清华有良心的老师、学者都站出来，支持学生。我并不是呼吁什么当局或者干部来支持学生，我只是呼吁教师、学者支持学生。我就可以算是个学者吧，我还是有点良心的。我应该站出来（众人：鼓掌），呼吁老师支持学生（众人：保护学生）。我觉得清华的同学，最近一段时间，干得是非常好的，特别是14号那天晚上，其实挺危险的。那天晚上，说要清场。那天晚上清华的学生去了六、七千人，我不知道我的估计准确不准确。结果去了以后就把绝食的队伍包围起来了，我觉得就是镇住了，那天晚上，镇住了阵脚。我觉得是清华学生的骄傲，使我感到非常兴奋。所以我认为，我应该呼吁老师来支持学生。现在我们的学生，清华有100多人在绝食。我觉得他们是为了民主，不惜牺牲自己的生命。我觉得他们就是用自己的生命、血肉在修筑新的长城。我觉得他们太冲动了，他们现在干的就是这种事情。所以我认为我应该呼吁老师来支持学生。实际上，从学生运动开始，我已经停止了我的一切研究工作。我觉得我搞科学研究，我搞的时间已经够长的了，我搞了半辈子了。那么，我觉得科学和民主，中国非常需要。那么，我觉得在现在这种情况下，我们更需要民主。（众人：好！鼓掌）

所以，我现在停止我的科学研究，已经停止一个月了。（众人：鼓掌）就是说，民主不是靠恩赐的，民主是要斗争得来的，现在我就必须参加到这个行列中去，尽我自己的一点力量。我知道，包括所有的人，清华的老师在内，都是希望有民主、自由的。但是我必须说一句，民主、自由不能靠别人的恩赐，或者是别人去斗争，取得以后，你分一份。这种思想是不正确的！（众人：鼓掌。好！）所以，我觉得，学生的这个斗争，非常悲壮。昨天晚上，我在北大听它的"自由论坛"，说北大有十几个学生要自焚。我听了之后非常痛苦。我希望这种事情不要发生。说真的。但是，这只是我的想法啦。那么，如果要防止这种事情发生，怎么办呢？只好说，大家支持他们，才能防止这种事情的发生。支持学生斗争，只能是这样。（众人：鼓掌）那么，我的这个发起，我是自发的。我不是这个……，我和学生的筹委会没有任何联系，我是自发的。我觉得我是一个有良心的教师。（众人：好！鼓掌）我并不认为我有很高的觉悟。我应该站出来，呼吁老师支持学生。各个人的情况不一样，我并不是呼吁他们，都要停止研究工作，跟我一样，要去游行，甚至我并不要求他们来签字。但是，我就是希望老师能够从良心出发，不要去对这些同学施加压力。（众人：好！鼓掌）我在广场的时候，我听到一个同学跟我说，他的班主任在4.19的晚上跟他说，你呀注意一下，明天早上，谁是晚回来，给我汇报，这样的话，你在政治上就清白了。我觉得这个班主任非常可耻！（众人：好！鼓掌）因为这是在你力所能及的范围内，你可以不管，对不对？那么，而且，我感到，这种事情，在1989年还能发生在我们的清华大学，我感到非常的悲哀！（众人：鼓掌）我就是希望，呼吁老师，能够声援学生，能够让学生按照自己的思想，自己的意愿，去干他自己所愿意干的事。（众人：鼓掌）我认为这是对有良心的老师的一个最低的要求了！（众人：好！鼓掌）我觉得我是被学生所感动的。一开始的时候，我对学生的运动很关注，但是，我当时很难预料它的发展。我是非常关注的。说实在的，一开始的时候我对清华的情况比较失望。现在，就是说，同学们起来了，而且在声援绝食斗争中，清华的同学起了非常好的作用。现在我希望清华的老师能够支持学生，能够比较快地挽回自己在北京市的形象！（众人：对！鼓掌）我现在就想到宿舍区去，我自己想去唤醒老师，表明态度。那么……（众人：我们一起去！鼓掌）（半导体喇叭开始响起……）

十.

【附录二】我在CND上发表的与89民运有关的回忆文章。原发于《华夏快递》或《华夏文摘》，并放入《华夏文库》，网址是：

http://wu-nailong.hxwk.org

文章的标题如下（按发表时间顺序排列，新的在前）。
老吴曾经是海归（九）－ 风萧萧兮易水寒（1989）
老吴曾经是海归（五）－ 不眠之夜（1989）
老吴曾经是海归（四）－ 挺身而出（1989）
老吴曾经是海归（三）－ 海归归海（1991- ）
老吴曾经是海归（二）－ 清华园里放鞭炮（1990）
无线电爱好者的1989（二）
无线电爱好者的1989（一）

38 可笑的"失联通知"
2019年07月15日

一.

本人多年平安无事。近来却发现，自己上了"失联通知"名单。这种不吉利的事，怎么会摊到我头上？开始觉得奇怪，继而觉得可笑。

今年5月，我用自己的中文姓名作为关键词在互联网上用Google搜索。在搜索结果中除以前看见过的有关网页，如：发表的文章，出版的书籍，还意外发现，自己的姓名赫然出现在一个以前没有看见过的网页上。网页的标题是：中科人才网-中国科学院人才交流开发中心-人力资源外包-人力咨询。网址是：www.casjob.com>档案管理。

我在25前从美国技术移民加拿大，随后按照规定从中国科学院北京天文台辞职，与科学院脱离了关系。为何现在上了"中科人才网"，成为"人才"了？打开网页，看见网页主人是"中国科学院人才交流开发中心"。网页正文的标题是"失联人员公示"。标题下面是一段说明，称："根据北京市人事局《关于进一步加强流动人员人事档案管理工作通知》……，自2008年1月1日起对失联5年以上的人员进行公示，每年更新一次。公示期满后，仍没有与我中心取得联系和补充档案材料、接续人事关系、补交存档费的，将视为自动终止档案托管关系。…… 请以下人员在看到公示信息后及时与我中心取得联系，联系电话：……。" 接下来是一个很长的表。表的标题是"公示名单"。名单中每人一行，栏目有：姓名，身份证号，调入日期，缴费截止日期，原系统号，库房位置，区号，盒号。本人的姓名在第454页的第13行。这个公示名单共有516页。每页含16行即16人，最后一页例外，只有6人。因此，总人数为 515 x 16 + 6 = 8246。

二.

我想起来了。1997年6月，家人移民加拿大与我团聚。正在办理移民手续之际，妻子收到北京天文台的通知。通知的大意是，我的档案仍在北京天文台；根据现行规定，科学院出国人员的档案都要由国家科技人才中心统一管理。 妻子本来不愿办理此事，但是怕节外生枝（办理家庭团聚移民手续过程中，有可能需要到北京天文台取得某种证明文件），影响移民手续的办理，只好按照通知中的指示，到科学院人才管理中心办理手续。保管时间最短为1年，最长为5年。期满后可以延续。保管费为每年50元，一次交清。妻子不认为我的"档案"以后还会有任何用处，只要对付过去就行了，于是填写表格，选择最短的保管时间，交了50元。至于我的所谓"档案"，连个影也没见着。随他们的便吧，爱怎么着怎么着。只求办好移民手续，赶快溜之大吉。 想不到22年之后，他们发了一个"失联通知"，满世界寻找我。所以，看见这个通知，我情不自禁，心里小小感动了一把。

三.

说起我的"档案"，话就长了。1970年3月从北京大学毕业，我被分配到陕西省商南县。大学毕业生属于"国家干部"，无论是否共产党员，人事档案都由共产党的县委组织部保管（在1971年2月商南县委恢复工作之前，由县革委会政工组保管）。根据规定，本人不得查看自己的档案。所以，我不知道自己的档案里有什么东东。特别是，由于被人揭发我在文化革命期间"恶毒攻击"和"偷听敌台"，受到过县公安局专案组的追查。我不知道档案中是否有这个"不良记录"，"揭发材料"和"交代材料"是否放进了我的档案中。一把达摩克利斯之剑悬挂在我头上达八年之久。1978年我差点因此而失去研究生报考资格。幸运的是，考取中国科学院北京天文台出国研究生之后，在办理各种手续过程中，没有遇到过什么问题。

1986年6月我从澳大利亚学成归国，先后在北京天文台和清华大学无线电系（电子工程系）博士后流动站从事研究工作。1990年10月，我回到北京天文台任副研究员，成为正式职工。至此，从来没有遇到过什么问题。就在开始工作不久，有一天，人事处处长小吴（从1978年考研究生时延续下来的称呼）突然对我说：你的档案呢？台里没有。 我当即答道：我的档案我自己不能接触，我怎么会知道呢？ 她没有再追问。至于事后她是否去查找过，找到没有，我不知道，反正没人再提此事。过后我和天文台的研究人员说起此事，他说很可能，从天文台录取研究生，到出国留学，到进入博士后流动站，到回天文台正式工作，办理手续都只凭当初的研究生考生登记表。 我记得当年报考研究生时，我确实填写过一份考生登记表，可能只有二页纸。可能后来由天文台加进了一些材料，如考试成绩单之类。现在，我成了天文台的正式研究人员，他们才想起来，必须有我的"人事档案"。 那么，我的"人事档案"哪里去了呢？丢失或销毁是不可能的。档案属于机密文件，保存和转移都有严格的手续。据我猜测，最大的可能是仍然在陕西省商南县县委组织部。还有一种可能是，1989年"六四"后清华大学把我的档案拿去"审查"，1990年10月我离开清华去了北京天文台，清华仍然扣押着我的档案。

四.

中国的人事档案制度，是最黑暗的制度之一。在中国，大体上，除农民外，每个成年人都有一份"人事档案"，伴随一生，直到升天之时，甚至升天之后。你的"档案"，内容对你保密，却伴随你的一生，决定你的命运，甚至你的亲属的命运。一个低级官员，比如共产党的党支部书记，一个人事科科长，就可以往档案里放入对你不利的文字材料，影响你的一生。随着科学技术的发展，近年来又演变出"社会信用评分"制度，全面控制民众生活。奥威尔《1984》描述的情景，已经在神州大地变成现实，并且有过之而无不及，令人毛骨悚然！

当年要求我们这些"流动人员"的档案集中统一管理，究竟是为了什么？1996年中共中央组织部、人事部《流动人员人事档案管理暂行规定》以及在其基础上制定的1997年《北京市流动人员人事档案管理暂行办法》宣称，其目的是：维护人事档案管理的严肃性，完善人才流动社会化服务体系，促进人才合理流动。管理部门必须接受党委组织部门的领导。管理人员必须是共产党员。 总之，"流动人员"也好，"固定人员"也好，其人事档案都必须在共产党的绝对控制之下。这就是所谓"维护人事档案管理的严肃性"。

一个人从"固定人员"变成"流动人员"，人事档案交给专门的部门统一管理。此后，如果这个人由"流动人员"再变成"固定人员"，从该管理部门重新获得人事档案。这个体系，看起来很完善。但是这种设计，就是要永远推行和维护现行的人事档案制度。这种黑暗的制度，没有尽头。

"流动人员"各种各样，其中一种是"辞职或被辞退的机关工作人员、企事业单位的专业技术人员和管理人员"。看来，我被归类到"辞职的专业技术人员"，受到组织关怀，享受这种待遇。不过，28年前我第二次离开中国，25年前我已经移民加拿大，没有这个福分了。看到这个"失联通知"，只是付之一笑。

39 慷慨的帮助

2019年10月11日

我在1978年考取中国科学院北京天文台射电天文专业出国研究生，研究方向是综合孔径射电望远镜，留学国家是澳大利亚。我在出国前和出国后都参加过北京天文台综合孔径射电望远镜的研制工作，亲身体验了澳大利亚同行对中国研究人员的慷慨帮助，心存感激，至今难以忘怀。

一.

1979年5月，我正在位于玉泉路原中国科学技术大学校园内的科学院出国人员英语训练班学习英语，突然接到天文台的回台通知，原因是澳大利亚悉尼大学电气工程系研究生邝振焜将访问天文台，帮助我们制作射电望远镜的数字接收机。邝先生是澳洲出生的华裔，当时只会说很有限的普通话。我将参加这项研究工作，同时担任邝先生的课堂翻译。

邝振焜先生在6月5日到达北京。随后，约10位天文台的研究人员加上一位科学院电子研究所的研究人员在邝先生的指导下开始工作。工作室设在友谊宾馆的一个大会议室里，邝先生夫妇也住在宾馆里。天文台的研究人员任芳斌住在宾馆里，以便照顾工作室和邝先生夫妇。我住在位于中关村的天文台招待所，每天骑自行车上下班，单程10多分钟。我们每天在宾馆的食堂吃午饭。每人一份，大约一块钱。

我们的任务是为北京天文台密云综合孔径射电望远镜（位于密云水库北面）研制数字接收机的两项专用设备：实时数据采集系统和二维傅里叶变换硬件。因此，研究人员平分成两组。我在二维傅里叶变换硬件组。对于综合孔径射电望远镜和数字电路，我只看过一些书，有一些理论知识。这次参加研制工作，对我来说，是个绝好的学习机会。

二.

密云综合孔径射电望远镜的研制在最大程度上参照悉尼大学电气工程系Fleurs射电天文台的综合孔径望远镜。除天线阵的构形（Configuration）和工作频率等一些参数外，前者都复制后者。数字接收机尤其是这样。用当年研究人员的话来说，密云的数字接收机就是Fleurs的拷贝（Copy）。

邝振焜先生带来工作所需要的各种元件、工具和仪器，比如：各种集成电路芯片IC chips，Erasable Programmable Read-Only Memory（可擦除可编程只读储存器），UV EPROM eraser（紫外线EPROM擦除器），EPROM writer（EPROM烧录器），Wrapping gun（缠绕枪），Logic probe（逻辑探头）。由于有中国科学院外事局的公函，在入境过海关时邝先生的这些物品免检免税放行。这些东西，在悉尼大学电气工程系属于日常工作用品。可是对于我们来说，算是新鲜的东西。特别是对我来说，刚从偏僻的陕西山区小县城回到北京读研究生，第一次见到这些东西，大开眼界。听邝先生用英文讲课，理解专业术语是一大困难。一切从头学起。

开头的大约一星期，邝先生给我们讲解两项专用设备的原理和制作，我当课堂翻译，开始时很困难。幸好十多位听众中，有几位研究人员对有关专业术语比较熟悉，帮了我很大的忙。然后，分组实际制作两项专用设备。很多时候，邝先生手把手教我们。

227

综合孔径射电望远镜包含若干无线电天线。这些天线瞄准天空中的一个区域，称为一个天区。望远镜的任务是通过观测和计算，得到一个天区的无线电发射源的强度分布，称为射电天图（Radio map）。简要说来，其工作原理是这样的：这些天线组成许多天线对，每个天线对称为一个通道（Channel）。在每个通道，两个天线输出的信号进行相关运算，得到射电天图的一个傅里叶分量（复数，包括幅度和相位）。把所有通道的输出信号即傅里叶分量放在一起，得到天图的许多傅里叶分量。对这些傅里叶分量作逆傅里叶变换，就得到天区的射电天图。

天区是二维的，无线电发射源的强度分布也是二维的，即天图也是二维的。因此，其傅里叶分量也必须是二维分布的。通常，综合孔径射电望远镜利用地球自转，产生二维分布的傅里叶分量。由于地球自转，每个通道的输出信号（傅里叶分量）作快速变化，这给信号处理带来困难。

在射电望远镜的实时数据采集系统中，计算出由于地球自转引起的天区中心的相位变化。然后，对于每个通道的输出信号，扣除这个相位变化，使每个通道的输出信号的变化速率大为降低，从而大大降低信号的取样速率，大大降低储存和处理的数据量。这种技术称为"条纹跟踪"（Fringe stopping）。

从数字接收机得到的二维傅里叶分量不是分布在规则的矩形网格点上。因此，在成像过程中不能应用快速傅里叶变换，电脑计算非常慢。当时的解决方法是应用"反投影"（Back projection）算法，用专用硬件实现。这种算法的计算速度介于快速傅里叶变换和"慢速"傅里叶变换（按照傅里叶变换定义计算）之间。

在邝先生的指导下，经过两个多月的努力，我们完成了实时数据采集系统中的条纹跟踪系统和接口，以及二维傅里叶变换硬件和接口。在邝先生八月份返回澳大利亚后，北京天文台的研究人员继续研制工作，于1980年初完成计算机接口，投入试验性运行。

三.

1975年，北京天文台派出研究人员任芳斌和陈宏昇，赴澳大利亚悉尼大学电气工程系学习综合孔径射电望远镜。1980年，北京天文台派出研究人员陈宏昇和郑怡嘉，赴该系研制密云综合孔径射电望远镜的数字接收机。1980年8月，我赴澳大利亚悉尼大学电气工程系留学，适逢陈、郑二位在系实验室工作。于是，我一边参加数字接收机的研制工作，一边为研究生课题作准备。我们的具体工作是研制数字接收机的中央控制板（Central Control Board），包括印刷电路的设计、制作和调试。我们可以无偿使用实验室的所有设备和元件。特别是，美国生产的高精度延迟线（Delay line），延时精度为纳秒（Nanosecond）级别，当时属于对华禁运物资。把它们安装在中央控制板上，由研究人员一起带回北京天文台。为了使密云的数字接收机和Fleurs高度一致，连电路板和机架的尺寸都要仿照。为此，我们在悉尼订购了许多很长的铝合金条和塑料条，准备运回北京。为了便于携带，根据所需要的尺寸，加上约2厘米的富余量，裁截成段。我用手锯做过很多次。塑料条还好，不是很结实。遇到铝合金条，可就费大劲了。同年12月，中央控制板完工，陈、郑二位带着器材返回北京。此后，我专注于自己的研究课题：最大熵方法及其在射电天文中的应用。尽管如此，我还是同时为北京天文台做了一些工作，比如：裁截铝合金条和塑料条，烧录数字接收机专用的EPROM。

1983年，北京天文台第三次派出研究人员徐祥，赴澳大利亚悉尼大学电气工程系工作，研制数字接收机的低噪声前置放大器。为了降低噪声水平、提高接收机灵敏度，前置放大器必须使用低噪声场效应管（FET, Field-Effect Transistor）。和高精度延迟线一样，这种场效应管也是美国产品，当时也属于对华禁运物资。结果也是一样，把它们安装在电路板上，由研究人员一起带回北京天文台。

四.

北京天文台和悉尼大学电气工程系的密切合作关系基于射电天文学家王绶琯先生和克里斯琴森（Chris Christiansen）教授的长期友谊。两人的友谊始于1963年。当年，克里斯琴森教授第一次访问中国。在他们的推动下，中澳两国的研究人员进行了长期合作。身为悉尼大学电气工程系系主任（1960-1978）的克里斯琴森教授，不但亲自出马，多次访问中国，他的学生Robert Frater博士和邝振焜先生也对北京天文台，特别是在密云综合孔径射电望远镜接收机的数字化技术方面提供了巨大帮助。

1964年王绶琯先生和克里斯琴森教授在Fleurs射电
天文台（《塔里窥天:王绶琯院士诗文自选集》）

　　密云综合孔径射电望远镜是在密云多天线太阳射电干涉仪的基础上
发展起来的，而这个密云射电干涉仪的建设，也得到克里斯琴森教授的
巨大帮助。Fleurs射电天文台（原属澳大利亚联邦科学与工业研究组
织（CSIRO），1960年移交给悉尼大学电气工程系）有3个太阳射电干涉
仪，其中最后（1957）建成的一个是克里斯琴森教授的杰作，因而被称
为Chris Cross（克里斯十字）。

1966年，克里斯琴森教授全家到达北京。克教授开始他的"学术休假年"（Sabbatical year），帮助北京天文台建设密云多天线太阳射电干涉仪，包括讲课和亲自动手。克教授到达之时，正是文化革命开始之际。年轻人都去闹革命了，基建工程停顿，天线系统的传输线迟迟架设不了，连固定传输线的柱子都没有。克教授讲过一个故事：有一天，克教授实在是忍无可忍，对他们说：瞧着，没有这些柱子，我们什么也干不成。看在上帝的份上，给我鹤嘴锄，铲子和撬棍。（"Look, we can't do anything until they're done. For God's sake, get me a pick and a shovel and a crowbar."）当时室外气温零下20度，土地冻得绷硬。刨了几个固定柱子的坑之后，克教授只好住手，回到宿舍。第二天一早，克教授回去刨坑，展现在他眼前的是许多刨好的坑。原来，那些年轻人受到感动，冒着将近零下30度的严寒夜战施工。事后，克教授称赞他们是"棒小伙子"（Good lads）。

1987年克里斯琴森教授在友谊宾馆与北京天文台研究人员合影

1978年，克里斯琴森教授从悉尼大学电气工程系系主任职位退休。次年，克教授移居堪培拉郊区，经营一个"业余农场"。1986年4月，我们全家陪同正在澳大利亚访问的北京天文台台长王绶琯先生和夫人到该农场拜访克教授。1987年，克教授和夫人最后一次访问北京天文台。我和天文台10多位同仁一起前往友谊宾馆看望克教授，合影留念。

231

40 七十年变迁 – 房子的故事

2019年11月25日

一.

夜深了。秋云坐在电脑前，敲下最后一个字。墙上的挂钟，敲了十一下。

三个月前，秋云回到北京，看望弟弟妹妹，和他们一起给父母扫墓。路过繁华的西单路段，街道名牌依稀可见，自家的房屋荡然无存。回到多伦多，往事涌上心头，挥之不去。于是，在电脑前动手敲字，回忆自己一家在那里度过的几十年。敲下最后一个字，秋云长长地舒了一口气。

让我们静下心来，听秋云讲述这个寻常百姓家的真实故事。

二.

我的第一个家，在老北京常见的小小四合院里。这个四合院座落在西单牌楼附近的捨饭寺胡同，门牌24号。如果您翻阅现在的北京地图，肯定找不到这条胡同。捨饭寺胡同这个不够光彩的名字早在1965年就被改为民丰胡同了。套用现在的流行话语，捨饭是"负能量"，民丰是"正能量"。

我父母的老家在河北省容城县。父亲是家中长子，有两个弟弟，两个妹妹。为了摆脱贫困，爷爷一家节衣缩食，送父亲到村里的私塾念了三年书。然后，托朋友引荐，送父亲到北京一家杂货店当学徒。父亲从十六岁开始，好容易熬过五年，期满出师。二十四岁那年，回老家成亲。婚后母亲留在老家，侍候爹娘，下地干活，里里外外一把手。我的大哥、大姐出世后，都是在春荒季节得病，由于乡村缺医少药而夭折。

父亲出师后，自己摆杂货摊谋生，活儿越来越忙。于是，向我爷爷、奶奶请求，把母亲接过来。一来自己有个帮手，二来希望自己将来的子女能够健康成长，并且下定决心，一定要攒钱买一座属于自己的房子。母亲来到北京之后，父母两人不分昼夜，埋头苦干，省吃俭用，又向朋友借了些钱，找到铺保，买下一个小小的四合院。这就是我的第一个家，捨饭寺胡同24号。

这个四合院很小，只有三面有房，即所谓的"三合式"，严格说是"三合院"。正房（北房）是座北朝南的三间大房。房间朝南的一面

232

全是大玻璃窗，透光明亮。挨着北房东山墙，向东搭建了一个宽大的房间。房间没有窗户，临街的北面墙角开了一个门，这就是小院的正门，门牌挂在左上角。这个宽大的房间实际上就是院子的门道。

院子东头有一间半房，和门道相接。大间是父母的工作室，小间是厕所。院子西头有一间房，租给一对夫妇。这对高姓夫妇，没有子女，是我父母租房住时的好邻居。我们叫他们高大爷，高大妈。高大爷以蹬三轮车为生，高大妈在家侍候丈夫，有时出门帮佣。两家人，一家是诚信本分的小生意人，一家是靠劳力糊口的平民，自然合得来。现在我们家买了房子，高家希望仍然和我们住在一起，父母也就答应了。俗话说，远亲不如近邻。于是，院子西头的房间，就租给了他们。后来，我们家被迫拆迁，他们还是和我们一起搬迁到同一个院子居住，直到老两口在1980年代去世。这是后话。

院子南头是一堵颇高的墙。在我家院子里只能看到邻居房子的第二层。这家邻居有一个汽车库，想必是达官贵人之类。我们从未见这个车库打开，也从未和他们打过照面。不过，车库前面的空地，是我和邻居小朋友玩耍的好地方。

1946年，我就出生在这个小院子里。接下来的数年里，又迎来三个弟弟。我六岁上小学，学校是白庙小学，离家很近。捨饭寺胡同的南面是白庙胡同，白庙小学就在白庙胡同里。母亲每天总是忙着帮父亲做事，没有多少时间陪伴弟弟们。因此，每天放学回到家，我都陪弟弟们玩，在堂屋里教他们写字、画画、算术，俨然是个小大人。该活动的时候，我们就在院子里做游戏。院子虽小，可是能藏身的地方很多。墙犄角就不用说了。院子里摆满了父亲用来做各种咸菜的家什如锣，盆，苇席。特别是那些酱缸，一个个靠墙威武伫立，比我们还高。有时候我们还跑到北屋西间的储藏室玩，那里堆满了各种杂货如豆子，食盐，碱面，以及日常不用的锅碗瓢盆。

三.

时代变迁，政权交替。1949年，中华人民共和国成立。虽然当时年龄小，我还依稀记得此后发生的一些事情。1953年斯大林去世，我们小学全校师生在操场上默哀。爱国卫生运动，高年级学生每天要向学校交老鼠尾巴。我当时年龄小，只是拿着苍蝇拍，把拍死的苍蝇放进空火柴盒里，交给学校计数。但是，最让我永远不忘的恐怖之事是1956年的公私合营。那时我还是小学生，记得街上经常有人敲锣打鼓，不时有队伍路过家门口。还有人披红挂彩，在队伍里喧嚣乱舞，好不热闹。终于有一天，祸事降临到我家。几个身穿制服、上衣口袋插着钢笔的公家人敲门进了院子。父亲一看，立即把我们几个孩子轰到里屋的卧室，紧接着回到院子里招呼客人。我们姐弟几个不知发生了什么事，躲在屋里不敢出声。透过玻璃窗，我看见来人气势汹汹，对着父亲指手划脚，张嘴嚎叫。母亲闻声走出房门，来到院子里，和来人说了些话，情势才缓和了一些。接着，来人让父亲领着他们，把院子里的生产用具一一指明，由他们做上记号，并记入登记册中。完了之后，还要父亲领着他们，进屋把家里的很多用品也一一做上记号。北屋西间的储藏室里，有很多杂物。我记得比较清楚的是几杆大秤，顶星（最大称重量）各为五百斤，一百斤，十斤，五斤，一斤。由于母亲坚持说，一斤秤是自家的日常用品，才被拦下，幸免于难。其余都被做上记号，列入册中。很多夏天用来做粉皮的铜旋子和铜盆，也都被做上记号，列入册中。只是由于母亲据理力争，说铜盆是家里人用来洗脸洗脚的，才被准许留下一个。屋里其余凡有点用处的物品，都被标记、注册。就连用来盛水的缸、盆、瓦罐也被认定为生产用具，不能例外。公家人走后，我们孩子们才敢走出里屋。在我眼前，屋里院内，一片狼藉。满眼所见都是触目惊人的记号。这根本不是我们的家了。我真想哇哇大哭一场。父亲这时无奈地对母亲和我说：算了，算了，都收走，心里也落得干净，只要人没事，就谢天谢地了。原来，几天前，北京市掀起工商业社会主义改造高潮，限令几天内完成。父亲在顺城门外开的小杂货铺已经被折价充公，今天又到我家洗劫一场。这就是共产党的"公私合营"，连小本经营的一家都不放过。话说得好听，国家用赎买政策，把私人企业变成公私共有，你的资产作为你向企业的投资，你可以坐收定息，年息5厘，期限20年。实际上，这无异于抢劫；而且，抢劫之后，给点小钱，趁机把"剥削"的帽子扣到你头上，让你不敢反抗，连发牢骚都不敢。生计全无的父亲被安排到西城区绒线胡同副食商店当售货员，月工资42元。再加上每季度领取的几块钱"定息"，全家勉强度日。

四.

父亲失去了自己的小杂货铺和家里的生产用具，但总算还有自己辛苦攒钱买下的一座属于自己的房子。然而，没过多久，连这座房子也保不住了。1958年，传来北京要建设"国庆十大工程"，迎接中华人民共和国建立10周年的消息。十大工程之一的民族文化宫，选址在复兴门内大街东头北侧，邻近西长安街，离与西单北大街的交口不远，地处繁华的黄金地段。我家的四合院正在选址范围内。捨饭寺东西走向，靠西的半条胡同，南边房屋都要拆除。风声刚起，就有公家人开始行动，动员住户搬迁。来催我们搬迁的人天天上门，弄得父母烦恼至极。要搬去的房屋仅有一处，别无选择，看来看去都是一个样。高大爷夫妇仍然希望和我们住在一起，也一起去看，也是烦恼至极。我也跟随父母去看过。要搬去的房屋在一个四合院里，距离我家不远。从捨饭寺往北走大约5分钟，到大木仓胡同。沿东西走向的大木仓胡同走一会儿到西头。然后向北拐，接着向西拐，再向北拐。这样拐弯抹角走大约5分钟，道路西面就是。如果沿路继续往北走1分多钟，就到辟才胡同。这里一带都是普通民房，道路东面是北师大女附中家属宿舍。

走进四合院的大门，门道旁边有一间小屋，很像单位的传达室或门房。院子分前、后院。前院是个四合院。正房是西房，共5间，还有走廊，红漆圆木明柱支撑，屋里是木质地板。南房4间，已经有人住下，是和我家一样的搬迁户。北房和东房各3间，还空着。在前院的西南角还有1间空房，旁边是通往后院的通道。后院没有房子，显得空旷，我最感兴趣，心想以后就是我们孩子们玩的好地方。看了几次以后，父母知道不会有什么新结果，只能就在这个条件下作出选择。倒是高大爷夫妇一下子就看中了那间"门房"，正好够他们两人使用，而且紧挨着的门道可以用来放三轮车。因此，我们自己只能再选3间，这是因为原来的1间工作室不算住房，搬迁时不能算数，等于被"公私合营"吃掉了。至于那半间私用厕所，更不在政府的考虑之内。母亲想来想去，选了西房靠南头的3间。说是3间，其实只是一堵墙，把最南面的1间与其他2间隔开，这2间之间连通，没有隔断。至于西房靠北头的2间，要分配给另一个人家，没我们的份。靠着我们自己蚂蚁搬家似地肩扛手提小件日用品，高大爷的三轮车运送大件，终于完成搬家。刚入住的第一天，到了傍晚，当时只有2岁的小妹妹，吵着要回家。唉，小小年龄，她哪里知道，我们原来的家，已经永远失去了。

父亲特地找来一颗枣树苗，种在院子里自家走廊的前面。一、两年后就开始结果，年年不断。枣子又脆又甜，是我吃过的最好的枣子。后来听父亲讲，枣树苗是他从专产贡枣的朗家园挖到的，当时就剩几棵了。这棵枣树伴随我们全家30多年，直到1992年我们再次被强迫搬家。

五.

新搬进的院子，大门上方挂着门牌：贵门关6号。听邻居讲，这里风水不好，原来称作鬼门关。这里地势低下，夏天下大雨，大水常常漫过街道，冲进院子屋里。为了防洪，每逢夏天进入雨季，我们用木板加高院子的大门门坎，堆上泥沙。各家的房屋门坎，也照此办理。1965年，贵门关和南面的二龙路合并，院子门牌变成二龙路17号。这是后话。

在我们之后，又有新住户陆续搬进这个四合院，大多数户主是政府工作人员。原来，西城区政府就在离此不远的大院里。天知道，这为我们的第二次强拆搬迁埋下了伏笔。这些人，有派出所的警察，文教局的干部，街道办事处的人员，房管局的职员，商店的售货员。四合院成了大杂院。后来，各家各户又在自己的屋前搭起简易厨房，把院子挤得水泄不通。那个原来空旷的大后院，被房管局占用作为仓库，与前院的通道被阻断，后门上了大锁，孩子们的玩耍梦想因此而成为泡影。西房的5间屋子，挨着后院，其朝向后院的窗户被安上铁丝网，就像牢房的铁窗。更有甚者，房管局在后院办起一个加工厂，安上电锯、电钻等机器，锯、斧、锛、凿、刨，一到上班时间就忙个不停，发出尖厉刺耳的噪声，让人心神不宁。我们每次投告，至多能使噪声减弱几天，接着恢复原样。

我们从单门独户的院子搬家到大杂院，日常生活环境起了很大的变化。新院子里只有一个水龙头，大家公用，用水还算方便。水费按各家人数分摊。到了冬天，如果水龙头结冻，麻烦就大了。所以，入冬以后，各家轮流值班，天黑前关闭水闸。水闸安装在靠南房屋外的一个深坑里，站在地面上的人要通过一条细长铁杆旋转开关，操作不易。如果只有老弱病残在家，必须请人帮助。院里有一个公用电表，电厂按照其读数收费。各家根据自家的电表报告用电度数，其总数通常小于公用电表的读数。二者的差值，分摊到各家。因此，院子住户按月轮流负责，收取水费和电费，凑齐后去银行付账。这活对于中学生甚至高年级小学生不算难事。我经常自愿担任此职，也常常帮助高大爷或其他需要帮助的人家。院内原有一个公共厕所，备有抽水马桶。这个公共设施难于维护，还有用水纠纷，因而被弃之不用，大家改用大院门外街道拐角处的公共厕所。

六.

搬家后，我和大弟弟转学到大木仓小学。1958年，我考上位于丰盛胡同的女九中，仍然是吃住在家，走路上学。1964年，我考上北京大学。住校学习，周末回家，看望父母，帮做家务，关照弟妹。正常学习两年之后，1966年6月，文化革命开始，学校停课，我们的青春年华，在一场浩劫中荒废。

文化革命开始不久，红卫兵破四旧，包括取消公私合营后发放的定息，私有房产主必须把私房交给国家。政府趁机停发定息，没收私房。于是，我家不再领取每季度的几块钱定息。当初说好的期限20年，只有10年就终止。1958年被迫搬迁，换来几间房。现在，房契上缴。不但失去房产，而且倒过来，每月要向政府的房管局缴纳房租将近10元。真是岂有此理。

1970年3月，我从北大毕业，离开了我的家。毕业分配，实行"四个面向"，即面向边疆、面向基层、面向厂矿、面向农村。我和男朋友被分配到偏远的陕西商洛山区。我们在那里待了8年半，直到1978年9月回到北京，重新开始学习。在这期间，有关我家的房子，发生了一件大事。

1974年夏天，下了一场暴雨。院子里西房和南房的地面塌陷，木地板开裂，墙壁出现裂缝。原来，一条防空洞从西房和南房的下面穿过，雨水灌入，防空洞被泡塌。由于地基塌陷，房体受损，严重影响安全。我家被房管局安置到附近已经停办的太平桥中学的一个大教室里暂时居住，直到第二年2月春节前才搬回修理过的房子。在大屋东墙和西墙的中央，各增加了一根靠墙的木头支柱，就是用简单的办法，防止房屋倒塌。地板的修理也很粗糙，仍然多处不平。

1976年，房管局发来通知，停交房租，但是，既不提及已经交了10年的房租，也不提及房契。又过了几年，政府才发出通知，发还房屋的产权，发给《房产所有证》。那白白交了10年的房租呢？一分钱也不给退。找房管局理论，他们说：你们要算账是不是？那好，在水灾后、地震后国家花了那么多钱修理你们的房屋，肯定超过你们交的房租。被这样一吓唬，我们只好作罢，自认倒霉。这是一个不讲理的政府。他们乱挖防空洞，造成损坏而不负责任。由他们计算房屋修理费，一定会超过我们10年间交的房租。

七.

　　1992年11月，父亲一人骑自行车去大钟寺农贸市场，不幸从自行车上摔下，大腿骨折。在医院做了手术，11月29日中午出院，回到家中。谁也没有想到，当天下午，院子大门外的墙上贴出西城区政府的告示，说区政府要征用包括二龙路17号在内的四个院子的地皮修建档案馆，住户限期十天搬迁。第二天，房管局派人挨家挨户地通知各户的搬迁目的地。显然，这是他们精心策划好的。我家的搬迁目的地是三环路之外的西八里庄，出阜城门一直向西，距离二龙路约20里。考虑到体质虚弱的小弟弟每天上下班和小侄子每天上小学，都将要往返四、五十里路，加上年过七旬的父母就医不便，我们说明情况，提出要求照顾，搬到近一些的地方。也许是出于职业本能，他们对此一概无动于衷。我们又托人上下走动，仍然无济于事。他们每日数次，催促搬迁，使尽各种手段，欺骗，威胁，毫不讲理。你说按拆迁规定应当如何如何，他们说另有细节。你要求看细节，他们说这属于保密文件。你再据理力争，他们说：你别斗气儿，有本事你去上告！　一副流氓地痞嘴脸。孰不知，他们就是区政府的代表，区政府的打手。院子里两、三户人家，本来就是租房户，他们是政府工作人员，所谓的干部，有门路，可以凭各自的关系，住上更好的公房，当然愿意搬迁。他们刚刚搬走，房管局的工人就把他们原来住的东房和北房推倒。四合院临街的两面，立即变成断壁残垣。捡破烂的人通行无阻，直达院内。接着，南房的住户通过与房管局的关系，也搬去了满意的地方。西房共5间。和我家靠南头3间房连在一起、住在西房靠北头2间的另一个人家也被迫搬走。他们一搬走，房管局的工人就开始拆那2间，我家房屋西北角也被开了天窗。仅仅几天，好像是过了一世纪。卧床养伤的父亲垂泪多次，倔强的母亲已经达到身心能承受的最大极限。我们一家老弱病残，实在无法支持下去。我们平民百姓，没有势力，没有后台。好心人不停地劝告：还是活命要紧。最后，我家不得不同意往西八里庄搬迁。

　　住了34年的房子，有用无用的东西一大堆，几乎都是我把它们打进一个个纸箱里。12月22日，冬至刚过，北风凛冽。上午9点，来了搬家公司的大卡车。先后两趟，把东西运往西八里庄。父亲躺在担架上，担架无法通过房门和走廊，只好把房门附近走廊里的柱子锯开一个缺口。母亲留守房内，最后一个离开。下午2点半，我们坐车来接，只见母亲一人躲在一片狼藉、冷冰冰的大屋角落。还没等我们把母亲扶出，几个拎镐挥锤的大汉就开始拆房，墙壁震动，沙土飞扬。

西八里庄本来是农村，现在是建筑工地，一边盖房一边住人。没有商店，没有学校。经常停电停水因而停暖气。搬家当天，下午4点就停了电。冬天天短，很快就黑了下来。室内又黑又冷，加上窗外的飕飕风声，犹如到了世界末日。搬家的第二天，我从学校骑车回八里庄，一路黄尘迷目。摸黑上楼，叫开家门，一股冷风扑面。定睛一看，屋里一片凌乱，床上，桌上，所有东西的表面都覆盖着一层黄土。原来，昨夜刮大风，建筑工地的黄土漫天飞舞，钻过了粗制滥造的门窗的缝隙。

这些楼房建筑质量低下，可以称为简易房。为了安抚失地农民，当局让他们优先挑选分配给他们的房子。因此，我们这些外来的搬迁户，只能在边角处的一栋楼里，从有限的几间里选择。这些房间都是东西朝向，而且一律都是两居室户型。我家在二龙路的4间房，换来2套两居室，一套在2楼，另一套在4楼。两地住房有本质区别：原来的住房，我们拥有房屋产权。这次搬迁以后，丧失了产权，房屋为政府所有，我家必须按月缴纳房租，冬天还要缴纳取暖费。您可能会问：原来的房屋被拆迁，不是可以领取补偿费吗？是的，可以领取。但是，这个拆迁并不在北京市整体改建计划之内，而是西城区政府的行为。区政府要扩大自己的范围，要建造一座档案馆。这里离西单很近，地处黄金地段。如果按照"市价"，区政府要付出一笔巨款。于是，区政府利用手中的权力，宣布这些都是"危房"，强迫搬迁，把搬迁补偿压到最低。您猜是多少？总共一万元。对比之下，两个二居室的套房，一次交清一年的房租加上取暖费，共1300元。领到一万元之后，母亲对我们姐弟5人说：我这辈子就这么点财产，平分给你们。我含着眼泪从母亲手中接过那两千块钱，心如刀绞。

八.

七十年前政权更替。随后，我家的房子变迁。从一个属于自己的独立四合院，变成一个大杂院里的4间房，文化革命期间产权被没收而缴纳房租，长达10年。继而再变成简易楼中的4间，必须缴租，完全丧失产权。私人财产，在强权之下就这样被一步一步地剥夺。那个当年偏僻的西八里庄，经过27年的建设，如今变成了相当繁华的市区，附近建设了许多居民楼、商店、医院、学校和其他生活设施。不幸的是，搬迁的传言四起。看来，这些X端人口，又将被迫为高端人口腾地，被驱逐到北京远郊区，甚至到河北某地。

41 我的四位研究生导师

2020年02月21日

1978年我考取中国科学院北京天文台出国研究生。1980年8月前往澳大利亚悉尼大学留学，1986年6月学成归国。在读研究生的8年时间里，先后师从四位导师。我在国内学习期间的导师是王绶琯先生和吴怀玮先生，在澳大利亚学习期间的导师是Dr. Robert Frater 和 Professor Trevor Cole。导师们传授知识，引导我走上科学研究的道路。同时，从这些导师身上，我学到做人做事的原则，受益终生。

一.

1970年3月，我从北京大学地球物理系毕业，被分配到陕西省商南县。经过7年漫长的盼望和等待，终于迎来恢复研究生制度的确切消息。1977年10月，正当我考虑往哪里投考研究生时，收到毕业时留校任教的同班同学王书仁的来信。信中说，在正在举行的全国自然科学规划会议上，乔国俊（我大学二年级的班主任，研究射电天文）和邢骏（地球物理系天文教研室主任）两位老师，向中国科学院北京天文台的射电天文学家王绶琯推荐了我，建议我报考王先生的研究生。信中还转达王先生的话，要我给他写一封信，说明学了哪些课程，做了哪些工作，由乔老师转交给他。于是，我用了几天的时间，先打草稿，再誊写一遍，写了满满三页信纸，赶快用航空信寄给王书仁同学，由他转交给乔老师，再转交给王先生。信寄出大概两个星期后，收到王同学的回信，转述乔老师的话：王绶琯先生看了信，表示对我的情况很满意，鼓励我好好准备考试，并且建议我报考射电天文方法与技术专业以发挥无线电方面的优势，如果以后想转学射电天文理论也可以。

1978年1月，我出差到北京采购电视机，见到王书仁同学和乔国俊老师。大家一致认为，我应该去看望正在广安门医院住院的王绶琯先生。于是我去了广安门医院，找到王先生，致意问候。王先生早就从以前的信中了解我的情况，不必多谈了。我只是表示，由于文化革命的耽误，年龄比较大了，不利于学习。王先生立即要我放下这个担忧，说：那么困难的年月都过来了，只要努力，以后什么困难都可以克服。这对我是一个很大的鼓励。在京期间，我还和王书仁同学一起，到位于中关村的中科院宿舍拜访北京天文台的射电天文专家吴怀玮。吴先生告诉我，无线电考试的参考书是南京工学院管致中先生的《无线电技术基础》上下册和清华大学无线电系的《晶体管电路原理》。

1978年3月，我到商南县文教局招生办公室报名，看了中科院的招生简章。北京天文台的射电天文细分成两个专业招生。其中射电天文理论专业，导师是王绶琯和钱善瑎；射电天文方法与技术专业，导师是王绶琯和吴怀玮。根据王先生的建议，我报了射电天文方法与技术专业。

5月15日至17日，我在商南县参加研究生初试，考试科目为：政治，英语，高等数学，普通物理，无线电技术。初试几个星期后，收到王书仁同学的来信，转述乔国俊老师的话：王绶琯先生知道了我的初试成绩，很满意，要我好好准备复试。接着收到北京天文台寄来的复试通知书。

7月上旬，我在北京参加研究生复试。天文台的复试考场设在海淀镇附近的八一学校。各个专业的考试科目不同。射电天文方法与技术专业的三场考试是：数学笔试，无线电技术笔试和口试。口试由两位考官主持，一位是吴怀玮先生，另一位是北大地球物理系天文教研室的教师。考试之后，天文台研究生招生办公室蔡主任逐个找到所有复试考生，告知对他（她）的录取结果。所以，在离开天文台返回陕西商南前，我已经知道我被录取为射电天文方法与技术专业研究生。8月上旬的一天，我接到蔡主任从北京打来的长途电话，说是准备派我到澳大利亚学习射电天文，要我去参加教育部组织的出国人员英语考试。对这个出国人员英语考试，我有所听闻，考试地点在西安，在商南县就可以报名。但是我想，这与我无关。接到长途电话之日，本地报名日期已过。我只得立即赶赴西安，报名并参加8月15日的英语笔试和16日的口试。

8月下旬的一天，我终于收到北京天文台寄来的研究生录取通知书。9月15日，我和考上北大地球物理系回炉班的妻子动身离开商南县返回北京。10月5日我到中国科学院研究生院（在北京市海淀区肖庄，原北京林学院校园内）报到。我被工作人员告知，我应该去设在玉泉路原中国科学技术大学校园内的出国人员英语训练班报到。

我从天文台了解到，射电天文的两个专业，原定各招收2名研究生。由于我出国留学，不占用原定的招生名额，所以，共招收了5名研究生。其他4位是：（射电天文理论）南仁东，王万贤；（射电天文方法与技术）金声震，魏名智。

英语训练班在11月开学。共有约一百人，绝大部分是中科院各个研究所的出国研究生，加上很少数的代培生。我了解到，我的出国人员英语考试，笔试成绩合格，但是口试成绩很差。中科院有规定，如果原定的出国研究生，笔试达到一定的分数线而口试不合格，需要导师保荐，才可以到英训班学习，否则，转入位于肖庄的"国内班"学习。我的导师王绶琯，保荐了我，解释说，口试不及格是因为原有环境太差而不是由于本人能力不行或不努力，经过训练一定会行的。衷心感谢恩师，在这关键的时刻拉了我一把。而我也没有辜负恩师的期望，最终获得了成功。

二.

我在玉泉路英训班学了半年英语。1979年5月，英训班快要结业考试了。突然，北京天文台通知我回去，原因是澳大利亚悉尼大学电气工程系的研究生邝振焜访问天文台，帮助我们制作射电望远镜的数字接收机。邝先生是位ABC（Australian Born Chinese），当时只会说很有限的普通话。于是我参加数字接收机的研制工作，同时担任邝先生的课堂翻译。两个月之后，邝先生返回澳大利亚。此后，我一边在肖庄的研究生院旁听研究生课程，一边办理留学手续，直到1980年8月离开北京前往澳大利亚。

我去悉尼大学留学，完全是王绶琯先生的安排。北京天文台和悉尼大学电气工程系（School of Electrical Engineering）有着长期的密切合作关系。这个合作是基于王绶琯先生和克里斯琴森（Chris Christiansen）教授的长期友谊。王绶琯先生1953年从英国回国，是中国射电天文学开创者、现代天体物理学奠基者之一。克里斯琴森教授是国际知名的射电天文学家，长期（1960-1978）担任悉尼大学电气工程系系主任（Head）。两人的友谊始于1963年。当年，克里斯琴森教授第一次访问中国。次年，王绶琯先生和吴怀玮先生应邀访问澳大利亚。在王先生和克教授的推动下，中澳两国的研究人员进行了长期合作。

悉尼大学电气工程系有一个Fleurs综合孔径射电望远镜，其建设工作在当时（1978）已经接近尾声。正在建设中的北京天文台密云综合孔径射电望远镜在最大程度上参照这个望远镜。综合孔径射电望远镜正是我的研究方向。因此，派我去悉尼大学电气工程系留学，便是顺理成章的事。克教授从悉尼大学电气工程系退休后，他的学生、副教授Frater博士接替他的工作。因此，Frater博士成为我的导师。

我在办理悉尼大学留学手续的过程中，得到王绶琯先生无微不至的关照。王先生时任天文台代理台长，工作繁忙。我有事找他，总能得到及时帮助。当时我的英文水平不高，也不认识悉尼大学的有关人员。王先生亲自为我起草英文信件，写推荐信，联系奖学金事宜。到达悉尼大学之后，有些表格仍然需要寄回北京天文台，由王先生填写和签名。王先生办事认真、注意细节，成为我永远的榜样。

吴怀玮先生忙于密云综合孔径射电望远镜的建设工作。在研究生复试之后，直到1980年8月出国，我都没有再见过吴先生。后来，吴先生调到上海天文台工作。1987年9月，射电天文学术讨论会在上海天文台举行，吴先生是会议组织者之一。在这次学术讨论会上，我再次也是最后一次见到吴先生。这已经是我学成归国之后的事了。

三.

1980年8月19日，我乘飞机离开北京前往澳大利亚。20日清晨到达悉尼，暂住中国驻悉尼总领事馆的客房。第二天上午，去悉尼大学电气工程系。我一进入系办公室，Frater博士立即和我打招呼，想必他知道我的日程安排，一看见我这个新来的中国人，就知道是谁了。他给我一叠表格，包括当年的奖学金批准书（签字）和第二年的奖学金申请书（填写）。他笑着对我说：等你办完手续，就会成为填表专家。他还叮嘱我：在递交表格之前，一定要复印一份留底。他接着半开玩笑地说道：如果你留底，那些递交的表格就不会丢失；如果你不留底，那些递交的表格就会丢失。这就是逻辑（Logic）！ 接着，他告诉我近期的工作和学习安排：（1）到实验室与先期到达的北京天文台研究人员陈宏昇和郑怡嘉一起参加数字接收机的研制工作。（2）不去全日制（Full time）英语学校上课，可以抽空去大学的语言学习中心（Language Study Centre）学习英语。（3）上一些有用的研究生课程。（4）研究课题以后再确定。

在系里当访问学者的阎兄的帮助下，我找到大学附近的一个单人房间，租金每周20元。当时就交了定金10元，拿到门钥匙。第三天，在阎兄的帮助下，坐的士从领事馆搬进新家。从此，开始有规律的留学生活。

电气工程系实验室里伏案书桌

　　大约3个月后，Frater博士和我谈话，确定研究课题。电气工程系的Fleurs综合孔径射电望远镜有若干研究课题，分别由各个研究生承担。射电望远镜接近完工，需要各种终端成像设备。其中一个课题是反投影（Back projection）专用硬件，接近完成。另一个课题是"洁化"（CLEAN）算法的硬件实现，也接近完成。剩下一个课题是最大熵方法（Maximum Entropy Method）实现，需要人承担。Frater博士建议我以此作为研究课题。我一听到他的建议，立即兴奋起来，满口答应，说道：It's just what I want to do!（这正是我想要干的！）

　　我怎么会对这个课题大感兴趣呢？出国前我在科学院研究生院上过一门课，名为"信息论"，由科学院电子学研究所研究员陈中骥讲授。课程的内容是信息论的香农（Shannon）三条定理，其基础就是"熵"这个概念。当时我深感神奇。在出国前阅读综合孔径射电望远镜的英文书籍，其中提到的成像方法之一是最大熵方法，但是没有任何论述。从此，"最大熵方法"，"Maximum Entropy Method"，就一直存留在我的脑海中。现在听到导师建议我以此为研究课题，就像触到我的神经，立即激活起来。感谢Bob（大家对Frater博士的呢称），把我引上最大熵方法研究之路，使我最终获得这辈子最重要的研究成果，由德国Springer（斯普林格）出版的英文专著，The Maximum Entropy Method。我也感谢陈中骥先生，使我对信息熵有深刻的理解。1989年，我正在清华大学无线电系（电子工程系）做博士后，从事合成孔径雷达

244

的研究工作。这年夏天，全国参与"863计划"中合成孔径雷达研究的八个单位（不包括清华大学）的人员在清华开会。陈先生代表科学院电子所作报告。我是与会者。我找到陈先生，回忆当年他的讲课，简述我的研究工作，当面感谢他的教育。

英文专著 The Maximum Entropy Method（Springer，1997）

四.

1980年底、1981年初这段时间，电气工程系发生人事变动，当时被圈内人士称为"Swap"（交换）。Frater博士离开悉尼大学，到CSIRO（澳大利亚联邦科学与工业研究组织）任无线电物理部主任（Chief of the Division of Radiophysics，该部位于Epping，距离悉尼市20多公里）。同时，CSIRO 的 Dr. Trevor Cole 到悉尼大学电气工程系任教授和系主任。Cole教授毕业于西澳大利亚大学，获得剑桥大学卡文迪许实验室的博士学位。Cole教授成为我的研究生导师，和我第一次谈话，明确我的研究方向不变。他问我：在完成学业之后，你打算干什么？我回答说：回到北京天文台，从事研究工作。他点头表示赞许。

悉尼大学Fleurs综合孔径射电望远镜。作者全家，摄于1986年

　　我一边研究最大熵方法，一边学习综合孔径射电望远镜，特别是后端的成像方法。我的第一篇研究论文，"An explicit solution and data extension in the Maximum Entropy Method"（最大熵方法中的一个显式解和数据外推），在1982年2月写成，投给IEEE Transaction on ASSP（国际电气与电子工程师协会，声学、语音、信号处理专刊）编辑部，于1983年4月发表。其间的审稿和改稿的过程，是个有趣的故事。我在投稿不久之后，收到专刊编辑寄来的三份审稿意见。第一位审稿人说，作者发现了MEM（最大熵方法）和Cepstrum（倒谱）之间的关系，只凭这一点就应该发表这篇论文。第二位审稿人肯定文中的理论，但是认为不能用于实际计算，需要作进一步的研究。第三位审稿人则通过详细的数学推导，证明按照论文中的公式计算得到的结果，等价于传统的傅里叶方法的结果的平方，论文不值得发表。编辑的意见是：不管前两位审稿人的意见如何，除非作者能驳倒（Rebut）第三位审稿人，否则论文不能发表。

　　收到编辑的信之后，我立即去找Cole教授。他说：不要紧张，这种事情经常发生。我当初也只是大致看了你的稿子，觉得内容合理，没有问题。至于详细论证，要瞧你的了。 回到实验室，坐在办公桌前，我怎么也想不通。我可以保证，我的数学推导是正确的；最大熵方法的结果肯定和傅里叶方法的结果有本质性差别，两者不可能存在平方关系。

可是，我反复检查审稿人的数学推导，也不能发现其中有错。就这样冥思苦想了好几天，我终于发现，审稿人在数学推导过程中，不合理地忽略了他认为无关紧要的高频分量，从而导致错误结论。如果不忽略这些高频分量，他的推导将得到和我相同的结果。找到问题的症结所在，我立即跑去找Cole教授。对此，他也感到很高兴。

在向IEEE ASSP编辑部寄出"反驳"信大概几个月之后，我收到编辑的回信。第三位审稿人在第二次审稿意见中承认他数学推导中的错误，不再坚持原来的意见。编辑通知我，决定发表我的论文，日期另行通知。有一天，我见到邝振焜先生，对他讲述了事情经过。他说：好呀！事情越是曲折，成功之后，你就会越出名！果然，我收到编辑的来信，聘请我为该专刊的审稿人。须知，那个时候我还只是一位研究生。这个审稿工作，持续到1991年我与IEEE失去联系。

在研究生学习期间，我写过5篇学术论文，其中3篇在IEEE信号处理专刊（ASSP，SP）上发表。这些论文，都是我独立完成的。每次写完论文，我都要交给Cole教授审阅，特别是需要请他修改英文。Cole教授是第N代苏格兰移民，英文极好而且认真，不放过任何一个错误。他的帮助对我来说是必不可少的（Indispensable）。在完成第一篇论文后，我问他要不要写上他的名字作为Coauthor（合著者）。他的回答坦率而诚恳：不需要，我没有参与这项研究工作。循此惯例，此后我就不再问他类似问题了。但是，凡是有Acknowledgements（致谢）的地方，我都会写上Professor Cole，真诚地对他表示感谢。我遵照导师的榜样，对同事和（后来的）学生尽量提供力所能及的帮助。事后不居功，不要求他们在作者名单上列入我的名字。当他们提出要列入时，我态度诚恳地谢绝。

五.

1985年8月，我完成博士论文，The Maximum Entropy Method And Its Application in Radio Astronomy（最大熵方法及其在射电天文中的应用）。然后，在等待博士论文评审结果的同时，在系里做些教学辅助工作。得知我将要学成回国，10月，我的前任导师Frater博士安排我们全家参观CSIRO无线电物理部下属的三个天文台：珀斯（Parks）天文台，赛丁泉（Siding Spring）天文台，库尔古拉（Culgoora）天文台。行程是4天3晚，1600公里。用的是电气工程系的汽车，系里的David Brown 先生是Designated driver（指定的司机），我和妻子、儿子同行。此行不但让我们参观了这三个著名的天文台，同时也让我们领略了澳洲广袤的内陆风光。

参观Parks 64米射电望远镜（1985年10月）

参观Siding Spring 3.9米光学望远镜（1985年10月）

1986年2月，北京天文台台长王绶琯先生到澳大利亚访问。他告诉我，根据李政道先生的建议，国内决定试行博士后制度；北京天文台将建立博士后流动站，欢迎出国留学生归国做博士后研究工作。我当时就对王先生表示，获得博士学位后立即回天文台。4月，我们全家陪同王先生和夫人到堪培拉郊区的农场拜访克里斯琴森教授。

也是在这年4月，我收到悉尼大学工程学院（Faculty of Engineering）发来的正式通知，博士论文获得通过，无需修改。通知中附有三位论文评审人的评语。6月14日，星期六，悉尼大学举行学位授予典礼。我从工程学院院长Glastonbury教授手中接过博士学位证书，受到悉尼大学校长Black爵士接见。Cole教授，还有我的妻子和儿子，出席典礼，见证这个庄严时刻。

The University of Sydney

In the name of the Senate and by authority of the same be it known that

Nailong Wu

having fulfilled all the requirements and having passed all the examinations prescribed by the By-laws has been this day admitted to the degree of

Doctor of Philosophy

and to all the privileges attached to the same by Royal Charter in token whereof the Senate has authorised the Corporate Seal of the University to be hereunto affixed

Vice-Chancellor and Principal

Dean of the Faculty of Engineering

Dated this fourteenth day of June
One thousand nine hundred and eighty six

Keith Jennings
Registrar

悉尼大学博士证书

悉尼大学校长Black爵士接见（1986年6月）

Cole教授和作者在毕业典礼后合影（1986年6月）

毕业典礼后全家合影（1986年6月）

六.

1986年6月16日，星期一，在获得博士学位2天之后，我们全家乘飞机离开悉尼，前往泰国曼谷看望我的叔父，然后途经香港回国，7月回到北京。10月，我正式成为北京天文台的博士后研究人员。1988年10月，我到清华大学无线电系做第二期博士后。当月正逢Cole教授和夫人访问北京天文台，我从清华回到天文台，全程陪同他们。

1991年11月，我前往美国亚利桑那州图森市（Tucson）参加第一届天文数据分析软件及系统国际会议。离开北京之前，王绶琯先生给我写了一封给美国NRAO（国立射电天文台，位于新墨西哥州）台长的亲笔信。信中说，如果有可能的话，请他安排我在NRAO工作一段时间。会议期间，见到原来在澳大利亚参加国际会议时认识的NRAO的Tim Cornwell博士。我把王先生的信给他看。他立即给NRAO的台长打电话。打完电话后，他对我说，现时NRAO没有合适的研究项目，无法帮助我。随后，在STScI（Space Telescope Science Institute，空间望远镜科学研究所）的Robert Hanisch博士的帮助下，我在NOAO（国立光学天文台，位于Tucson）工作7个月后，于1992年7月飞往马里兰州巴尔的摩，参加STScI的哈勃空间望远镜图像恢复工作。

1993年12月，我决定技术移民加拿大。在办理手续过程中，Cole教授帮助我办理澳大利亚新南威尔士州警察局的Police Certificate（无犯罪记录证明），并且给我写强有力的Letter of Recommendation（推荐信，在加拿大驻纽约总领事馆面谈时递交）。我衷心感谢Cole教授给我的所有帮助。

2001年7月，Cole教授率领一个代表团访问加拿大，途经多伦多前往Waterloo（滑铁卢）大学。我们全家到住处欢迎Cole教授，陪同他浏览多伦多市，登上CN Tower（国家电视塔）。

1994年10月移民加拿大之后，每次回国到北京，我都会到王绶琯先生家中，看望导师和师母，受到热情招待。回顾往事，感慨良多。1978年，我幸运地考取王先生的研究生，从而改变命运。40多年来，无论在国内还是国外，我都得到恩师多方面的指导和帮助，心存无限的感激。我和妻子、儿子，谨在万里之外的北美遥祝恩师健康长寿、阖家幸福！

作者看望94岁高龄的王绶琯先生（2017年6月）

42 彗星撞木星 – 一个凄美的故事

2020年04月24日

上世纪90年代天文学家们发现，一颗彗星被木星所俘获，变成绕木星运行。在木星强大引力的作用下，彗星分裂成21个碎块。依据国际星体命名规则，依照三位发现者的姓氏，彗星被命名为苏梅克-列维九号（Shoemaker-Levy 9）彗星。

天文学家们预测，这些碎块将从1994年7月16日开始陆续坠入木星大气层，撞向木星南半球。这是一个人类历史上从未见过的天文事件。因此，全世界的天文望远镜，都对准这些彗星碎块，进行观察。由于位置处于地球大气层之外，哈勃空间望远镜具有最为有利的观察条件。因此，从1993年7月1日开始，哈勃空间望远镜就开始跟踪观察这些彗星碎块。

1994年7月16日，空间望远镜科学研究所和霍普金斯大学的研究人员，加上嘉宾和媒体工作人员，聚集一堂。作为哈勃空间望远镜图像处理小组成员，我有幸和他们一起，见证这一历史事件。

21个彗星碎块正在飞向木星。1994年5月17日哈勃空间望远镜拍摄（STScI图片）

1995年5月，我正在位于加拿大B.C.省Penticton市的射电天文台短期工作，适逢加拿大天文学会年会在这里举行。彗星发现者之一、列维先生应邀出席会议。作为与会者，我有幸聆听了列维先生关于彗星发现的精彩演讲。

1997年7月，我正在加拿大约克大学物理与天文系从事研究工作。一天，突然传来令人非常悲伤的消息，彗星发现者之一、天文学家尤金•苏梅克在澳洲的一场车祸中丧生。我和系里的同事们异常震惊。

为了记念尤金•苏梅克在天文学上的贡献，1999年美国的"月球勘探者"探测器将他的28克骨灰带上了月球。

二十六年来，描述苏梅克-列维九号彗星发现和撞击木星的文章多不胜数，您也许读过不少。我只是回忆自己的亲身经历，根据所见所闻，向大家讲述这个凄美的故事。

一.

1994年7月16日，星期六。马里兰州巴尔的摩市。

傍晚时分，我提早吃过晚饭，匆匆徒步从住处 Wyman Park 公寓赶往空间望远镜科学研究所（Space Telescope Science Institute, STScI），十几分钟就到。只见研究所大楼前面，停着三辆电视转播车，车顶上的卫星天线指向天空，通讯社的工作人员正在转播车里外忙碌。我进了大楼，只见楼内走廊里人来人往，平时作为食堂用的大厅里挤满了人。一位天文学家正在接受记者采访，面对一排麦克风侃侃而谈。我没有上前去凑热闹，而是径直进了报告大厅（Auditorium）。还好，空位子不少。但是，我也只能找到中间偏后的一个位子坐下。

报告大厅里人越来越多，声音越来越嘈杂，人们在耐心等待。今晚盛会的主角们终于来了！天文学家们走进大厅，在主席台上就座，背对墙上大屏幕，面向我们这些观众。主角中的主角当然是苏梅克-列维九号彗星的三位发现者：尤金和卡罗琳•苏梅克夫妇（Eugene and Carolyn Shoemaker），大卫•列维（David Levy）。当他们出现时，大厅里响起热烈的掌声。今晚，彗星的三位发现者亲临空间望远镜科学研究所，和我们一起见证这个具有历史意义的彗星撞击木星天文事件。这是我们的殊荣。

会议主人、研究所的天文学家McGrath博士告诉大家，楼内地下室里的天文家们正在焦急地等待彗星碎块A（Segment A，第一个彗星碎块）撞击木星的图像。撞击已经在下午4点15分发生。因为从地球上看，撞击地点在木星背面，必须等待1个多小时，由于木星自转使得撞击地点面对地球，哈勃空间望远镜才能观察到撞击地点。再加上数据处理时间，预计要到晚上8点左右，研究所才能接收到撞击的图像。再过一段时间，才能把图像显示在报告大厅的大屏幕上。

激动人心的时刻终于到来！大屏幕上突然显示出一幅图像，碎块A撞击木星的图像！一个完整的木星，左下方有一个黑点。把这个区域放大，可以看到撞击后升起的羽毛状云（Plume），像是一个模糊的喷泉。大厅内响起长时间的掌声。McGrath博士打开一瓶准备好的香槟酒，用姆指堵住瓶口，使劲摇晃几下，移开姆指，香槟喷向主席台上天文学家们的头顶。接着，McGrath博士喝了一口香槟，随后把酒瓶递给邻近的天文学家。在台下观众的喝彩声鼓掌声中，天文学家们干掉了两瓶香槟，持续5分钟之久。

After
Impact site
Enlarged and Enhanced

Hubble Space Telescope
Wide Field Planetary Camera 2

1994年7月16日，彗星碎块A撞击木星。图为撞击处的照片（经过增强处理，非实时显示。STScI图片）

此后，彗星碎块陆续撞击木星，持续了6天。为了方便大众观看，霍普金斯大学（Johns Hopkins University，JHU）开放一个大阶梯教室，在大屏幕上全天24小时播放彗星撞击木星的节目。

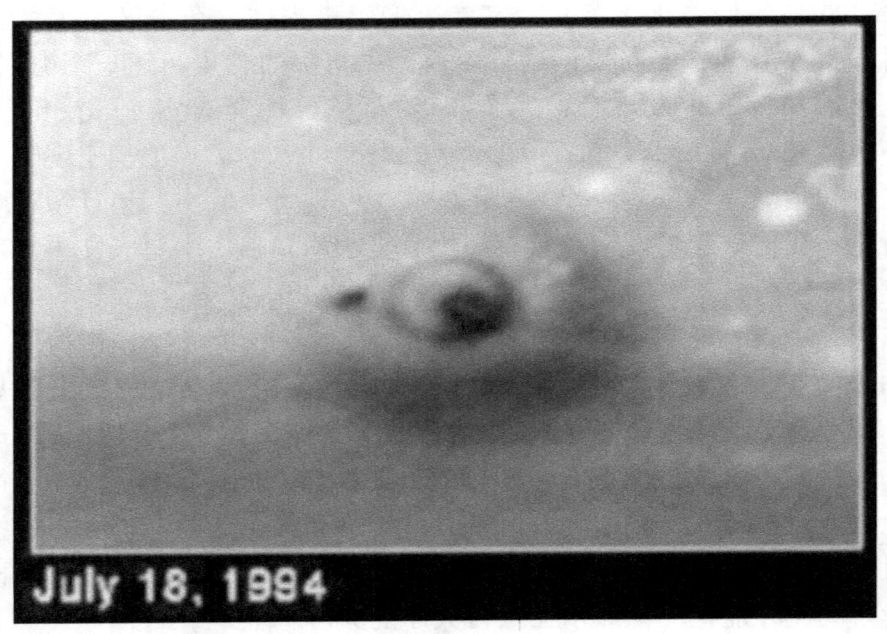

July 18, 1994

彗星碎块D和最大的碎块G分别于1994年7月17日和18日撞击木星。图为7月18日撞击处的照片。碎块G的撞击处是（撞击后形成的）中央大环形内的黑斑。碎块D的撞击处是左边的小黑斑（经过增强处理，非实时显示。STScI图片）

空间望远镜科学研究所租用霍普金斯大学Homewood校园内的一座大楼，以及马路对面的另一座大楼（JHU物理与天文系所在地）的顶层。我的办公室就在这个顶层，播放撞击节目的大阶梯教室也在这个大楼内。因此，我和同事们经常去观看这个节目。

二.

1995年1月开始，我在位于加拿大B.C.省Penticton市（位于温哥华西面，车程400多公里）的射电天文台短期工作，为期半年。这个射电天文台（DRAO），拥有加拿大唯一的综合孔径射电望远镜。5月26至31日，第26届加拿大天文学会年会在这里举行，会场设在该市北部的会议中心，紧挨着Okanagan湖的南端。约120位研究人员参加会议，苏梅

256

克-列维九号彗星发现者之一、列维先生应邀出席会议。会议组织者特别安排列维先生作一个面向公众的晚场公开演讲（Helen Sawyer Hogg Public Lecture）。

演讲在Penticton市中心的社区剧院举行。剧院里座无虚席，连过道上都坐满了人。列维先生演讲的题目是：木星的春天 - 我看苏梅克-列维九号彗星（Springtime on Jupiter - A Personal Perspective on Comet Shoemaker-Levy 9）。列维先生生动地讲述了发现彗星的过程。

从1950年代中期开始，大部分晴朗的夜晚，列维先生都观察天空。在9000个有记录的观察中，最幸运的莫过于1993年3月23日晚上编号为8949 AN的观察。这天晚上，在加州帕洛玛（Palomar）天文台，天空出现卷云，观察条件不甚理想。在天文台圆顶外面，苏梅克夫妇和列维先生凝视天空，感到非常失望。手头的胶片有限，经不起浪费，在这种条件下，是否应该观察照相？正在踌躇之间，列维先生想出个好主意。在上次观察之后，有人不小心，把一叠胶片曝了光。所幸的是，胶片摞成一叠，上层胶片在一定程度上保护了底层胶片。反正这些胶片也不能正常使用了，何不拿底层胶片试试？最多是白费一些时间而已。于是，他们跑回圆顶里，干了起来。他们用18英寸施密特望远镜，用这些胶片拍摄一些预先指定的天区（Field of sky）的照片。很凑巧，其中的一个天区包含木星。对准这个天区，在拍摄了第一张照片后，天空中云层变得太厚。过了1小时47分后，云层散开，于是，他们又赶快拍摄了第二张照片。两张照片的曝光时间都是8分钟。

这里需要解释一下。之所以需要同一天区、拍摄时间相隔1小时左右的2张照片，是为了进行比较，从而发现天区中的移动天体。由于望远镜跟踪这个天区，抵消了地球自转的影响，绝大部分天体（如星球）在2张照片中的位置不变，在这里称为"固定天体"。还可能有个别天体（如彗星和小行星），由于本身的运动而在2张照片中有不同的位置，在这里称为"移动天体"。观察者的目的是搜索可能存在的"移动天体"。使用的仪器是一个立体显微镜（Stereomicroscope），也就是有2个物镜和2个目镜的显微镜，可以看作是把2个显微镜（每个只有一个1个物镜和1个目镜）竖立在一起，靠得很近。具体的操作是这样的：每个物镜对准1张照片（胶片），观察者的左、右两眼分别通过左、右两个目镜同时、独立地观察左、右2张照片。调整显微镜，使得那些"固定天体"在左、右两眼中的像重合，成为静止的背景，看起来好像是在一个平面上（没有立体感）。如果照片中存在"移动天体"，那么，由于其在2张照片中的不同位置，这个"移动天体"在左、右两眼中的像不重合，有一个相对位移，在观察时产生立体感（类似立体电影的生成），看起来好像是在背景平面上"悬浮"（Float）。由于显微镜的视场比一个天区小，每次操作只能观察2张照片的一小部分。这种操作要进行多次，才能把整个照片观察完毕。利用这种方法，对于训练有素的观察者，容易发现移动的（新）天体。这种操作，称为"审视"（Scan）。在这方面，卡罗琳是公认的能手之一。

3月25日，多云，风大。卡罗琳用立体显微镜审视了一批照片。最后只剩下23日晚上用被曝光损坏的胶片拍摄的那些照片。下午4点左右，她把包含木星的2张照片放到显微镜物镜下，开始审视。

突然，卡罗琳从座椅上站了起来。原因是，她看见一个奇怪的（移动）物体（Object），像是一个侧向的银河系（Edge-on galaxy），虽然她知道这是不可能的，因为只有我们太阳系的天体，与我们距离足够近，才会在布满星球的背景上移动。为了探明真相，卡罗琳移动显微镜镜台，又审视了一遍。这次看清楚了，一条亮光，带有彗发（Coma）和几个彗尾（Tails）！她又仔细审视了几秒钟，然后，抬起头来，说道：这像是个被压扁的彗星！听了这话，尤金吃了一惊，跑了过去。卡罗琳把显微镜让给了她的丈夫。尤金仔细审视了大约1分钟，然后抬起头来，把视线转向列维先生，一脸迷惘。列维先生说，自从认识尤金以来的许多年里，他从未见过尤金的这种表情。

这下轮到列维先生了。他看了照片，立即赞同这个看法：这个天体像是一个被撕裂的彗星，不是只有1个彗发和1个彗尾，而是有一个棒形彗发和一列在朝北方向拉开的彗尾。

浓云覆盖在帕洛玛天文台上空，不可能进行观察。因此，列维先生打电话给基特峰（Kitt Peak）天文台（位于亚利桑那州Tucson市附近）的天文学家吉姆·斯科蒂（Jim Scotti），请他用该台的太空监视（Spacewatch）望远镜进行观察。当天晚上，吉姆观察到了那颗彗星，异常清晰。

关于苏梅克-列维九号彗星的长篇故事从此展开。那个寒冷的三月晚上只是故事的开端，最精彩的情节还在后面。…………

列维先生迷人的演讲结束了，全体听众起立鼓掌，经久不息。散会之后，我随着缓慢的人流，来到剧院前面的广场。华灯绽放，人流如织。自从1月到Penticton以来，周日，我坐车到离市区约20公里的DRAO射电天文台上班；周末，我在市区南部住处附近的城区和邻近的Skaha

湖边活动。这天晚上，我第一次来到市中心，聆听了列维先生的精彩演讲，也欣赏了Penticton的美丽夜景。

三.

1995年10月，我到约克大学（位于多伦多市）物理与天文系工作，任 Research Associate（大致相当于副研究员）。老板John Caldwell 教授是行星天文学家，专门研究行星的卫星和大气层，以及太阳系外行星，是哈勃空间望远镜的研究项目负责人（Principal Investigator）。我参与他的研究项目，包括：利用哈勃空间望远镜的图像，研究土星的卫星泰坦（Titan）的季节性变化和计算大气层的风速，以及搜索太阳系外行星。

1997年7月的一天，我在办公室里，无意中从电脑上看到一条英文消息：天文学家苏梅克夫妇在澳洲进行研究工作时因遭遇车祸，尤金当场丧生，卡罗琳身受重伤。这消息使我非常震惊。联想到苏梅克-列维九号彗星，回忆起整整3年前在空间望远镜科学研究所，苏梅克夫妇和我们一起见证彗星撞击木星的历史事件，我深感悲伤。我连忙跑去Caldwell教授的办公室，他也知道了消息，同样感到非常震惊和悲伤。

多年来，我一直想了解苏梅克夫妇车祸的原因，但始终不能如愿。我只能重复当年合众国际社（Associated Press）的报道：

合众国际社新闻

记者 Matt Kelley，1997年7月18日

凤凰城（合众国际社）＿ 1994年撞击木星的彗星发现者之一，天文学家尤金·苏梅克，星期五（7月18日）在澳洲的一场车祸中丧生，当时他正在一年一度的寻找小行星陨石坑的途中。尤金·苏梅克享年69岁。

根据当地警方的说法，尤金·苏梅克是在一场两辆汽车相撞的车祸中丧生。车祸发生在澳洲中部，爱丽丝泉（Alice Springs）以北310英哩的土路上。

根据爱丽丝泉警方的说法，车祸发生后，尤金·苏梅克的夫人，卡罗琳·苏梅克，同是洛厄尔（Lowell）天文台的天文学家，同是撞击木星的彗星的发现者之一，已经空运到一家医院接受治疗，情况不明。

华盛顿邮报（Washington Post）和其他消息来源也提供了车祸

的一些细节：苏梅克夫妇到澳洲内陆寻找小行星陨石坑，工作假期（Working-holiday），为期2周；车祸发生在从美国到达澳洲的第7天。车祸发生在下午；在沙漠中的塔纳米路（Tanami Road）上，两辆汽车迎头相撞（Collided head-on）。卡罗琳髋部和胸部严重受伤，在医院里伤情稳定。

1985年10月，我们全家和悉尼大学电气工程系的David Brown先生一起，驾车参观澳洲的三个天文台，行程1600公里，领略了澳洲广袤的内陆风光。澳洲地广人稀，出了城市，沿途偶尔看见村庄的牌子，上书"Welcome"（欢迎），标明村庄的名字和人口。人口数目，通常是几百，甚至只有一百多。我们遇到过路边的野火，看见过被汽车撞死的小动物。在有的路段上，限速牌上没有数字，只是画有一组黑色斜线，表示不限车速。车辆虽然稀少，但是，如果发生车祸，通常都很严重。澳洲汽车靠左行驶，本地人已经养成习惯。但是，刚从美国来到澳洲的人，原来习惯驾车靠右行驶，这可能是个很大的问题，特别是夜间或是逆太阳光开车。我在悉尼大学读研究生期间，有时乘车或开车去离市区40公里的Fleurs射电天文台，必经一个路口。这个路口发生过一起严重的车祸：我的研究生导师Cole教授的一位朋友，刚从美国回来，在路口右拐弯（相当于美国的左拐弯）进入Elizabeth公路时，误入错误车道，与一辆直行汽车相撞，整车报废（Written-off），所幸的是，没有人员伤亡。澳洲人会犯错，美国人就更容易犯错。所以，据我推测（纯属推测），也许，苏梅克夫妇的汽车，是由于同样的原因，误入错误车道，逆行而与对面开来的另一辆高速汽车迎头相撞。

天文学家尤金·苏梅克的去世，是国际天文学界的重大损失。为了纪念尤金对行星科学研究的杰出贡献，位于西澳大利亚中部的爱尔兰人陨石坑（Teague Ring）被命名为苏梅克陨石坑（Shoemaker Crater）。

1998年1月6日，月球勘探者号（Lunar Prospector）飞船带着装有1盎司（28克）尤金·苏梅克骨灰的纪念容器发射升空。1999年7月31日，月球勘探者号在完成绕月科学研究任务后，按预定计划撞上月球。由此，尤金·苏梅克成为迄今为止唯一安葬在月球上的人，也完成了他生前的登月夙愿。

纪念容器由尤金·苏梅克的学生、行星科学家卡罗琳·波尔科（Carolyn Porco）设计。容器上刻有海尔-博普（Hale-Bopp）彗星（苏梅克夫妇在一起观察的最后一颗彗星）的图像和巴林杰陨石坑

（Barringer Crater，位于亚利桑那州北部沙漠中）的图像，还刻有莎士比亚"罗密欧与朱丽叶"中的詩句：

And, when he shall die

Take him and cut him out in little stars

And he will make the face of heaven so fine

That all the world will be in love with night

And pay no worship to the garish sun.

（詩句汉译）

等他死了以后

你再把他带去，分散成无数的星星

把天空装饰得如此美丽

使全世界都恋爱着黑夜

不再崇拜眩目的太阳。

43 永远的纪念
2020年06月03日

　　今年是八九民运31周年。三十一年前，我在北京亲历那场运动，站在学生一边。1989年，我正在清华大学无线电系（电子工程系）雷达教研室（信号检测与处理教研室）做博士后研究工作。我是北京大学地球物理系1964级本科生。因此，我既属于北大，又属于清华，奔走于两校之间。我曾在清华学生的活动中心、学生十食堂前发表演讲，带领清华学生在校园里游行。我曾为北大学生广播台"自由论坛"当机务，维护广播器材和广播网。6月3日晚上，我和清华大学学生一起，到清河阻挡军队进城，然后回到学校，度过一个不眠之夜。这些亲身经历，铭记在心，永志不忘。

　　三十一年来，我从中国到美国，再到加拿大，参加过各种活动，记念八九民运和六四屠杀。这些活动，唤起我的记忆，让我看到希望的曙光。

一.

1989六•四之后，我参加的第一次纪念活动，是全球"六四百日祭"（9月12日星期二）。我从美国之音无线电广播得知，海外民运组织发起这个活动，号召全球华人参加，记念六四死难者。我不属于任何组织，决定单独行动，摔破小瓶（平），洒酒祭奠六四死难者。我提前到学校的商店买了一瓶二锅头。当天晚上12点，我悄悄地从宿舍清华西八楼401室下到楼门口。距离楼门10多米处，有一个丁字路口，柏油路面。我环顾四周，四周空无一人，只有昏暗的路灯光。我悄悄来到靠近丁字路口的一棵树下，打开酒瓶盖，前进几步，把酒洒在路口，然后使劲把酒瓶砸碎在路面上，发出哗啦一声。我赶紧快步回到楼门口，踏上楼梯，回到宿舍，关好门。

第二天一早，我下楼查看。只见几个居委会的大妈低着头，一声不响地在丁字路口用长苕帚打扫路面。我朝她们投去厌恶的眼光。中午，我到食堂打饭。只见一个小伙子，工人模样，几个人围着他。小伙子绘声绘色地讲述昨天晚上在学生宿舍区的见闻：半夜十二点开始，两座面对面的宿舍楼里，学生们时而唱歌，时而喊口号，时而敲饭盆起哄。各种杂物，包括砖头、玻璃瓶，从窗口一阵阵地飞出。有几次，小伙子差点被砸中。小伙子没有说，他是被派遣去监视学生还是自己去看热闹的。

二.

我的第二次纪念活动，是1990年六四一周年的晚上，在清华园里放鞭炮，以此表示自己还有记忆。我提前一个星期的时间，开始准备。到海淀镇买了一包带过滤嘴的大前门香烟，在家里找出一串200响小炮，设计了一个"定时炸弹"：拿两支香烟，把炮串两端的捻子分别捆绑在一支香烟（长度）的中央。使用时，用火点着每支香烟的一头。当香烟烧到（长度的）一半时，点着小炮。半支香烟的燃烧时间，就是时间延迟。这使操作人员有足够的时间撤出现场。两端都捆绑香烟，是为了把成功点着小炮的可能性加倍。

在组装之前，我关闭门窗，在卫生间里进行一系列的试验，证明这些小炮没有失效，可能被点燃；证实小炮确实会爆炸；测量半支香烟的燃烧时间，结果是5分钟左右，一个合适的时间延迟。

提前一天，我把"定时炸弹"组装好，把自行车后面的号码牌取下来。第二天6月4日星期一，天黑之后，我换上一身平时不穿的衣服，戴上一顶帽子，摘去眼镜，带上"定时炸弹"、手套和火柴。走下楼去，骑上自行车，带上一位博士夫人，来到中央主楼西翼电机系门前停下，把车锁好。

中央主楼的前面是水泥地广场，广场的南面是一块空地，空地上长着野草，一些小灌木，还有几棵小松树。我们沿着草地上的一条小路，走进灌木丛中几米的深处。我戴上手套，把"定时炸弹"挂在小灌木上。博士夫人划火柴点着"炸弹"上的两支香烟。然后，我们沿原路回到电机系门前。开锁骑上自行车，快速撤离，顾不得听炮声。一周年之际，当局严加防范。还是安全第一，逃跑要紧。

之后的几天，我照常去中央主楼东翼无线电系的办公室上班。没有看见什么异样。星期天中午休息时间，我戴上眼镜，骑车到电机系门前，把车锁好。我沿着原来的小路，走到那丛小灌木旁。我蹲下身子，装作系鞋带，拖延时间，观察放炮现场。我看见小灌木上已经没有什么了。地上有一些纸屑，肯定就是小炮炸了以后散落在地遗留下来的。看清楚后，我迅速离开，绕道回到电机系门前，开锁骑车回家。

三.

我的第三次纪念活动，是在1991年六四两周年的晚上。那时，我已经离开清华，回到北京天文台从事研究工作，住在XX大学宿舍。六四已经两年，听说当局仍然要加强戒备，严禁纪念活动。我偏偏要记念一下。

两座平行的高层宿舍楼，夹着一块窄长的空地。一条小路，两旁安装有路灯，通往空地的中央，那里修了一个圆形花圃。从宿舍的阳台，我可以俯瞰整个空地。我提前做准备。一是找到一个空的大号广口豆腐乳玻璃瓶，洗刷干净。二是到阳台上，目测花圃的距离，空手练习投掷，估计命中目标（花圃）的投掷力度和角度。

六月四日星期二的傍晚，天黑之后，我猫着身子从房间后门来到阳台上，探头观察，果然发现，在昏暗的路灯光下，一个男士，坐在花圃边沿上，旁边停着一辆自行车。这小子可能是依照校方安排，来监视校园的。晚上12点，我拿着玻璃瓶，用同样的方法来到阳台上。探头观察，发现那个男士仍然坐在那里。由此我可以断定，这小子一定是来监视校园的。我突然站起身来，按照练习好的姿势，使劲把玻璃瓶投掷出去，然后立即蹲下身子。接着听到哗啦一声，立即猫着身子从后门进了房间。估计玻璃瓶直接落地，这厮没有被砸中也没有向学校报告。

四.

1991年11月，我到美国亚利桑那州图森市（Tucson）参加国际会议，会后留在位于该市的NOAO（国立光学天文台）短期工作。NOAO位于亚利桑那大学（University of Arizona）校园内。我租住在大学附近的民房里。

六四三周年前夕，1992年5月31日星期天下午，亚利桑那大学中国学生学者联合会（属于全美学自联）组织了六四三周年纪念大会。这是我参加的第四次纪念活动。

纪念大会在亚利桑那大学的一个大阶梯教室举行。与会者坐满了教室，大约有200人，主要是中国留学生和少量的访问学者，以及他们的家属。阶梯教室内两侧，靠墙放着标语牌、八九民运和六四屠杀的照片。教室正面讲台旁边，放着一台电视机和录像机，播放八九民运和六四屠杀的录像。大会开始，主持人宣布，全体起立，为六四死难者默哀三分钟。默哀毕，主持人请在亚利桑那大学任教的方励之先生讲话。方先生简短发言，完毕后请从新泽西州普林斯顿赶来的刘宾雁先生讲话。刘先生作了长篇讲话。他谈到在美国的生活和工作，说是否合适，因人而异。他举例说，方励之先生研究天文学，在美国图森市就很合适。他自己是作家，用中文写作，在美国就不合适，读者很少，影响力很小，而在国内，读者会很多，影响力大得多。刘先生说他虽然人在国外，但是时刻关心国内的事。只要知道从国内出来的人，他都会去询问国内的情况。刘先生说到国内公共道德变坏，极为痛心。他举例说，北京街头新安装一批公用电话机，很快就遭到破坏。（当时的公用电话机为投币式，里面有硬币盒，成为盗窃目标。）演讲的最后环节是听众提问。有一位听众站起来说，他认为贪污和贿赂是发展经济的润滑剂，有好处，是必需的，请刘先生评论。刘先生立即驳斥这种说法，说无论如何，贪污和贿赂都是不好的。纪念大会之后的一天晚上，刘先生召开座谈会，请从国内来的同学自愿参加。我的一位室友（Roommate），亚利桑那大学研究生武同学去参加了。

五.

1992年7月，我飞往马里兰州巴尔的摩市，参加STScI（空间望远镜科学研究所）的研究工作。1994年10月，我技术移民加拿大，飞往多伦多登陆（Landing），成为加拿大永久居民。多伦多有多个海外民运组织，每年都组织记念六四的活动。我在多伦多参加了六四10周年纪念活动。这是我第五次参加纪念活动。

1999年6月4日星期五下午，下班回家后，吃完晚饭，我从约克大学附近的住地匆匆赶到多伦多大学。第一项活动是下午的纪念大会，在一个很大的阶梯教室里，大概能容纳400人。我迟到了，从侧门进去，在最后几排找了一个座位。正在发言的是黄明珍（Jan Wong）女士。黄女士是华裔加拿大人，文化革命期间，曾在北京大学留学，后来成为专业记者。1988年起任加拿大《环球邮报》（The Globe and Mail）常驻北京记者，长达6年，是1989年六四屠杀的目击证人。八九民运学生领袖王丹也出席了这个大会。会上分发了六四纪念章（照片1）。

照片1. 六四10周年纪念大会分发的六四纪念章

傍晚时分，大会结束，与会者排成长长的队伍，游行示威，举着标语牌，高呼口号，前往中国驻多伦多总领事馆，路程大约1.5公里。游行队伍在领事馆前短暂停留，高呼口号，然后，回到多伦多大学校园内的六四纪念碑前，举行烛光晚会（照片2）。

照片2. 六四10周年，多伦多大学六四纪念碑前纪念烛光晚会（照片由董昕提供）

　　晚会上播放了"天安门母亲"丁子霖的录音讲话，接着播放一位北京市民的录音，哭诉10年前的悲惨往事。这位青年人的妹妹在6月4日被枪杀。他的妹妹生前最喜欢红裙子。他跑遍了附近的商店，最后在一间小铺子发现一条红裙子，准备买下。女店主说：都这个时候了，谁还穿红裙子？青年人解释原委，说：是给我妹妹买的，送她最后一程。店主听了，立即取来红裙子，要送给青年人。青年人说：这是一定要花钱买的。于是，店主象征性收了一点钱。青年人最后哭着说，我最疼爱妹妹，可是没有保护好妹妹，来世我还要做她的哥哥，一定要保护好她！青年人的录音讲话，打动了所有人的心，会场上一片哭泣。

　　星期一上班以后，收到北大校友发来的电子邮件，邀请校友们到一家中餐馆聚会，欢迎王丹同学。电子邮件中恳切地说，你也许不同意王丹同学的观点，但是，他毕竟是我们的校友，现在来到多伦多，无论如何，我们要尽地主之谊欢迎他。星期天下午，我开车前往位于大多伦多地区的密西沙加市（Mississauga）参加欢迎会。约有四、五十位校友，坐满了餐馆。王丹见到这么多校友，包括一位原来的北大历史系同班同学，非常感动地说：接到校友的邀请后我想，别的活动我可以推辞，但是这个聚会我一定要参加。见到大家，就像回到娘家一样。

六.

2009年，我在位于多伦多市中心的一家高技术公司工作。从电视上得知，为了记念六四20周年，6月4日星期四中午，在多伦多市政厅前面的Nathan Phillips广场将举行题为"疯狂的广场"的集会和演出。这个广场距离我的公司约1.5公里。6月4日，我提前吃了午饭，带着照相机，从公司出发，步行约20分钟，来到广场。这是我第六次参加纪念活动。

会台中央悬挂着六四"坦克人"的巨幅照片。会台右面悬挂着一条横幅，"我们永不忘记。WE WILL NEVER FORGET"。纪念大会开始，加拿大原住民（Indigenous peoples）在台上举行仪式，悼念六四死难者（照片3）。接着是话剧、诗朗诵等纪念节目。

照片3. 六四20周年，加拿大原住民举行仪式，悼念六四死难者

接下来是题为"疯狂的广场"演出（照片4）。在隆隆的坦克声中，广场上的与会者躺倒在地上，象征89六四被镇压的民众。

最后是记念六四20周年的演讲。一位多伦多市议会议员是演讲者之一（照片5）。

照片4. 六四20周年，"疯狂的广场"演出

照片5. 六四20周年，一位多伦多市议会议员发表演讲

七.

2019年6月1日星期六下午，我开车前往多伦多大学参加六四30周年纪念活动。这是我第七次参加纪念活动。

268

当天下午，时间上有重叠的数项纪念活动，由在中国驻多伦多总领事馆前的集会开始。集会结束后，与会者游行，沿途高呼口号（照片6），前往多伦多大学六四纪念碑前的会场（照片7）。多伦多大学六四纪念碑前的纪念大会上，多位嘉宾演讲，记得有：黄明珍女士，多伦多大学学生会主席。

照片6. 多伦多记念六四30周年游行示威

照片7. 六四30周年，多伦多大学六四纪念碑前的会场

纪念大会的特别节目是为刘晓波铜座空椅揭幕（照片8）。2010年刘晓波博士获得诺贝尔和平奖。由于在狱中的刘博士无法出席在挪威首都奥斯陆举行的颁奖典礼，典礼现场摆放了一张空椅子。这张铜座空椅就是仿照当年的椅子设计建造的。揭幕仪式上，与会者轮流向刘博士献花，以记念他对中国民主事业的卓越贡献。

照片8.六四30周年，刘晓波铜座空椅揭幕（右边两人分别为黄明珍女士和多伦多大学学生会主席）

六四纪念碑前纪念大会的同时，吴建民先生在多伦多大学医学楼的一个大教室里举行专题演讲（照片9），题目是"六四屠杀三十年，暴政缘何不倒？"八九民运期间，吴先生是南京学运领袖，后被判处10年徒刑，在监狱中度过了将近8年时光，1997年8月被释放。吴先生专程从美国赶来参加多伦多六四30周年纪念活动。

当天的最后一项纪念活动是六四纪念碑前举行的烛光追悼会。傍晚时分，突然下起了小雨。未几，淅淅沥沥的小雨慢慢停了下来，人们慢慢在纪念碑前聚集。大约7点钟，晚会开始。多位嘉宾演讲，记得有：记录片《假孔子之名》（In the Name of Confucius）的加拿大华裔导演秋旻（Doris Liu），一位前加拿大国会议员。纪念碑前，烛光明亮。人们手持白花和蜡烛，上前向纪念碑鞠躬致敬（照片10）。

照片9. 六四30周年，吴建民先生在多伦多大学发表演讲

照片10. 六四30周年，多伦多大学六四纪念碑前纪念烛光晚会（最左边鞠躬者为秋旻女士）

八.

六四已经31周年了。在国内的时候，89六四过后不久，我们就想，怎样来长久记念。我们想出个简单易行的主意：每逢六四，吃素一天，并且开始实行。此后10年间，我们飘泊不定，从中国，到美国，到加拿大，有时也没有实行。在10周年的时候，我们想，我们已经在多伦多安定下来。我和妻子商定，从今以后，一定要切实实行。因此，从10周年起，我们在加拿大，每年六四这天，都吃素记念，从未间断。

最后，让我用在2014年5月34日写成的记念六四25周年的文章，"老吴曾经是海归（五） – 不眠之夜（1989）"中最后的一段话作为结束：

这个不眠之夜，造成我精神上的永久伤害。两年之后，海归归海，我再次离开我的祖国。奔赴美国，又过三年之后技术移民加拿大。在这个陌生的国度里，我从头开始，努力奋斗，生根、开花、结果。此时此地，回忆25年前的不眠之夜，我情不自禁，老泪纵横。明日，我将照例素食一天，以兹记念。存者未敢忘记，死者没有瞑目。我做不了什么，只能这样记念，年复一年，永永远远。

44 从海归到归海 – 我的心路历程（上）

2020年09月24日

1978年我考取中国科学院北京天文台出国研究生。1980年8月赴澳大利亚悉尼大学电气工程系留学。1986年6月，在澳洲完成学业之后，我立即携妻带子，回国工作。

1991年11月，我在北京天文台任副研究员期间，赴美国参加天文数据处理国际会议。会后参加哈勃空间望远镜图像处理的研究工作。1994年10月，在美国完成研究工作之后，我独自一人，技术移民加拿大。直到1997年6月，妻儿才得以根据家庭团聚的理由来到加拿大。

究竟是什么原因，促使我在这两次长期出国后作出不同的决定，先海归，后归海？经过长期的回忆和思考，我终于动笔，把自己的心路历程写出来。

272

I.澳洲六年 – 海归

一.

1989年春天，记得是在3月，柳树开始发芽的时候。清华大学博士后流动站的金老师通知我们几位从国外回来的博士后，接受中央电视4台（英语频道）采访。一天上午，我们来到流动站办公室，与电视台女记者见面。随后，我们跟着记者和她的两位助手，来到校园里一个安静的大水塘旁边。在一棵大柳树下，助手们架起摄像机。记者站在摄像机后面。轮到我了。我站在摄像机前数公尺处。记者用英语问了我的姓名之类的问题，接着问我的简历。我用英语回答说，我在澳大利亚悉尼大学电气工程系留学，回国后先在中国科学院北京天文台做了一期博士后，现在在清华大学电子工程系做第二期博士后。记者没有听懂"北京天文台"的英语，要我重复。我再说了一遍，她还是没有听懂，于是让我用中文说出来。（我用英文说过无数遍"北京天文台"，可以保证发音准确。"天文台"的英文不常用，许多人不知道。）短暂停顿之后，正题来了。

问：关于研究条件，你认为是国内好还是国外好？
答：我认为国外好。
问：那你为什么要回国呢？
答：我出国的目的是学习，学习完了就回国。如此简单。
问答终止。

大柳树下的采访结束后，我们来到西校门内竖立着的校园大地图前面。记者在这里采访一位从英国回来的无线电系（电子工程系）博士后。采访完毕，我们几位博士后自行回家。

过了几天，我在无线电系办公楼门口遇到一位研究生。他对我说：我昨天晚上在电视上看见你了！ 当天晚上10点，我在家里打开电视机，拨到中央4台。果然，节目重播。那位女记者的开场白之后，开始播放采访镜头。西校门内的校园大地图前面，那位博士后用英文说，他热爱祖国，所以回国。接着播放几位博士后的短暂镜头，包括我自己，只露脸，动嘴唇，没话音。我知道，记者的问题千篇一律，对谁都一样。只有那位博士后的回答含有"热爱祖国"的言辞，合乎需要，才把他的话音播放出来。我的回答，完全不合要求。

二.

"我出国的目的是学习。学习完了就回国。"这就是我海归的简单原因，与"热爱祖国"之类的崇高精神境界不搭边。我的想法和行动，是当年主观和客观条件顺理成章的产物。

(1) 1970年3月，我和女朋友从北京大学地球物理系毕业，一起被分配到陕西省商南县。待在这个偏僻山区小县，我们没有前途。特别是，由于我被同学诬告在文化革命期间"恶毒攻击"和"偷听敌台"，我们长期生活在政治阴影下。1978年，我们全力以赴，又得到贵人帮助，终于通过考试，脱离困境，回到北京，重新开始学习。当时的感觉，就像是挣脱了套在身上的枷锁，获得了解放。

我考取中国科学院北京天文台出国研究生。不仅是研究生，而且是出国研究生，超出了我的期望。当时的兴奋心情，可想而知。我的想法很单纯：努力学习，尽量弥补由于文化革命期间学业中断造成的损失，将来在科学研究中有所建树。至于此前在商南县的困境，已成过去。我没有忘记，但在作决定时，不再是一个考虑因素。

(2) 北京天文台，特别是导师王绶琯先生，对我很信任，很照顾。对此，我怀着感激的心情。我也很喜欢我的射电天文专业。学成归国，回到天文台从事研究工作，是我的不二选择。记得1964年入学时，北大地球物理系的天文专业已经停办。对此，我感到惋惜。结果，我被分配到大气物理专业。我从初中二年级开始就是无线电爱好者，中学大学都玩无线电。我既懂理论，又有动手能力。考取射电天文专业的研究生，与我的兴趣和特长，数学、物理、无线电，完全重合。可以说，实现了我多年的夙愿。

(3) 悉尼大学电气工程系与北京天文台有着长期的密切合作关系。从一开始，电气工程系的人就把我当成北京天文台的人，按照北京天文台的需要安排我的学习和工作。1981年初，我的研究生导师Frater博士离开悉尼大学，接替他的是新来的Cole教授。Cole教授和我第一次谈话，问我：在完成学业之后，你打算干什么？我回答说：回到北京天文台，从事研究工作。他点头表示赞许。我当时这样回答，也真心实意这样想。从此以后，Cole教授再也没有询问过。我的想法，也从未改变。

(4) 我的学习和研究进行得很顺利。1983年4月，我的第一篇学术论文在国际知名的IEEE（电气与电子工程师协会）信号处理专刊ASSP上发表，标题为"An explicit solution and data extension in the Maximum Entropy Method"（最大熵方法中的一个显式解及数据外推）。我被邀请担任该专刊的审稿人。这个成果引起有关方面的注意。光明日报驻堪培拉记者张泽权采访了我。8月16日，光明日报刊登了张先生的报道，标题是"我国在澳进修[原文如此]研究生吴乃龙/研究最大熵方法引起国际重视"。10月1日，光明日报又刊登了张先生的报道，标题是"《间接成像中的测量和处理》国际学术讨论会在悉尼举行"，报道中提及我在会上作了题为"最大熵方法中的显式解和隐式解"的学术报告。（后来，我又在IEEE信号处理专刊上发表了两篇学术论文和博士论文摘要，在国际知名的Astronomy & Astrophysics（天文与天体物理学报）上发表了一篇学术论文。）

这些成功，使我产生一个念头，学成回国后组织一拨人，开展最大熵方法研究，一定能在理论上和应用上很快达到国际先进水平。我天真地认为，光明日报上刊登的文章，将有助于我达到这个目的。

（5） 1986年2月，我的研究生导师、北京天文台台长王绶琯先生访问澳大利亚。他告诉我，根据李政道先生的建议，国内决定试行博士后制度；北京天文台将建立博士后流动站，欢迎出国留学生归国做博士后研究工作。王先生带来的消息，成为我海归的最后推动力。

随后在4月，我收到悉尼大学工程学院（Faculty of Engineering）发来的正式通知，我的博士论文，The Maximum Entropy Method And Its Application in Radio Astronomy（最大熵方法及其在射电天文中的应用），获得通过，无需修改。6月14日，星期六，悉尼大学举行学位授予典礼。我从工程学院院长Glastonbury教授手中接过博士学位证书，受到悉尼大学校长Black爵士接见。我的导师Cole教授，还有我的妻子和儿子，出席典礼，见证这个庄严时刻。

6月16日，星期一，在获得博士学位2天之后，我们全家乘飞机离开悉尼，前往泰国曼谷看望我的叔父，然后途经香港回国。

（6） 在广州我见到中国科学院广州电子技术研究所研究员C先生。C先生是信号处理专家。1983年我在IEEE信号处理专刊上发表第一篇最大熵方法学术论文后，C先生主动与我取得联系，称赞我是在IEEE上发表最大熵方法学术论文的第一位中国（大陆）人。是年年底，C先生带领广州电子技术研究所研究人员访问澳大利亚，我在悉尼与C先生会面。这次途经广州，我到他的工作单位拜访他。我和他谈自己的打算，全心全意搞研究，认为像文化革命那样的运动，不会再发生

275

了。C先生是文化革命前的大学毕业生，经历过各种政治运动。他反问我说：你就那么乐观？不幸的是，后来发生的事情，证明他的忧虑并非多余。

（7）在广州逗留期间，广东侨报记者张柯和通讯员熊兆东采访了我。我讲述了自己的家庭背景，中学和大学的求学经历，大学毕业后的努力，以及在澳洲留学的情况。记者问我：你的导师有没有挽留你？我如实回答：没有。7月23日，广东侨报刊登他们的报道，"侨乡父老为他骄傲／访澳大利亚悉尼大学留学生吴乃龙博士"。8月1日，人民日报（海外版）刊登了张柯的报道，"梅花香自苦寒来　博士载誉回侨乡"。过了几天，我收到中国科学院自然科学史研究所所长席宗泽先生的来信，他说：看了这篇报道，很受感动。

所有这些，增长了我的乐观情绪，加强了我对海归后取得成功的信心。

（8）在所有记者采访中，我从来没有说过"谢绝高薪聘请毅然回国"之类的话。但是，回头想想，我究竟有没有考虑过，完成学业之后留在国外从事研究工作？老实说，我是考虑过的。1978年我考取公派出国留学生。接着，在导师王绥琯先生的帮助下，申请到悉尼大学的奖学金。1980年年底，到达悉尼不久，领事馆的留学管理人员李先生召集留学生开会，传达文件，内容是：个人申请所得奖学金归个人，但是要归还机票款、置装费。这样一来，我在留学期间一切费用自理，成为"公派自费"。

在澳洲的中国留学生分成四类：[1]"公派（公费）"：由国内单位派出，由驻澳大使馆（领事馆）发放各种费用（包括机票）。[2]"自费（自派）"：在国内时由自己申请得到大学入学许可和签证，留学费用自理（通常是靠奖学金）。[3]"自费公派"：在国内时由自己申请得到大学入学许可和奖学金，单位插一手，算成是"公派"，帮助办理出国手续（包括申请签证）。[4]"公派自费"：由国内单位派出，但是留学费用自理（通常是靠奖学金）。

另一方面，澳洲政府对外国（包括中国）留学生有自己的分类方法，分为：（A）Government sponsored oversea student（外国政府赞助海外学生）和（B）Private oversea student（自费海外学生）。中国留学生的[1]类属于前者（A），其余属于后者（B），也就是说，澳洲政府只看"费用"来源。两类海外学生的管理方法不同。例如：每年延长学生签证，前者（A）是到移民局办理，需要递交中方发出的证明，包括留学资金证明，以及由ADAB（Australian Development Assistance Bureau，澳大利亚发展援助局）发出的证明。后者（B）则是到教育部办理，只要递交导师的信件证明学习进展正常，以及学校的奖学金批准书，与中方毫无关系。

由于中方和澳方管理方法对于不同类别的留学生都存在差异，[2，3，4]类即（B）类留学生的自由度高于[1]类即（A）类留学生，根源在于前者在经济上的独立性。但是，无论何类留学生，当年澳方有一规定是相同的：完成学业后，必须回国服务两年，特殊情况除外。各类留学生，要申请完成学业后的工作签证或Permanent Residency（PR，永久居留权），都必须克服这个障碍。（其中的[1]类"公派"留学生，还有其他重要障碍。）然而，办法总是有的，就看想不想干。有的人和澳洲人结婚，有的人搬出亲属关系，声称要"继承遗产"，等等。有的人，干脆离开澳洲，到新西兰去，到加拿大去，到欧洲去，甚至到非洲去。私下办理申请手续，不辞而别，一走了之。如果要回澳洲，过几年再申请。采取这些方法而成功的人，不在少数。

在"学习完了就回国"的思想指导下，我只是有意无意中了解到要"留下来"所面临的问题，没有产生"留下来"的念头，更没有采取行动。但是，1991年我去美国，想法就不同了，想法变成行动。我的想法是如何转变的呢？是如何采取行动的呢？听我慢慢说来。

II.北京五年半 – 转变

三.

1986年6月，从香港回北京途中，在广州逗留数天之后，我全家陪同我的叔父回到梅县，看望我的母亲。然后，又回到广州，于7月14日到达北京。10月，我正式成为北京天文台的博士后研究人员。

所谓研究工作，就是自己选题，愿意干什么就干什么。我没有参加天文台的任何研究项目，只是想利用这段自由时间，系统总结过去的最大熵方法研究成果。我发现，天文台里不少人对最大熵方法感到新奇，但是，没有人真正愿意参加这项研究工作。我认为，传播最大熵方法的最好途径是到科学院研究生院讲课。于是，我向天文台表示这个意向。有一天，天文台研究员胡景耀领着研究生院电子部主任李象霖到办公室找我，商谈讲课事宜。谈妥后，我在1987年1月收到研究生院的聘书，聘请我为兼职教师，讲授最大熵方法。

在科学院研究生院讲课，与自己单独从事研究工作完全不同。现在，我要面对学生，从最基本的东西讲起，循序渐进，一步一步地引向新成果。因此，我花了大量时间，准备讲稿，包括一些投影仪胶片。这个课程对于传播最大熵方法，起了良好的作用，也为我后来写作最大熵方法专著打下了基础。

四.

在天文台做博士后期间，我的研究兴趣发生变化，决定改变研究方向，把我最擅长的最大熵方法和图像处理研究从虚无玄妙的射电天文转到人间的实际应用。于是，在一些人的帮助下，在完成天文台博士后研究工作后，于1988年10月，我转入清华大学无线电系做第二期博士后研究工作，并且打算在完成后留在清华工作。没有想到，由于1989年突发事件的影响，我最终又回到了天文台。

1989年的民主运动及六四屠杀，就不用我多说了。这个经历使我的思想发生根本性的转变，对我的发展前途发生深远影响。为什么我会深度卷入其中，受到追查和惩罚？回想起来，如下因素起了关键作用。

(1) 澳洲留学六年，使我逐渐成为一个有独立思考能力的人。其中起最大作用的，是获得的全新资讯。当时在留学生中传阅最多的是领事馆发送的人民日报，以及留学生私下传阅的香港杂志《争鸣》和《七十年代》（后改名为《九十年代》）。从人民日报我了解到北大和其他大学的竞选活动，"清除精神污染"运动，等等。从香港杂志我了解到许多前所未闻的事实和观点。我还从悉尼市公共图书馆借阅一些国内的"禁书"如：索尔仁尼琴《古拉格群岛》，（英文版）奥威尔《动物庄园》（"Animal Farm"），（英文版）维特克《江青同志》（"Comrade Chiang Ch'ing"）。我不再盲目相信官方宣传，厌恶以至痛恨共产党发动的政治运动。这种改变一旦发生，就不会逆转。

(2) 有了澳洲作为参照，与出国前相比，海归后我在国内的感受已经完全不同了，甚至感到自己与这个社会格格不入。我经常想，到底是这个社会的问题，还是我自己的问题？是不是这个社会很先进，自己的思想落后跟不上？我思考了很长时间，最后想通了。我的逻辑是：一个正常社会，不需要靠谎言维持。反之，如果一个社会必须靠谎言维持，那就不是一个正常社会。这是一个简易可行的判据。当下的社会，充斥着谎言，撒谎成为一种生活方式，成为生存的需要。如果说随处可

278

见的可口可乐代表资本主义生活方式，那么，习以为常的谎言则代表共产主义生活方式。我不愿意撒谎，想要表达自己的意见，因而与这个社会发生冲突。责任在于这个社会。我的结论是：这个社会出了问题，而不是这个社会很先进，自己的思想落后跟不上。1989年，说真话的机会来了。因此，我要站出来说真话，支持学生。

（3）澳洲是自由民主社会，官员比较清廉，原因之一，是贪腐的官员会受到严厉惩罚。当时发生一件哄动全澳洲的事。一位联邦政府部长从国外归来，在悉尼国际机场过海关，把一部彩色电视机当作黑白电视机申报，当场被海关工作人员发现。当工作人员指出时，那位部长竟然说：我是XX部长，你不知道吗？ 部长的这句话惹了大祸，海关工作人员把这事捅给了新闻界。因为根据海关规定，带入彩色电视机需要交税而带入黑白电视机不需要交税，这位部长被认为是伪报物品以逃税，将要被罚。更想不到的是，另一位部长出来为这位部长说情，结果惹怒了海关雇员工会。最后的结局是，总理把两位部长都解职。

对比之下，东南亚的一些国家，官员比较腐败。这是我亲身经历的一件事：1986年6月，我们从悉尼乘飞机前往泰国，在曼谷国际机场过海关。一位海关官员开始乱翻我们的行李箱。我正在发愁如何整理原来放置有序的物品之际，那位海关官员发现我们带的几件纪念品，拿起一个很精致的悉尼歌剧院模型，示意要我送给他。为了行李安全，我只好示意，让他拿走。于是，他手拿歌剧院模型，在大庭广众之中，大摇大摆地走到他的办公桌前，当着同事的面，打开抽屉，把歌剧院模型放了进去。他转过身子，回来继续检查我们的行李。接下来的事就很简单了。他只是用手指着其余的行李箱问，这是什么，那是什么。我回答说，是衣服，是书本。不用开箱检查就放行了。

所以，当时我在思考一个问题，开放的中国，是朝澳洲（清廉）的方向发展，还是朝东南亚一些国家（腐败）的方向发展？我当时的看法是，正在朝后一个方向发展。我的根据是回国后遭遇到的一些事。比如：到有关部门办事，经常要送礼，要托熟人关系等等。（我在澳洲6年，公事公办，从未有过这种情况。）1989年，学生们揭发出腐败的事实，喊出"反对腐败！打倒官倒！"的口号，得到广大民众的支持。我当然和学生们站在一起。

（4）我刚从悉尼大学毕业不久，还有不少"学生气"，很容易与大学生共鸣，产生同情心。记得4月28日，和我合用办公室的研究生对我说：我本来不参加那些活动。但是，4.26社论气势汹汹地说学生运动

279

是动乱，太气人了。我昨天也去游行了！ 假如我还是在天文台工作，不和学生们密切接触，我不会如此深度卷入学生运动，至多是随大流参加游行，就像绝大多数科研人员那样。

（5）以前在陕西省商南县劳动和工作的时候，地处偏远，地位低下，没有安全感。在受到刁难、歧视时，喊天天不应，喊地地不答，只能逆来顺受，回想起来，还有受辱的感觉。现在不同了，我是洋博士，安全感大大增加。如果受到惩罚，我还可以自找出路。我和妻子商讨过，如果被清华大学解雇，我可以凭一技之长，到五道口开一个无线电修理部，重操旧业，自食其力，稳赚不赔。

（6）我的良知没有泯灭。学生们开始绝食后，我挺身而出，在清华学生十食堂前发表演讲，带领学生们在校园内游行，呼吁清华教师支持学生。我不是理论家而是实干家。当我看到大学生们有困难时，敢于出手相助。我主动帮助北大学生广播台"自由论坛"，维护广播器材，整顿和扩大校园广播网。事后受到追查和惩罚。对此我无怨无悔。

（7）清华大学认定我是"动乱分子"，派人追查我的活动，禁止我出国参加国际学术会议，并且扬言，博士后期满后不得留在清华工作。1990年10月，我离开清华，回到北京天文台工作。清华又把整我的"动乱分子"材料，转到天文台。结果，天文台党委不准我出国参加国际学术会议。因此，我彻底不相信"出（境）入（境）自由"的说法了。并且发生联想，那些文化革命中整我的材料，可能没有销毁，没准有一天还会翻出来整我。就在回到天文台不久，人事处处长小吴突然对我说：你的档案呢？台里没有。 我当即答道：我的档案我自己不能接触，我怎么会知道呢？ 她没有再追问。这事加深了我的怀疑，对我的整肃并没有结束。文化革命后，当局信誓旦旦地保证不再搞政治运动。对此，我从将信将疑，变成了完全不相信。

（8）89六四过后，我们回到二龙路的家。这个家，与接收大量伤亡人员的邮电医院，只隔着3个门牌的距离。岳母对我们说：你们走吧！ 6月3日，岳母听了一晚的枪声，受到很大刺激，才会说这话，让我们出国去。我们听了，心里油然产生一种凄凉的感觉。本来，1986年从澳洲回国后，我多次说过，以后我只会短期出国，最多半年。现在，我已经改变想法。我和妻子商定，如果以后有机会，只要一人出国，先站住脚，然后全家在国外团聚。89六四是推动我转变的最后动力。

（未完待续）

280

45 从海归到归海 – 我的心路历程（下）

2020年09月25日

III.美国三年 – 归海（一）

五.

由于得到北京天文台台长李启斌的保护，在我的出国开会申请表上签字，我才得到1989年后的出国机会。1991年4月，我前往西班牙参加国际学术会议。同年11月，我前往美国亚利桑那州图森市（Tucson）参加天文数据分析软件及系统第一次国际会议。这次的美国之行，使我的想法成真。在美国工作3年之后，技术移民加拿大。正所谓天助人愿。但是，过程曲折，永远难忘。

1991年11月3日，我乘西北航空公司的飞机离开北京前往洛杉矶。在飞机上与邻座的美籍华人聊天。他得知我是到美国开会，问我：你还回（大陆）去？ 在洛杉矶机场入境时，我如实告诉移民官，我的目的是开会，会后访问一些研究机关。结果，移民官只给了我一个月的逗留时间，1991年11月3日至12月2日。这出乎我的意料。当初在中国科学院外事局办理出国手续，在取回带有美国签证的护照时，我发现上面只标明入境截止日期，没有逗留时间。我问外事局办事人员，有的说，允许逗留时间，没有写明，就是半年。有的说，限3个月内入境有效，允许逗留时间也是3个月。现在，只有一个月逗留时间，开完会，差不多就要动身回国了，没有回旋余地。这大大增加了我在会后活动的难度。不管怎样，我得先找Shutter bus（摆渡车），前往去图森的航站楼。我刚走出机场大厅的门，那位美籍华人刚好在我身旁，对我大声说道：不要回去！

六.

离开北京之前，王绶琯先生给我写了一封给美国NRAO（National Radio Astronomy Observatory，国立射电天文台）台长的亲笔信。信中说，如果有可能的话，请他安排我在NRAO工作一段时间。会议期间，见到原来在澳大利亚开会时认识的NRAO的Tim Cornwell博士。我把王先生的信给他看。他立即给NRAO台长打电话。打完电话后，他对我说，现时NRAO没有合适的研究项目，无法帮助我。

一天上午，在Poster session（海报展示时间），我在看一位NASA（美国宇航局）研究人员的展板（Poster）。谈话中他告诉我，在NASA工作，必须至少有绿卡；STScI（Space Telescope Science Institute，空间望远镜科学研究所）是NASA的合同单位（Contractor），没有这个要求，你可以去试试。他用手指着不远处的一人说：他就是STScI的研究人员，你可以去找他。于是，我随即找到这位研究人员，Robert Hanisch博士。听了我说明来意，Hanisch博士说：今天我要主持报告会，请你明天这个时候来找我。

第二天，我在约定时间找到Hanisch博士。我给他看了我的博士论文复印本以及发表的论文目录。他立即告诉我，STScI计划成立一个图像处理小组，他是这个小组的负责人。但是，经费还没有到位，现在还不能接收我，估计要等待几个月的时间。他要求我与他保持联系。不管我在何处，只要经费一到位，开展工作，他就会通知我，前往STScI。

我非常珍惜这个难得的机会。我所面临的问题是，在去STScI之前，何处安身？回国等候，显然是下策。路费是一个问题。最重要的是，我不相信"出入自由"的说法了。只要有一个环节出问题，就再也出不来了。这不是多余的忧虑。我自己曾经受过两次刁难，还有研究生同学在机场出境时被截留。因此，我必须在美国等候，至少是不回到国内。

只剩下约两星期时间，我必须尽快行动，取得效果。最有把握的是找NOAO（National Optical Astronomy Observatory，国立光学天文台）的同行。NOAO就在图森，是这次国际会议的主办单位。我参加这次国际会议的手续，包括获得洛杉矶和图森之间的双程机票以及会议期间费用的资助，都是NOAO协助办理的。于是，我去NOAO找到会议组织者之一，Jeannette Barnes。听我说明来意之后，她又找到Steve Grandi，NOAO的计算机服务中心负责人和我会面。简短谈话之后，Steve说，他们要商量才能决定，让我第二天回去找他。第二天上午，我如约来到NOAO。Steve告诉我，我可以在去STScI之前，在NOAO短期工作，暂定半年；但是，NOAO只能按普通访问学者标准给我提供生活补助。我立即接受Steve的Offer（录用）。只要能为我办理签证，留在美国，其余都是次要的。提供的生活补助，应该视为我的额外收入。

我把护照交给NOAO人事处，在填好的申请访问学者J-1签证的IAP-66表上签字，其余一切手续，由NOAO办理。我开始工作，任务是在IRAF

软件包中研究发展最大熵方法应用程序。IRAF是一个广泛应用的光学天文数据处理（包括图像处理）电脑软件包（Software package），由NOAO的Doug Tody博士一手创建。STScI用于哈勃空间望远镜科学数据分析（包括图像处理）的软件包STSDAS是以IRAF为基础的，二者的编程语言、程序结构是一样的。因此，我在NOAO研发的最大熵电脑程序，将来可以直接放入STSDAS，为STScI所用。

我原来研究最大熵方法及其在射电天文中的应用，现在转向光学天文。由于二者的成像机制不同，我必须重新推导最大熵算法和计算公式。IRAF编程是用其专用的电脑语言SPP。因此，我从头开始学习SPP。经过7个月的努力，到离开NOAO前往STScI的时候，我已经完成IRAF中最大熵方法应用程序的第一个版本。

七.

第一次延长护照有效期

在收到Hanisch博士发来的通知和寄来的机票之后，1992年7月3日，我离开图森前往马里兰州巴尔的摩，STScI就在位于该市的霍普金斯大学（Johns Hopkins University, JHU）Homewood校园内。第二天7月4日，是美国独立日。假日过后，我立即开始研究工作。只是环境换了，工作内容与在NOAO时一样。

NOAO 和 STScI 都由AURA（Association of Universities for Research in Astronomy，美国大学天文研究协会）运作。所以，当初NOAO以AURA的名义为我办理的J-1签证，仍然有效。第一次申请的签证期限是1991年12月2日至1992年6月2日。（移民局实际批准的有效期多出1个月，即1991年12月2日至1992年7月2日。）第二次申请的签证期限是1992年6月2日至12月31日。（移民局实际批准的有效期是1992年7月2日至1993年1月31日。）我必须在签证到期之前由STScI申请新的（第三次）签证。按照惯例，申请的签证期限是1992年12月31日至1993年12月31日，即为期1年。（移民局实际批准的有效期是1993年1月31日至1994年1月31日。）这下子问题来了。我的护照是在1988年为了去英国参加国际会议申请和领取的，有效期5年，即1988年4月6日至1993年4月6日。按照惯例，签证有效期不会超过护照有效期。因此，我必须在第二次签证到期之前延长护照有效期，至少到1993年12月31日。

记得我在图森的时候，留学生和访问学者延长护照有效期很容易。

中国驻洛杉矶总领事馆派人带着申请表和公章，到图森给他们办理手续，显得很客气。现在我向在STScI工作的中国访问学者咨询护照延长手续，得到的回答是：通过大使馆教育处办理，很容易，先打电话，然后把护照送去，2周后可取。

1992年10月13日，我打电话到中国驻华盛顿大使馆教育处，说明情况，要求延长护照有效期。对方问我的第一个问题是：你是什么时候到达美国的？我如实回答：1991年11月3日。对方一听，态度立即变差，冷冰冰地说道：你把护照送来吧。10月16日，星期五，我坐通勤火车MARC从巴尔的摩到达华盛顿，找到中国大使馆，递交了护照。过了2个星期，我打电话到大使馆教育处，确认取护照时间。出乎意料，得到的答复是：不能给你延长护照有效期。无论我怎样解释和请求都没用。

这个答复让我慌了手脚。我给在图森的朋友们打电话。他们说，回图森来吧，也许这里能办理。我只好怀着碰运气的心理，准备回图森；回去之后，到NOAO找工作。11月20日，星期五，我再次坐通勤火车MARC从巴尔的摩到达华盛顿。在中国大使馆签证窗口前，我对窗口内的一位高个子、戴眼镜的工作人员说明情况，要求取回有效期没有延长的护照。当他把护照递给我的时候，说道：那你怎么办呢？我回答道：我也没有办法。他肯定是动了恻隐之心，想了片刻，对我说道：你等一会儿。他随即手持我的护照，转身离开窗口，进里面去。过了大约5分钟，他回到窗口，对我说：这样吧，你让北京天文台写一封信，说明同意你继续在美国工作和延长护照，我们给你办。我当即表示同意。于是，我的护照留在了大使馆，我从华盛顿回到了巴尔的摩。

我立即采取行动。研究所里各种通讯设备齐全，随意使用。我用电子邮件向我的研究生朱江说明情况，她很快就从天文台办好了证明信，邮寄给我。我立即转寄给中国大使馆。12月4日，星期五，我又一次来到中国大使馆，从签证窗口取回护照。护照上的"护照延期"栏目写明，本护照有效期延长至1993年12月31日；签发日期是1992年12月3日。也就是说，护照延长1年，是从签发延长的日期算起，而不是从护照原来的有效期终止的日期（1993年4月6日）算起，即实际延长了约8个月。不管怎样，STScI可以申请我的新签证了，有效期1年，至1993年12月31日；我可以继续工作。

这是我第一次克服困难，延长了护照有效期，使我得以在美国继续工作。感谢那位素不相识的高个子大使馆工作人员，帮助我克服困难。在这次办理延长护照有效期的过程中，我看清楚一个事实，那就是：只要有可能，中国政府就会控制你我，一位普通中国公民。如果他们不控制，那不是因为他们不想控制，而是因为他们控制不了。在当年延长护照有效期的问题上，可以看得一清二楚。

89六四之后，根据时任美国总统老布什于1990年4月11日签发的12711号行政命令，对在这个日期之前已经在美国的中国留学生和访问学者以及他们的直系亲属，取消回国服务两年的限制（如果有的话），并给予他们在美国工作的许可。即使护照已经过期失效，他们也可以在美国居留。中国大使馆和领事馆不可能通过是否延长护照有效期的手段控制他们，因而一律给予延长，显得非常宽松和客气。那些受这项行政命令保护的留学生和访问学者，根据个人经历，告诉我延长护照很容易，就是这个原因。这也是为什么，我打电话到大使馆教育处询问延长护照事宜时，对方问我的第一个问题是我到达美国的日期。当对方得知是1991年11月3日，在1990年4月11日之后，态度立即变差，因为我不在那项行政命令保护之列。这种不平等对待本国公民、歧视不受美国总统行政命令保护的访问学者的做法，引起我内心的强烈不满，从而产生想法：什么时候，我也要让你们控制不了！

八.

第二次延长护照有效期

1993年6月，研究所（STScI）通知，天文数据分析软件及系统第三次国际会议将于10月13日至15日在加拿大B.C.省维多利亚（Victoria）举行。我们STSDAS项目的全体研究人员都可以参加。为此，我必须获得加拿大的入境签证。根据惯例，我的护照有效期自入境加拿大之日算起不能少于6个月，也就是起码要到1994年4月。问题又来了，我所手中的护照有效期只到1993年12月31日。我必须想法解决这个问题。

我和妻子在来往信件中商量解决办法。当时，我的内弟是中国远洋运输公司的客车司机，他自告奋勇，想法帮助我。他通过远洋运输公司的一位领导，找到外交部的一位官员，请求帮助。这位官员写了一封给他的一位在中国驻华盛顿大使馆工作的大学同学的信，交给我的内弟。内弟把这封信寄给了我。信的内容大体是：在寒暄一阵之后说，远洋运输公司的某某某，他的姐夫谁谁谁在美国，由于某事需要延长护照有效期，请酌情办理。

收到信后，我给大使馆签证处的J先生打电话说，我手中有他的同学某某某给他的一封信，叙述了信中的大体意思。J先生和我约定时间，在大使馆见面。于是，我又来到大使馆，找到J先生。在会客室里，我把信交给他，又叙述了一遍延长护照有效期的理由。他收下我的护照，约定我去领取的日期。大概在两星期后，我到大使馆签证处取回了护照。护照上的"护照延期"栏目写明，本护照有效期延长至1994年7月31日；签发日期是1993年7月27日。也就是说，从签发延长的日期算起，护照延长1年。如果从护照原来的有效期终止的日期（1993年12月31日）算起，则实际延长了7个月。

这次延长护照有效期，搞得如此复杂，实在是没有其他办法。衷心感谢内弟，远洋运输公司的领导，外交部的官员和他的同学。

九.

1993年9月15日，我带着护照，国际会议主办方的邀请信和研究所的介绍信，前往华盛顿，到加拿大驻美国大使馆申请签证。在大使馆里等候约2小时即得。签证的有效期至10月30日。

10月12日，我和本部门的研究人员一起，乘飞机前往温哥华，然后坐跨海轮渡到达维多利亚。10月17日，回到巴尔的摩。

将近年底，又到了申请（第四次）签证的时候。这次申请的签证期限应该是1993年12月31日至1994年12月31日。（移民局实际批准的有效期是1994年1月31日至1995年1月31日。）问题又又来了，我手中的护照有效期只到1994年7月31日。我必须想法解决这个问题。我打电话到大使馆教育处，得到的回答是，延长护照有效期凭科学院外事局的公函办理。于是，我发电子邮件给我的研究生朱江说明情况。于是，她开始办理天文台的证明，然后去科学院办理证明。

正在办理证明的过程中，研究所（STScI）人事处负责人来要我的护照，用于申请新的签证。我告诉他护照现有的有效期，正在办理延长的手续。他问：你一定会办理护照延长有效期吗？我回答：是的。于是，他把我的护照拿走了。办完签证之后，他把护照还给我。我打开一看，签证的有效期，是至1995年1月31日，居然超过我的护照有效期。不管怎样，我可以继续工作，至少可以到明年7月31日，甚至到更晚的时候。不会有人来检查的，反正我人在美国，签证有效。

第三次延长护照有效期，不是当务之急，被我暂时搁置。第三次延长护照有效期的故事，容后再讲。

十.

办理移民加拿大手续

1993年7月1日，美国政府开始实施"中国学生保护法案"，数以万计的中国留学生和访问学者在这天向美国移民局邮寄永久居留权（通常称为"绿卡"）申请表。周围许多人在行动，使我受到很大的触动。我心想，大使馆、领事馆对那些受美国保护的人无可奈何，却来刁难像我这样不在保护之列的访问学者。众所周知，一般情况下，美国方面对申请绿卡的持J-1签证的访问学者，有"回国服务两年"的限制。豁免的条件是：取得中国大使馆、领事馆的"不持异议信（No Objection Letter）"，或取得美国政府的"国家利益豁免（National Interest Waiver）"，等等。我知道，对我来说，即使愿意办理这些，也或是不可能，或是特别费时间。因此，我没有认真考虑过。

10月的加拿大之行，成为我考虑问题的转折点。在此之前，我本来就知道加拿大正在大量接收移民，包括"独立移民（Independent immigrant）"，即通常所说的"技术移民"。这次旅行，加拿大给我留下了美好的印象。我开始认真考虑移民加拿大。我使用的电脑SPARCstation，安装了互联网浏览器Mosaic和文件传输协议ftp，可以阅读和下载文件，非常方便。我从网上得到大量有用信息。我与周围的中国同事讨论，他们大力支持，说：你有澳洲的博士学位，肯定很容易，并且给我转发有关消息。我给在北京时教过的研究生、当时已经移民美国的王同学打电话，在说到回国问题时，王同学鼓动说：吴老师，你不要回去；你要是回去，不就亏了吗？！我打电话向已经移民加拿大的同学咨询，他们给我详细解释移民步骤，提供帮助。总之，百分之百支持，没人反对。

想法变成了行动。1993年12月，我写了一封询问移民加拿大事宜的信，寄给加拿大驻华盛顿大使馆。过了几个星期，1994年1月，我收到加拿大驻纽约总领事馆的来信，说明移民事宜由领事馆而不是由大使馆办理。信中告诉我，技术移民申请分三步走。第一步，学术资格（Academic Qualifications）评估。要求我递交学历证明，公证过的复印件而不是原件。如果资格评估通过，进入第二步；否则，申请过程终止。第二步，填写各种表格和递交必要的文件。第三步，携带必要的文件到总领事馆面谈，时间另行通知。走完这三步，如果得到批准，将给我寄送Landing paper（通常称为"移民纸"）。我持移民纸和有效护照，入境加拿大（Landing），成为永久居民（Permanent Resident）。

第一步。我立即通知在北京的妻子。她立即用国际特快专递把我的北京大学毕业证书和澳洲悉尼大学博士证书原件寄给我。我收到后，去霍普金斯大学的公证处，获得这两份文件的公证过的复印件，以及（中文）北京大学毕业证书的公证过的英文翻译件。我的悉尼大学博士证书是英文的，无需翻译。我随即把这些公证过的文件邮寄给加拿大驻纽约总领事馆。

第二步。1994年3月初，我收到总领事馆的来信，告知我通过了学术资格评估，进入第二步。信中有供我本人填写的永久居留申请表，供我妻子填写的永久居留申请表和问卷调查表（Questionnaire），妻子和儿子的健康检查表。我立即把妻子和儿子的有关文件用美国邮政国际特快寄往北京家中。妻子把填写好的两份表，连同妻子和儿子每人的2张照片，用国际特快专递寄回给我。至于健康检查表，妻子和儿子在北京同仁医院检查后，检查结果由医院直接寄往加拿大保健与福利部。（虽然家属不随同我移民，也要办理这些手续。）

我把填写好的永久居留申请表，2张符合护照标准的照片，妻子寄回来的文件，以及申请费（342美元）邮寄给总领事馆。办完这些手续后，我等着总领事馆的回信，准备面谈（第三步）。

十一.

第三次延长护照有效期

在加拿大驻纽约总领事馆面谈以及入境加拿大都必须持有有效护照。当时我手中的护照有效期只到1994年7月31日，这对于面谈，也许足够了，但是，对于入境加拿大，肯定不够。在去年（1993）年底办理第四次签证的时候，大使馆教育处答应，有科学院外事局的公函，就可以办理延长护照有效期。哪怕能延长半年，也就足够了。在当年（1994）年初，我收到研究生朱江的电子邮件，告诉我公函办妥，已经发往中国驻华盛顿大使馆。同时，我收到公函的传真件。我打电话去大使馆询问，得到的回答是：没有收到。我说，我早就收到了传真件，凭传真件办理行不行？回答是：不行。我只能隔一段时间打一次电话去询问，每次得到的回答都是：没有收到。于是我判定，他们是故意不给我办理。我又有什么办法呢？

转机终于来了。

1994年3月，研究所通知我，一个中国科学院代表团访问美国，将在巴尔的摩停留数天，访问我们的研究所（STScI），要求我参加接待工作。我立即就答应了。一天上午，我随研究所的汽车去BWI（巴尔的摩 华盛顿 国际）机场，迎接代表团，并且领着他们一行五、六人，入住研究所附近的旅馆。

北京天文台台长李启斌是代表团成员。我们几位来自中国天文界的研究人员，请李台长在一家中餐馆吃午餐，参加李台长主持的座谈会。李台长当然知道我在研究所的情况。当我告诉他大使馆一直说没有收到科学院外事局的公函时，他愤然说道：他们撒谎！国内有信使给大使馆送文件，每月两次，不可能没有收到。接着他对我说：你等等，我和他们（代表团成员）商量一下。第二天，李台长对我说：他们查了，大使馆教育处负责人是教育部派出的，不是科学院派出的，说不上话。XXX领事馆教育处负责人是科学院派出的，我们要去XXX访问，见到他时会托他办你的事。

过了大约两个星期，我接到从XXX领事馆打来的电话。对方询问我的姓名，简单说明来意之后，要我把护照和科学院外事局的公函寄给他。我说公函的原件已经从科学院寄给了大使馆，我手中只有公函的传真件。对方说传真件也行。于是，我赶快用挂号信邮寄护照和公函的传真件。过了大约两个星期，我收到邮寄回来的护照。护照上的"护照延期"栏目写明，本护照有效期延长至1995年7月31日；签发日期是1994年4月11日。也就是说，从护照原来的有效期终止的日期（1994年7月31日）算起，延长了整整1年。如果从签发延长的日期算起，则实际延长了约1年3个月。

李台长和同行的科学院人员，热心帮助，办事认真，使我深受感动。感谢他们，特别感谢素未谋面的XXX领事馆教育处负责人。

就这样，我第三次延长了护照有效期。

十二.

办理移民加拿大手续

第三步。 1994年4月，我收到加拿大驻纽约总领事馆寄来的面谈通知书，时间是星期三，6月1日上午10点，并且附有一份健康检查表。通知书要求我携带健康检查表到指定的华盛顿市内的诊所Yater Medical

Group作健康检查。检查结果由诊所直接寄送给加拿大保健与福利部。星期三，4月27日上午，我坐通勤火车MARC从巴尔的摩到达華盛頓，找到指定的诊所，做了检查，费用约为250美元。

信中要求我在前往总领事馆面谈时随身携带各种文件的原件。这些文件是：

(1) 最近10年居住地警察与安全部门的Police certificate/clearance（"无犯罪记录证明"），美国联邦调查局的FBI certificate。从1984年4月算起，我在3个国家居住过：澳大利亚，中国，美国。我发电子邮件给我在悉尼大学的研究生导师Cole教授请求帮助。他打听清楚后告诉我澳大利亚新南威尔士州警察局的地址，办理Police certificate所需要的文件如：申请信，我在当地（马里兰州）警察局采集的指纹，以及费用（银行的澳元支票）。办妥后，我把文件和支票寄往新南威尔士州警察局，几星期后，我就收到他们寄来的Police certificate。

我在马里兰州警察局办理了Police certificate。我又去一个联邦调查局地区办公室办理了一份FBI certificate。

我在澳洲和美国没有犯罪，顺利地获得"无犯罪记录证明"。至于中国方面的"无犯罪记录证明"，我在中国没有犯罪，但是我想不出办理方法。

(2) 出生证。这和中国的"无犯罪记录证明"一样，我想不出办理方法。我的工作单位和户口在北京，去办理这些证明，人家一看就知道我正在办理移民手续。那个年代在中国，"技术移民"是不被允许的。（根据加中协议，1995年1月1号才开始允许"技术移民"。）这成了我无法逾越的障碍。

正在无计可施之际，研究所的同事告诉我，霍普金斯大学的留学生刘同学为了办理移民，正在从四川老家办理出生证。这消息令我恍然大悟，从广东老家办理出生证！

我立即行动，给老家的表弟打电话。得到的答复是：可以在县公证处办理"出生公证书"，需要的文件是：本人护照的传真件和出生地乡政府的证明。于是，我给他发送护照传真，我的母亲去办理乡政府的证明。我给表弟打电话，确认文件齐全有效。他在电话中说，通常，国外的人在这里办理出生公证书，同时也办理"未受刑事处分公证书"。他问我是否需要。我立即回答：需要！

这两个本来无法解决的问题，由于同事传递的信息和家乡亲人的帮助，通过合法途径顺利解决了。我衷心感谢他们。

(3) 结婚证。我让妻子把结婚证原件用特快专递寄给表弟，表弟把它连同出生公证书、未受刑事处分公证书用国际特快专递寄给我。收到后，我到霍普金斯大学公证处获得公证过的（中文）结婚证的复印件和公证过的英文翻译件。出生公证书和未受刑事处分公证书有中、英文文本，不需要翻译。

(4) 学历证书。我已经有了北京大学毕业证书和悉尼大学博士证书原件，以及（中文）北京大学毕业证书的公证过的英文翻译件。

(5) 雇主推荐信。研究所（STScI）的Hanisch博士和我的研究生导师、悉尼大学电气工程系主任Cole教授都给我写了强有力的Letter of Recommendation。

(6) 有效护照。正在办理中。

备齐了这些文件。我买了巴尔的摩到纽约的Amtrak双程火车票。5月31日晚上11点，研究所的同事用汽车把我送到巴尔的摩火车站Pennsylvania Station。按照火车时刻表，我应该在11点50分登上从华盛顿开往纽约、路过巴尔的摩的客车。不幸的是，广播里播出通知，由于一列货运火车脱轨，发生化学物质泄漏，这次客车无法从华盛顿开出；不知道什么时候才能恢复通车。这条消息把我急坏了。如果我不能按时到达总领事馆，那么，即使面谈资格不被取消，也不知道要改到什么时候。焦急地等待了约2个小时，广播里终于播出通知，火车恢复运行，客车大约在凌晨2点可以到达巴尔的摩。我这才松了一口气。火车到达纽约火车站Pennsylvania Station，已经是天亮时分。我在火车卧铺上多歇了一会儿，出站后在车站门口的咖啡店吃了两个甜面圈，喝了一杯浓咖啡，然后，我西装革履，手提公文箱，箱子里装着全部必要的文件和备用文件，坐上一辆的士，直奔加拿大总领事馆。

这次面谈是极为关键的一步。技术移民采用逐项评分，比如，计算机专业得10分，其他工程（机械，电气，电子等）专业得5分；数学、物理、化学等理科专业得1分；年龄满分10分，46岁开始扣分，每增加1岁扣2分，因此，50岁的申请人得0分，从而失去技术移民资格。按照当时的标准，总分70分即为合格。我在面谈之前的自我评估是60分。面谈的满分是10分。因此，我必须得到面谈的满分。

面谈进行了整整一个小时。由于准备充分，有良好的英语，我在面谈中发挥得很好。根据移民官的言辞，我预感到我的移民申请会得到批准。

8月15日，星期一上午，本部门的秘书在送信时间交给我一个厚实的大信封，发信地址是加拿大驻纽约总领事馆。我想，这肯定是移民申请审批结果。我又想，信又大又厚，多半是批准了；如果是被拒绝了，只要给我寄一个小信封，装几张薄纸通知我就行了。我小心地打开信封一看，哇！一叠印满文字的白纸，夹着一叠深颜色的移民纸（签发日期1994年8月11日），出现在我眼前。成功了！我在内心欢呼。回到住处，第一件事就是给在北京的妻子打电话：申请批准了！

IV.移民加拿大－归海（二）

十三.

一般情况下，访问学者J-1签证的有效期，总共不能超过3年；如果超过3年，则需要以特殊理由提出申请。经过3年的努力，我完成了最大熵电脑程序的第四个版本，在STSDAS中运行，性能优秀，可以和剑桥大学高价出售的最大熵程序相媲美。1993年12月，奋进号（Endeavour）航天飞机发射升空，宇航员修复了哈勃空间望远镜，我所在的图像处理小组完成使命。因此，从1991年年底开始、到1994年年底结束的数次J-1签证，没有延长的理由。实际上，我在STScI的工作合同，在1994年9月底终止。根据这种情况，我决定在10月初离开美国，前往加拿大。

我到附近的旅行社买了一张10月8日从巴尔的摩到多伦多的单程机票，253美元。我原来的研究生朱江在北京天文台获得硕士学位后，已经移民加拿大，正在滑铁卢（Waterloo）大学电气与电脑工程系读研究生。她为我预订了从多伦多机场到滑铁卢大学的门到门（Door to door）长途汽车服务（车程约一小时），在大学研究生宿舍找好了一个房间。感谢朱江同学的所有帮助，无论是在国内还是国外。

10月8日，朋友开车把我送到BWI机场。经过将近2小时的飞行，到达多伦多皮尔逊国际机场。我沿着移民通道，走到一个柜台前，把护照和移民纸交给移民官。移民官的第一句话是：Welcome to Canada！（欢迎来到加拿大！）他让我在移民纸上签字，他也在移民纸上签字。他把其中的一张移民纸仔细折叠好，用钉书机钉在护照的一页上，再在移民纸上盖日期印章，写字注明："No Goods To Follow"，然后把护照交还给我，说了一声：Good bye！整个过程，显得既温馨又专业。此后，我的过海关程序，和普通旅客一样。

我拉着行李箱，在空旷的机场大厅里，边走边想，有一种挣脱束缚、获得自由的感觉。从此，我成为加拿大永久居民，不再受护照有效期和签证有效期困扰。同时，一阵凄凉之感袭来。我已经年近半百，在这陌生的国度里，举目无亲，一切从头开始。然而，既然这是自己的选择，我一定能坚持下去站住脚，最终取得成功，就像我克服种种困难，成功移民一样。

小巴士在高速公路上飞驰，开往滑铁卢。车上只有司机和我两人，我坐在副驾驶座上。司机是个话匣子，一路和我聊天，俨然是位名副其实的导游。到了目的地，他帮助我把两个行李箱拉到宿舍楼门口，真的是提供了"门到门"服务。

十四.

换中国护照

我入境加拿大，用的是"因公"普通中国护照（护照上真有这两个字）。现在我已经成为加拿大永久居民，应该换成"因私"普通中国护照（护照上没有这两个字）。房东（准确说是"二房东"）W同学是来自华中工学院的公派留学生，在89六四之后，受加拿大政府保护，获得永久居民身份，他的家属也获得移民签证，来到加拿大与他团聚。年底临近，W同学要去多伦多购物，同时到中国总领事馆办理护照延长手续。和在美国那些受总统行政命令保护的中国留学生一样，他也告诉我，延长护照和更换护照很容易。于是，一天上午，我坐上他的小汽车，一同前往多伦多，准备去领事馆办理护照更换手续。

领事馆里，我在签证窗口排队，前面有10来人。轮到我的时候，我把钉有移民纸的护照递了进去，说明我已经是加拿大永久居民，需要把"因公"护照换成"因私"护照。里面的工作人员，面貌很像89六四时期国务院发言人袁木，对我说：你的护照，不能更换，可以延长（有效期）。我说：那就办理延长吧。哪里料到，他立即翻脸，说道：你刚才说要更换，怎么现在又说要延长？我辩解道：是你说的，不能更换，可以延长，所以我说要延长。他一下子把我的护照扔了出来。我只好拿起护照，离开窗口。已经办完手续的W同学见状，打抱不平，大声喊道：你给我们大家办理，为什么就不给他办理？那位工作人员听了，气势汹汹地对W同学说：你叫什么名字？给我写下来！W同学不甘示弱，怼了回去：就不给你写！ 尽显九头鸟本色。

我拿着护照，去了另一个接待窗口，要求见教育处的官员，因为根据在美国时的经验，他们也处理护照事宜。窗口内的女士要我在下午2点以后再来。于是我只好离开领事馆。下午2点，我准时回到领事馆，见到教育处的官员，一位女士。这位女士态度温和，照章办事，说根据规定，要换领护照，必须从原工作单位获得证明，证明我不拖欠公款，没有单位的房子，已经没有公职。回到滑铁卢后，我立即给妻子写信，要她去北京天文台办理我的辞职手续。

第二年（1995）1月16日，我乘飞机前往B.C.省Penticton市，到位于该地的加拿大Dominion射电天文台短期工作。2月，我收到妻子寄来的北京天文台出具的证明。我只好委托在多伦多居住的北大M同学办理护照换领手续。我给M同学寄了一封挂号信，信中有我的护照连同移民纸，天文台的证明，留学人员换领因私普通护照申请表，我的委托书。M同学把材料交给驻多伦多总领事馆，称我在约克大学工作，临时在B.C.省的一个天文台执行观测任务。M同学用电子邮件告诉我结果：领事馆收下了我的材料，办事人员同时提醒三点：1.收下护照不意味着一定会给办理。2.要等候3个月。3.到时必须本人亲自到领事馆领取新护照。看到这些，我在感谢M同学之余，又觉得M同学替我受过，内心深感不安和愧疚。

3个月过去了。6月14日，我收到M同学寄来的挂号信，里面装着我的新、旧护照。打开新护照一看，签发日期是1995年3月22日。可见，领事馆在3月份收到我的旧护照后，当月就办理好了我的新护照。官员提醒M同学所谓的"三点"，只是故意显示权力的傲慢，抖官员的威风，其结果是增强本国公民的离心力。我把钉在旧护照里的移民纸小心翼翼地转移到新护照里。我心想，在有效期5年的中国护照失效之前，我一定要加入加拿大国籍，获得加拿大护照，一劳永逸地解决问题，免得再受这种窝囊气。

7月24日，我离开Penticton前往阿尔伯塔省卡尔加里。10月1日，我离开卡尔加里回到多伦多，在约克大学物理与天文学系任Research associate（副研究员）。

是年（1995）12月31日，除夕夜，约克大学中国学生学者联谊会组织新年联欢晚会。多伦多总领事馆教育处官员钟先生参加了晚会。会后，学生会会长N同学对我说：传教育处人的话，你们谁有何种专长，请登记一下，领事馆会和你们联系，与国内沟通，为国家做贡献。我听了即刻回答：我在领事馆有很不愉快的经历，对此没有兴趣。

是的。我的经历很不愉快。我原来没有想到，成为加拿大永久居民后，更换护照还会受到刁难。在加拿大国内居住，并不需要有效护照。护照问题不再是不可逾越的障碍。在护照失效之后，如果需要出入境，我可以向加拿大政府申请旅行证件。凭此证件可以前往世界各国，唯独不能进入中国大陆。也就是说，在申请和获得加拿大国籍以及护照之前的三、四年间，我无法前往中国大陆办事或探亲。1994年年底我在多伦多总领事馆更换护照失败之后，已经做好了这个准备。那次在领事馆的亲身经历，更加强了我的看法：中国政府不平等对待本国公民；优待受外国政府保护的中国公民，歧视没有这种保护的中国公民；控制能力强时尽力控制，控制能力弱时只好放松。在美国和加拿大的中国大使馆和领事馆，都是这样的套路。另一方面，具体做法也与办事人员有关。那位多伦多总领事馆签证窗口的工作人员，是有意刁难。也许，他可以从中感受到快乐。相比之下，教育处的工作人员照章办事，属于正常。

十五.

1996年4月，我向加拿大移民局递交家庭团聚移民申请。5月，加拿大驻北京大使馆通知我妻子办理移民手续。办完家庭团聚移民手续后，1997年6月28日，星期六，妻子和儿子从北京乘飞机到达多伦多，我们一家终于在加拿大团聚。儿子很快办完所有手续，从北京大学转学到多伦多大学。至此，我们的归海行动圆满结束。

今天，我回顾自己从海归转变到归海的全过程。在我的心路历程中，起关键作用的因素是：89六四之后，我不愿意为一个屠杀本国民众的政权服务；亲身经历使我不再相信"出入自由"。在美国延长护照有效期过程中受到歧视和刁难，促使我下决心移民，争取自由，摆脱控制。毋庸讳言，Peer pressure（同侪压力）也对我起了作用。看着周围的同侪纷纷移民，我禁不住动心，而他们所有人，都对我表示赞同和提供帮助。最终的成功，靠的是看准机会，个人努力，众人帮助，还要有运气（偶然因素起作用）。

当我写下这个故事的时候，已经年逾古稀。27年前，我年近半百。在从温哥华开往维多利亚的跨海轮渡上，眼望渡轮航行翻起的巨浪，翔游于浩瀚大海上的各种船只，还有在海浪中挣扎前行的海獭，我突然感悟，人生就如同航行于大海上的一艘船。人生在世，总要干点事情。一个渺小的海獭，还要在汪洋大海中奋力挣扎呢！我已经无望成为一艘大船，不能翻起大浪，但也要尽力而为。在加拿大这个伟大的国度里，我从头开始，努力奋斗，生根，开花，结果。写下这个故事，了却自己多年的心愿，让亲戚朋友了解自己的奋斗历程，对所有帮助过自己的人表达感激之情。也许，有朝一日，我们的后代能看到我写下的故事，了解先辈的艰辛，从而更加奋发向上。

（全文完）

第二部分 故事与小说

46 鳕鱼角历险记（一）– 闯海滩（故事）

2014年12月03日

前言

　　CND文豪芦紫的大作"鳕鱼角寻根"系列发表在《华夏快递》上。我这个昔日的鳕鱼角游客假名芦柴，跟风写"鳕鱼角历险记"系列，也发表在《华夏快递》上，讲述老芦的故事。现将"鳕鱼角历险记"转入《华夏文库》，以飨读者。微笑能延长寿命5秒，大笑能延长寿命50秒，狂笑能延长寿命500秒。请您自己计算一下，每看完每一篇，能延长寿命多少秒。（鳕鱼角，Cape Cod，位于美国麻塞诸塞州东南部，距离波士顿约100公里，是旅游胜地。）

故事正文

　　老芦做足了旅游功课，拉上芦太，开车向鳕鱼角进发。老芦当然知道，鳕鱼角有许多海滩。

　　老芦开车来到鳕鱼角游客中心门前，拉上芦太，走进去一问，一辆车的门票，一天15刀（美元），管6个海滩。老芦心想：这不值。鳕鱼角有名字的海滩就超过100个。去6个就要15刀？太贵了。我就不信找不到免费海滩。老芦拉上芦太，又钻进汽车。沿路刚开250米，老芦就看见海滩篱笆少了一小段，露出一个缺口。老芦大喜，心想：从这个缺口开车进去不就得了吗？！ 老芦把车冲着缺口开去。前轮刚进缺口，车子就动弹不得了。老芦下车一看，坏事了，前轮陷进沙坑了！怎么办？老两口肯定是拉不动车子的。就是把儿子、孙子叫来，把家里的狗呀猫呀牵来一齐使劲，也不能把车轮拉出沙坑。那小学课本中拔萝卜的故事，根本就是个Joke（笑话）。

　　正当老芦束手无策之际，一辆Tow truck（拖车）不知从哪里冒了出来。拖车司机走到老芦面前，哈罗一声，然后说可以帮助把车轮拖出沙坑，只要150刀。 150刀？这不是趁火打劫吗？看见老芦在犹豫，拖车司机吓唬道：等会儿被警察发现了，罚款500刀。芦太一听，推了老芦一把，说道：还不赶快答应？！

　　前后最多5分钟，车子前轮就出了沙坑。老芦掏空了自己的钱包，又从芦太钱包里挖出几块钱，才凑足150刀 Cash（现金），交给拖车司机。老芦低头一看，总共也就拖了250厘米。老芦抬头一看，拖车早就无踪无影了。

为了省15刀，赔了150刀。坐在车里，老芦满脸不高兴。芦太把嘴凑到老芦耳朵边，叽咕了几句。老芦脸色立即由阴转晴。老芦赶快把车倒开100米，藏到一个角落里打埋伏。老芦双手紧握方向盘，两眼盯着前方。果然不出芦太所料，一辆红色小车冲着缺口开去。几秒钟后，趴在那里不动了。老芦赶紧开车上前，车头挨着小红车屁股停下。只见一位年轻女同胞走下车来。老芦下车上前，哈罗一声，然后吓唬道：等会儿被警察发现了，罚款500刀！ 女同胞赶快问道：那如何是好？ 老芦见计谋得逞，赶忙安慰道：我可以帮助你把车轮拖出沙坑，只要250刀。这样你可以节省250刀。女同胞立即从随身LV包里拿出一叠钞票，递给老芦。老芦数都不数，一把塞进裤兜里。然后，老芦从车子后备箱取出一条铁链，用它把小红车往后拖了250厘米，不多不少。老芦顾不上再看女同胞一眼，赶紧回到车里，拉着芦太一溜烟开车跑了。

老芦左手握着方向盘，把右手大拇指伸到芦太面前，大大地夸奖了一句：真有你的！

47 鳕鱼角历险记（二）– 吃鳕鱼（故事）
2014年12月03日

老芦做足了旅游功课，拉上芦太，开车向鳕鱼角进发。老芦当然知道，鳕鱼角的鳕鱼特别好吃。

在芦太指导下，老芦扭亏为盈，净赚了100刀（美元）。小汽车里喜气洋洋。老芦开车到享誉世界的KFF肯德基炸鱼店撮一顿，庆祝一番。捡了100刀，吃了是白吃，不吃白不吃。

老芦进得店来，先研究售货柜台上方的食品价目广告。一款是炸鳕鱼，一整条连骨带肉，19.99刀。旁边一款是炸鳕鱼柳，两片肉，29.99刀。老芦一看就知道，那肉是从一条鳕鱼身上片下来的。老芦心中盘算：动手在鳕鱼身上割两刀，工钱也值10块？只有傻瓜才会买炸鳕鱼柳。趁芦太不在跟前，老芦自作主张买了一份炸鳕鱼，再加上沙拉薯条汉堡可乐什么的。老芦端着满满一大托盘，找到芦太。芦太早就占据了一张大桌子，桌上摆了客请婆番茄酱刀子叉子纸餐巾等等等等，应有尽有，反正不另交钱，不拿白不拿，不用白不用。再放上老芦买的进口货，满满当当一桌子。

芦太节食，这可便宜了老芦。那条鳕鱼全归老芦。老芦来了劲，一边吃鱼一边海阔天空神侃，连声高喊 好吃！好吃！全然不顾吃鱼必须闭嘴的安全规则。说着说着，老芦突然失声，两眼翻白。不过老芦仍然神志清醒，用左手操起放在桌上的手机，右手要去按911。说时迟，那时快，芦太见状，一把夺过手机，用嘴对着老芦的嘴，猛一吸气，一块鱼骨立即从老芦的喉咙里飞进芦太嘴里。芦太把嘴移开，猛一吐气，鱼骨立即飞到桌上，叭的一声。周围的顾客，目睹芦太的急救神功，报以雷鸣般的掌声。

芦太立了大功。没叫救护车而且省了Co-pay（保险人看病时支付的小额费用）。老芦感激不尽，双手搂住芦太的脖子，说道：老婆你这回救了我老芦的性命，下辈子还跟我吧！…… I love you （我爱你）！

48 鳕鱼角历险记（三）– 夜宿大篷车（故事）
2014年12月06日

老芦做足了旅游功课，拉上芦太，开车向鳕鱼角进发。老芦当然知道，鳕鱼角有大篷车（Caravan）旅馆。

老芦吃炸鳕鱼出了严重事故，一块鱼骨卡在喉咙里。幸亏芦太发挥神功，及时抢救，把老芦从死亡线上拉了回来。老芦活是活过来了，但是劫后余生，精疲力尽，连一丁点游玩的兴趣都没了。看看日落西山，天色已晚，老芦对芦太说道：咱们找个地方早点歇息吧。

老芦早就算计过，鳕鱼角的旅馆贼贵而且爆满。相比之下，大篷车旅馆算是便宜，一个晚上50刀（美元）就可以搞定。老芦开车顺着路标来到名叫金三角的大篷车营地，进去找到名叫金三角的大篷车旅馆，把车停在旅馆营业处旁，拉着芦太进去交钱登记办手续。老板交给老芦一张交款收据，一个塑料卡，说道：你们安身的大篷车就在旁边，只有几步路，都用不着开你们的小车，晚安！ 老芦回了一声：姑奶！然后拉着芦太走了出去。

在昏暗的路灯下，老芦看了看塑料卡，上写 *C272* 。老芦认为，这就是说，我的大篷车272号。老芦再环视四周，发现只是210号多一点，于是顺着号数增加方向寻找。走了100多米，才看见272号。老芦心中不快，嘟囔道：老板瞎扯，什么只有几步路，走了几百步都没到，累死我也。　老芦走到大篷车门前，把塑料卡插进门上一个狭缝并顺势一推，不费吹灰之力，门就开了。哈哈，这门根本就没锁！老芦进去把灯打开一看，大床上还放着毯子。哈哈，今天Check-out（退房）的住客，连毯子都忘了带走！这也不错，省得跑去取小车里自己的毯子，明天再把这毯子送交失物招领处，也算是做一件好事。

　　老芦躺在床上，糊里糊涂正要睡着，忽然听见门外人声渐近渐响。老芦醒了一半，心想：来查户口的？在米国住了这么多年也没听说过查户口。就是查户口也不怕，我们两人都有没过期的驾驶执照。老芦转念一想：来查结婚证的？这可有点麻烦，没带身上。还没等老芦想明白，门被敲得震天响。只听门外大声叫嚷：快开门！我是警察！　一听是警察，老芦彻底醒了，不由得心里发毛。老芦当然知道，米国警察动不动就开枪往死里打，而且个个都是神枪手，百发百中。过后大陪审团一投票，啥事没有。老芦一下子蹦下床，把门打开，双手举过头顶。

　　警察进门，后面跟着两个男士。警察向老芦要了塑料卡，看了看。又要了交款收据，看了看。警察接着说道：这里是二百七十二号，你们是二百一十二号，快走！　老芦本想再申辩一下。但是一看到警察腰间别着的手枪，话到嘴边又吞了回去。保命第一，老芦赶忙拉上芦太，三步并作两步，逃了出来。

　　第二天一大早，老芦就去找老板理论。老芦 Complain（抱怨）了一番。老板听了，一脸严肃，说道：那就是你的Fault（过错）了。塑料卡上是我亲手写的二百一十二号，而且跟你说了，就在旁边，你为什么跑到二百七十二号去？　老芦反驳道：明明中间写的数字是"色文"，怎么是"玩"？　老板也反驳道：你不要看见一条竖线顶上有个角就以为是"色文"。"色文"的半腰有一横杆。　老芦想起来了，是有老外这样写，但不规范。老芦不服，还想再争辩几句。老板极不耐烦，说道：成千上万人用过这个塑料卡，都没出问题。你要是再胡搅蛮缠，我打电话叫警察了！　一听"警察"二字，老芦立即就慌了神，张口结舌，说不出话来。老芦又恼又怒，真想上前揍他两拳。芦太见状，赶忙拉住老芦，安慰道：算了算了！饶了这老头吧，咱们还要赶到海边看日出呢！（"色文"和"玩"分别是数字7和1的英文Seven和One的中文发音。）

　　就这样，在芦太的劝解下，老芦丢下三个字：ＴＭＤ！愤愤不平地离开旅馆营业处，驾车直奔海边。

49 鳕鱼角历险记（四）– 死里逃生（故事）

2014年12月09日

老芦做足了旅游功课，拉上芦太，开车向鳕鱼角进发。老芦当然知道，鳕鱼角的大海非常漂亮。

从大篷车旅馆出来，老芦驾车奔到海边。混在人群中看完日出，老芦要找个僻静的地方，两口子浪漫一下。沿着海边公路，翻过一个小山包，来到一个小海湾。老芦停下车，把芦太从车里拉了出来。这个小海湾，三面环山，一面临水。山坡上，芳草成片，绿树成荫。大海上，湛蓝的海水一望无垠。天空中，飘着几朵雪白的云。这仙境，堪比亚当夏娃的伊甸乐园。老芦和芦太手拉手，踩着晶莹的沙粒，迎着略带腥味的海风，在沙滩上尽情奔跑。正像歌中唱的那样：蓝蓝的天上白云飘，白云下面两口子跑！

老芦和芦太跑够了，在一块大石头上坐下歇息。老芦扫视四周，发现一条小船，放在不远的沙滩上。老芦大喜，捡了一条小船，这下可以和太太一起到大海上浪漫一回！老芦拉上芦太，跑到小船跟前。两人齐喊一、二、三，合力把小船推下水。女士优先，芦太先上了船，老芦接着纵身一跃，也到了船上。老芦和芦太，分别坐在两边，使劲划桨，小船像离弦的箭，驶向大海。

茫茫大海，风平浪静。老芦和芦太放下船桨，两人并肩而坐，无比惬意。老芦触景生情，想起一部有名的奥斯卡获奖电影，问芦太：你还记得我陪你去看的电影"少年Pi的奇幻漂流"吗？芦太答道：当然记得。 老芦接着说道：咱两像不像在演电影？我是少年Pi，你是老虎，一只母老虎！ 芦太听了大怒，骂道：老娘今天饶不了你！ 提起拳头就往老芦胸前砸去。老芦挨了一拳，身上感到无比舒服。打是亲，骂是爱！

两口子打闹了一阵，恢复了平静。过了一会，芦太有点心慌，对老芦说道：咱们还是回去吧，万一起了风浪，要逃都来不及。 老芦听了，不以为然，说道：晴空万里，哪来什么风浪？再说了，就是有风浪，咱也不怕！ 老芦还想再往下说，芦太赶忙把老芦抱住，用手捂住老芦的嘴，训斥道：说什么有风浪也不怕。你不想活，我还不想死呢！老芦挣脱芦太，拍着胸脯高喊：风呀浪呀，你快来吧！ 老芦这乌鸦嘴还真灵，风浪真的来了。只见海面上凭空起风，由小变大。天空中出现乌云，由少变多。雨点从天而降，由疏变密。电光闪闪，雷声隆隆，由远而近。刹那间，海浪翻滚，小船大幅度摇晃，船身出现裂缝，开始进水。芦太吓得面如土色，大喊：Help! 救命呀! 船要沉了! 老芦听了，哈哈大笑，说道：船沉了又有什么关系? 这船又不是咱们的! 芦太听了大怒，呵斥道：死到临头还胡说八道。你不要命，我还要命! 老芦答道：我当然要命。 老芦边说边从上衣口袋掏出从地摊上买的卫星手机Made in China，啪啪啪按了三下，奇迹立刻出现。远处天空中出现一个黑点。黑点越来越近，变成一架直升飞机，盘旋在头顶上，只有15米高。

直升飞机丢下两根带套的绳子。芦太拉住一根就要往脖子上套。老芦见状，急得大喊：不是上吊! 不套脖子! 要套身上! 老芦自己示范，结果绳子也套不到身上。眼见水越进越多，船越沉越深，芦太大喊：套脖子吊死也比掉进海里喂鲨鱼强! 见两人不得要领，直升飞机抛下一个大网，把老芦和芦太从头到脚罩住。大网一提，网底一收，像个大网兜。网兜中两口子紧紧抱在一起，两颗心从来没有这样贴近。

直升飞机一边朝海岸飞去，一边往上拉拽网兜。老芦和芦太得救了。小船在水中打转，很快就沉没。不过，这与老芦没有一毛钱关系。这船不是老芦的。

50 鳕鱼角历险记（五）– 逛地摊（故事）

2014年12月18日

老芦做足了旅游功课，拉上芦太，开车向鳕鱼角进发。老芦当然知道，鳕鱼角有热闹非凡的地摊市场。

老芦和芦太从大海死里逃生。回到鳕鱼角岛上后，不敢再住便宜的大篷车旅馆。老芦忍痛花了150刀（美元），住进名叫Milky Way 的旅店。芦太看不懂英文，问老芦。老芦笑了笑，说道：你连这都不懂! 这叫牛奶路旅店。（正确翻译是银河旅店。）

老芦和芦太在牛奶路旅店安顿下来。吃饱喝足后，老芦开始清点物品。老芦把手机往桌上一放，轻轻拍了两下手机，说道：伙计，多亏你救了我们的老命! 芦太问道：你这是什么手机，能召来直升飞机? 老芦一听芦太发问，劲头又上来了。老芦故作神秘状，低声说道：告诉你吧，不许跟别人说。我有一次在咱家附近空军基地门口逛地摊，看见一个旧手机，标价90刀。这个年头，新手机才多少钱一个? 当然没人买，连问都没人问。可是我独具慧眼，一眼就看出这是美国空军用品。芦太问道：你怎么知道？ 老芦答道：我当然知道。手机上有美国空军标志，一对翅膀在上，下接一个球体三个菱形。 老芦继续说道：我连眉头都不皱一下，掏出90刀给了摊主，买了这个军用手机。 芦太又问道：既然是军用手机，怎么会在地摊上卖？ 老芦唉了一声，答道：据说，美国政府一些部门，贪图价钱便宜从中国进口高科技产品。一些人以危害国家安全为理由，进行猛烈攻击。这些部门只好清除这些产品。于是，中国造卫星手机就被当作废旧物品，流落到地摊。 芦太听了，连忙夸奖老芦：你真有本事，90刀就买到一个美国空军军用卫星手机。老芦听了，趁机自夸道：我当然有本事，要不然当初怎么能把你搞到手？！

老芦对芦太吹了半天牛，看看时间不早了，对芦太说道：睡觉吧，明天我带你逛鳕鱼角的地摊，让你开开眼界。

第二天早晨起来，老芦和芦太去旅店的自助餐厅（Cafeteria）吃免费早餐。芦太拿了标准的一份：一个马粪（英文松饼Muffin的中文发音），一杯牛奶，一个煮鸡蛋，两块曲奇（Cookies），一杯咖啡加一小包白糖一小杯奶油。老芦则拿了两份。花了150刀，能多捞回一点，就多捞一点。还真行，老芦吃完两份，连嗝都没打一个。

吃饱喝足后，老芦开车拉上芦太，直奔鳕鱼角最有名的阿里巴巴地摊市场。老芦开车转了15分钟也没有找到停车位，只好重演累试不爽的故伎。老芦把车开到一个No Parking（不准泊车）路段泊好，从旁边一辆小车的挡风玻璃上取出压在雨刷下的黄色罚款单，正面朝下放在自己小车的挡风玻璃上，压在雨刷下。老芦安静快速地完成这些动作。芦太不解，问道：你这是干什么？ 老芦拉着芦太跑出30米，才低声对芦太说：把那张罚款单放在咱们的小车上，警察来了，以为已经给咱们的车开过罚款单了，就不会再开一张。等咱们回来，如果那辆小车还没走，就把罚款单放回去。如果那辆小车已经走了，就把罚款单扔了。 还没等芦太的脑子转过弯来，老芦已经把她拉到地摊市场入口，推了进去。

这个阿里巴巴地摊市场，名不虚传。摊子一个接一个，绵延几公里。摊子前面，人流洛驿不绝。老芦刚进市场，就被一女士拦住。女士手持话筒，说道：您不就是今天早上电视新闻报道的海上获救的芦先生吗？ 老芦答道：正是。 女士接着说：芦先生您好！我是华新社特派记者，到鳕鱼角采访。有缘遇到您，太幸运了。请您讲讲，您为什么随身携带中国制造的卫星手机？ 老芦答道：我爱国货。 记者追问：为什么？ 老芦答道：爱国货不需要理由。 记者得到满意的答案，拿出一张纸和一支圆珠笔Made in China，递给老芦，说道：现在什么都有假的，请您在这表上签名，我好拿回去向总编辑证明，这话是您亲口说的。 老芦接过圆珠笔，在纸上使劲划了几下，结果一点油墨都不出来。老芦冷哼一声，口吐一词"Shit!"（垃圾产品），把圆珠笔扔进路边垃圾桶，然后从自己衣兜里掏出有一支圆珠笔Made in USA，签好名，把表交还给记者。

老芦拉着芦太，巡视地摊。一个地摊主拉住老芦，说道：Sir!（先生）请你帮个忙。 老芦答道：什么事？ 摊主解释道：我专卖中国古董。这是一个清代官窑瓷器，青花杯。请你帮忙看一下中国字，是哪个皇帝用过的？ 老芦正想显一下身手，爽快地答应道：行！ 于是，摊主把一个带盖的瓷杯，小心翼翼地递给老芦。老芦接过来一看，薄薄的瓷杯，青色的杯子上连一个字都没有。老芦纳闷，问道：字在哪里？摊主答道：在杯底。 老芦不知是计，为了看字，刚把瓷杯一翻转，杯盖就掉了下来，落在地上摔得粉碎，把老芦吓了一跳。摊主见状，奸笑了一声，对老芦说道：你赔吧！整个瓷杯值1000刀。没了盖，至多能卖100刀。你说要赔多少？ 老芦如梦方醒，碰瓷了，上当了！ 这时，只见三个彪形大汉围了上来。摊主威胁道：至少赔500刀，拿钱来！ 三个大汉捋起袖子，伸出拳头，在老芦面前晃来晃去。芦太见状，一头扑在老芦身上，护住老芦。老芦横下一条心，钱的没有，命有一条！老芦把芦太推到身后，自己蹲马步，紧握拳，做好防卫姿势。突然，摊主往后退了几步，缩了回去。三个大汉，拔腿就跑。老芦定神一看，原来是来了两名警察。一名警察用手铐扣住摊主双手，训斥道：你这家伙，又到这里来诈骗！人证物证俱在，休想抵赖。另一名警察，戴着白手套捡集地上的碎瓷片，放进一个塑料口袋。捡集完了，要了老芦的地址、电话，说道：等候通知，出庭作证。 老芦连声应诺：是！是！是！

老芦受了一场惊，再也没心思逛地摊了。老芦拉起芦太，急急忙忙朝出口走去。

51 鳕鱼角历险记（六）– 他乡遇故知（故事）
2014年12月24日

老芦做足了旅游功课，拉上芦太，开车向鳕鱼角进发。老芦没有料到的是，在鳕鱼角遇到老相识。

老芦拉着芦太急急忙忙从阿里巴巴地摊市场出来，刚在市场门前的空地上停住脚，一辆银灰色的保时捷跑车Porsche 918咔嚓一声，停在老芦身边。只差1英时，车轮就要压在老芦的右脚上。老芦转身朝车上看去，只见司机一人，戴着墨镜。司机把墨镜摘下，对着老芦喊道：想不到芦兄在这里！ 老芦急忙开动脑筋，进行人脸识别。哇！这是30多年前肖庄研究生院的同学牛军。这个牛军，当年是科学院动物研究所1979级研究生。牛军与老芦不在同一个研究所，但是学科相近，一起上生物化学课，因而相识。牛军身强力壮，每次科学院研究生跟北京林学院留守处人员打架，他总是冲在最前面，因此荣获绰号"牛二"，就是水浒传中敢跟杨志取闹的京城没毛大虫牛二。

老芦连忙答应：想不到牛兄也在这里！ 牛二下得车来，与老芦紧握双手，热情拥抱；接着对芦太说一声：嫂夫人好！ 然后，牛二连拽带推，把老芦和芦太弄上保时捷，风驰电掣来到鳕鱼角最大的星巴克咖啡店，把车停在店门前。三人进得店来，牛二点了3杯意式咖啡，3个蓝莓麦芬，3块松露蛋糕。取了饮料、食物，三人找到一个包厢，老芦和芦太坐到桌子的一边，牛二坐到另一边。

孔夫子曰：有朋自远方来，不亦乐乎？ 老芦和牛二久别重逢，两人当然是快乐无比，特别是老芦。人生四大喜事：久旱逢甘露，他乡遇故知，洞房花烛夜，金榜题名时。老芦早在30多年前就享受了最后两件。今天在鳕鱼角与牛二重逢，便是第二件。至于第一件，老芦年薪6位数，旱涝保收，旱不旱，露不露，与老芦没有一毛钱关系。

牛二先问了老芦来美国的经历，接着自我讲述道：我是在你出国一年后动身来美国的。起初研究生院不同意，我只好动用关系，把伯父牛满江搬出来，用这位美籍华人教授吓唬他们。 老芦听了有些怀疑，牛满江是河北人，牛二是河南人。本来想问一下：牛教授真的是你伯父？不过老芦知趣，没有开口，而是继续静静地听牛二讲述：到了美国后，我用三年时间就拿到动物学博士学位，接着开了一家公司，取得绿卡，继而拿到美国护照。我的公司名叫Super Animals，超级动物。我这次到鳕鱼角来，就是为了本公司的发明，用转基因方法改造过的无骨鳕鱼，没有鱼骨，只有鱼肉，正如无籽西瓜，没有瓜籽，只有瓜瓤。 听到这里，老芦忍不住插嘴问道：有肉没骨很好，以免鱼骨卡在喉咙里，我就被卡过一回，差点没了老命。但是，转基因鳕鱼，合法吗？有人买吗？ 牛二听了老芦这话，意识到说漏嘴了。连忙压低声音，说道：这是个问题。我到鳕鱼角来，就是要成立一家分公司，把这种鳕鱼说成是美国鳕鱼角特产，生活在大西洋海底深处，出口到中国去。只要价钱高，一定有人买。这个嘛，你懂的。

老芦听到这里，禁不住肚里暗骂一句 TMD，这牛二是什么东西！老芦不露声色，牛二以为有机可乘，话锋一转，问老芦：你一年挣多少，十万？ 老芦最不喜欢别人问这个问题。老芦像往常一样，抛出标准答案：A good guess！（差不多）牛二听了，以为打开了局面，接着说道：老芦，你这样挣钱，速度太慢。这样吧，你向我的公司投资，保准挣钱快得多。你要是信心不足，先投十万试试。一年之后，至少翻一番，变成二十万。如果翻两番，就变成四十万。而且，这也不影响你工作挣钱。我打理一切，到时候你来拿钱就是了。

芦太听到这里，觉得不对劲，连忙从后面伸手拉老芦衬衣的下摆。可是，老芦一点反应都没有。老芦一脸正经，对牛二说道：这块天上掉下的馅饼，不吃白不吃。那怎样给你钱呢？ 牛二赶忙答道：你有没有Paypal账户？ 老芦答道：有。 牛二闻之大喜，说道：我也有Paypal账户。只要把钱从你的账户转到我的账户就行，用不了1分钟。 听到这里，芦太更急了，更加使劲拉老芦的衬衣下摆。但是，老芦还是一点反应都没有。

于是，牛二拿出手机，用手按了一通后，把手机递给老芦。老芦接过手机，用左手遮住屏幕，低头用右手按了一通，抬头问坐在桌子对面的牛二：十万，1后面几个零？ 牛二 答道：5个。 只见老芦低下头，口中念念有词：1，2，3，4，5！ 右手随之上上下下，食指在手机上重重地按了5下。操作完毕，老芦把手机还给牛二。

牛二接过手机，连声道谢，接着说道：我要给你写个收据。 牛二把公文包放在桌上，翻了半天也没有找到收据本子。 只见牛二仰起头，用右手拍了一下脑袋，说了一声：唉呀！我怎么这样糊涂，把本子忘在车里了。 然后把头转过来，对着老芦说道：不好意思，我要出去取车里的本子。请稍候片刻，我一会儿就回来。 牛二边说边起身，提着公文包朝门口快步走去。

牛二一走，芦太就开口对着老芦嚷嚷：你老糊涂了，怎么把十万刀随便给了别人？ 老芦面带微笑，答道：我没有糊涂。 老芦等了20分钟，不见牛二回来。于是，老芦拉上芦太，走到咖啡店门前，不见保时捷。两人四处张望，连个牛二的影子都没有。芦太急了，大声嚷嚷道：连人都跑了，你上哪儿找去？ 老芦哈哈大笑，说道：你要我找什么？

芦太接着又大嚷一声：找十万块！　眼看芦太焦急的样子，老芦生怕芦太血压升高闹个脑溢血，才耐心向芦太解释道：我早就看出牛二的骗局。我在他的手机上按了一个1后，故意问他后面有几个零。我装模作样，用夸张的手法按了5下，实际上只按了一个0。这10刀，算是给他的咖啡钱。

芦太听了老芦的解释才明白过来，提到嗓子眼的心哐叽叽落回原处。几秒钟内，芦太从全身紧张过渡到全身松弛，血压骤降，头昏眼花，站立不稳。老芦赶忙抱住芦太。两人在咖啡店门前相依着站了半天，才缓过劲来，慢慢朝街边走去。老芦伸出大拇指，招手拦的士，回阿里巴巴地摊市场，去找自己的小车。

52 PM2.5微粒真的有毒吗？　（小说）
2013年02月01日

近日来，PM2.5微粒被炒得沸沸扬扬。仿佛大半个中国就要完蛋了。真的是这样吗？我是科学家，奉命维稳，澄清事实，驳斥谣言。

首先给您科普一下。地球大气中含有各种大小的微粒。每立方米空气中直径小于或等于2.5微米的微粒的含量，用PM2.5表示（单位为微克）。与此相似，每立方米空气中直径小于或等于10微米的微粒（除去PM2.5微粒）的含量，用PM10表示。

咱中国本来只监测和发布PM10数据，好好的嘛。被那些专家们一鼓动，一下子就变成了PM2.5。其根据是洋人的理论，说什么PM2.5的毒性更大。毒性更大就应该发布？岂有此理。可以肯定，那些专家拿了洋人的津贴，与境外势力坐一条板凳，穿一条裤子，一个鼻孔出气。

说PM2.5比PM10的危害性大，没有科学根据。PM2.5微粒是比PM10小一点。小一点，危害性会更大？不见得。空气中的氧气分子更小，直径只有0.000346微米，也就是PM0.000346。氧气不但没有毒，而且益处大大的。没有它，人类早就死光了。

其实，比微粒大小更重要的是形状。这个形状，中外不同。外国的微粒，像个三棱锥，尖角异常锋利。人体组织一碰到它，立即鲜血淋漓。咱中国的微粒，却是个球形，表面无比光滑。就像汤圆，一骨碌滚下您的喉咙，一点不舒服的感觉都没有。

那些专家们说，PM2.5微粒会进入人体的肺部。进入肺部怎么啦？

肺又不是单向阀门，又不是半导体二极管，只能单向流通。微粒进了肺还得出来。微粒越小，越是畅通，沉积在肺里的可能性就越小。

有人说，近日来到处是雾霾，是PM2.5造成的。这种说法，也没有科学根据。微粒直径越大，表面积越大，水蒸汽在上面凝结的可能性就越大。反之，微粒越小，这种可能性就越小。所以，把雾霾与PM2.5联系起来，说轻了是不懂科学，说重了是栽赃陷害，是别有用心。

还有人说，近日来医院就诊的呼吸道患者的人数增加五成。就算这是真的，您有什么根据，把它和PM2.5联系起来？现在是感冒的流行季节。每年到这个时候，这种患者的人数都大幅度增加。去年这个时候，人数增加六成。您能把它与去年这个时候的PM2.5联系起来吗？

有些人，听风就是雨。一听到PM2.5什么的，还没有搞清楚怎么回事，就戴上又大又厚的口罩。憋得喘不过气来，以为呼吸道真的有毛病了，跑到医院去添乱。更有甚者，还从淘宝网上买了防毒面具。这面具是Made in China，您就这么有信心，以为您可以用它来抵御Made in China的PM2.5？

我家住在一个筒子楼里。楼道里贴满了花花绿绿的广告，有清洗油烟机的，有疏通下水道的，有办证的，有卖发票的，还有治疗性病的。总之，不管什么事，都有人给您包办，您掏钱就是了。昨天晚上回家时发现，好像多了一张新广告。借着昏暗的楼道路灯，凑到跟前，勉强看清大意。好吧，明天早上我就少睡点懒觉，起来看个究竟。

今天早上，天刚蒙蒙亮，就听见窗外叽叽喳喳，不是麻雀叫，而是人声响。我赶紧从床上爬起来，身子靠着窗户往外看。只见40多人，排成两行，男女都有，白发者居多。嘿，我隔壁的刘老头也在里面。另有一人，看样子顶多四十挂零，左臂戴着红袖章，右手拿着国旗，面对人群站着。只听他大声喊道："街坊邻居同志们，你们好！我是元大公司总经理……" 人群立即发出赞叹声，Gee！是附近万人大公司的总经理！停了一会儿，总经理接着喊道："派来的！""什么？是派来的？"人群骚动了一下。"啊，啊！是这样的。我们的总经理，实在是太忙了。为了赶制空气微粒转换器，专门把那个屁……屁二点五，转换成有益的微粒，已经三天三夜没合眼了！…… 按照上级命令，明天就造出来！"听到这个好消息，人群中立即爆发出雷鸣般的掌声。掌声一停，总经理替身接着喊道："不可能！…… 所以，总经理派我来这里，领大家唱红歌，先把那个屁二点五打下去再说！"人群又骚动了一下。"这能行？"一个老大妈喊道。替身斩钉截铁地回答："当然行啦！我们的总经理说了，这是他一年前去重庆学来的。肯定行！不行也得行！！”

随着总经理替身右手拿着国旗在半空中划出一条又一条优美的弧线，随着左臂上的红袖章上下晃动，左右摇摆，嘹亮的红歌响彻云霄。“我爱祖国的蓝天，晴空万里阳光灿烂，白云为我铺大道，东风送我飞向前。金色的朝霞……”这时，只见一个金光环，罩在总经理替身的头上。随着歌声，光环由小变大，罩在人群的顶上。随着歌声，光环变成光球，逐渐扩大，把周围的一切，大树，小草，还有庞大的建筑物，淹没在其中。金光射进屋里，比一千个太阳还亮。我睁不开眼睛，只觉得脑子里嗡的一声，昏了过去。

53 两男一女的故事（小说）

2013年02月13日

一．

一排红砖二层楼房座落在巴克街。离楼房300米，就是新南威尔士大学的大门。这些楼房里聚居着新南威尔士大学的中国留学生。在92号楼房里，住着机械系的研究生小林和小关。楼下是公共饭厅和厨房，加上小林的寝室。楼上是带浴室的卫生间，加上两个寝室。小关住了一间，还有一间刚刚修缮完毕，等待新学期开学时新学生入住。小林是清华大学的高材生，师从史密斯教授，专攻机械电子工程。小关则是哈尔滨工业大学的Top10（前十名），师从布朗教授，专攻机械制造和管理。研究生的日子平淡无奇。住处、实验室两点一线，再加上周末去一次华人超市。这种平淡的日子，看来会一直延续到小林和小关毕业，各奔前程。

二月的一天，新学期就要开始了。做完下午的实验，小林和小关结伴从学校回家。推开楼门，一眼就看见饭厅里桌子旁，坐着一位姑娘，清秀的脸庞，齐肩的长发。见小林和小关进来，姑娘赶忙站起来，面带微笑，自我介绍道：“我是新来的机械系研究生，下午刚到。”边说边伸出右手。小林和小关赶忙伸出右手，和她握了握。“我在网上查到这个宿舍，觉得条件不错，就订下了。”姑娘继续说道：“我叫柯晓燕。就叫我小柯吧。我新来乍到，有什么事儿还得请你们多关照。”

二．

小柯的到来，增添了92号楼房的生气，提高了小林和小关的荷尔蒙水平。有正极负极，才会放电。异性相吸，同性相斥，是自然界和人类社会的普遍规律。三位研究生一个系，自然经常结伴去学校。三人并排走在路上，小柯居中。就像一个水分子，H-O-H结构，阴性在中央，阳性在两旁。既符合科学，又显得对称，还有美感。小柯毕业于哈尔滨理工大学，师从霍克教授，与小关同一个专业，同一个实验室。因此，从学校回家时，经常只有两人同路。二缺一结构不对称，缺乏美感。但是，这符合小关的愿望。只有这时一对一，小关才感觉爽快，可以和小柯畅谈。哈尔滨冰雪节啦，酸菜白肉啦，再把玩东北嘎拉哈的事拿出来侃一通。可不是吗，两人是同城老乡，如今又学同一个专业，泡在同一个实验室，还住在同一栋楼里。嘿，这就是缘分。不知小柯如何，至少，小关是这么想。

可是，小林也有他的优势，有一辆二手车。周末去远处的华人超市买菜，按照女士优先原则，小柯一定坐在与司机小林并排的副驾驶位子上。那距离，只有二十厘米，是光棍男女之间合理合法的最小距离。遇到汽车拐急弯，距离就趋于零。不知小柯如何，反正小林的感觉好极了，好的程度与距离成反比。小柯刚来，要买新电脑。小林开车陪着她跑遍了悉尼市，挑了又挑，直到小柯十二分的满意。回到家里，小林帮她把电脑搬进小屋，给她安装好。这可是无比美妙的经历。那小屋，是多么的温馨。那香气，是多么的令人陶醉。

三．

荷尔蒙水平升高到一定程度，就会想入非非，并且显示出排他性。这条客观规律，自然适用于小林和小关。小关和小柯的寝室在楼上是隔壁房间。小关很快就把小柯的作息时间搞得一清二楚。小林的寝室在楼下，正好在小柯寝室的正下方。小柯一有动静，小林立刻就知道。不出一个星期，小林就把小柯的行动规律总结出来了。小林和小关，都根据小柯的时间表调整自己的行动，尽量和小柯保持一致。小林和小关，都想甩掉对方、与小柯独处，但是都不容易。不知小柯是不是有所觉察，但她总是一碗水摆平，不偏向任何一方。该和谁说话就和谁说话，该和谁一起办事就和谁一起办事，而且总是面带微笑。于是，小关只能继续利用共同专业的有利条件，在实验里一起混混。做完实验，拉上小柯一起回家。而小林呢，只能继续利用有车的优势，亲近一点，多说几句话。这样一来，小林觉得自己在竞争中落后了。开车去华人超市买东西，一星期只有一次，而且车里后排座位挤满三个人，老抢着和小柯说话，讨厌。哪像小关，一星期五天，而且回家路上只有两人同行。

四．

那排红房子里，不乏观察力超强的人。研究生老王的太太，便是其中之最，打听消息的能力，决不亚于互联网上的人肉搜索。王太太不念书，又没有孩子牵挂，只是有时到华人餐馆里打点零工。从小柯到达的第一天起，王太太就盯上她了。观察了几个星期，根据92号楼房周围发生的一切，王太太得出结论：小柯是个单身；小林和小关，都对小柯有那个意思；不过，小柯一定会对小关多点那个意思。过不了多久，有关的新话题就在留学生中传开了。不用猜，信息源就是王太太。

闲话传到小柯的耳朵里。小柯认为，这些人真无聊。我是不是单身，与他们有什么关系？只有单身女生才可以和男生来往？哪有这个道理！闲话传到小关的耳朵里。小关心想，我有那个意思，真的又怎么啦？从万里之外的哈尔滨，走到一起来了。缘分缘分，这就是缘分！闲话传到小林的耳朵里。小林觉得，自己真的在竞争中落后了。我得加强攻势，一定要把局势扳回来！

星期六上午，又到了去华人超市买东西的时候。小林当众宣布，汽车后排座位的三条安全带全坏了，从今以后不能再坐人了。按照女士优先原则，只有小柯还可以坐在副驾驶的位子上。小柯也不谦让，一头钻进汽车。小林一踩油门，"吱"的一声，汽车冲上马路，扬长而去，留下一股黑烟。

五．

岁月如梭，转眼一年。二月初的一天，星期六。大家都睡懒觉起得晚。上午十点多钟，小柯、小林和小关，才在饭厅里吃完早饭。小柯宣布，下下星期六回哈尔滨，下下下下星期六回来，赶新学期开学。小林和小关听了，都觉得突然。小柯解释说，是有事临时决定的。昨天去顺风旅行社打听行情，正好有国航悉尼到哈尔滨的双程票，北京中转，优惠价，1050澳元，就把票买了。

回到房间里，小关觉得有些蹊跷。一年来，自己和小柯的关系不断升温。凭感觉，没有80度，也起码70度。与小林相比，高出至少10度。昨天是星期五，小柯上午还和我一起在实验室，我手把手地教她如何使用三维激光测振仪。怎么不说一声，中午溜出去，就把飞机票买了，直到今天上午，才当着我和小林的面讲出来。想了一个多钟头，小关毅然决定，舍得1000块钱，也买一张飞机票。于是，小关连跑带跳只用了10分钟，到了顺风旅行社。进了门，喘了几口粗气，定了定神，赶忙问售票台后的小姐，还有没有下下星期六国航悉尼到哈尔滨在北京中转的双程票。小姐在电脑上查了一会儿，答道："还有。"小关赶忙说道："买一张。"边说边从钱包里掏信用卡。售票小姐打印出机票和收据，递给小关。小关一看，是1350澳元，打印得清清楚楚。小关连忙问道："小姐，有没有搞错？昨天我的朋友也是这里买的双程票，怎么就只要1050澳元？"售票小姐答道："没有搞错。买国际机票，15天为界。提前超过15天买的，优惠价。不超过15天的，正常价。您这是正好15天。"原来如此！买还是不买？只思考了几秒钟，小关就决定，买！不就是多300块钱嘛。300块可以将来再挣。要是小鸟飞跑了，永远也追不回来！坐上同一架飞机，到了哈尔滨再好好活动，把温度再提高10度，值得！

六．

三月初的一天，星期六。小林早上睡懒觉刚醒，迷迷糊糊。听脚步声，好像两个人，进了饭厅，上楼梯，接着进了头顶上小柯的房间。小林猛然醒悟，今天是小柯回来的日子。接着，头顶上的楼板叽叽嘎嘎地响了一阵，就没动静了。小林仔细一想，不好了！肯定是两个人，肯定是小柯和小关一起回来了。那怎么进了小柯的房间就不出来了？就这两个星期的功夫，小关就把小柯搞到手了？想到这里，小林的心全凉了，只觉得脑子里嗡的一声，没有了知觉。

小林睁开眼睛，看看表，都快十一点了。小林慢慢地从床上爬起来，穿上衣服。走进饭厅，一男一女映入眼帘。小柯看见小林，赶忙站起来，面带微笑对小林说道："这是我老公，和我一起来了。"然后又对老公说："这位就是我跟你说的小林，清华的高材生。"正说着，楼门开了，小关提着行李箱走了进来。小关目视前方，旁若无人，径直上楼。只听得关门"呼"的一声巨响，有如胸中怒火，轰然爆发。

过了一个星期，小柯两口子搬走了。92号楼房又逐渐恢复到一年前的老样，等待着新房客的到来。新话题又在留学生中传开。小柯在去年出国前夕结婚。老公是大公司的高管。在小柯的再三催促下，才申请签证。小柯一知道老公签证办妥，立即买机票飞回哈尔滨，把老公押解到澳洲。那信息源，当然还是王太太。

54 三个村庄的故事（小说）

2013年05月24日
（故事写于89六四24周年前夕）

一．

平原上静静地躺着一条河。这个平原叫做东伯利亚平原，这条河叫做丁家河。很久很久以前，这条河叫做东河。一百多年前，从四川迁移过来一个丁姓人家，共有几百口人，占了东河上游两岸，于是有了丁家庄，这条河也就成了丁家河。几代人之后，丁家河成了正式的名称，原来的名称倒被忘了。

平原的西北尽头，是一座大山。丁家河就从山谷中流出。这座山，原本叫做东山。河变成丁家河，山自然就变成丁家山。丁家庄的人最怕下雨。丁家山里下毛毛雨，丁家河也会泛滥成灾。架在丁家河上、连通两岸的丁家桥，竟然被洪水冲垮了三次。垮了建，建了垮。丁家河的男女老少，只好摸着石头过河。丁家庄的老庄主，只好从四川老家请来李冰第80代嫡系传人，仿照都江堰，在河上游山谷出口处修建了一个大壩，名曰丁家壩。丁家壩既可以防洪，又可以引水灌溉。从此以后，丁家山、丁家河、丁家壩成了风水宝地。重修的丁家桥，也免遭被洪水冲垮的厄运。丁家庄越来越兴旺，几代之后，已经有几千口人了。

那李冰第90代嫡系传人，得到丁家庄老庄主的恩赐，在丁家河下游左岸有了一块地，定居下来，自己取妻生子，同时又到老家招了一些亲戚朋友过来。几代下来，有了几百口人，成了颇具规模的李家庄。李家庄的庄主世袭，是条不成文规定。如果遇到庄主没有子嗣的特殊情况，庄主可以领养一个儿子，继承庄主之位。李家庄庄主是当然的丁家壩总工程师。庄主代代相传的遗训是：必须带领李家庄人民维护好丁家壩，让丁家壩正常运转，让丁家庄人民满意，李总才能保住乌纱，李家庄人民才能从引水渠得到足够的水种好庄稼，才能有吃有喝过好日子。

二.

这种丰衣足食的农耕日子，似乎要一直过下去，就像丁家河水静静地流淌，直到太阳爆炸、地球毁灭的一天。想不到，丁家的祖坟冒了青烟，DNA发生了变异，丁家庄出了一个比老庄主还要有能耐的新庄主。这个新庄主不满现状，去一个叫做法兰西的地方转了一圈，带着崭新的思想，带着一个洋博士回到丁家庄。这个洋博士到了宝地一看就知道丁家山里蕴藏着取之不尽的铁矿和煤炭，立即建议新庄主开办一个钢铁公司。于是，新庄主成了钢铁公司老板，洋博士成了洋主席－钢铁公司董事会主席。征得丁老板同意，洋主席聘请了往日的朋友老壶当总工程师，负责公司的日常工作。

钢铁公司越办越红火。不幸的是，壶总劳累过度，心脏病发作，英年早逝。征得丁老板同意，洋主席去找往日的朋友老赵。老赵有自己的公司，本不想加盟入伙。征得丁老板同意，洋主席向老赵开出极为优惠的条件，包括在丁家河下游右岸划出一块地给老赵。为了人情，也是为了发展，老赵答应了往日朋友的请求。于是，老赵成了公司的赵总。李家庄的对岸，有了一个赵家庄。

三.

钢铁公司越来越发达，赚的钱越来越多。根据洋主席的建议，得到丁老板的批准，在丁家庄修建了一个现代化的全天候体育场。体育场四周看台的顶上，安装着100个超大功率长弧氙灯。这种灯，俗称小太阳，可见其威力之强大。如果有人敢直视5秒钟，轻则丧失视力一天，重则终生失明。看台之上，整个体育场覆盖着由世界上最先进的纳米材料NNF制成的顶棚，厚度只有2毫米，柔软而坚韧无比，质量比牛皮高出千百倍。场内有一个从美利坚进口的空气增压机，确保场内的空气压力精确地维持在1.01个大气压，使纳米顶棚鼓起来，恰到好处。狂风吹来，顶棚能够纹丝不动。瓢泼大雨，雨水可以顺着一条条肉眼看不见的小沟，汇集起来，从周边的小口排出。即使鹅卵大小的冰雹从天而降，顶棚也可以抗住，直到冰雹在温度作用下溶化成水。有了小太阳，不管白天黑夜，体育场内都无比亮堂。有了充气顶棚，不管刮风下雨，体育场内都绝对宁静。这种全天候体育场，据说在世界上还是第一个。

丁老板个头不高，可是个体育运动爱好者，擅长桥牌，尤其酷爱足球。丁老板亲自担任体育运动委员会主任，亲自搞运动。丁家庄的运动员不必说了，当然由丁老板（或称丁主任）亲自挑选。各种球类的裁判员，也由丁老板在丁家庄亲自挑选。用丁老板的话说，自己人，靠得住，至少不会吹黑哨罚自己的球员。所以，丁家庄的足球队战无不胜，年年是冠军。

大地回春，又到了足球比赛的季节。丁老板经过深思熟虑后提议，今年只举行李家庄队和赵家庄队之间的对抗赛。只设冠军奖。哪个队赢了，就是今年的冠军。今年的冠军，明年和丁家庄队比赛。对于丁老板的提议，所有人一致拥护。李家庄和赵家庄的人拥护，是想尝一尝冠军的滋味。丁家庄的人拥护，是因为这种安排显示丁家庄"种子队"的特殊地位。

李家庄的人激动起来了，连夜刷出大标语：今年足球冠军非我莫属！

赵家庄的人激动起来了，连夜刷出大标语：今年足球冠军舍我其谁！天还没亮，不知谁在后面加了一句：那明年呢？不知是密探报告还是李家庄人有意挑拨，这两句话当天就传到丁老板的耳朵里。咦，真有此事？什么意思？想明年和老子争夺冠军？这就是要打倒丁家庄、推翻社会制度。必须不惜任何代价，绝对不能容许他们的阴谋得逞！

四.

春夏之交时节的天气，还是乍暖乍寒。但是丁家庄体育场内，李家庄队和赵家庄队之间的足球对抗赛，正在紧锣密鼓地展开。丁家庄、李家庄、赵家庄以及方圆百里之内所有X家庄的村民，清晨四、五点就跑进体育场抢占座位。这股干劲，只有名牌大学里的大学生跑到图书馆抢占座位才能与之相提并论。遥远的应家庄、梅家庄、奥家庄、稣家庄等等，也派出许多记者到现场采访。透露社、米廉社、发薪社、禾种社等等，应有尽有。

比赛之前的幕后活动，如裁判员向两队队员宣布丁老板的指示，此处按下不表。上午10点整，两队入场。按照掷硬币选择场地的结果，李

315

家庄队站在东半场。10名球员全身红球衣，守门员则一身黄色。赵家庄队站在西半场。10名球员全身蓝球衣，守门员则一身紫色。那奏乐唱歌呼口号之类的例行公事，此处按下不表。两队摆开阵势，李家庄队采用偏防守的4-5-1队型，也就是说，后卫4人，中场5人，前锋1人。（如果您不是足球行家，只要记住：3个数从左边起，后-中-前。靠左的数越大，表示越重视防守；靠右的数越大，表示越重视进攻。）赵家庄队则采用偏进攻的4-3-3队型。10点10分整，随着裁判发出的一声哨响，赵家庄队的前锋一个大脚，把放在球场中心点的球踢向空中。那球在半空中划出一条优美的弧线，落到东半场里靠近球门的禁区附近。赵家庄队的球员蜂拥而上，而李家庄队的球员全力抵抗。混战一场之后，球又回到中场，接着被踢到西半场。就这样，球在两个半场之间来回运动，而在东半场的时间居多。看来，李家庄队只有招架之功，没有还手之力。那些看台上的观众，为赵家庄队欢呼喝采的居多。赵家庄队虽然屡屡得利，但是一个球也没能攻进去。看台上的观众，未免失望。

五.

上半场比赛45分钟结束了。赵家庄队队员和教练聚在一起，发生激烈的争论。但是谁也没有什么好主意。不巧的是，赵家庄庄主（也就是赵总）出门在外，连电话都打不通。最后，大家只是一致同意，把一个前锋撤回中场，把偏进攻型4-3-3变为平衡型4-4-2，以策安全。李家庄队则是另一番景象。李庄主（也就是李总），亲临球场打气，并且透露，丁老板已经指示体育场工作人员，采取一切必要手段，全力支持李家庄队。李家庄队的士气大振，队员们一致表示，听从指挥，夺取胜利。为此，先把一个中场变成前锋，把队型从偏防守型4-5-1变为平衡型4-4-2。等时机成熟，变成偏进攻型4-3-3，再变成进攻型3-4-3。李总还把李家庄队队长叫出去，单独面授机宜。

中间休息15分钟结束了，下半场比赛开始。两队交换场地，李家庄队去西半场，赵家庄队去东半场。两个平衡型球队，进进退退，你来我往，处于胶着状态。10分钟过去，奇怪的事情发生了。那个足球好像神经不正常。李家庄队球员一踢球，球就飞得又高又远，犹如鲲鹏展翅。赵家庄队球员一踢球，球就好像遇到强大阻力，飞得又低又近，犹如受伤的老鹰。所以，球老是在东半场里，威胁球门。赵家庄队只好变换队型，加强防守，又撤下一个前锋到中场，从平衡型4-4-2变为偏防守型

4-5-1。李家庄队则加强攻势，增加一个前锋，从平衡型4-4-2变成偏进攻型4-3-3。

再过10分钟，又一个奇怪的事情发生了。赵家庄队球员好像神经不正常。飞起脚踢球踢不中，抬起脚接球接不着。李家庄队球员轻轻松松就把球传到东半场里靠近球门的禁区里。混战之中，要不是赵家庄队守门员拼死救护，早就进球了。面对险情，赵家庄队只好撤下一个中场到后卫，从偏防守型4-5-1变为防守型5-4-1。李家庄队则进一步加强攻势，把一个后卫变为中场，从偏进攻型4-3-3变成进攻型3-4-3。

李家庄队拼命进攻，赵家庄队拼死防守。球在赵家庄队的球门附近滚动、腾飞、打转，险情连连。赵家庄队的球员干脆筑成人墙。球往哪里去，人墙就往那里移动。您可别说，这一招还真管用。

下半场比赛只剩下最后5分钟。李家庄队在情急之中，终于使出了最后的杀手锏。只见李家庄队队长，把足球鞋后跟往地上使劲一跺，紧接着用鞋尖朝一个赵家庄队球员腿上使劲一踢，赵家庄队球员立即倒地。就这样，赵家庄队球员倒地过半。人墙终于崩溃。球终于进了球门。就在这时，担架队从体育场的一个大门冲进来，迅速把那些受伤的球员扔上担架，盖上毯子，飞快地从大门撤出。

李家庄队队员和教练，也紧随担架队，从大门撤出。赵家庄队队员和教练，吓得魂飞魄散。等他们惊魂稍定，球场上就只剩他们了，连裁判也早都跑了。看台上的观众，不清楚球场上究竟发生了什么，早已一哄而散。最后，赵家庄队队员和教练，彼此搀扶，流着眼泪，离开体育场。

六.

丁家庄钢铁公司的大礼堂里，正在召开庆功颁奖大会。主席台上方横幅高挂，上面用斗大的字写着"热烈庆祝足球比赛圆满成功！"主席台前排中央，坐着丁老板。丁老板的两边，坐着洋主席和李庄主。真理部，和平部，友爱部和富裕部的大员们坐在后排。主席台下会场里，坐满了丁家庄和李家庄的群众。大会由洋主席主持。洋主席首先请丁老板作指示。丁老板只说一句话：同志们辛苦了！台下立即响应：为丁老板服务！紧接着是全场热烈的掌声，持续5分钟之久。洋主席请李庄主讲话。李庄主首先感谢丁老板的支持，然后回顾取得胜利的经过。说到激动之处，禁不住挥舞拳头。李庄主最后表示，要坚决跟丁老板走，走到底。说到动情之处，禁不住热泪盈眶。随着李庄主的表演，稀稀拉拉的掌声不时从李家庄的地盘里发出。接着，洋主席宣布比赛结果：

李家庄足球队荣获今年足球比赛冠军。

洋主席宣布颁奖，奖赏如下：

所有有功人员，奖赏纪念手表一块。

李家庄足球队队长，聘用为钢铁公司和平部冲锋队队长，享受正处级待遇。

李家庄足球队教练，聘用为钢铁公司和平部冲锋队政委，享受正处级待遇。

李家庄队队员全体，聘用为钢铁公司和平部冲锋队队员，享受正科级待遇。

体育场工作人员全体，放假一天。

接下来的固定程式，如立功人员上台领奖，呼口号，表忠心等等，此处按下不表。总之，这是一个团结的大会，胜利的大会。

七.

对这种奖赏最不服气的，是体育场技术科的工程师们。这些工程师们发牢骚说：如果不是我们做了手脚，你们赢个屁！工程师们推举技术科长、牛总工程师写一个秘密报告上报，说明秘密计划执行的过程和结果，突出工程师们的作用。牛总不愧是牛总，一天就把报告写好了。在写完之后、上交丁老板之前，牛总把一个副本交给一位绝对可靠的好朋友、S公司的康总，以防不测。果然，最坏的事情发生了。报告上交丁老板24小时之后，牛总失踪；48小时之后，所有工程师们失踪。于是，按照牛总的嘱托，康总把副本交给透露社的一名记者。那个秘密报告的副本才得以逃脱被丢进忘怀洞烧毁的命运，后人才得以知道当年足球比赛的真相。

据秘密报告说，足球比赛下半场开始10分钟后，没有进球。于是，工程师们加大空气增压机功率，场内空气压力从正常的1.01个大气压提升到1.10。体育场的东门同时打开。结果是：空气从体育场内通过东门流向场外，一股气流在场内从西向东流动。于是，李家庄队踢球是顺风，赵家庄队踢球是逆风。所以，李家庄队球员一踢球，球飞得又高又远。赵家庄队球员一踢球，球飞得又低又近。

据秘密报告说，比赛再过10分钟，还是没有进球。于是，工程师们采取下一步的措施。启动长弧氙灯自动聚焦跟踪器。只要球一接近穿蓝球衣的赵家庄队球员，东西南北每个方向上均匀分布的16个长弧氙灯，立即调整方向，聚焦对准该球员，就像有64把耀眼的手电筒对着他晃动。结果是：赵家庄队球员飞起脚踢球踢不中，抬起脚接球接不着。

据秘密报告说，李家庄队队长穿的是特制足球鞋。鞋底夹层，内藏尖刀和机关。把足球鞋后跟往地上使劲一踩，藏在鞋尖里的尖刀就露出来。使用完毕，再把足球鞋后跟往地上使劲踩一下，尖刀就缩回鞋尖里。尖刀和鞋尖是一样的颜色。在快速运动之中，即使是近处的人也无法看清。比赛只剩下最后5分钟时，李家庄队队长被迫使出这最后的杀手锏。赵家庄的人根本没有想到李家庄队会用这一招，毫无防备。那个担架队是事前安排好的。迅速把那些受伤的球员扔上担架、盖上毯子撤出，证据就消失了。

秘密报告最后说，秘密计划执行了，李家庄队胜利了。空气增压、灯光聚焦、鞋里藏刀是关键。这些都是工程师们利用现有设备，在接到秘密任务后日以继夜研究出来的。不用操心，明年冠军是谁，今年就确定了。奖杯留在原处，理所当然。不用担心，赵家庄队是失败者，没有人会听他们的。控告？上访？管什么用！老赵早就不是赵总了。上头已经没有他们的人了。找新上任的姜总？那是连门都进不去。至于看台上的观众，离得远看不清。就是看清了，又能怎么样？那些透露社之类的记者之流，只能在万里之外吵吵嚷嚷，连隔靴挠痒都不如。

三个村庄的故事讲完了。您该明白当年足球比赛的真相了。如果您问我是从哪个老中或老外、哪位先生或女士、哪个爱国或卖国人士手中得到秘密报告的一个副本，我只能这样回答您：我必须遵守"消息来源保密"的记者职业道德准则。

55 取代反应（小说）
2014年02月28日

一.

嘉州市政府大礼堂里喜气洋洋。红底黄字的横幅高挂在主席台上方，"热烈欢迎美籍华人潘仁之教授访问嘉州市！"主席台上，潘仁之教授和嘉州市市长林书盛并肩坐在中央。主席台下，座无虚席。

林市长站起身，快步走上讲台，宣布欢迎大会开始。

"女士们、先生们：今天我们非常荣幸在这里欢迎美籍华人潘仁之教授访问我们嘉州市。潘仁之博士是美国哈佛大学终身教授，享誉世界的化学家。今天我们在这里欢迎潘教授，有着特殊的意义，因为五十五年前，潘教授就诞生在我们嘉州市。潘教授是我们嘉州市人，是我们嘉州市的骄傲！"

台下掌声雷动。

"女士们、先生们："林市长继续说道，"潘教授对我们嘉州市的发展非常关心，提出了许多很好的建议。特别是，潘教授要到我们的嘉州工学院访问两周，专门讲授他发明的有机基团取代反应。把这个发明应用于橡胶处理，将使我市轮胎厂的产品质量大大提高，超过现有国际水平。"

台下又一次掌声雷动。

二.

嘉州市政府贵宾接待厅里。潘教授和姐姐颖琪坐在一张长沙发上，林市长和妻子李靖巧坐在对面的一张长沙发上。潘教授环顾一下四周，问道："国萱怎么没有来呢？""他跟我说了，他上午有课。上完课会立即坐县市直通车赶来嘉州。"颖琪答道。正说话间，李国萱匆匆走进来，先叫了一声"妈！"接着叫了一声"舅舅！""坐！坐！坐！"潘教授连声说道。国萱在一张单人沙发上坐下。

潘教授面对国萱，问道："我在美国刚到哈佛大学任化学教授时收到你的信，说你在嘉县一中毕业考上了嘉州工学院化学工程系。后来你还来信说，你对研究化学理论很有兴趣，毕业后一定要去研究所。你怎么去中学教书了呢？"国萱的心颤动了一下。这怎么向舅舅解释呢？国萱只好低下头，不说话。潘教授见状，转过头问姐姐："姐，国萱是有什么心事，不好说吗？""这、这 ……"颖琪不知道该怎么回答。潘教授把眼光转向外甥女，只见靖巧起身，低头往外走，面带尴尬的神色。林市长随着起身，紧跟着走了出去。

接待厅里的空气凝固了几秒钟。潘教授一脸茫然。还是姐姐颖琪先开口："仁之，回到家里，慢慢跟你说吧。"

三.

不宜录取

1963年，离高考还有三个月。嘉县一中党总支内部会议室里，高三甲班班主任钟老师正与学校党总支孙书记激烈争论。

"你怎么能把李国萱列入'不宜录取'的名单呢？"钟老师大声说道。

"李国萱家庭出身资本家，有海外关系，本人表现不好。如果不把他列入这个名单，那应该把谁列入这个名单？"孙书记反问道。

"他的家庭出身是'华侨资本家'，他的舅舅在美国是大学教授。嘉县是华侨之乡，这些算不了什么大问题。"钟老师辩解道。

"那他本人表现不好"。孙书记让了一步，继续坚持。

"应该说，李国萱思想上对自己要求不高，"钟老师也让了一步，"但是，他也没有做什么出格的事。我知道，你们老揪住他的那篇作文不放。我是他的语文科任老师，对这事最清楚了。语文课每周一次作文。每学期有一次作文自由命题。有人把李国萱的自由命题作文'我的烦恼'与受批判的小说'少年维特之烦恼'相提并论。这些人根本就没有看过他的这篇作文，只凭题目就下结论。"

"好了！好了！"孙书记终于再让步，"我不想和你再争论了。这样吧，我把他的名字从'不宜录取'的名单中删去，放到'可以录取'的名单上。这样一来，'不宜录取'的名单中还有4人，占全校毕业生的百分之二，刚好可以交差。"最后，孙书记叮嘱一句："你是党员班主任，知道这件事。但是你一定不要与任何人提起。"

"当然！当然！"钟老师达到了目的，连声应诺。

李国萱终于平安无事。

政审复查

1964年，嘉州工学院快放暑假了。化学工程系党总支内部会议室里。系党总支刘书记正在和一年级橡皮工学专业的班主任秦老师谈话。

"按照规定，每年新生入学后，要进行政审复查。如果发现有不合格的，一年之内可以劝退。这你是知道的。"刘书记继续说道，"去年入学的新生，全国从北到南复查，所以从嘉州市包括嘉县来的新生，刚刚查完。"

"都没事吧？"秦老师试探着问。

321

"有事！"刘书记继续说道，"我刚接到学校人事处发来的文件。你班上的李国萱，被查出家庭出身资本家，有海外关系，本人表现一般。不符合录取条件。人事处要我签署意见。如果同意，就把文件转到学籍科，将劝退通知发给李国萱。"

"问题有这么严重吗？"秦老师继续说道，"李国萱的家庭出身和海外关系，考生材料上写得很清楚，他又没有隐瞒。去年招生政审都通过了，怎么这次复查就不行了呢？"

"是的，这次就不行了。"刘书记继续说道，"现在的政治标准提高了。家庭出身不好并且有海外关系，除非本人表现特别好，是不能录取的。"

"李国萱是去年录取的，怎么能套用今年的标准呢？"秦老师辩解道，"何况，李国萱入学后表现不错，积极参加各种活动，学习成绩在班上总是第一。"

"这叫做'复查'。当然啦，你说的也有道理。"刘书记继续说道，"这样吧，我找学校人事处反映一下你这个班主任的意见。我知道你的意思，班主任嘛，总是向着自己班的学生。将心比心，我也是向着自己系的学生。"

"事情还没有定论。你是党员班主任，知道纪律的。"最后，刘书记提醒了一句。

"知道！知道！"秦老师赶紧答应。

李国萱最终平安无事。

反动信件

1965年，又到了快要放暑假的时候。嘉州工学院化学工程系党总支内部会议室里。

"你还记得去年这个时候李国萱的事吗？这回彻底不行了。"刘书记继续说道，"他的在嘉县一中读书的妹妹，把李国萱写给她的一封信交给了学校，嘉县一中又把这封信转到我们工学院。院党委书记一看这封反动信件，立即批示开除李国萱的学籍。"

"什么事情这么严重？"秦老师问道。

"李国萱在信中说，共产党号召知识青年上山下乡，是骗人的，千万不要相信，不要报名。信中要他妹妹好好学习，一定要考上大学，才有出路。最后还要他的妹妹看后立即把信撕掉。"刘书记回答道。

"想不到李国萱会写这种信，更想不到他妹妹会把这封信交给学

322

校。"秦老师感到不解。"开除李国萱，那他这一辈子不就完了？"

"是呀。后来学校领导怕出意外，又考虑到李国萱平时规规矩矩，改成了劝退。"刘书记继续说道，"李国萱已经写了因身体不好的退学申请书。这样吧，你当了他两年的班主任，和他熟悉，陪他去办手续，送他离开学校，千万别在学校里出事。"

"我会的。"秦老师随口答应，转身出了会议室，喃喃自语说道："怎么会这样，怎么会这样！"

李国萱躲过"不宜录取"一劫，又躲过"政审复查"一劫。但是，没能躲过"反动信件"一劫。妹妹的革命行动，成了对他的致命一击。

四.

1965年高考发榜了。李靖巧拿着录取通知书，兴冲冲地从嘉县一中跑回家。一冲进大门就喊了起来："妈妈！我考上了嘉州工学院！"李靖巧随即看见哥哥低着头坐在厅子里的沙发上，旁边放着一只行李箱和一捆书，连头都不抬一下。妈妈从房间里走了出来，也是不看她一眼，径直走到沙发旁提起行李箱。哥哥提起那捆书，跟着妈妈进房间去了。李靖巧觉得不对劲，只好进了自己的房间。

新学年开始了。特大新闻在嘉县一中传开。上届毕业生李靖巧揭发她哥哥，把她哥哥写给她的反动信件交给了学校。结果，她的正在嘉州工学院化学工程系读书的哥哥李国萱被开除了。李靖巧用实际行动证明她背叛了自己的剥削阶级家庭，被批准入团，并且上了高考"优先录取"的名单，考上了嘉州工学院化学工程系。妹妹进去，哥哥出来，一个取代一个，于是有好事者把这称为"取代反应"。

从此，"取代反应"在嘉县一中无人不知，无人不晓。

五.

嘉县潘家大屋的正堂里。

"世界上真有这种取代反应？"潘教授听完姐姐的讲述，一手摘下眼镜，一手揉了揉眼睛。

"仁之，"颖琪接着说，"1948年你22岁，大学毕业就去美国留学。往后家里发生的事，三天三夜也说不完。"

"那就说说国萱后来怎么样了？"

323

"国萱回家后找不到工作。不到一年，文化革命开始，国萱连门都很少出，天天躲在房间里看书。1978年，说是实行改革开放，国萱才由他从前的班主任钟老师推荐和担保，到嘉县一中当了三年代课老师，今年才转正。"

　　"那靖巧呢？"

　　"她在嘉州工学院读了不到一年的书，文化革命就开始了。我也不知道她干了些什么，只知道1970毕业的时候，她和男朋友林书盛一起分配到平和县。这个林书盛，现在成了市长，也不知道他是怎样一步一步爬上来的。"

　　"姐，我知道了。"潘教授整了整领带，继续说道，"明天开始，我要在嘉州工学院化学工程系讲授有机化学中的取代反应。如果国萱有兴趣，可以去听一听。"

　　"我今天一定告诉国萱。"

　　一阵汽车喇叭声传来，林市长派来接潘教授的专车到了。潘教授起身，离开正堂，往大门走去。颖琪目送弟弟出门，回到正堂的沙发上坐下，低头沉思良久。

56 欠条（小说）

2014年03月13日

一.

　　新学年开始了。嘉县一中高一甲班教室里，50名新生坐得满满当当。班主任赵老师走进教室，同学们整齐起立，齐声喊道："老师好！"赵老师回应："同学们好！"赵老师走向讲台，同学们整齐坐下。这种师生互相问候，是嘉县一中的校规，《新生手册》上写得清清楚楚。

　　"同学们！"赵老师开始简短的迎新讲话，"大家经过努力，考上嘉县一中，开始三年的高中学习生活。大家来自各个学校，很快就会彼此熟悉。我非常高兴担任你们的班主任。以后有什么事，尽管来找我。这节课剩下的时间，大家随便交谈，先彼此认识一下。"

　　同学们开始站起来，三五一堆，叽叽喳喳，聊了起来。

二.

李小芬和杨文君很快成了好朋友。李小芬原是嘉县体校的学生，体操练得很好，得过嘉州市的少年体操比赛亚军。可是到了后来，荷尔蒙分泌激增，原来体型娇小的李小芬，身高一下子窜到155厘米，不再适合练体操。用体校领导的话说，是"没有培养前途"。于是，李小芬投考普通中学。在体校的时候，文化学习是业余的事。好在她四肢不算很发达，头脑不算很简单，刚好达到中考重点中学分数线，加上有体育特长，被嘉县一中录取。杨文君则是完全不同，父母都是中学教师，认为孩子就是要好好学习，课余时间体育锻炼，观看体育节目，那是为了更好地学习。所以，杨文君上重点小学，重点中学，初中本来就在嘉县一中。杨文君喜欢看体操，自然喜欢体操运动员李小芬。李小芬放弃了体操，成了普通中学的学生，要把学习赶上，自然喜欢学习尖子杨文君。可谓互相补充，皆大欢喜。

三.

第一堂体育课。体育老师叫全班同学围成半圆形，开始自我介绍。
"我叫陈力侖。你们是新学生，我是新教师。我从嘉州体育学院刚毕业，来到一中，教你们体育，咱们有缘分啊！"陈老师接着说："咱们的体育课要因材施教。除了达到教学大纲的基本要求外，每人可以发挥自己的特长。体育课内会有一定的时间，让兴趣相同的同学一起活动。至于课外的活动嘛，同学们自己商量决定，比如成立活动小组。"
李小芬和杨文君没有参加任何课外活动小组。李小芬要赶功课，没有闲心。杨文君从来都是观众，没有什么小组可以参加。时间过得真快，转眼间高一下学期就开始了。李小芬适应了普通中学的学习环境，觉得只要和全班同学一样跟着老师走，学习上就不会有问题。这样一来，在体校时心中成长起来的体操幼苗，在冬眠一段时间后，又苏醒起来。李小芬心里痒痒的，那怕是蹦跳几下，也可以过过瘾。不是为了得名次，只是玩一玩。李小芬禁不住告诉杨文君。杨文君听了，大为高兴，说道："我早就想怂恿你干。你表演，我当观众。一定！"李小芬有些忧心，说道："这学校没有体操器材，连一块大一点的平地都没有，上哪里耍去？""有办法！"杨文君胸有成竹。
星期天一早，杨文君拉着李小芬，跑到学校大礼堂门口。大门紧锁着。杨文君又拉着李小芬，转到大礼堂后面。后门上挂着一条长铁链子，拖到地下。杨文君双手用力一推，铁链子悬空起来，两扇门板之间开了一道缝。再用力一推，缝大了许多。杨文君赶紧小声喊道："快钻进去！""能过去吗？"李小芬有些担心。"先用头试。头能过去，侧着身子就能过去。"李小芬只好照办。真的过去了！然后，杨文君叫李小芬用双手把门拉住，自己钻了进去。李小芬有些奇怪，问道："你是怎么知道这里可以出入的？""嘿，有一次开大会，我看见有人从后门这样溜走。"杨文君有些得意。李小芬趁机夸奖一句："想不到你还有这一手！"

礼堂里主席台上有一片10几公尺见方的空地。两人从旁边拉过一卷半新不旧的地毯，往地上一铺，成为一个自由体操场地。杨文君找到墙上的开关，试了几次。灯光照射到地毯上，不明也不暗。李小芬这才想起，自己没有带练体操的服装，说道："我没有准备，怎么办？""没关系，随便耍几下。"杨文君安慰道。于是，李小芬在地毯上走了一圈，边走边伸了伸臂，踢了踢腿，再跳了几下。只玩了几分钟，两人决定溜走，下次准备好再来，匆匆忙忙跑下主席台，从后门钻了出去。

四.

星期天又到了。杨文君和李小芬一早从后门溜进大礼堂。主席台上，两人摆弄好地毯，调整好灯光。李小芬脱去外衣，露出贴身的体操服，勾画出一个凹凸有致的轮廓。然后，又从一个小包里拿出一双轻巧的体操鞋换上。杨文君则放好一个砖头录音机，调好音量。看着李小芬做完准备活动，杨文君按下放音键，轻喊一声："开始！"

…………

李小芬做完最后一个动作，直体后空翻转体。双脚平稳落地，音乐戛然而止。

"秀得好！"一个宏亮的声音从台下突然传来。杨文君和李小芬先是吓了一跳，再顺着声音传来的方向望去。呀！是教体育课的陈老师！

"陈老师，你怎么会在这里？"杨文君问道。

"我负责管理这个礼堂。星期一我发现主席台上地毯被铺开，灯还亮着。"陈老师继续说道，"所以，今天星期天，我来探查，想不到是你们俩。真会找地方！"

"不好意思，陈老师。是我想玩体操，拉杨文君来的。"李小芬说道。

"想玩体操，没有什么不好意思的。"陈老师安慰道。"我猜你们是从后门钻进来的。我有钥匙。以后就不用钻了。"

"太好了！"杨文君喊道。

"谢谢陈老师！"李小芬接着喊道。

五.

从此以后，李小芬要是想玩体操，就在星期六拉上杨文君，和陈老师提前说好。星期天早上，三人一起，打开大礼堂后门，走上主席台。玩的次数多了，有人就会有新的想法。

"咱们换个地方怎么样？"陈老师说道。

"还有什么地方？"李小芬不解。

"我是说你玩体操，可以到体校去，到体院去，那些地方有正规的场地。"陈老师说道。

"那些地方好是好，但是要交钱的。"李小芬不认为可行。

"没问题，我有要好的朋友在那里，自会安排。"陈老师胸有成竹。

"那太好了！"李小芬高兴得跳了起来。

六.

李小芬和杨文君、陈老师三人一起玩体操，有时在一中大礼堂，有时在嘉县体校，有时在嘉州体院。一中条件差，不是玩体操的首选之地。体校有点远，三人结伴，陈老师骑自行车，可以带一人，另一人还得借辆自行车。体院就更远了，得坐专线汽车。李小芬自己运动，热情最高。陈老师为李小芬开路，自然是每次都要到场。杨文君则像个陪衬，次数多了，有点懒得动，常找个借口不参加。李小芬拉拽了几次后，也就只好随她的便了。

时间在流逝，事情在变化。每个星期天，李小芬和陈老师不是骑自行车去体校，就是坐车去体院。体操玩腻了，开始看电影，逛公园，有时还上饭馆撮一顿。这些当然是陈老师的主意。开头几次，李小芬还推辞一下，后来就只是乖乖地跟随了。开头几次，李小芬还掏点小钱。到了后来，陈老师把一切都包了。学生穷，老师富，似乎理所当然。两人玩在一起，手拉手，却说不上心连心。陈老师要干什么，李小芬好像知道，又好像不知道。李小芬怎样想，陈老师好像知道，又好像不知道。但是不管怎么样，两人在一起，都感到开心愉快。这就好，还要图个别的什么呢？杨文君虽然不和他们一起出去，还是看到了一些苗头。李小芬见到杨文君时，不再邀她一起去体校、体院了。平时在学校里，陈老师遇到李小芬，会停下来多说几句话。有时在放学后，陈老师会在校门外回家的路上等待李小芬，见面后停留片刻，然后匆匆走回学校。李小芬的书包里，多了几个小玩意儿。冬天来了，李小芬多了一条粉红色的围巾。杨文君看在眼里，记在心上。终于有一天，杨文君忍不住了，决定问问李小芬。

"你真的喜欢陈老师？"杨文君问道。

"有一点吧。我也说不清。"李小芬低着头答道。

"我不是贬低陈老师，他是一位很好的体育老师。"杨文君继续说道，"但是，这种人，四肢发达，头脑简单。我不会喜欢。"

李小芬还是低着头，不说话。

"专心学习，考上大学，靠自己最重要。我是这么想的，"杨文君继续说道，"也许，将来在大学里我会找到志同道合的一个。"

"我知道。你放心。不管怎么样，我会把持住自己。"李小芬抬起头，看着杨文君。

七.

高考发榜了。嘉县一中体育场旁边的小路上。杨文君和李小芬并排缓步走着。

"我已经和陈老师说清楚了。"李小芬继续说道，"其实，我从来也没有答应过他什么。我一开始就记着帐，总共500块钱。我写好了一张欠条，保证大学毕业后三年内一定还清。昨天分手的时候，我把欠条递给了他。"

"他收下了？"杨文君问道。

"没有。他接过欠条，连看都没看就一把撕了。"李小芬继续说道，"我会再写一张，用挂号信寄给他。"

············

嘉县一中教师宿舍里。陈老师把一张照片放进相框里，再把一张欠条放在上面，最后压上厚纸板，把相框后面的四个卡子拨回原位。陈老师把镶好照片的相框挂在书桌前的墙上，然后在书桌旁的椅子上，坐了很久很久。

57 沈教授和他的研究生（小说）

2014年05月27日

（故事写于89六四25周年前夕。本文人物纯属虚构，切勿对号入座。）

一.

1989年9月。云南天文台的"动乱清查"告一段落。据查，没有积极参与动乱者，也没有积极参与平息动乱者。说是人人过关，其实是人人蒙混过关。上上下下，从台长到扫地的临时工都松了一口气。不料，突然杀出个程咬金，沈教授举报他的研究生：陈文森支持动乱、攻击六四平暴！

却说这位沈教授，50年代留学苏联专攻天文，毕业后回国在南京大学天文系任教，70年代调到云南天文台。沈教授是台里鼎鼎有名的研究员，因为他原是大学教授，所以大家依然称他沈教授。陈文森是他的第13名弟子，硕士研究生是也。

云南天文台有一个国际合作项目，与美国亚利桑那大学天文系共同研制超精密多通道双折射滤光器。把这个超精密滤光器安装在云南天文台的太阳磁场望远镜上，可以把望远镜的分辨率提高10倍，从而把预报太阳磁暴的精确度提高10倍。云南天文台非常重视这个项目，派出王牌研究员沈教授和他的研究生陈文森，在1989年3月奔赴亚利桑那大学，计划用半年时间完成第一期研制工作。等亚利桑那大学斯图尔德天文台进行基本测试后，再进行第二期研制工作。然后，把这个滤光器带回国内，安装在云南天文台的太阳磁场望远镜上。

地处沙漠之中，图森市超级的不繁华，连个红灯区都没有。图森市超级的不发达，连抢银行的劫匪都懒得到这里来。但是，图森市的亚利桑那大学里，却有几百名中国留学生，立志攻取美国学位。不过，沈教授和陈文森是高级访问学者，与这些留学生不在一个档次，没有来往。

除了夏天热死几十个无家可归的流浪汉，图森没有什么吸引眼球的本地新闻。所以，家家户户都通过电视，把眼睛耳朵对准外面的大千世界。天文系的史密斯教授送给沈教授一部34英吋彩色电视机，就是干这个用的。图森这个小地方，没有什么好玩的。所以，沈教授和陈文森每天晚上都要看上两个钟头电视。

沈教授当年留苏，俄语顶呱呱。据说60年代中苏大论战时，沈教授还是《九评》的俄语翻译高级顾问。可是，沈教授的英语是年近半百才开始学的，不太灵光。老实说，还不如他的研究生陈文森。陈文森的托福考600分，绝对是云南天文台第一。刚到图森一个月，4月的一个晚上，所有美国电视台，包括CNN，ABC，CBS，还有什么狐狸新闻网，一齐播送同样的中国新闻，就跟中国的新闻联播差不多。沈教授听到好像是在说，呼呀笨死了。直到看见大花圈上写的字，才弄清楚，原来是胡耀邦死了。这不能怪沈教授的英语不好，只能怪美国各个电视台，播音员的普通话没学好就上岗。等到陈文森从浴室出来，沈教授赶忙告诉他这条消息。不料，陈文森只是"嗯"了一声，头都不抬就进寝室去了。

这些美国电视台一反常态，播送的中国新闻越来越多。美国电视台播中国新闻，哪有什么好事？死了人之后，接着就是学生上街，游行示威，罢课，最后还有绝食。亚利桑那大学的几百号中国学生，也远在万里之外跟着起哄。绝食是没有的，但游行示威却是接连不断。沈教授看着这些电视新闻和图森的游行，不以为然。这些学生，不好好学习，罢课、游行、绝食，究竟为什么？与沈教授相反，陈文森看着新闻，变得激动起来。电视机前，指指点点。看见电视屏幕上出现云南大学的大旗，高兴得为自己的母校鼓起掌来。看见电视屏幕上满脸杀气的李朋鸟，竟然大骂：王八蛋！上班或下班时间，还溜出去围观中国学生游行。对陈文森的言行，沈教授心中不快。沈教授几次想教训他一下，但是想想自己都搞不清楚咋回事，怎么能说别人？对陈文森的言行，沈教授只能看在眼里，记在心上。

六月的一个星期六上午，从客厅里的电视机传出哒哒哒的枪声。沈教授和陈文森都赶快跑到客厅。天那！只见电视屏幕上坦克隆隆，机枪冒火，人群逃奔，中弹倒地。沈教授吓得差点晕了过去。陈文森则发了疯，高喊：打倒法西斯！

亚利桑那大学的中国学生，立即上街游行。这次不再是声援而是声讨。北京的学生死的死，伤的伤，剩下的全逃回老家去了，还声援什么？正所谓"皮之不存，毛将焉附"。声讨就是骂人。"屠夫"，"法西斯"，加上打倒GCD，打倒DXP，用尽人间最恶毒的语言。不过，这有何用？隔靴挠一挠，止痒都不可能，何谈戳破脓包？所以，声讨了二、三次，参加的人越来越少。声讨无疾而终，各人该干什么还是干什么。沈教授不必说了，从不参加这种活动，连围观都不去。上班、下班时偶尔遇到学生队伍，也都是绕道躲开。至于陈文森，由激动变成失望，连话都不愿多说了。

二.

超精密滤光器研制进展顺利，第一期工作如期完成。沈教授和陈文森动身回国。回到云南天文台的第二天，沈教授一早走进自己的办公室。好家伙，办公桌上堆满了各种文件，有如一座小山。沈教授照例先找红头文件，足足读了两整天。几个月来萦绕在头脑中的问题，终于有了答案。文件说得清清楚楚，那个什么学生示威绝食，明明是在国内外敌人支持下，在一小撮坏头头操纵下的动乱，最后变成暴乱。沈教授心想，怪不得美国的电视台那么起劲宣传，每天24小时、每周7天连续播放。文件还说，一定要把动乱分子揪出来，不能让一个漏网。沈教授心头一亮：对了！咱当时不在国内，别的不知道。可是咱在美国，陈文森的活动亲眼所见。一定不能让他溜了！

第二天一早，沈教授赶到天文台的清查办，就是专管清查动乱分子的办公室。沈教授把陈文森在美国的活动扼要讲了一遍。清查办刘干事问道：这是真的？ 沈教授答道：眼见为实，当然是真的。 刘干事接着说道：那好吧，你回去写一份举报材料交来。

好事不出门，恶事传千里。沈教授举报陈文森，一天内就传遍了天文台。对于沈教授这种反常举动，竟然按照文件说的做，天文台的人企图做出解释。有人从政治上，认为沈教授想趁机表现自己，捞一把。有人从生理上，认为沈教授年过半百，男性更年期综合症严重。有人从病理上，认为沈教授得了神经病。最不靠谱的是，有人从经济上，认为是因为沈教授和陈文森在美国房租分摊不均。所有这些解释都有一定道理，但是都有反例证明其不成立。最焦急的是陈文森，心想：沈教授举报我，这不完了？陈文森的师兄师弟，对沈教授的做法极为不满，争相为陈文森出主意，包括：矢口否认，避重就轻，倒打一耙。不过，解救陈文森的，还是清查办李主任。且说李主任，刚从省委开会回来，刘干事就呈上沈教授的举报材料。李主任一看，眉头紧皱，对刘干事说道：我刚把事情对付过去。清查情况汇报会议上，天文台还得到省委的表扬，政治思想工作做得好，没有出一个动乱分子。这个老教授，死脑筋，尽添乱。 刘干事有些急，问道：那怎么办？ 李主任胸有成竹，答道：好办。明天早上9点钟把沈教授叫到办公室来，瞧我的。

第二天早上9点钟，沈教授赶到天文台的清查办。李主任先把沈教授表扬一番：沈教授呀！您辛苦了！您刚从美国回来，就到清查办来，精神可嘉！然后，李主任把话锋一转，说道：您写的举报材料，我仔细看过了。不过我问您，陈文森的活动您知道得那么清楚，说明您也参加了那些活动。您得先说清楚，您为什么参加那些活动？您当时怎么不阻止他的反动言行？沈教授一时语塞，憋了半天才嗫嗫嚅嚅地说：这个……我还没想过……。刘主任趁势告诫沈教授：事情很复杂，不要再提了。以后，还是做您的学问去吧！沈教授只好默默地退出办公室，回家把举报材料的底稿烧了。

三.

斯图尔德天文台的测试表明，超精密滤光器的第一期研制工作完全成功。1990年3月，研究项目的负责人史密斯教授向云南天文台发来信件，邀请沈教授和陈文森到亚利桑那大学天文系进行第二期研制工作。这可让云南天文台为难了。沈教授当然可以去。问题出在陈文森身上。平息暴乱之后，所有出国人员必须通过新的政治审查，不管你以前出国一次，两次或一百次。虽然没有立案，但是陈文森被举报在美国工作期间支持动乱、攻击六四平暴，却是人人皆知。这就叫做"政治不清"。不需要证明如何不清。只要是不清，就难于通过政审。于是，天文台向史密斯教授复信，提出替代人选。但是，史密斯教授一口回绝，说只有陈文森才知道如何正确调整滤光器的关键部件超精密偏振光束分离器。天文台向陈文森核实。陈文森说自始至终只有他一人调整这个部件。天文台又要求陈文森交出调整记录。陈文森说，没有什么记录。仪器上有许多记号，只要看到这些记号，他就能回忆起来。

时间一天天过去，史密斯教授发来一份又一份的传真催促。正在拖延之际，天文台科技处收到一份紧急通知，说据美国NASA初步预测，今年年底将有特大太阳磁暴。如果不能精确预报，采取有力措施，这次磁暴可能引起电力系统崩溃，通讯网络中断，GDP可能减少0.5个百分点，后果不堪设想。通知要求云南天文台在此之前完成太阳磁场望远镜升级，确保预报的精确度。科技处处长到人事处，再到外事办公室商议此事。两位处长和外办主任一起写了一个报告，说明事情的紧急和难处，送给天文台台长。台长大笔一挥，批示：本台没有动乱分子。不用多说了，余下的事情几天就办好了。临动身之前，人事处处长把沈教授叫到内部会议室，嘱咐沈教授留意，看管好陈文森，就像是三国演义里，诸葛孔明授命于马岱，盯住魏延。

1990年4月11日，昆明巫家坝国际机场里。在科技处秘书和外办秘书的陪同下，沈教授和陈文森办完登机手续，大厅里响起飞往日本东京航班的最后一次登机广播。陈文森和沈教授一前一后，在旅客入口处转过身来，挥手告别。只见沈教授举起右手，停在空中。接着，两腿一软，栽倒在地。两位秘书见状，慌了手脚，急忙大喊：120！救护车！陈文森犹豫了几秒钟。此时不走，更待何时！只见他大步跨过旅客入口，头也不回，义无反顾。

洛杉矶国际机场里。陈文森办完入境手续，看看墙上日历：4月11日。再看看墙上大钟：午夜11点59分。等了5、6个小时，坐上洛杉矶到图森的早班飞机。一个多小时后，陈文森到达图森机场。一出机场，陈文森就看见在那里等候多时的史密斯教授。在汽车里，不等陈文森开口，史密斯教授就转告从电话里得到的最新消息：沈教授突发中风，昏倒在昆明机场，一直在医院重症监护室，不省人事。

超精密滤光器的第二期研制工作按期完成，并不受沈教授缺席的影响。10月1日，史密斯教授带着超精密滤光器，亲自前往云南天文台。陈文森坐了末班车的最后一个座位，赶上布什总统的中国学生保护令。待在亚利桑那大学，打死也不回去了。三年之后，陈文森获得博士学位，导师就是史密斯教授。后来，陈文森与一位美国姑娘结婚，育有两个孩子，一男一女，and they lived happily ever after.

58 太阳照在未名湖上（小说）

2014年11月04日

（故事发生在2014年10月北京文艺工作座谈会后）

一.

上午十点钟。艺术系的樊教授来到博雅塔下，开始环绕未名湖散步。樊教授天天如此，雷打不动。今天天气特别好。十月金秋，鲜红的太阳挂在天上。灿烂的阳光照射到湖面上，波光粼粼。微风吹来，湖面泛起一波波金色的涟漪。今天樊教授心情特别好。一周前应邀出席一个文艺座谈会，坐在最前排，与大大只有二百五十厘米的距离。樊教授至今舍不得洗与大大握过的双手。几天来洗头洗脸洗身洗脚都由太太代劳。过几天樊教授要作一个报告，面向全校师生，讲用参加座谈会的心得体会。今天樊教授环绕未名湖散步，要酝酿情绪，做诗一首，供作报告时当众吟诵之用。

樊教授抬腿举步，两眼正视前方，然后向左向右各扫描九十度角。樊教授发现，今天的未名湖与往常不一样。湖面的金色涟漪之下，有一个粗壮的黑影。樊教授定了定神，眨了眨眼，才看清楚。啊！原来是一条金黄色的龙，在水下游动！

樊教授果断结束本来雷打不动的散步，飞也似地朝艺术系的办公室跑去。樊教授边跑边喊：金龙现身未名湖了！金龙现身未名湖了！

二.

一传十，十传百，百传千，千传万。金龙现身未名湖的消息，顷刻传遍全校。三角地的玻璃橱窗里，贴出了号外。未名湖四周，挤满了围观的人群。有人指着湖中央，喊道：就在那里！就在那里！有人则嘟囔说：我怎么没看见？还有人抱怨受骗了：湖中哪有什么龙？！

消息传到物理系，引起一阵轰动。有一些大脑洗得不太干净的学生，不太相信，要探个究竟。那些光学专业的研究生，在未名湖边守了三天三夜，搞清楚了是怎么回事。三角地的玻璃橱窗上，贴出了两张十六开大小的小字报，用非常专业而又非常通俗的语言，说明那只是博雅塔在未名湖的影子，并且解释为什么在上午十点钟的太阳光下，从一个特定的高度和特定的角度，透过荡漾的湖水可以看见晃动的塔影。至于金龙，那只是人头脑中的想象而已。

三角地的玻璃橱窗前，挤满了围观的人群，议论纷纷。忽然，不知从哪里冒出一个校卫队保安，推开众人，伸手一把扯下小字报。有人质问保安为何撕扯小字报。保安答道：根据第十八届第四次校务会议通过的法规，在三角地的玻璃橱窗上贴小字报是非法行为。有人质问保安为何这样粗暴。保安嗤之以鼻，反击道：有本事到校长那里告状去！说完扬起脖子，鼻孔朝天，用左手中指弹了弹头上大盖帽帽沿，扬长而去。

物理系光学专业的研究生们闻讯赶到三角地，看见小字报的确被撕了。几位研究生商量之后，决定去找汪校长说理。汪校长曾经当过物理系的研究生、教授、系主任，当然不能不接见这些研究生。清不清，未

334

名湖的水。亲不亲，物理系的人。这点面子嘛，汪校长还是要给的。

三.

校长办公室的接待室里，汪校长面带微笑。听完研究生们的申述之后，汪校长变得严肃起来。汪校长略带训话的口吻说道：你们的研究结果，在学术上是站得住脚的。但是，但是，这不是学术问题，是立场问题，政治问题。这个嘛，你们懂的。 汪校长说完，立即转身朝通往办公室的过道走去，头也不回。 研究生们面面相觑，只好悻悻退出接待室。

四.

百年大讲堂里，红底黄字的横幅高挂在主席台上方，"学习最高文艺座谈会讲用会"。主席台上，汪校长和樊教授并列坐在前排正中央。知名和不知名教授坐满了后排。主席台下，坐满了全校师生代表。上午八点整，汪校长宣布讲用会开始。紧接着，樊教授传达文艺座谈会精神，盛赞文艺座谈会的伟大。樊教授饱含热泪畅谈自己的感想。樊教授说，出席了文艺座谈会，就像呼吸了一罐氧气。氧气在我胸中燃烧，我的整个身躯充满正能量。这个正能量，让我浑身是胆雄赳赳，冲破雾霾，碾碎一切魑魅魍魉。这个正能量，让我浑身是劲使不完，沿着千级台阶，往上攀援。樊教授的精彩发言，被一阵阵的热烈掌声打断。最后，樊教授即席作诗吟诵。诗曰：

金龙现身水中央
未名湖畔万众忙
若要问我忙什么
挤到前排细端详

又是一阵热烈的掌声。
樊教授的精彩诗句，引来教授们更多的精彩诗句，此处按下不表。

五.

十点差十八分，讲用会准时结束，以便大队人马十点准时赶到未名湖。汪校长和樊教授一前一后，率领全体与会代表从大讲堂鱼贯而出。队伍绵延数百米，直奔未名湖。这情景，比研究生毕业典礼的游行壮观多了。这情景，只有安徒生笔下的新衣游行可以与之媲美。汪校长和樊教授等VIP们到达博雅塔下，后续队伍沿未名湖路一字排开。经汪校长授意，樊教授开始讲解金龙现身。人们伸长脖子，顺着樊教授手指的方向望去。结果呢，和以前大不一样。百分之九十五的人指着湖中央，喊道：就在那里！就在那里！其余百分之五一小撮，既不敢嘟囔说没看见，也不敢抱怨受了骗。樊教授正在得意，忽然狂风大作，雾霾从天而降。刹那间，昏天黑地，众人大乱。还是汪校长立场坚定见识广，狂风之中岿然不动，高声喊道：淡定！淡定！绝对淡定！这不是PM二点五，是PM二百五！我小时候见多了！ 不过，似乎没有人听得见。狂风过后，雾霾散去。汪校长环顾四周，空无一人，连樊教授都跑掉了。汪校长只身杵立在未名湖边，茕茕孑立，形影相吊。

六.

学习最高文艺座谈会讲用会过后，未名湖恢复了往日的平静。太阳照样天天升起。阳光照射到湖面上，依旧波光粼粼。微风吹来，湖面照样泛起涟漪。如果要说有什么不同的话，讲用会过后不久，樊教授官运亨通，荣升文化部副部长。未名湖边，再也见不到樊教授的身影。不过，不会有人注意到这个变化。人们关心的是，十月过后，严冬将要来临。未名湖将被冰封。博雅塔将在寒风之中，瑟瑟发抖。

59 北气南调（小说）
2014年11月16日

一.

皇上出席南水北调通水典礼后，回到皇宫，刚在龙床上躺下，闭目养神。忽然，一阵狂风吹开侧门，一股恶臭随之而来，皇上不由得打了一个喷嚏。听到皇上的喷嚏，太监连滚带爬到龙床前面跪下，磕头请罪：龙体欠安，奴才该死！ 皇上怒曰：赶快召集群臣，研究对策。

二.

皇宫议事大厅里，皇上坐在龙椅上，面对群臣。今天的议题是：提供新鲜空气，确保皇上龙体安康。

太监满脸怒气，对群臣厉声说道：昨天狂风把恶臭吹进皇宫，引起皇上打一个大喷嚏。这有损皇上健康，你们该当何罪？连新鲜空气都没有了，你们这些饭桶，都干什么去了？

众大臣吓得不敢吱声。只有卫生大臣壮着胆，接过话题说道：皇上打一个大喷嚏，确实是一个严重的政治事故。我们不能只喊皇上万寿无疆，还要保证皇上身体永远健康，一个喷嚏都不打，一点毛病都不犯。皇上的用品都是特供，只有空气，还没有办到。

发展大臣接过话茬：南水北调，本部已经解决净水特供问题。本部正在研究空气特供，很快就会解决问题。

皇上听罢，说道：各位大臣继续计议，朕先行告退。

三.

发展部会议大厅里，北气南调专题研究会正在召开。张总工程师宣讲北气南调研究成果。张总说，京城自身已经无法解决空气问题，只好从外部调入。经过长期调研得出结论，东北的长白山地区，空气质量居全国之冠。新鲜空气最重要的指标是空气负离子浓度。在海拔高于1000米的长白山森林区，负离子浓度常年高于每立方厘米3000个，绝对一级。至于PM2.5微粒浓度，当然是零啦。

听到这里，发展大臣插话问道：长白山的空气好是好，可是长白山远在千里之外，那空气如何引到京城来？

听了这话，张总呵呵一笑，说道：大臣多虑了！那丹江水远在千里之外，不也引到京城来了吗？不要焦急，请听我讲解千里输气工程。

于是，张总继续讲解。输送新鲜空气用直径1米的管道。管道用特殊工程塑料PPS99制成，内衬特殊纳米薄膜Ti09以减小输气阻力和防止漏气。长白山进气端用巨型增压机把新鲜空气送进管道，京城出气端用巨型减压机把新鲜空气从管道抽出。其间每隔10公里有一对类似的减压-增压装置以使气流全程畅通。

听到这里，发展大臣又插话问道：新鲜空气进了京城，又如何到达皇上的肺里？

听了这话，张总又呵呵一笑，说道：大臣又多虑了！进了京城的净水，能到达皇上的胃里。那进了京城的新鲜空气，当然能到达皇上的肺里。不要焦急，请听我讲解京城配气工程。

于是，张总又继续讲解。皇宫室内供气非常简单，只要在暖气-冷气出气口旁安装一个新鲜空气出口就行。皇宫周围的花园供气复杂一些。在花园地面上画出网格，间距10米。每个网格点处安装一个新鲜空气喷口，垂直向上喷射新鲜空气。沿花园四周围墙的内侧每隔1米安装一个新鲜空气喷口，以45度仰角朝里喷射新鲜空气。把新鲜空气压缩进高压钢筒，放在皇上的专车里，车内安装喷气口。把新鲜空气封入易拉罐，分发给随行人员。

听到这里，发展大臣连声称赞道：北气南调，世界顶峰，宇宙水平，高、高、高！明天我就把研究报告呈送内阁审批，争取早日动工。皇上万岁，万岁，万万岁！

四.

内阁总理接到北气南调研究报告，立即召集内阁会议，鲜红的橡皮图章，盖在研究报告上。十一个月之后，第一期北气南调东线工程圆满竣工。皇上出席北气南调通气典礼后，回到皇宫，坐在龙椅上，细细品味从长白山调来的新鲜空气。忽然，太监从侧门冲进皇宫，连滚带爬到龙椅前面跪下，磕头请罪，随之高喊：大事不好了！长白山进气口东南侧爆炸了一颗棒型原子弹，山崩地裂，烟尘滚滚。我们的北气南调，算是完了！彻底完了！ 皇上听罢，瘫倒在龙椅上，…………

60 李哈努克的一家（小说）

2015年01月01日

一.

巍巍白玉山，滔滔白玉河。河水绕山而转，然后朝东南方向奔腾而去。绕山的河水在山脚下形成一个黑龙潭。巨大的漩涡在潭中快速旋转。掉进黑龙潭的任何东西，都会消失得无影无踪，从来不在下游再现。听老人们说，从前土匪打家劫舍，杀了人就把尸首抛进黑龙潭。有人说，掉进潭里的东西，随着漩涡沉到潭底，永远在那里打转。也有人说，潭底有个大洞，通往大海。那些沉到潭底的东西就通过这个大洞，流进大海。孰真孰假，谁也不知道。

白玉山下，有个白玉公社。公社革委会大院建在白玉河边，离黑龙潭不远。公社卫生院与公社革委会大院建筑规模相当，中间隔着一片农田。农民生了病，都是先到公社卫生院看医生。遇到这里的医生治不了的病，农民才会去县医院。1968年10月，从县上来了两个医生，一男一女。从此以后，公社卫生院能治的病多了，去县城上医院的人少了。久而久之，大家才知道，这两位是从上海第一医学院分配来的毕业生，是两口子。大学生毕业生，到底是与本地的土医生不同，技高一筹。

男医生姓李，女医生姓张。大家尊称他们李医生，张医生，这是当然的了。一年多后，张医生还是张医生，李医生却成了李哈努克。李医生在乡下，怎么会得这个洋名字？有意思吧。要弄清这是怎么回事，还得从世界大事说起。从前咱们国家有个好朋友，名叫柬埔寨国。柬埔寨国的元首，就是国家最大的头头啦，姓诺罗敦，名西哈努克。柬埔寨国还有一个首相兼国防部长，就是国家第二大的头头啦，姓朗，名诺。1970年3月，这个朗·诺，趁诺罗敦·西哈努克出国访问之际，发动政变，就是宣布自己是国家最大的头头啦。一山容不下二虎，一国容不下二主。就这样，诺罗敦·西哈努克回不了柬埔寨国啦。（请不要抬杠说：一山容得下二虎，如果一公一母。这里两个都是公的。）

俗话说，天无绝人之路，何况人家还当过国家元首。咱们国家立即向诺罗敦·西哈努克伸出援助之手，给他元首礼遇，请他一大家人居住在北京，管吃管喝管玩管一切。西哈努克亲王成为特大新闻人物，巨幅头像刊登在报纸第一版上。报纸来到白玉公社，公社干部以为是李医生上了报纸。看了像片下面的文字才明白，原来是柬埔寨的西哈努克！有好事者，把李医生和西哈努克两个称呼揉合在一起，背后称呼李医生为李哈努克。没多久，公社革委会人人都这样称呼李医生。这个称呼传到卫生院，李医生拿报纸看了看，自己都觉得奇怪，这家伙怎么长得和自己一模一样？莫非这个西哈努克的祖宗也是阿拉上海人？叫我李哈努克？叫就叫吧，反正啥哈努克的，也是个正面人物。

二.

李哈努克，也就是李医生，渐渐在当地出了名。这可不是因为李医生的长相，沾了亲王的光，而是因为李医生医术高明，为附近的农民治病除痛。说来奇怪，附近村的小孩，头上爱长红色的包。小孩出生后，这些包随着小孩慢慢长大。运气好的，几岁以后又慢慢变小以致消失。运气不好的，这些包就跟随小孩一生，永不消失。自从来了李医生，情况慢慢地变了。李医生变成李哈努克，同时也变成农民心目中的神医。农民们传说，李医生只要用手在小孩头上摸一下，红色的包立即就变没了。公社卫生院的医生们当然知道是怎么回事。小孩头上的这些红色的包，叫做血管瘤。李医生趁回上海探亲的机会，为医院买回液氮钢筒和液氮枪。把液氮枪压在血管瘤上冷冻，破坏血管瘤细胞，达到治疗目的。

1975年，外国的西哈努克在中国玩够了，带领一家回国，当上共产主义国家"民主柬埔寨"的国家元首，继续享受他的元首生活。而中国的李哈努克一家，仍然在白玉公社，继续过着乡村生活。不同的是，李哈努克一家多了一个4岁的男孩。

1976年，白玉公社成立了计划生育领导小组，开始推行计划生育政策。计划生育，说得通俗点就是：你家的母鸡多下蛋，你家的老婆少生娃。母鸡多下蛋，人人拥护。老婆少生娃，却不是人人想得通。开始的时候，政策还比较温和。不久，县上派来一个新的公社书记，姓许。许书记从农学院毕业，身体壮实，可是老婆不生娃。因此，许书记心理阴暗，对有子女的社员充满妒忌之心。许书记任命自己的老婆罗某为计划生育领导小组组长，并且亲自狠抓计划生育，以解心头之恨。许书记宣布：凡是有两个孩子的女社员，必须放环避孕。已经怀孕的，生产后做绝育手术。凡是有两个以上孩子的女社员，一律做绝育手术。已经怀孕的，不管怀了多少个月，一律人工流产，然后做绝育手术。政策一公布，许书记立即派公社的基干民兵连夜出动，把所有这些女社员押到公社卫生院附近的一个大仓库里，与外界隔绝，进行宰割。那些宰割下来的血和肉被装进塑料包，抛进黑龙潭，消失得无影无踪。

三.

李哈努克和妻子张医生，不赞同这种粗暴的做法。李哈努克是男医生，借口工作忙，继续当他的全科医生。张医生可不行。做为一位妇产科医生，必须听命于计划生育领导小组罗组长。这些人工流产和绝育手术，数量很大，由合格、半合格、不合格的医生施行。张医生是正牌医生，凡是5个月以上的胎儿的人工流产，罗组长都指定给张医生做。这些胎儿，已成人形。亲手流产这些胎儿，张医生实在是于心不忍。但这是指定的任务，不想做也必须做。

不久，张医生自己怀孕了。严重的妊娠反应，使张医生得以逃脱，不再参与计划生育手术。那些危险性很大的手术，由一些半吊子医生施行。不幸的是，一位怀孕8个月的孕妇，手术后死亡。因此，张医生又被迫去做这些手术。有一次，手术正在进行中，张医生腹中的胎儿忽然动了起来，频频用脚踢张医生的肚皮。心里想着自己腹中的小生命，眼看着孕妇肚子里即将被弄死的胎儿，张医生再也支持不住，手中的钳子锒铛坠地，接着整个身子发抖，摔倒在地。众人连忙把张医生抬到急诊室。李医生闻讯赶来，半天过后，扶着张医生回到家中。

这次手术，在精神上和体力上对张医生造成极大伤害。几个月后，1977年夏天，一个早产男婴出生。孩子一生下来就体弱多病。李医生张医生两口子齐心协力，才勉强维持住这个家。两口子都要上班，只好花钱雇一个十五岁的女孩照看孩子。这个女孩，名叫秀莲，家在公社卫生院旁边。秀莲的父亲被公社抽调进了农田基建队，每天去白玉山中修建大寨田。一次塌方，秀莲的父亲被埋在土里，当场死亡。从此，秀莲一家失去主要劳动力。公社发放的300元抚恤金，也管不了多长时间。秀莲只好退学回家，连初中都没上完。女孩到职工家里，白天照看一个孩子，每天早饭后来，回家吃午饭后再来，晚饭前回去，工钱通常是每月5元。李医生家里有两个孩子，一个6岁，一个只有几个月，每月7元。李医生夫妇看秀莲可怜，常常留她吃午饭。秀莲也很勤快，除了照看好两个孩子，有空时还帮忙做些家务。在秀莲的帮助下，李医生一家总算步入正轨，李医生张医生，上班时孩子有人管，下班后精心照料孩子。什么是幸福生活？这也勉强算一种吧。

四.

1977年底，李医生收到大学老师的一封信。信中说，和别的大学一样，上海第一医学院准备招收研究生，并鼓励他报考。收到信后，李医生思量了好几天。李医生想，自己在校学习期间，门门功课优秀。只要好好复习，考取研究生的把握很大。但是，这个家庭怎么办？两人都考上研究生的可能性很小。如果只有自己考上，孩子的户口随母亲，妻子和两个孩子留在这里，怎样过日子？ 张医生看出丈夫有心思，询问了几次。李医生终于把老师的来信给了妻子。张医生看了信，想到丈夫的难处，一定是因为我们娘儿仨。一天晚上，等两个孩子入睡后，张医生对丈夫说：你下定决心考研究生吧。我们两人都窝在这里，可能一辈子都没有出头的日子。你如果考上研究生，几年毕业后，我们再想办法。如果我们娘儿仨不能调回上海，那么你有研究生学历，要求到上海附近的一个城市工作，同时要求我们娘儿仨到那里团聚，总比在这里干等着强。 李医生听了，说道：你说的有道理。但是，如果我走了，你们娘儿仨一定会很困难。 张医生听到这里，接着说道：困难会有的。但是，为了你的前途，也是为了孩子的将来，我愿意付出一切。 李医生听到这里，眼泪夺腔而出，把妻子紧紧抱在怀里。

从此以后，张医生包揽了几乎所有家务，并且代替李医生应付一些病人，以使丈夫有尽可能多的时间复习功课。1978年3月，李医生通过熟人得知消息，大学招收研究生的通知到达县文教局。于是，李医生向公社卫生院和公社革委会提出，要到县上报考研究生。这些农村干部，不知道研究生为何物，以为考研究生就像是调动工作，可以不批准。但是，报纸、广播里铺天盖地的宣传，使他们知道"科学的春天"已经到来。李医生找了他们几次后，也就不再阻拦，给李医生开了介绍信。李医生赶快到县文教局，刚好在截止日期之前报了名，投考上海第一医学院医疗系的研究生。

1978年5月中，李医生到县城参加研究生初试。一个多月后，收到上海第一医学院寄来的复试通知书。7月中，李医生在上海第一医学院参加复试。8月底，李医生收到上海第一医学院寄来的录取通知书。李哈努克考取上海第一医学院研究生的消息，在白玉公社引起轰动。公社卫生院和公社革委会里，有人钦佩，有人羡慕，有人妒忌。对于这些，李医生可以置之不理。但是，自己走了以后，妻子和孩子将面临很多困难。大孩子要上小学，小孩子刚满1岁而且体弱多病；妻子身体不好，工作忙又要照顾两个孩子。家里少了一个男人，不是一个女孩秀莲的帮助可以弥补的。但是，为了自己和妻子的出路，为了孩子的将来，9月底，李医生只好告别妻子孩子，回上海开始研究生学习。

五.

　　自从李医生走了之后，张医生为了公事、私事，非常劳累，身体越来越不好。几年前那次手术对她的刺激，没有随着时间推移而消失。张医生有时从睡梦中惊醒，赶紧用手搂住小儿子，生怕被人夺走。久而久之，造成神经衰弱，长期失眠。严重的胃溃疡常常使她吃不下饭，多吃一点就吐，体重一百斤都不到。堪以告慰的是，大儿子听话懂事，上了小学，成绩很好。小儿子体弱多病，但是家在医院里，打针吃药方便，加之秀莲尽心尽力，也算平安无大事。每当收到丈夫的来信，张医生立即打开快读一遍。下班以后，在夜深人静之际，再读上几遍。然后，回信要丈夫放心，好好学习。日子过去一天，离团聚的日子就近一天。张医生就是抱着这个盼望，一天天地捱着过。

　　1980年夏天开始，计划生育政策更加严厉。秉承上级的旨意，白玉公社许书记宣布：凡是有一个孩子的女社员，必须放环避孕。已经怀孕的，生产后做绝育手术。凡是有一个以上孩子的女社员，一律做绝育手术。已经怀孕的，不管怀了多少个月，一律人工流产，然后做绝育手术。计划生育又掀起一波新浪潮。公社卫生院附近的大仓库里，又挤满了女社员。那些宰割下来的血和肉，依旧被装进塑料包，抛进黑龙潭，消失得无影无踪。

　　张医生以身体不好为理由，提出不参与计划生育手术。但是那个罗组长，强迫张医生参与，而且故意指定张医生专门做孕晚期胎儿的人工流产手术，威胁说，如果不服从，就是对抗党的政策，解除卫生院公职，下放到生产队劳动。张医生只好拖着病体，怀着恐惧的心情，参与计划生育手术。张医生从内心同情那些被迫流产、绝育的妇女。但是，那些妇女和家属，把满腔愤怒发泄到张医生身上。张医生出门买东西、办事情，他们故意找茬，辱骂和刁难。他们欺负张医生上学的大儿子，而且扬言，不准秀莲到张医生家去。

　　一年多的劳累和恐惧，使张医生的身体每况愈下。胃溃疡，心率不齐，偏头痛，神经衰弱，失眠等等，一齐袭来，体重下降到不足80斤。看着在回家路上挨打后回到家里的大儿子，看着由于身体虚弱，3岁多走路还不稳当的小儿子，张医生心如刀绞。身体与心灵一天天遭受折磨，张医生从失望到绝望，思想钻进了死胡同。终于，死胡同裂开一个口子，无解的困境有了解：自我解脱。没了母亲，孩子的户口就只有随父亲。张医生觉得在这个世界上，自己受罪，连累他人，已经没有存在价值。没有我，这个世界将变好一点，起码不会像现在这样坏。

1981年深秋的一个晚上，夜深人静。张医生用手最后一次抚摸孩子的脸，把孩子的被子盖好，朝孩子望了最后一眼，轻轻走出房门，把房门关好，然后，从卫生院的后门出去，奔向黑龙潭。…… 第二天，秀莲一早来到张医生的家，推开房门，发现两个孩子还在床上。秀莲连忙帮孩子起床。等了半天，不见张医生回来。秀莲到卫生院问遍所有人，都说不知道。秀莲跑到公社大院，问遍所有人，也都说不知道。秀莲急了，只好去找卫生院陈院长。陈院长到张医生家看了，再去查看卫生院后门，联想到张医生这几天的神情，一股凉意从心中升起，莫非张医生她…… 陈院长找到公社许书记，报告发生的事情。许书记冷冰冰说道：那就给她老公发个电报吧。

六.

公社卫生院张医生家里，李医生呆呆地坐着。三年多前为了全家的将来，告别妻儿，抱着希望又怀着不安的心情，离开白玉公社。今天，妻子没了，连尸骨都没处找。这似梦，又不是梦。

秀莲敲门，提着一个蓝子，和母亲一起进屋来。李医生领着孩子，五人一起出了卫生院的门，朝黑龙潭走去。白玉河畔，黑龙潭边，秀莲帮母亲把祭品摆开。中间一只大盘子上，放着一只煮熟的公鸡，两根筷子斜插在身子和翅膀之间，把鸡头扶起来，朝着黑龙潭。大盘子两边的小盘子上，分别放着苹果和玉米发糕。三只盘子后面，放着五只茶杯，盛满了刚泡好的绿茶。秀莲帮母亲点着一把香，插在祭品前面。然后，在祭品的后面，五人围在一起，烧起纸钱。秀莲和母亲领着大孩子跪在地上。李医生搂着小孩子，半跪在地上。秀莲和母亲，把纸钱添上，一张又一张。阵风吹来，纸钱灰环绕着上升，朝着黑龙潭飘去。……

卫生院陈院长还是有恻隐之心，帮助李医生办理孩子的户口和粮食关系转移手续，又从公社开证明，说孩子的母亲已经亡故，在本地没有任何亲属。那个许书记害怕事情闹大，也想让李医生一家赶快离开，因而叫下属干部立即办理，不得拖延。

深秋的一个早上，公社的一辆拖拉机来到卫生院门前。陈院长帮助李医生把孩子和行李送上拖拉机。拖拉机迎着瑟瑟寒风，碾压着地上的薄冰，往县城驶去。

七.

1993年初秋，李医生一家从美国回到上海探亲。虽然行程紧迫，李医生还是带着两个儿子，重访故地，来到秀莲家中。十二年过去了，秀莲早已结婚，婆家就在本村。秀莲和丈夫，长年在南方打工，两个孩子由婆婆和公公照料。这个农忙季节，秀莲回老家帮忙做农活。完了之后，还要回去继续打工。

上午9点多，秀莲领着李医生和儿子，来到白玉河畔老地方。十二年过去了，人物全非。白玉公社已经变成白玉乡。原来的公社革委会大院和公社卫生院都已被拆掉，在原址上新建起乡政府和乡卫生院。李医生没有进乡政府去，那是衙门。李医生领着儿子，进了乡卫生院。卫生院内布局完全变了，当年的房间不复存在。见到一些年轻人，他们并不认识李医生，当年的李哈努克。李医生从卫生院出来，回想在这里与妻子同甘共苦一起度过的十年，凄然泪下。大儿子当年10岁，有些记忆，跟着父亲流下了眼泪。

秀莲又领着李医生和儿子，来到黑龙潭边。黑龙潭也大变了样。潭边的岩石壁上刻着三个大字：黑龙潭。油亮漆黑的大字，反射着阳光，一闪一闪的让人畏惧。黑龙潭边，新盖了一座龙王庙。今天正逢初一，黑龙潭庙会上人头攒动。唯一没有变化的是，潭中的巨大漩涡，依然快速旋转，吞噬掉进黑龙潭的任何东西。

龙王庙前的空地上，搭着一个台子。台上一个黑脸大汉，穿着一身黑衣。旁边站着两个红脸大汉，穿着一身红衣。两个大汉之间，夹着一头山羊。山羊一身红毛，角上挂着许多块红色长板条。十一点整，黑脸大汉开始兜售奖牌，高喊道：黑龙潭，无底洞。红山羊，是神仙。神仙跳进无底洞，一个筋斗飞出来。红山羊，到下游。只要你心诚，定能找得到。 黑脸大汉喊到这里，停了下来，走过去把山羊角上的长板条用手撸了一阵子，拿起许多块红色板条举在空中，继续高喊道：凭一个红色奖牌，对上留在山羊角上的存根，就能领取十倍以上的奖金。你要是花十元买，奖金就是一百元。你要是花一百元买，奖金就是一万元。你要是花一千元买，奖金就是一百万元。一百万呀！ 黑脸大汉喊到这里，从后台出来十个白脸大汉，穿着一身白衣，从黑脸大汉手中接过红色板条，径直走下台去，推销奖牌。

十二点整，飞羊节目开始。那两个红脸大汉，把红山羊架到黑龙潭边。两个大汉抬起山羊，悠了三下，一松手，山羊朝黑龙潭飞去。山羊落到漩涡边缘上，随着河水打转。羊毛浸了河水，红色迅速褪去，露出黑色，白色，黄色。转了几圈之后，山羊到达漩涡中心，慢慢沉入水中。挤在岸边看热闹的人们，逐渐散去。百十来人拿着红色奖牌，朝下游跑去。

八.

在秀莲家中住了两天，李医生和两个儿子要回去了。初秋的早上，秀莲把李医生三人送上开往县城的短途班车。班车从乡政府和卫生院前面经过，到达黑龙潭。李医生望着潭中的巨大漩涡，眼泪夺眶而出。这个漩涡吞噬了自己的妻子。而今，黑龙潭成了那些人的发财之地。这都是什么世道！班车沿着白玉河，向东南方向驶去。李医生将永远离开这块伤心之地。

61 小旋风柴进（水浒故事新编）
2015年03月25日
（这个故事的写作灵感来自柴静的《穹顶之下》）

一.

话说梁山泊英雄排座次，宋江坐了第一把交椅。夏去秋来，重阳节近。宋江吩咐在忠义堂大摆筵席，召开菊花之会，与众兄弟同赏菊花。散会之后，宋江回到东边房内。夜深人静之际，宋江心中思量：我本是郓城押司，一时性起，杀了阎婆惜，被奸人所迫，上了梁山，聚众闹事，大逆不道。如今当了首领，应当立功折罪。今皇上圣明，只是被奸臣闭塞，暂时昏昧。我定要请求皇上赦罪招安，让我青史留名。宋江彻夜未眠，拟好计划。

第二天一早，宋江派人把柴进叫到房内密室。这柴进，外号小旋风。宋江杀惜之后，藏身柴进庄里。上梁山后，柴进成为宋江的心腹。宋江对柴进说道：我等在梁山割据，自成一统，是邪道。请求皇上赦罪招安，为国出力，才是正道。为此，派你去京城一趟，打探实情，回来如实禀报，我好进一步计划。你本是皇家嫡派子孙，货真价实的皇后代，家中藏有宋太祖敕赐丹书铁券。随身带上这个护身之物，就是在京

346

城遇上特务克格勃之类，谅他们也奈何你不得。再派神行太保戴宗与你同行。戴宗两只腿上缚上四个甲马，日行八百里，通风报信最好。如遇紧急情况，戴宗在你两只腿上也缚四个甲马，你就可以和他一起飞奔。梁山距京城仅有数百里之遥，半日即可返回。 柴进听了宋江这些话，立即答道：大哥考虑周全，小弟遵命就是。

二.

柴进和戴宗，一路风尘，此处按下不表。柴进和戴宗到达京城，天色已晚。两人找到一家旅店，名叫"金来顺"。店前招牌上还画着弯弯曲曲的横竖撇捺。除了唐朝的李太白，恐怕无人识得这些番文。柴进和戴宗进得店来，径直走到柜台前，跟店主说明来意。店主打量了一下两人，说道：近日官家有指示，凡投宿者必须有身份证。麻烦二位贵客出示一下。 柴进听了，寻思道：什么鸟身份证，闻所未闻。 柴进脑子一转，连忙答道：有！有！有！ 接着用手从包袱里摸出两锭金子，递了过去。店主大喜，接了金子，对柴进说道：谢了！身份证的免了。你们愿意住多少天就住多少天。 接着又说道：现在做什么都要身份证。你还不如再给我两锭金子，在我这里办两张身份证，一人一张，留着日后使用，省得每次都要破费两锭金子。 柴进听了说道：这倒是个好主意。不过，你办的身份证别处管用？ 店主听了，呵呵一笑，说道：当然管用，终身保证。 于是，柴进又给了店主两锭金子，说好第二天早上取身份证。

三.

柴进和戴宗歇息一夜无词。第二天一早，两人来到皇城门口，见墙上贴着印信榜文，许多人围观。两人挤进人群阅读榜文。榜文云：本朝为解决京城空气特供问题，完成北气南调东线工程。岂料一颗棒型原子弹爆炸，污染了长白山进气口，工程报废。本朝正在研究北气南调中线和西线工程，尚要数年才能建设成功。近日雾霾卷土重来，皇上呼吸不畅。本朝特发此榜。如有能人极客，找出雾霾根源，提出解决方案，近期内消除雾霾，本朝将有重赏。

柴进读了榜文，默记心中，拉起戴宗就走。戴宗不解何故。柴进也不解释，只是拽着戴宗，跑回金来顺旅店。进了房间关好门，柴进才对戴宗解释道：我们可趁这个机会立功，请求皇上赦罪招安。 戴宗听了说道：这个主意好是好，可是我们啥也不懂，如何消除雾霾？ 柴进答道：我们柴家是名门，世代结交各界知名人士。其中一位叫做沈括，是位大科学家。沈括曾赠与先父研究手稿"万物笔谈"。我柴进被逼上梁山，离家时撇下万贯家财，把这部手稿带在身上。我在梁山，有闲便读这部手稿。虽然不能全通，好歹也算是半瓶子醋。要对付那个雾霾，绰绰有余。 戴宗听了，更加钦佩柴进，说道：全靠兄长学识，立功有望！ 于是乎，戴宗洗洗睡了。柴进端坐沉思，回忆"万物笔谈"，推断各种雾霾成因，推演各种消除雾霾的方法，直到五更天明。

四.

第二天中午时分，柴进和戴宗来到皇城门口。柴进一把揭下榜文。旁边站着的衙役见状，连忙过来，拱手施礼，对柴进说道：先生揭榜，定是对消除雾霾胸有成竹。请随在下进宫，谒见皇上。

柴进和戴宗随着衙役，到了皇宫门口。衙役对两人说道：要进皇宫重地，必须查验身份证。这是皇上亲自定的规矩。麻烦二位先生了。柴进和戴宗异口同声答道：有！有！有！ 两人从衣兜里掏出各自的身份证，递给衙役。衙役看了正面，又看了反面，问道：花多少钱买的？柴进和戴宗异口同声，连忙答道：不是买的，没花钱。 衙役听了，说道：二位休要见怪，这是例行盘问。现在证件造假猖獗。连皇上都受骗上当，弄了个假博士证书。幸好及时发现，停止使用。 柴进听了，心中暗骂：这衙役的鬼点子，问花多少钱买的。幸好没有顺着他的话，说是一锭金子一张身份证。 查完身份证，衙役把两人安顿在宾馆里，同时派人向皇上报告，有人揭榜了。

五.

皇宫议事大厅里。高台之下，左边坐着众大臣，右边坐着两位来宾。高台之上，皇上坐在龙椅里，面对群臣，说道：科学家沈进带着助手祖宗，刚才谒见寡人。现在众人相聚一堂议事，朕先行告退。

太监宣布会议议程：来宾论雾霾，众大臣质询。

环保大臣首先介绍：来宾沈进是大科学家沈括的侄子，精通天文地理、物理化学。来宾祖宗是大数学祖冲之的后代，沈进的助手。沈进揭了本朝的雾霾榜文，当有良策。消除雾霾，指日可待。

环保大臣接着说道：请沈先生发表高见。

沈进站了起来，开始讲道：鄙人经过长期考察，发现京城的雾霾不外乎来自几个方面：第一，城里马车多。第二，郊区养鸡多。第三，城里烧木柴。第四，郊区烧秸秆。

沈进讲到这里，交通大臣首先站起来质询，问道：马车如何会与雾霾有关？

沈进答道：马车用马拉。马一使劲，屁眼喷出马屁。马屁是废气。这废气，是雾霾的成分。

交通大臣又问：那如何改进？

沈进答道：最简单的方法是减少马车的数量，从而减少马屁的总量。也可以保持马车的数量，从而保持马屁的总量，但是提高马屁的质量。具体做法是：每匹马的屁眼放入一个特制的塞子，过滤马屁。更好的方法是：把马屁换成牛屁，也就是把马车换成牛车。虽然牛车慢，与马车相比，运输效率只有三分之一，但是，一头牛与一匹马相比，排出的废气只有十分之一。所以，从污染空气的角度考虑，牛车优于马车。

沈进讲到这里，农业大臣插了进来问道：那养鸡如何会与雾霾有关？

沈进答道：鸡的屁眼和马的屁眼一样，排出废气。鸡的屁和马的屁一样，是雾霾的成分。

农业大臣又问：那如何改进？

沈进答道：减少鸡的屁总量，也就是减少养鸡的数量，大家少吃鸡肉鸡蛋。或者是提高鸡的屁质量，也就是给鸡喂有机青菜，使鸡的屁变绿。

沈进讲到这里，工业大臣插了进来问道：那木柴如何会与雾霾有关？

沈进答道：烧木柴生烟。烟是雾霾的成分。

工业大臣又问：那如何改进？

沈进答道：减少烧的木柴，从而减少烟的总量。或者提高烟的质量，具体做法是：淘汰劣质柴，比如用黄梁木代替松木，或者用水清洗木柴，然后再烧。

沈进讲到这里，农业大臣再次插了进来问道：那秸秆如何会与雾霾有关？

沈进答道：烧秸秆和烧木柴一样，生烟。秸秆烟和木柴烟一样，是雾霾的成分。

农业大臣又问：那如何改进？

沈进答道：减少烧秸秆的数量，最好一点都不烧。

农业大臣又问：不烧秸秆，那如何处理？

沈进答道：把秸秆切碎埋入地里当肥料。不过，藏在秸秆里的害虫，繁殖起来，会危害下季庄稼，要多打杀虫剂。最好的方法是挖一口井，把秸秆切碎投入井内，再投入碱面使之发酵。发酵产生的沼气，通过井盖上的小孔用长管收集，为烧水做饭之用。

沈进答完这些问题，没人再提问。

环保大臣最后总结：今天开了一个科学的大会，成功的大会。沈先生带来的旋风，必将扫清雾霾。京城的 廿四/七 蓝天很快就会到来！多谢沈先生以及祖先生。

六.

安全部的秘密会议室里，一个"安全与环保"特别会议正在进行。安全大臣表情严肃，面对各部大臣，说道：安全第一，环保第二。根据本部调查，那两个自称沈进和祖宗的人，是披着科学家外衣的敌对分子，很可能来自被敌对势力占据的梁山，真名柴进和戴宗。本部特工人员，正在加紧调查核实。至于调查工作的细节，不能在此透露。说不定敌对势力派来的奸细，就在这个会议室里。安全大臣说到这里，两眼射出寒光，把整个会议室扫了一遍，然后发出警告：以后不许再提与那天会议有关的任何事情。 安全大臣特别冲环保大臣大喝一声：听见了没有？ 环保大臣低着头嚅嚅嗫嗫回答道：微臣听见了。 安全大臣接着又大喝一声：记住了没有？ 环保大臣只好再回答一声：微臣记住了。

会议在一片沉静之中结束。

七.

再说在金来顺旅店的房间里，戴宗伸出大姆指，称赞柴进：全靠兄长学识，立了大功！将来消除雾霾，结交大臣，取得皇上信任，招安之事，水到渠成。 柴进正想答话，忽然看见时迁从梁上跳了下来，被吓了一跳。还没等柴进开口，时迁向前低声说道：二位兄弟快走，官兵捉拿你们，一会儿就到。 柴进听了，摸不着头脑，问道：兄弟何出此言？ 时迁只得略加解释：一个时辰之前，我潜入安全部的作业办公室，看见安全大臣在布置抓捕任务，隐约听见"金来顺旅店"几个字。于是，我急急忙忙赶到这里，通知兄弟，赶快逃走。 柴进听了这话，还不想走，说道：我有丹书铁券，谅他们不敢拿我怎样。 时迁听了，只好把旧事翻了出来，说道：想当年，你家纵有先朝丹书铁券，你叔叔柴皇城被殷天锡怄死，你自己被高廉打入死牢。如今安全部官员，权力无边。你不属于他们一伙，丹书铁券，如同废纸一张。再说了，你有丹书铁券，戴宗咋办？ 柴进省悟过来，听从时迁，与戴宗一起即时离开金来顺旅店。

柴进、戴宗和时迁，三人趁黑逃出城外。柴进喘了几口大气，平静了许多，询问时迁，怎么会到京城，又潜入安全部。时迁仔细解释道：你们离开梁山，吴用军师得知后，立即派我下山跟踪，以防不测。那天在皇宫议事大厅里，只见安全大臣躲在角落里，目不转睛，自始至终盯着你。会后我又潜入安全部的秘密会议室，得知安全大臣已经断定你们是梁山的人。本想立即通知兄弟，赶快逃走，又怕兄弟不信，只好天天潜入安全部，搜集更准确的情报。这次安全大臣布置抓捕任务，算是被我碰上了。 柴进听了，问道：那些地方戒备森严，你如何进得去？ 时迁听了，呵呵一笑，说道：我鼓上蚤时迁，飞檐走壁，上天入地。世界上只有我不想去的地方，没有我不能去的地方。更详细的情节，等回到山上，与众兄弟分享。

三人说着话，只见城门大开，官兵举着火把，冲出城门。戴宗见状，喊了一声：休要慌张！ 接着从包袱里取出四对甲马，把一对缚在柴进两只腿上，一对缚在时迁两只腿上，一对缚在自己两只腿上，最后把剩余的一对放回包袱里。完了，戴宗对柴进、时迁两人说道：每人腿上绑两个甲马，日行五百里，也够快的了。 戴宗接着说道：二位兄弟注意，小弟作法啦！ 戴宗念念有词，吹一口气到柴进腿上，又吹一口气到时迁腿上，接着喊一声：疾！ 柴进、时迁两人，由不得自己，自动拽开双脚，大步向前。戴宗在后紧随，朝梁山飞奔而去。

62 失物招领（小说）

2015年05月27日

（故事写于89六四26周年前夕）

一.

太平山下有个太平庄，太平庄里全是养猪场。这是为什么？

说来话长。一百多年前闹长毛，一股太平军来到一座山脚下，搭帐篷，挖工事，安营扎寨，埋锅做饭。一天中午，太平军刚做好饭。探子飞马来报，数万清兵杀将过来，已经到达山背。这些太平军自知不是清兵的对手，连做好的饭都顾不上吃，立即往南逃走。清兵追到山脚下一看，那些锅里的饭还热气腾腾，断定太平军没走远，立即往南追去。清兵过后，是一帮流民。这些流民也够聪明的，尾随清兵，凡是清兵打扫战场遗留下的物品，便据为己有。清兵弄清楚了流民的目的，也乐得让流民把战场再打扫一遍，不再驱赶他们。清兵打扫战场时，自己省点力气，反正遗留下的物品，也是自己不想要的。久而久之，流民和清兵，建立了良好的互利关系。这次可好，清兵急于追赶南逃的太平军，连做好的饭都没有动。这帮流民捡了个大便宜。饱餐一顿之后，收拾太平军留下的物品，意外找到太平军藏在乱草丛中、忘记带走的一大口袋银子。流民的头领名叫丁肯，早已厌倦这种流民生活，看山脚下的这块地方不错，生了留在此地的念头。丁肯宣布，愿意离开的流民，每人可以领取十两银子；愿意留下的流民，每人可以分到一块土地。就这样，百十口人留了下来。从此，这座山有了名字，曰太平山。山下的新村庄，取名太平庄。太平山，太平庄，这块地方从此就要太平啦！

太平庄的土地肥沃，被太平军挖的壕沟分成一个个长方块，整齐划一。这些壕沟，连通起来，成了很好的水渠。流民变成了村民，大伙各自耕作。需要合作，或有冲突的时候，村长丁肯出面沟通调解。太平庄渐渐兴旺起来。村民没有想到的是，百十年后，来了一队解放军。解放军走了之后，留下一个工作队。庄里闹起土改，村长丁富，丁肯的曾孙，被工作队定为恶霸地主，枪毙了。村里好吃懒做、最穷的李二，成了村长，后来变成生产大队队长。从此，太平庄不太平，开始折腾。合作化，公社化，大跃进，学大寨，运动一个接一个。除了李二，村子里富的变穷，穷的更穷。就这样折腾了近三十年，突然要改革，来一个包产到户。这一变，村民叫好，但是李二这下子可完了。田地分给各家之后，生产大队又变成村，还来了一个村长选举。不管这个选举是真是假，反正李二没选上。李二自己不会干农活。一眼望去，李二的地里，百草繁茂，野花盛开，唯独不见庄稼。李二只好每天挑两个筐捡牲畜粪，积了一堆后跟别人换粮食。五十开外的李二，也够辛苦的了。有人可能会问：李二的老婆儿子不会干吗？不会。李二的老婆儿子比李二还要懒，还要烂。

包产分地过了几年，村民有了吃的，不再饿肚子。可是种的粮食不值钱，即使有些余粮，也卖不了几个钱，买点油盐酱醋，扯几尺布做件衣裳，就没了。于是，不知道谁带的头，村里的青年、壮年，一拨拨地外出打工。由于缺少强劳力，大部分田地荒芜。除几家的田地外，整个村子的地，看起来都和李二的差不多。

还是丁家的人有心计。旧村长丁富的儿子，也就是丁肯的玄孙，三十有余的丁发，看准机会，通过不可告人的手段，从银行贷了款。丁发出低价向村民租地。村民别无选择，只好接受。能收一点地租就收一点，总比让地荒芜、分文不入强。

丁发拿这些地干什么？办高级养猪场。看佲，您明白了吧，为什么太平庄里全是养猪场。

二.

这个丁发，是无师自通的养猪能手。当年闹文革，丁发正在上初中。初中一毕业就回乡务农。黑五类，狗崽子，处处被人欺负。而今闹改革，世道变了，不管白猫黑猫，抓住老鼠就是好猫。不管狗崽子，X崽子，能发大财就是好崽子。书上说，养猪要选优良品种，喂高级饲料。丁发根本不信这一套。丁发认为，猪要长肥长大，最重要的是要能吃能睡。作为一头猪，起码应该听话，绝不能吃主人的饭，砸主人的锅。丁发到猪场巡视，手里总是拿着一个万能检测器。只要把这个检测器往猪身上一放，凭检测器发出的声音，射出的亮光，立刻就知道猪的瘦肉有多少，肥膘有多厚。把这个检测器往猪头上一敲，立刻就知道猪在想什么。只要丁发认为有问题，或可能有问题，不管公猪母猪，立即严惩不贷。轻则当众鞭打一通，重则拉出去宰了。所以，给什么，猪就吃什么，从无异议。

丁发神通再大，一个人也忙不过来，一定要雇人。饲养员们，丁发一个个亲自精心挑选，保证忠心耿耿，维护猪场稳定高产。至于猪场的杂工，雇用本村的老弱劳力即可。因此，李二当上了猪场的清洁工。

李二心里不愿意干，那又有什么办法？自从办了养猪场，村里除了人和猪，什么牲畜都没有了。猪们都被圈起来，限定在一块地里，不能随意乱跑。在猪场外捡到猪粪的可能性为零。本来就是天天和猪粪打交道，哪里都一样。令李二心里不平衡的是，而今要为当年的狗崽子打工，难咽这口气。那又怎么样？为了挣点钱，不得不低头。

三.

太平庄的养猪场办了几年，越来越发达。一年的夏天，一队解放军执行任务后路过这里，搭帐篷宿了一宵就走了。看到解放军，李二想起几十年前，解放军走了之后，留下一个工作队闹土改，到家里扎根串联，自己当了村长。可是这次，解放军来了，只找大老板丁发，连看都不看自己一眼。愤懑之余，李二跑到解放军的宿营地，想去申诉。解放军走了，连个人影都没有，只剩下地上被踩倒的野草。李二漫无目的，在草地上走来走去。李二突然发现，草丛中好像有个什么东西。李二赶忙蹲下，用手拨了两下，露出一块黄橙橙的牌子，连着一个手指宽的红条子。李二用手拿起来，看了又看。李二是文盲，不知道牌子上条子上写的是什么，不过阿拉伯数字还是认得的，那五个数字是：1，9，8，9，6。李二心想，这黄橙橙的牌子，肯定是好东西。李二用手把牌子上条子上沾的土拭尽，放进贴身衣兜。李二回到家里，捉摸怎么办。李二打算，过几天有空闲时，到附近的镇上去找废品回收站。李二转念一想，不对，不能去镇上的废品回收站。这个黄橙橙的牌子，说不定是金子做的，要到县城找银行去，卖个好价钱。县城百十里远，不是想去当时就能去的。那么先要把牌子放在哪里呢？藏在屋外不安全。藏在屋里也不安全，很可能被老婆儿子发现。干脆，还是放在贴身衣兜里，再把兜口用针线缝住。这就万无一失了。只要我李二的老命在，牌子条子就丢不了。

就这样，李二天天带着牌子条子去猪圈干活。没几天，猪圈就出事了。一个个猪圈里，先是一头猪无缘无故开始乱跑乱跳发狂，接着其他猪也跟着发狂。情况越来越严重，报告到丁发那里。丁发觉得问题的确严重，亲自出马调查。经过几天仔细观察，丁发终于发现，李二去哪个猪圈干活，那个猪圈的猪就开始发狂。丁发亲眼所见，断定猪发狂与李二有关。可是丁发天天盯着李二，就差把李二剥光衣服检查，也看不出李二有什么异常的地方。丁发只好把李二叫到猪场办公室盘问，究竟有

354

什么和以前不同的地方。经不住丁发的威逼利诱，李二只好说出自己天天带着牌子条子干活。李二费了半天劲，才把牌子条子从贴身衣兜里取出来，递给丁发。丁发一看上面的字，立即就认出这是不久前报纸上说的"首都卫士"纪念章。丁发又问李二是从哪里来的，李二只好把那天的拾物过程说了一遍。丁发心想：这东西，还是远离自己为好。于是，丁发把牌子条子还给李二，说道：以后不准带这东西去猪圈干活。 李二原以为丁发会把牌子条子拿走。李二松了一口气，连声答道：是！是！是！ 赶紧退出猪场办公室，跑回家去。

四.

李二只好把牌子条子藏在家里。提心吊胆过了几天后，李二到猪场办公室请了一天假。第二天，李二搭上去县城的早班车，半上午就到了县城。李二进了银行，拿出牌子条子，说明来意。银行收购柜台的小姐接过去，翻来复去看了半天，不知这是何物。小姐只好找来鉴定员。鉴定员把正面反面看了，心想：这东西，还是不沾边为好，对李二说道：我们银行不收购这东西。 李二出了银行，心想：只好到县城的废品回收站去，能卖多少钱算多少钱。 李二进了废品回收站，正好遇上回收站站长值班。这个站长，也是见多识广之辈，把正面反面看了，心想：把这东西放在废品回收站，惹事生非。我当年在文化革命中，不小心倒挂了老毛像章，就被打成反革命。 于是站长对李二说道：我们废品站不回收这东西。 李二听了，心想：这算完了，连废品站都不要这个东西。 正在无望之际，只听站长说道：你到县公安局失物招领处去试试。 李二不解，问道：公安局失物招领处？他们要？他们给钱？ 站长答道：你去试试嘛！ 李二别无他路，只好按照站长的指示，找到公安局失物招领处。嘿，失物招领处真的接收这个。一个年轻女警察拿走李二的牌子条子，记下李二口述的地址，还给李二一张收条，对李二说道：如果有人认领这东西，要按规定交保管费和感谢费。感谢费归你，我们会把它寄给你。 李二把收条放进贴身衣兜，回家去了。

李二回到家后，天天盼，月月盼，年年盼，那感谢费，死也不寄来。李二去公安局失物招领处打听过几次，每次得到的回答都是：这东西没人认领，再等等看。如果有人认领，我们一定会把感谢费寄给你，一定会的。

李二盼呀盼呀，什么都没有盼到。李二老了，跑不动了。看来，李二这辈子是盼不到感谢费了。那个"首都卫士"纪念章，会永远放在公安局失物招领处的阴暗角落里。那张收条，会一直压在李二的枕头下面，只能等到李二呜呼哀哉之后，和李二一起化为灰烬。

63 火烧草料场（水浒故事新编）

2015年09月02日

（这个故事写于2015年8月的天津大爆炸之后）

一.

话说林冲中了高俅奸计，带刀误入白虎节堂，被刺配沧州。防送公人董超、薛霸受了高俅的金子，要在途中野猪林结果林冲的性命。幸得鲁智深一路相随，暗中保护，大闹野猪林，救了林冲。到了沧州，见了州官大尹，林冲被送牢城营内。

却说这个沧州，人烟稀少、土地荒凉。常年不下雨，喝水都成问题。只是沧州城东面，有个东湖，湖心有个泉眼，涌出水来。湖的四周，花草繁茂，树木丛生。这个东湖，有如敦煌月亮湾，吐鲁番坎儿井。所以，这片肥沃之地，历来为官家占有。现任州官大尹，上任后第二天就派侄子南刚接管了东湖草料场。看倌，不要以为草料场只有草料，人又不吃草，有何相干？这个草料场包围了东湖，周围是一人高的杉木围栏，围栏顶上安装着尖刀，寒光闪闪，密密麻麻，连飞鸟都没法在上面停留。州官大尹派侄子南刚控制了东湖，也就控制了水源，控制了当地人的命脉。沧州城外，居民无法耕种，只能养些山羊之类。山羊在干旱土地里刨一天食，也只能吃个半饥半饱。居民不得不高价向草料场买些草料。官吃民，民吃羊，羊吃草，这就是食物链。

这南刚，头脑灵活，手段高强。依仗州尹的势力，没几年就把草料场鸡的屁翻了几番。这个东湖草料场，依州尹的姓，被改名为南湖草料场。除经营原来的草料，还增加了各种货物如木材，药材，油料，烟花，爆竹，等等。安全品，危险品，应有尽有。只要有利可图，来者不拒。草料场被改名，湖当然也跟着改名。这就是为什么沧州城东面有个南湖，后人觉得奇怪。

沧州这个地方，地瘠人贫，但是也有自己的特色。沧州民风剽悍，几乎人人习武，以致于九百年后的今天，沧州还有"武术之乡"的美称。那些被发配到沧州的犯人，其中不乏武林高手，使沧州的全民武艺水平更上一层楼。沧州全民皆武，附近的土匪都不敢踏进一步。但是，这些比土匪还土匪的沧州百姓，对于当地官员，也是个麻烦。那个南湖草料场，虽然四周有尖刀围栏，还是阻挡不住一帮刁民。这帮刁民，人多势众，经常趁着夜色，推倒围栏，入内抢掠一番。如果有人胆敢阻拦，喊叫什么"我爸是南刚"，立即身首异处无疑。就是那位州官大尹，也只能退让一下，权且当作破财消灾。这点损失，与州官大尹捞到的油水相比，是一个指头和九个指头的关系。被抢掠过后，动工修补围栏，还可以增加一点鸡的屁。最大的好处是，这帮刁民，能吓阻州外的土匪，绝对是正能量。

闲话少说，言归正传。州尹差人把林冲送去牢城营后第二天，一份犯人档案从京城送到。州尹打开仔细一看，才弄明白，昨天到达的犯人林冲，原来是京城八十万禁军枪棒教头。看到这里，州尹眼前一亮，拍案而起，高喊一声：有办法了！

二.

看倌，"有办法了！"是啥意思？原来是州尹想到了自家的南湖草料场。派林冲去守卫，那些犯事的刁民，一定会被吓得屁滚尿流，不敢骚扰草料场。第二天，州尹差人把林冲从牢城营叫到州府大堂，说道：本官久闻教头大名，无奈沧州地处偏僻，没甚好去处，只好送你去东门外的草料场，暂且安身，以待后用。林冲谢过，随衙役去了草料场。

草料场总裁、州尹的侄子南刚知道，林冲是自己的伯父派来镇守草料场的，当然是以宾礼相待。次日，南刚陪同林冲，把草料场巡视了一遍。那草料场四周的围栏，木桩颜色斑驳，高低不平。林冲看了，问这是何故。南刚乘机把刁民推倒围栏、入内抢掠之事说了一番。林冲听了，呵呵一笑，说道：这群毛贼，何足挂齿。小人略展威风，便可吓退。南刚听了，连忙拱手施礼道：全仗教头功夫。需要何等协助，尽管吩咐。

按照林冲的吩咐，南刚叫人做了一面正红镶边的明黄大旗。旗上竖写"林冲"两个大字，又横书大字两行："前京城八十万禁军教头，今草料场安全总管"。草料场大门右边，竖起一根旗杆，一尺来粗，十丈多高。大旗挂在旗杆顶上，迎风飘扬，腊腊作响。旗杆旁边，一根丈八蛇矛立在架上。从草料场大门口过往的居民，见了无不称赞。但有刁民心中生疑，沧州离京城一千多里，哪来什么京城禁军教头？准是南刚胡乱编造，吓唬俺们。于是，一群刁民相约，来到草料场大门口，高声喧哗，吵着要见林冲。林冲闻声，从大门走了出来，拱手相问道：诸位有何要事？　众刁民齐道：俺们特来与总管贺喜。为首的两人刘一、陈二，便拜在地上。　林冲见状，忙呼叫二位起来。这两人像是聋子似的，毫无反应，依然伏在地上。林冲有些纳闷，猛然想起鲁智深惩治泼皮的故事，也就来个将计就计。只见林冲大步上前，佯装要俯身扶起两人。刘一、陈二以为有机可乘，一个来抢右脚，一个来抢左脚。林冲不等刘一沾身，飞起右脚，腾地把刘一踢上半空。刘一自由落体，吧唧坠地，头破血流。陈二也好不了多少，被林冲左脚猛地一踢，顺着地面滚了两丈，鼻青脸肿。其余二、三十个刁民，惊的目瞪口呆，都待要走。林冲喝道：谁敢乱跑，格杀勿论！　众刁民被吓瘫倒地，只有几个爬了起来，跪着哀求道：教头饶命！　林冲又喝道：你们这些刁民，还不快把那两个蠢物抬到草料场医务室去！　众刁民不敢怠慢，立即七手八脚把刘一、陈二连抬带拉，弄进草料场大门内的医务室。

　　沧州城外的刁民，受了这次教训，再也不敢骚扰草料场。林冲也顺势为之，但凡草料场有劳力活，便会叫这帮人来干，发些碎银。看到草料场外患已除，维稳成功，南刚很是高兴，常在伯父面前，为林冲美言几句。州尹更加觉得，当初任用林冲，是自己慧眼识英雄。这个林冲，毕竟曾是体制内的人，晓得对付刁民，必须恩威并用。草料场这个摇钱树，可以一直摇下去。三年清知府，十万雪花银。看来，在任上捞个一百万，肯定不成问题。

三.

　　自从有了林冲护卫草料场，南刚也就省心多了，经常十天半月待在沧州城内，寻欢作乐。一日早上，州尹正与南刚说着草料场之事，衙役来报，京城来了两位公人，要见州尹。于是州尹送走南刚，在州府大堂接见公人。两位公人进到大堂，施礼完毕，说道：有高太尉密信一封，还是找个机密之处为好。　于是州尹领着公人进了书房坐定。州尹接过密信，打开看了一遍，眉头皱了一下，对两位公人说道：容下官思量后再作答复如何？　两位公人答道：望大人从速决定，高太尉等着回音。

　　看倌，州尹为何要说思量后再作答复？高太尉是要州尹弄死林冲。如果林冲是个普通犯人，此事易如反掌，随便想个法子，就可以使他消失无踪。什么俯卧撑死，躲猫猫死，喝凉水死，盖被子死，做恶梦死，……。死法不下二十种，随便挑选。可如今林冲是草料场安全总管，人人皆知。这个草料场的安全，全靠林冲。没了他，那群刁民又要卷土重来，而且可能变本加厉，把草料场连锅端了。那百万发财梦，就难于实现了。但是，如果不照办，只要高太尉使个坏，在皇上面前说一句坏话，我的乌纱帽就丢了，说不定脑袋也丢了。这事又不能与别人商量，如何是好？ 州尹整天想来想去，仍然无解。那两位公人，每天都来催促。州尹只好称病不见。

两位公人连州尹的面都见不到，当然焦急。两人商量结果，决定自寻法子，不管如何结果林冲性命，只要逃回京城，高太尉一定会保护我俩，加以奖赏。

四.

话分两头。却说林冲成了草料场安全总管，日子并不难过，只是惦念自家娘子，一心想等到皇上实行大赦，回到京城，与娘子团聚。忽一日，林冲正坐在草料场营房内，门卫来报，有人求见。林冲叫门卫将那人领了进来。那人进房便拜，连声说道：承蒙恩人相救，不意今日却在这里相见。 林冲略思片刻，认出来了，这是酒生儿李小二。当初在京城时，林冲经常光顾一间酒店，从而认识小伙计李小二。这李小二与店主有隙，店主克扣他的工钱。一气之下，李小二去偷店主的钱财，不料触发报警装置，被店主当场捉住，要送官司问罪。却得林冲教训店主，克扣工钱属于非法，告到官府，也要问罪。林冲又让李小二给店主陪话，店主只好作罢。林冲这才救了李小二，免送官司。又亏林冲送李小二一笔钱，叫他离开京城，到外地谋生。

林冲问道：小二哥，你如何地在这里？ 李小二答道：我流浪千里，最后总算在沧州安了身。用剩下的钱在城南十字路口租下一个小酒店。十字路口过往旅客甚多，生意还算不错。经过几年积累，把小酒店买了下来。今年又娶了老婆。小人夫妻两个，平淡度日。前些时候从草料场门口经过，望见大旗，才知道恩人也在沧州。只是不知道恩人为何事在这里？ 林冲把前因后果，简要说了一遍。李小二听了，叹息不已。

自从与李小二重逢，林冲算是在沧州有了老熟人。那小酒店，在城外五里，离草料场也不算远。林冲经常去店吃酒，但有衣服，便拿来让李小二老婆浆洗缝补，顺便把些银两与李小二做本钱。光阴迅速，转眼就到了冬天。忽一日，林冲正坐在自己房内，见李小二慌慌张张地闯了进来。林冲急忙搬张椅子，让他坐定。不等林冲开口，李小二赶忙说道：昨日有三人到店里吃酒，两个京城口音，好像是京城人氏，那个本地口音，好像是沧州人氏。那三人神秘兮兮，交头接耳。小人送酒菜时，只听得京城人氏说出"高太尉"三个字。小人心下疑惑，叫老婆躲在隔间听了一个时辰，也只是断断续续听得些话语，似乎是沧州人氏在说：都包在我身上，到时我引路，好歹要结果了他。老婆还瞥见京城人氏把一包金银递给沧州人氏。小人只怕这事对恩人有妨碍，今日赶来告知。林冲听了，赶紧问道：那京城人氏生得什么模样？李小二答道：为首的约有三十余岁，五短身材，白净面皮，没甚髭须。那跟随的，小人没看清楚。林冲听了大惊道：那为首的正是陆谦。当年在京城，那厮勾结高俅设计陷害我。今儿又到沧州，敢来这里害我！那泼贱贼，休要撞着我，只教骨肉为泥！李小二接着说道：恩人小心提防便是。李小二说完，与林冲施礼告别。

五.

话不絮烦。一日午后，天色转阴，像是要下雪的样子。林冲这才想起，上月把一件旧棉袄送到李小二店中，让他老婆拆了重整，以备过冬。林冲走了约莫一刻钟，进了李小二店中。李小二见了，连忙请林冲到里面坐下。林冲说明来意，李小二说道：委实不好意思，旧棉袄早已拆洗，就等絮上新棉缝好。不料俺老婆得了感冒风寒，做不了针线活，今日才好些，上午已经开始工作。再有一个时辰，便可完工，保证恩人今日能穿上御寒避雪。先请恩人休息片刻。听了这话，林冲随李小二上楼进了一个小间，在一张小床上和衣躺下，竟不知不觉睡了过去。

一觉醒来，林冲还没睁开眼睛，忽然听见轰隆爆炸声从远处传来。林冲急忙从床上跳将下来，走到窗前往外望去。蒙胧之中，远处火光冲起，映红了半边天。林冲定神一想，那大火正在草料场方向。林冲大惊，心中思忖：草料场爆炸烧起大火，而我是安全总管，这可如何是好？林冲站在窗户旁边许久，心乱如麻，忽然看见三个人影，在夜色中跑向小酒店，接着听见李小二在楼下与这帮人的说话声音。林冲觉得奇怪，立即轻手轻脚，俯伏到楼板上，透过楼板空隙，朝下望去，只见李小二给三人上了酒菜，随即离去。三人一边喝酒吃菜，一边说话。

数内一个说道：这大火烧的如何？ 一个应答道：好！好！好！这回你引路立了大功，待回到京城，禀过太尉，保你得个京城户口，府上公务员美差。 又一个说道：林冲必死无疑。即便从大火中逃得性命，也免不了被判死罪。没了林冲，那娘子必然回心转意，高衙内那病自然会好。 听了这些话，林冲认出三人，一个是草料场出纳，一个是陆谦，一个是富安。林冲不由怒火中烧，从身上取出解腕尖刀，握在手中，顺着楼梯冲了下去，大喝一声：泼贼哪里去？ 三人做梦也没有想到林冲会在这里，吓得瘫在地上。林冲先是一刀捅进富安心窝，继而用脚踏住陆谦胸脯，把刀搁在陆谦脖子上，喝道：泼贼，我与你自幼相交，无冤无仇，可你当初勾结高俅设计陷害我，如今又潜到沧州，加害于我，天理难容。 陆谦还想狡辩，林冲用刀一划，陆谦脑袋立即耷拉下去，血流如注。出纳正爬将起来要逃，林冲用刀插入背后，出纳立即倒地，挣扎两下就不动弹了。

却说李小二在后房听见前厅里人声吵杂，过来一看，只见三人倒在血泊里，大吃一惊，赶忙问林冲发生何事。林冲余怒未消，说话断断续续。听了半天，李小二才弄明白。李小二不曾见过这等场面，吓得魂飞魄散，问林冲如何是好。林冲定神思量了一阵，对李小二说道：草料场被大火烧了，官府的人被杀死在酒店。俺们生路只有一条：赶快逃走。李小二听了，又问道：都是官家天下，能往哪里逃？ 林冲答道：只好投奔柴大官人，暂时躲避，再做打算。 在林冲催促下，李小二只好和老婆一起赶紧收拾软细，打成包袱，一人一个，又把刚整好的棉袄给了林冲。三人全身上下包裹严实，冒着大雪，朝西向柴家庄奔去。

六.

草料场大火烧了一整晚。一堆堆干草木材烧了起来，火生风，风助火，火焰蒸腾向上，升得几十丈高，顶着蘑菇云，直冲霄汉。一箱箱烟花爆竹，点燃炸开，比那京城元宵夜还要壮观许多。更有一桶桶油料药材，遇火燃烧起来，向空气中释放各种气味，比那京城美食节还要诱人。那从天上飘下的雪花，根本敌不过大火，统统消失得无影无踪。

大火过去，草料场被烧个精光。危险品堆放处，被炸出一个大坑。湖心的泉眼，受冲击波作用而源头堵塞，南湖变成死水一潭，后人不明真相，以为自古就是这样。草场失火，殃及湖鱼。湖面上白花花一片，蔚为壮观。草料场周围，房屋倒塌殆尽，无一幸免。那人员伤亡，无法计数。不过可以肯定的是，州尹安然无恙。

草料场大火第二天下午，州府门口贴出榜文，上有州尹南柯印章。榜文云：昨夜草料场发生火灾，系犯人林冲勾结敌对势力纵火所致。本府已经发出公文帖，捉拿林冲。火灾场地，正在清理当中。本府将及时发布消息。所有居民，理解、说话、议论、写信，必须以此为准，不准造谣传谣信谣。违者严惩不贷。

过了三天，州府门口又贴出榜文，上有通判李四印章。榜文云：业已查明，原州尹南柯为一己私利，任用犯人林冲看管草料场，以致林冲有机可乘，是事故责任人，已被带走受审。所有官员，应以此为戒。

又过了三天，州府门口又贴出榜文，上有宣抚使王五印章。榜文云：为更加有效处理草料场事故，有利于善后处置和安全生产，朝廷任命沧州通判李四兼任州尹。全体官员和居民，不得妄议朝政，必须听从新州尹指挥，科学救灾，维护社会治安，稳定社会情绪，争取更大胜利。

此后每隔三天，州府门口就会贴出新榜文。这些榜文，内容互相矛盾，不过有一共同之处，那就是，都说必须以此为准。沧州居民，当然无从知道究竟发生了什么。这也不能怪古人。九百年后的今天，沧州居民不还是不明真相吗？

64 命运 – 纪念考研和高考四十周年（小说）
2018年08月31日

一.

1978年12月。北京肖庄中国科学院研究生院。和往日一样，我吃完午饭，回到宿舍。大师兄老林走过来，说道：你有一封信。边说边把信递给我。我接过信，端详了一会儿。谁来的信？信封底部只是简单写着：广州市中山大学物理系李寄。中山大学？我不认识谁呀。再仔细辨认字体，也想不出来。自从10月份来到研究生院，知道我新地址的人不超过十个。瞧一眼信封，我就知道是谁来的信。这回不行了。我只好撕开信封，直接去看结尾处。– 存安。啊！原来是他，李存安！

我赶紧把目光回到信的开头，读了起来：

新耀：

你好！收到这封信，你一定很诧异。分别十四年，不通音讯。十四年前，我到兴县汽车站迎送你们。看着你和我心爱的人都去北京上学，我心如刀绞。十四年间，我历尽艰辛。今年七月，我参加高考，考上中山大学物理系。几经辗转，从老同学那里打听到你的地址，知道你考取了科学院的研究生，羡慕，祝贺。你是过来人，以后大学里遇到问题，我当会向你请教。更希望与你见面，回顾往事，重叙友谊。盼望你的回信。地址：广州市中山大学十号楼110室。

祝你身体健康，学业进步。

存安，1978年12月2日

这封信，把我带回到十多年前的中学时代。

二.

1961年，我考上嘉县一中。这年一中没有初中毕业班，所以，全班同学都来自别的中学。居于性格和爱好，高中三年，班上形成一个个"小圈子"，相当于今天的"朋友圈"。学习好的几位男同学，自成一圈。我和存安，成了最好的朋友。因此，对他的家庭情况，相当了解。存安老家在邻近的兴县。存安的父亲从兴县调到嘉县农业学校当教师。存安一家也迁到嘉县，跟随父亲在嘉县定居。存安的父亲，在农业学校旁边的小河里游泳，不幸溺水身亡。从此，一家陷入困境。一家四口，全靠母亲一人在农业学校当临时工所得到的微薄工资度日。不久，母亲和弟弟妹妹一起被遣送回原籍，只有存安一人继续在嘉县一中寄宿读书。存安的学习成绩，在学校名列前茅，这是全家最大的希望。然而，这个希望，笼罩在巨大的阴影之下。从前，存安的祖父在兴县有一些房产地产。民国时期，又在县政府当过教育局副局长。因此，在"土改"中"家庭成分"被划成"官僚地主"。这个"家庭成分"，便一直登记在存安家人的档案中。父亲在世时，存安还有"父亲是教师"这一层"保护罩"。现在，家庭成分"官僚地主"，便成为适用于存安的唯一"政治标签"。

1964年高中毕业，我们商量如何填写高考志愿表。班上有人填清华大学，北京大学。存安对我说，还是填北京师范大学吧。一来师范大学

363

的"政治审查"可能宽松一些，二来师范大学对所有学生提供助学金，不会增加家庭负担。我觉得有道理，班主任钟老师也认为有道理，也赞同。于是，存安的第一志愿，就填了北京师范大学。

高考完毕，存安回了老家兴县。一个月后，我收到第一批发放的录取通知书，考上了北京大学。久久没有收到存安的来信，我很失望。没有消息就是坏消息。我终于从班主任那里知道，第三批录取通知书已经发放，存安没有被录取。我赶紧给存安写了一封信，除安慰他之外，约定我去上大学，在坐长途汽车途径兴县时与他在汽车站见面。

八月下旬，一批去北京上学的同学，分坐两辆长途汽车，清晨五点半从嘉县出发。七点多钟，到达兴县。我赶快下车，跑进车站。存安带着弟弟妹妹，早就在那里等候。我从存安的眼神中看出他的内心痛苦。安慰的话已经在信中说过了。我们心情都很沉重，此时此地，也没有多说话，只是互相叮嘱保重。我从存安手中接过礼物，用红纸包着的糕饼，握手告别。就在此时，我看见随后进站的一位女同学朝我们走来。我赶紧离开。我知道，在车站停留的十五分钟，对于他们两人来说，更为宝贵。

三.

十四年来，我在大学读书，经历文化革命。毕业分配到一个偏僻的县城教书。时来运转，终于在1978年考取中国科学院的研究生，回到北京，重新开始学习，圆了研究生梦。现在，得知老同学老朋友存安考上了中山大学，真为他高兴。1980年我回阔别七年的嘉县探亲。到了广州，立即前往中山大学。那是一天上午，我找到物理系办公室。办公室的人告诉我，他们正在上大课。我来到阶梯教室前，正逢下课。我穿行于人流中间，认真搜索。终于看到了存安！我上前一把拉住他的手。他也认出我来了。啊！十六年了，终于又见面了。

我跟着他，到食堂吃了午饭。随后，到宿舍拿了两张凳子，一人手里拎着一张，来到宿舍旁一棵大树下，坐在凳子上。存安开始讲述他十四年的经历。

四.（一）

1964年高考，存安考得很好。最后一道物理考题比较难，北京上空飞行的飞机机翼两端间电势差问题，他都答对了。存安觉得自己有希望被录取。结果，别说第一志愿，连最差的大学都没考上。那是因为他的家庭成分"官僚地主"，学校写的鉴定又不好，没能通过"政治审查"，掉进"不宜录取"的深坑，连"降格录取"的待遇都没有。

存安成了"回乡知识青年"。说直白一点，就是成了"青年农民"。存安所在的村子，在县城郊区，一片平原，人多地少，农民只有种地为生，勉强维持温饱。存安的母亲身体瘦弱，挣不了全工分。弟弟妹妹还在上学。全家连维持温饱都成问题。存安刚从学校出来，做不好农活，也不能挣全工分，全家依然难于维持生活。

生产大队有一个木业社，维护农具，也做些家具。经一个堂兄引荐，存安去了木业社。报酬是记全工分，加上每月五块钱补助。这报酬，是干苦力换来的。苦力就是"解板"和拉大板车。所谓"解板"，就是在地上立一根木头柱子。一根粗大的原木，一头杵在地上，半腰捆在柱子上，另一头悬空，成倾斜状。一人坐在地上，另一人站在高架上。两人来回拉一个大锯，按照原木上预先画好的线，顺着长度方向，从高处开始，把原木锯成一块一块的木板。每解成一块木板，两人累得半死。本地平原，不出产木材。到县城去买，要出高价。木业社只有另想办法，到300多里外的山区购买原木。空车去，满车回，六根粗大的原木装上大板车。两个人，来回一趟十天半月。把木材运回木业社，几天过后才能缓过劲来。有了工分，才能分得粮食。有了那五块钱，才能补贴家用，给弟弟妹妹交学费买书本文具。有什么办法呢，再苦再累也得干！

四.（二）

1966年文化革命开始， 村里的"四类分子"被抓去批斗、游村。他们的子女，也常常被拉去"陪斗"。家庭成分不好的人，都惶惶不可终日。还好，存安在大队木业社，只管干活，连家都很少回，也没有被人注意。文革十年，总算平安无事。但是，回想起上中学时傲人的学习成绩，如今青春流逝，一年又一年，存安真的于心不甘。哪又有什么办法呢？1976年，"红太阳"陨落，"四人帮"垮台，人们才想起来，不能成天搞运动，开始办点正经事。1977年10月，报纸上说，要恢复高考。于是，各个阶层的人都被动员起来，要自己的子女去拼力一搏。

存安的弟弟妹妹都是高中毕业后回家务农，也是"回乡知识青年"。文化革命中，上大学靠推荐。"官僚地主"的后代，当然没份儿。现在机会来了，怎么也要去试一试。妹妹已经出嫁，只有弟弟在家。于是，存安安排时间，每天早、中、晚辅导弟弟，复习功课。弟弟有个同班同学，是生产大队长的女儿，也来一起复习功课。都想考上大学，什么阶级成分，也就不管了。

高考一个月后公布分数。存安弟弟和大队长女儿的考分都超过了录取分数线。存安又当两人的参谋，填写志愿表。最终，存安弟弟被嘉州工学院录取，大队长女儿被嘉州医学院录取。存安一家欢天喜地，自不必说。大队长一家，也对存安感激不尽。女儿上学时成绩平平，经过存安辅导，居然考上了医学院。因此，大队长对这个"四类分子"子弟另眼相看。可是，存安闷闷不乐，心想：我帮他们复习功课，他们有多大点水平，我最清楚不过。凭那点知识，他们都考上了大学。可我呢？我一定要试一试！ 存安清楚，有两大障碍横在自己面前。一是报名。根据教育部的规定，考生年龄可以放宽到30岁。如果按照这个规定，一些66届高中毕业生会被排除在外。因此，省上把规定变成：凡是在1977年以前没有参加过高考的毕业生都可以参加高考。这样一来，存安还是会被排除在外。二是要应付考试，必需有很多时间复习功课。身在木业社干活，很难做到。 左思右想，存安只好去找大队长。

大队长一听存安说自己也想考大学，连忙说：好呀，好呀！ 存安摆出两个问题。大队长听了，呵呵一笑，说道：好办！于是，存安被调到生产大队办的小学当"民办教师"，教附设的初中班。对存安来说，这里的教学任务，不过是小菜一碟。因此，存安可以边教书，边复习高中功课。到了高考报名时间，大队长交给存安一张介绍信，证明存安符合报考条件。存安拿着生产大队的介绍信，去公社换了公社的介绍信，去县招生办公室报了名，不久就收到县招生办公室寄来的准考证。

在存安脑子里沉睡了十几年的知识，又都复活了。经过半年的准备，1978年7月，存安去县城参加高考。一个月后公布成绩，存安为兴县第一名，嘉县地区第二名。根据省上规定，25岁以上的"大龄考生"，一般只能上大专，即师范专科学校，也就是将来去当中学教师。但是，按百分制计算，如果高考平均分达到80以上，则没有这个限制，可以填报普通大学。存安的平均分为82，可以自由填报志愿。于是，存安的第一志愿，填了中山大学物理系。

高考的成功，使存安异常兴奋。存安按规定的时间去体检。由于心情紧张，结果是血压高，不合格。这可怎么办呢？难道一切努力，就这样付诸东流？正在束手无策之际，县招生办公室寄来一个通知，要存安去地区医院复查。有好心的人，教给存安诀窍：检查之前静坐二十分

366

钟，最好听听轻音乐，血压就不会升高。又有人说，临检查之前，喝一大碗凉开水，升高的血压就可以快速降低。存安有疑问：这些方法灵不灵？到时候又如何可以静坐听音乐？如何有一大碗凉开水喝？这些都是实际上行不通的主意。过了几天，存安一行十来人，都是由于血压高之类体检没有过关的考生，在县招生办公室刘主任的带领下，坐汽车来到地区招生办公室。办公室张秘书偕同刘主任带着这群考生，步行来到地区中心医院。张秘书和刘主任去了郝院长办公室，待了五分钟。出来后，刘主任对在门口等候的考生说道：郝院长非常重视，要亲自给大家做体检。大家放松，马上开始。　于是，考生被带进旁边的诊室，一个接一个进去，又一个接一个出来，不到十分钟就完事。张秘书向刘主任低声咕噜了几句就走了。刘主任带着考生，回到汽车上。汽车在路上奔驰，刘主任面带得意的微笑对大家说道：地区中心医院的水平，就是比兴县医院的水平高。今天给大家体检的郝院长，也是兴县人。听说是从英国回来的知名医生。文化革命中，在省第一医院被打成"反动学术权威"，下放到咱地区中心医院。现在平反了，成了院长。郝院长是研究"白大褂综合症"的权威，把测量到的血压按照国际公式矫正，得到真实的血压。今天也是大家运气好，遇上好人了。你们全部体检合格，回去准备上大学吧！　这群考生，自然是欢天喜地。这些考生真的相信，地区中心医院的水平高，郝院长是权威。存安回家后，把好消息告诉堂叔。堂叔是医生，呵呵一笑，说道：你们确实运气好，遇上好人了。不就是几个随意写的数字嘛。什么国际公式，哄鬼吧！

五.

　　四十年前的考研，使我的命运发生根本性的转变。我离开偏僻的小县城，回到北京重新开始学习，继而出国留学，在美国定居。四十年前的高考，也使存安的命运发生根本性的转变。存安离开贫苦的农村，在高中毕业十四年之后圆了大学梦。

　　虽然在大学毕业后，我也为将来的前途苦恼，梦想去深造，但是，我毕竟有基本的生活保障。存安呢，还要为温饱而劳作，为生存而努力。打个不甚恰当的比方，考取研究生，对我来说是"锦上添花"；那么，考上大学，对存安来说是"雪中送炭"。

　　如果再上溯十四年，那么，我们两人的个人条件，几乎一模一样。我们的学习成绩都是名列前茅。所不同的只是"家庭成分"。我的是

"贫农"，他的是"官僚地主"。这一差别，造成截然不同的结果。我如愿以偿，考上了名牌大学。存安却成了"回乡知识青年"，注定要在贫困的农村待一辈子。为什么会是这样呢？根本的原因，是当政者推行"阶级成分"的政策。这项政策，阻碍国家发展，毁灭个人前途，于国于民都不利。但是，当政者认为对维护政权有利，强制推行。随着阅历的增加，我常常设身处地，认为从前那些地主，被剥夺财产，戴上帽子，丧失自由，并且祸及子孙。他们心怀怨恨，盼望变天，可以理解，值得同情。

四十年过去，弹指一挥间。研究生毕业后，我在研究所、大学、公司任职，然后退休。存安从中山大学毕业后，在深圳粤宝电子公司工作，由技术员，升任车间主任，再升任副厂长，负责管理生产，也已经退休，含饴弄孙，安享晚年。

这一切，是命运的安排？也许是。但是，我相信，无论如何，在人生的关键转折点，个人努力还是起了很大作用。

65 文革故事 – "中国X小组"覆灭记（故事）
2018年12月23日

一.

1968年1月。北京大学学生宿舍区。要过年了，学生第六食堂北面的浴室里挤满了人。我洗完澡，穿戴停当，正在低头收拾换下来的衣服，往脸盆里放。"我回来了。"一个熟悉的声音突然在我耳边响起。我抬头一看，吃了一惊。不等我开口，他继续说道："是我。我在市公安局待了半年多。按照毛主席指示，春节前把我们这些学生放了。"我根本没有想到，会在浴室里、在这个时候遇见他，只能说道："好，好，好！"我边说边端起脸盆，挤开人群出了门。

他是谁？我的老乡谢超人。他怎么会被关进北京市公安局呢？

二.

1967年夏天，文化革命正在如火如荼地进行着。一个突发的"敌情"惊动了北大校文革保卫组。有人给历史系学生杨绍明写信，说请他参加"中国X小组"。杨绍明何许人也？"彭、罗、陆、杨反党集团"成员杨尚昆的儿子。1966年6月18日，北大校园发生"6.18事件"，学生宿舍38楼东头楼门与台阶之间的平台成了"斗鬼台"，一批"牛鬼蛇神"被揪到台上批斗。"狗崽子"杨绍明站在台上，弯着腰，低着头。一个照相机挂在脖子上，垂到胸前。这个照相机，据说是苏修头目赫鲁晓夫送给杨尚昆的礼物。因此，杨绍明成了无人不知、无人不晓的"反动学生"，处于严密的监视之下。寄给他的信，自然落入监管人员之手。现在，竟然有人写信给他，拉他参加什么"中国X小组"。这个小组，一定是反动组织。写信的人，一定是这个反动组织的头目。

这个"X小组"的头目，要杨绍明如何跟他联系呢？信中给出回信住址：清华大学XX号楼XXX室，XXX收。北大校文革保卫组立即联系清华井冈山兵团保卫组，要求追查这个收信人，得到的答复是：清华XX号楼XXX室学生中，没有这个姓名的人。于是，北大校文革保卫组写了一封信当诱饵，按住址寄了出去，同时要求清华井冈山保卫组，协助捉拿取信人。

三.

清华井冈山保卫组知道，按照惯例，这种信件会放在一楼拐角处的窗台上，等候收信人自己认领。于是，他们在正对这个窗台的寝室的门上挖了两个小孔。透过这两个小孔，六个人分三班，日夜监视窗台。如果有人去翻动信件并且拿走信件，他们立即出来，迅速确认被拿走的是否那封从北大寄来的信。一个星期过去了，那封信仍然躺在窗台上。真的会有人来取这封信？他们开始怀疑。又过了几天，终于来了一人，学生模样，来到窗台前，拿起一封信就走。他们立即开门出去，迅速确认被拿走的就是那封信。他们立即勒住此人的脖子，扭住此人的胳膊，把他推进寝室。

审讯结果，令人哭笑不得。此人坚称，自己是清华学生，与这封信无关，自己既不是写信人，也不是收信人。保卫组的人当然不相信。质问他：既然与你无关，你为什么要去取这封信？此人沉默不语。保卫组的人不耐烦了，要开始对他皮肉教训。此人只好开口承认，因为里急，别无他法，临时起意，去拿窗台上的信，权当手纸。想不到拿了那封信，着实无意。保卫组的人将信将疑，去了他说的系里了解，确有其人，为一普通学生，没有任何不良记录。于是，保卫组的人警告他，不得向任何人泄漏情况，否则后果自负。然后，把他放了。

保卫组的人把信重新放到一楼拐角处的窗台上，在对面的寝室重新守株待兔。

四.

又过了几天，终于又来了一人，还是学生模样，拿起一封信就走。这次，保卫组的人在确认那封信之后，不动声色，悄悄跟在后面，看他往哪儿走。此人没有走向与厕所相连的洗脸间，而是径直往楼门走去。该动手了！他们立即勒住此人的脖子，扭住此人的胳膊，把他推进寝室。皮肉教训还没有开始，此人就开口招供，承认自己是特地来取这封信。保卫组的人乘势追击，此人终于承认，自己是北大经济系65级学生，名叫谢超人；那封给杨绍明的信是他写的、寄的。

北大保卫组接到清华保卫组的通知，立即去宿舍楼抄了谢超人的家，拿走他的所有物品，包括"反动日记"。日记中写道，生当作人杰；不当说话没人听的部长，要当官就要当总理。

如何实现这个目标？第一步就是组织一个小组。于是，就有了自任组长的"中国X小组"。接着，以这个小组的名义，给"名人"寄信，发展成员，包括杨绍明，周培源。为了不暴露自己的真实身份，想出一个自以为绝妙的招数：编造一个回信住址，清华大学XX号楼XXX室，XXX。此信无法投递给不存在的收信人，一定会放在一楼拐角处的窗台上，等待认领。于是，自己就可以去取这封信，无人知晓。

北大保卫组以组织反革命集团的罪名，把谢超人送进北京市公安局。"中国X小组"彻底覆灭。

自从那次在浴室里偶遇谢超人之后，我再也没有在北大校园里见过他。五十年后，我才听说他在1970年毕业分配去了广东惠州，不久辞世。

五.

看倌，读了这个故事，您准会觉得匪夷所思。是的，当年我得知谢超人的所作所为，也觉得匪夷所思。一个北大经济系学生，怎么会如此低智商，简直到了愚蠢的地步。用当今的话来说，是图图…图样图图…图森破。他曾经向和他在未名湖边一起散步的朋友透露，他要"做件伟

370

大的事"。朋友问他是什么事，他说"绝密"。不过，他一人做事一人当，没有乱咬别人。只是他的女朋友，伤心欲绝。

斯人已去。五十年后回顾，只有一声叹息。

www.ingramcontent.com/pod-product-compliance
Lightning Source LLC
Chambersburg PA
CBHW081330090726

47907CB00010B/2431